지금, 여기서 읽는
논어인문학

지금, 여기서 읽는
논어 인문학

초판 1쇄 인쇄일 2016년 8월 1일
초판 1쇄 발행일 2016년 8월 3일
초판 2쇄 발행일 2018년 4월 15일

지은이 장주식

펴낸이 김완중
펴낸곳 내일을여는책
디자인 박정화
관리실장 장수택

인쇄 예림인쇄
제책 바다제책

출판등록 1993년 1월 6일(등록번호 제475-9301호)
주소 전라북도 장수군 장수읍 송학로 93-9(19호)
전화 063) 353-2289
팩스 063) 353-2290
전자우편 wan-doll@hanmail.net
블로그 blog.naver.com/dddoll

ISBN 978-89-7746-057-7 04140
978-89-7746-056-0 04140(세트)

(CIP제어번호: 2016017594)

지금, 여기서 읽는

논어인문학

| 장주식 지음 |

論語
人文學

1

내일을여는책

머리말

'좋은 사람' 되기

늘 그렇듯 학자들의 인류에 대한 전망은 불안과 희망이 교차한다. 지금 내 옆에는 책 두 권이 있다. 한 권은 〈사피엔스〉다. 2011년에 히브리어로 출간된 뒤 현재까지 30개국 언어로 번역되어 읽히고 있다. 비교적 쉽게 읽히는 이 두꺼운 책은 다양한 생각거리를 던져 주는데, 인류의 앞날을 그리 밝게 보지 않는다.

약 20만 년 전 지구상에 나타난 현생인류는 그럭저럭 주변과 어울려 살았다. 근육도 보잘것없고 달리기도 빠르지 않았다. 그러던 인류가 7만 년 전, 돌연 강자로 등장했다. 뇌의 인지구조의 변화로 인해 언어를 만들어 소통하며 집단 간의 협조도 가능해졌다. 인류는 허구를 만들어 내는 능력도 생겼다. 이를 '인지혁명'이라 하는데 이때부터 인류는 상상을 통해 무엇이든 만들어 낼 수 있었다. 즉, 인류는 두 개의 실재에서 살아가는 것이 가능해졌다. 하나는 객관적으로 존재하는 눈에 보이는 세계라면, 하나는 신화로 만들어진 가상의 세계였다. 신화는 인류 집단을 묶어 주는 힘이었으나 다른 자연계에는 재앙이었다. 현생인류는 집단의 힘으로 자연을 지배했다.

세월이 흘러 1만 2천 년 전, 농업혁명이 일어났다. 수렵채취 생활을 하던 인류는 어느 날부터 벼와 밀, 보리를 돌보면서 정착을 하게 되었다. 차츰 동물들도 길들여 가축화했다. 그러나 농업은 인류를 고통으로 몰아갔다. 수렵채취 생활보다 훨씬 더 많은 시간을 일하고도 굶주려야 했다. 지배자와 피지배자라는 불평등구조가 고착화되고 대다수 인류는 중노동에 시달렸다. 보호를 명분으로 착취를 담당하는 폭력의 시스템은 '국가'라고 불렸다. 작았던 국가들은 점점 더 영토를 확장하고 착취 대상을 넓혀 '제국'을 만들었다.

약 500년 전, 인류는 과학혁명을 일으켰다. 인류의 지칠 줄 모르는 탐구심은 온갖 물건을 만들어 내고 온갖 원리를 발견했다. 그 결과 산업혁명이 일어났으며 인류는 달에 발자국을 찍기도 했다. 핵폭탄을 터뜨려 지구라는 별을 파괴할 수도 있으며 유전자를 조작해서 새로운 생명을 탄생시킬 수도 있다. 다윈의 자연선택설은 무색해지고 마침내 '지적 설계자'라고 불리는 창조주의 자리를 인류는 넘보고 있다.

문제는 인류가 어느 방향으로 길을 잡고 있는지 알 수가 없다는 것이다. 가공할 파괴력을 가지게 된 인류의 발걸음은 지구를 공멸로 몰고 갈 수도 있고 그렇지 않을 수도 있다. 그래서 〈사피엔스〉의 저자인 유발 하라리는 이렇게 말하는 것으로 책을 마무리한다.

현대는 역사상 처음으로 모든 인간이 기본적으로 평등하다는 사실을 인정한 시대이며, 사람들은 이 사실을 자랑스러워한다. 하지만 우리는 이제 역사상 유례없는 불평등을 창조할 만한 만반의 태세를 갖추고 있다. 길가메시를 막는 것도 불가능하기 때문에 프랑켄슈타인을 막는 것도 불가능하다. 우리가 시도할 수 있는 유일한 행동은 이들이 가고 있는 방향에 영향을 미치는 것이다.

과학자의 탐구심, 자본의 탐욕, 권력자의 권위욕은 누구도 막을 수가 없다. 죽지 않으려는 길가메시의 소망과 과학이 탄생시키는 괴물 프랑켄슈타인의 활보를 누가 막을 수 있단 말인가. 다만 한 가지 있다면 과학자, 자본, 권력이 가는 길에 영향을 미치는 것뿐이다. 그런데 그 길은 몹시 힘들고 우울해 보인다. 그렇다고 절망할 필요는 없겠다.

이때 우리는 최정규의 책 〈이타적 인간의 출현〉에서 희망을 본다. 최정규는 경제학자이다. 경제학은 인간의 이기심이 아니라면 단 한 줄도 쓸 수 없을 거라는 말이 있다. 그러나 경제학자인 최정규는 인간은 이타적 유전자를 갖고 진화했다고 주장한다. 재미있는 게임이론으로 전개하는 그의 주장은 설득력이 있다.

'최후통첩 게임'을 통해서 본 공동체의 문화와 사회규범은 인류의 우울한 전망에 한 줄기 빛을 뿌린다. 15명의 인류학자, 심리학자, 경제학자들이 모여 농업혁명과 과학혁명을 겪지 않은 수렵채취 부족을 대상으로 게임을 했다. 게임은 아주 간단하다. 두 명이 한 팀으로 제안자와 응답자로 나뉜다. 제안자에겐 일정한 액수의 돈이 주어진다(편의상 만 원이라고 하자). 제안자는 응답자에게 만 원 중에서 자기가 주고 싶은 액수를 제안한다. 응답자는 제안이 마음에 들면 수용, 그렇지 않으면 거부할 수 있다. 응답자가 수용을 하면 두 사람이 돈을 나눠 가질 수 있지만, 응답자가 거부를 하면 누구도 돈을 가질 수 없고 만 원은 되돌려줘야 한다.

마치겡가(페루 아마존 유역의 수렵채취 부족), 라말레라(인도네시아 고
래잡이 부족), 하드자(탄자니아 수렵채취 부족), 아체(파라과이의 수렵채취
부족), 오(파푸아뉴기니 수렵채취 부족) 등에게 게임을 진행했다. 결과는
아주 흥미로웠다. 가장 평등한 사회라고 알려진 하드자 부족에서는
평균 33퍼센트의 금액을 제안했다. 무려 40퍼센트에 이르는 사람들이
20퍼센트 이하 금액을 제안했다. 게다가 전체 제안의 24퍼센트가 거
부되었고 20퍼센트 미만의 제안에는 43퍼센트가 거부되었다. 이 부족
의 특징은 낮은 제안율과 높은 거부율이었다. 이러한 특징은 상대방
에 대한 배려가 있는 사회라고 보기는 어렵다. 거부는 나도 돈을 가질
수 없지만 상대방도 못 가지게 하는 응징이다. 가장 평등한 사회라고
알려진 하드자 부족에서 왜 이런 일이 일어났을까?

게임을 분석한 학자들은 하드자 부족의 평등을 '강요된 평등'이라
고 봤다. 가진 자들은 어떻게 해서든 자신이 넉넉하다는 사실을 숨기
려 하고 숨길 수 있는 물건들은 다른 사람들 눈에 띄지 않도록 숨기려
하는 반면, 못 가진 자들은 이들에게 계속 손을 벌리고 이들이 요구를
들어주지 않으면 전 부족에게 이들이 나눔을 거부했다는 사실을 고발
한다. 나눔을 거부한 가진 자는 전 부족 차원에서 징계를 받게 된다.
하드자 부족의 높은 거부율을 설명해 주는 사회규범이다.

그런데 하드자 못지않게 평등사회라고 알려진 '아체' 부족은 제안
자가 평균 42.7퍼센트를 제안했다. 50퍼센트 이상을 제안한 사람도
20퍼센트에 달했다. 상대방에게 더 많이 주겠다는 사람이 20퍼센트나
되었다는 얘기다. 특징은 단 한 건의 거부도 없었다는 것과 아무리 낮
은 금액(20퍼센트)을 제안해도 응답자가 수용했다는 점이다.

이 결과는 매우 평화롭고 상대방에 대한 배려가 돋보이는 모습이다. 아체 부족에겐 과연 어떤 문화가 자리 잡고 있는 걸까? 게임을 진행한 학자가 낮은 금액 제안을 수용한 사람에게 왜 거부하지 않았느냐고 묻자 그는 이렇게 대답했다.

"제안자가 그럴 만한 이유가 있었겠지요."

얼마나 감동적인가. 제안자에 대한 무한신뢰를 보내 주는 발언이 아닌가. 제안자를 강력하게 응징하고 보는 하드자 부족과 뭔가 다른 점이 분명 있지 않은가. 이것이 진정한 배려다. 아체 부족은 무임승차도 비난받지 않는 문화를 갖고 있다. 사냥을 게을리해서 항상 남이 사냥해 온 고기를 받기만 하는 사람도 징계나 처벌을 받지 않는다고 한다.

하드자 부족과 아체 부족의 모습에서 우리는 평등의 두 얼굴을 본다. '강요된 평등'과 '문화가 된 평등'이다. 강요된 평등은 언제 터질지 모르는 화약고를 품고 있는 것이나 마찬가지다. 현대 우리 인류사회는 하드자 부족과 하등 다를 바가 없다. 그러나 인류는 분명 아체 부족처럼 살아갈 수도 있다.

과학혁명의 영향 아래 극도로 자본주의화되어 있는 미국이나 일본에서 최후통첩 게임을 진행하면 평균 제안액은 40퍼센트에 이르고 거부율도 매우 낮게 나온다. 이는 아체 부족에 가까운 결과이다. 그러나 현재 지구상 인류의 생활상을 보면 아체 부족의 평등평화와는 거리가 멀다. 70억 인류가 다 먹고도 남을 만큼 식량은 넘쳐나지만 해마다 수십만 명이 굶어 죽는다. 분명 뭔가 커다란 문제가 도사리고 있는 것이다. 겉으로 드러난 수치는 아체 부족에 가깝지만 그 내부를 들여다보면 오히려 하드자 부족의 모습이 어른거린다.

그래서 우리는 '지금, 여기서' 2,500년 전의 공자를 다시 읽어야 하는 이유를 발견할 수 있다. 공자는 농사짓는 방법을 묻는 제자 번지에게 이렇게 답변한 적이 있다. "나는 늙은 농부만 못하다." 그러자 번지는 다시 원예나 과일나무 가꾸는 방법에 대해 물었다. 역시 공자는 이렇게 답변한다. "나는 늙은 원예사만 못하다." 결국 번지는 뒷머리만 긁적이며 자리에서 물러났다. 번지가 나간 뒤에 공자는 말했다. "소인이로다, 번수는. 어찌 농사에만 매달리려 하는가. 군자는 예와 정의와 신뢰가 중요하다. 이 세 가지가 있으면 누구도 굶주리지 않을 것이다. 농사를 지어도 그 속에 굶주림이 있다. 사람이 서로 예로 소통하지 못하고 서로를 신뢰하지 못한다면 살아갈 수가 없다."

공자는 이미 농업이 인간 불평등의 기원임을 간파하고 있었다. 가장 뛰어난 제자 가운데 하나인 자공과 이런 대화를 나눈다.

"스승님. 정치에 가장 중요한 것이 무엇입니까?"

"무기와 먹을 것, 그리고 신뢰이다."

"그 셋 중에 부득이 하나를 버려야 한다면 가장 먼저 무엇을 버려야 합니까?"

"무기지."

"또 하나를 부득이 버려야 한다면요?"

"먹을 것이지."

"예?"

자공은 공자의 대답이 뜻밖이어서 놀랐다. 그러자 공자가 덧붙였다.

"옛날부터 죽음은 늘 있어 왔다. 무기에 찔려서도 죽고 먹을 것을 못 먹어도 죽었다. 그런 죽음은 인류의 일상이다. 그러나 사람이란 서로에게 신뢰를 잃으면 죽음보다 더 고통스럽다. 누구도 믿지 못하는 삶을 사는 사람은 산해진미가 눈앞에 있어도 먹기 싫은 법이다."

공자가 말하는 '신뢰'는 바로 아체 부족이 보여 주는 상대방에 대한 '무한신뢰'와 다르지 않다. 나의 섣부른 판단일 수는 있으나, 공자는 아체 부족과 같은 삶을 꿈꾸었는지도 모른다. 공자가 살던 춘추시대 말기는 전쟁이 날마다 일어나는 시기였다. 골짜기와 도랑에 굶어 죽거나 무기에 찔려 죽은 시체가 넘쳐났다. 현대사회 역시 크게 다르지 않다. 과학이라는 무기로 사람을 무수히 죽이고 자본이라는 욕망이 기아를 만든다.

나는 공자가 추구했던 '군자' 또는 '인자'라는 명명을 '좋은 사람'이라 바꿔 부르고 싶다. 그러니까 공자는 '좋은 사람 되기'를 평생 추구한 인물이다. 좋은 사람은 주변을 미소 짓게 한다. 상대방에 대한 배려가 있기 때문이다. 이를 공자는 '마음 알아주기'라는 서(恕)로 표현했다. 서는 공감이며 연민이며 사랑이다. 좋은 사람이 많은 사회, 그런 문화가 형성된다면 우리는 인류의 우울한 전망에서 벗어날 수 있을지도 모른다. 어쩌면 그 길이 현재 우리 인류 앞에 놓인 유일한 탈출구일 수도 있다.

이 책은 그런 모색이 중심에 놓여 있다. 좋은 사람 되기. 물론 나는 아직 좋은 사람이 되지 못했다. 가장 가까이에 있는 아내와 아들, 딸에게도 아직 좋은 사람이라는 말을 자주 듣지 못한다. 그러나 최소한 좋은 사람이 되기 위한 과정에는 서 있다고 생각한다. 그러한 자각이 이 책을 내는 데 용기를 줬다. 이 책을 읽는 모든 분들에게 평화가 깃들기를.

2016년 여름 '모두되고'에서

장주식

배우고 비워내기
학이

공자가 말했다.

"배우고 때에 맞춰 실천하면 기쁘다. 뜻을 함께할 사람이 찾아오면 즐겁다. 남들이 알아주지 않아도 성내지 않으니 군자가 아니겠는가."

子曰, "學而時習之, 不亦說乎? 有朋自遠方來, 不亦樂乎? 人不知而不慍, 不亦君子乎?"

배움이란 나의 세계관을 만들어 나가는 길이다. 배운 대로 따라 하는 것이 아니라, 배워서 버린다는 뜻이다. 배움이 모방이라면, 나의 세계관은 추상화이다. 추상화를 그리기 위해선 배운 것을 버릴 수 있어야 한다. 노자(老子 : 기원전 6세기)는 "배움은 날마다 더하는 것이요, 도는 날마다 버리는 것이다. 버리고 또 버려 마침내 무위(無爲)에 이르러야 한다(爲學日益, 爲道日損, 損之又損, 以至於無爲 〈도덕경〉 48장)"고 했다. 배운 것을 내 안에 가득 채워 놓기만 하면 아무 쓸모가 없다. 배운 것의 무게에 짓눌려 나는 질식할지도 모른다. 아니, 나를 가르친 사람의 잣대에 휘둘려 나를 잃어버릴 수도 있다. 그러므로 배운 것을 잘 버릴 수 있어야 내가 살아갈 길이 생긴다. 내가 세상을 바라볼 하나의 통찰, 그 세계관을 남기고 모두 버릴 수 있어야 한다. 그것을 '일관성'이라고 부른다.

공자는 사랑하는 제자인 자공에게 "나는 세상을 하나로 꿰뚫었다 (吾道, 一以貫之)"라고 말하지 않던가. 배운 대로만 따라 하면 흉내에 지나지 않는다. 넓고 깊게 배우되, 그 배움이 나의 내면으로 들어와 내가 세상을 바라보는 눈이 되어야 한다. 이것을 '박문약례(博文約禮)' 라고 한다. 널리 배우되 예로써 요약한다는 뜻이다.

예란 다름 아닌 실천이다. 내가 세상을 살아가면서 타자들과 교류 하는 형식이다. 물론 나의 세계관, 나의 예는 언제든지 변화할 수 있 어야 한다. 어제의 세계관이 오늘 바뀔 수 있어야 한다는 말이다. 고 정된 것은 위험하다. 나의 고정된 세계관은 곧바로 타자에게 억압으 로 다가갈 수 있기 때문이다.

장자는 세상의 만물은 모두 같다고 했다. 내가 나비인지, 나비가 나 인지 모르겠다는 장자의 '나비의 꿈' 이야기는 그런 생각을 잘 말해 준다. 만물이 모두 같다고 볼지, 아니면 만물 중에 인간이 가장 위대 하다고 볼지는 각자의 몫이다. 각자 세계관의 가치판단은 쉽지 않다. 서로 자신의 세계관이 옳다고 주장할 것이기 때문이다. 그런데 옳다 고 주장하는 그 순간, 그것은 고집이 된다. 세계관은 변화하는 것이란 대전제를 깜빡했기 때문이다.

절대적인 '옳음'이 과연 존재하겠는가. 그래서 널리 배워야 한다. 배 우되, 자신의 세계관을 끊임없이 변화하며 정립시켜 간 위대한 영혼 들의 정신을 배워야 한다. 그들의 세계관을 검토하면서 나의 세계관 을 만들어 나가야 하기 때문이다.

뜻을 함께할 사람이 찾아온다는 것은 서로의 세계관에 자극을 줄 사람을 만난다는 얘기다. 즐겁지 않겠는가. '붕(朋)'이라는 글자가 재미있다. 이 글자는 '벗'이라는 뜻도 있지만 '무리'라는 의미가 강하다. 같은 마을에서 나고 자란 지연에 따른 친구와 같은 뜻이라고 볼 수는 없다. 물론 우연히 만나게 된 각급 학교의 동창생인 친구와도 개념이 다르다. 여기서 '붕'은 내가 모르는 사람이어도 상관없다. 그냥 모든 타자라고 볼 수 있겠다. 내가 알지 못하던 그 누군가가 어느 날 나를 찾아온 것이다. "당신의 얘기를 들었소. 당신과 함께 배움을 나누고 싶소" 하고 누군가가 찾아왔다는 뜻이다.

세상을 살아가면서 이런 동지를 만난다는 건 큰 행운에 속한다. 오죽하면 나를 잘 알아주는 사람이 하나만 있어도 세상은 살 만하다고 하지 않던가. 많이 과장되었겠지만 공자는 따르던 제자들이 삼천 명에 이르렀다고 한다. 기원전 6세기에 중국 춘추시대의 인구가 삼백만 정도라고 한다. 그런데 제자가 삼천 명이라면 거의 작은 나라 수준이다. 그들이 대부분 스스로 먼 곳으로부터 공자를 찾아왔을 것이다. 그 즐거움을 공자는 이렇게 말했으리라. "나는 너희들이 세계관을 정립하는 데 도움이 되고 싶다. 물론 너희들도 나의 세계관을 날마다 변화시켜 주고 있다. 고맙고 즐거운 일이다."

공자는 수많은 사람이 따랐던 인물이다. 그런데 왜 "나를 알아주지 않는다 해도 성내지 마라"고 말했을까. 사람이 느끼는 허기, 곧 굶주림을 크게 세 가지로 나눠 본다면 이렇게 말할 수 있다. 우선 그야말로 굶주림, 음식을 못 먹어서 느끼는 허기가 있고 성적인 본능을 해결하고 싶은 자극에 대한 허기가 있다. 공자도 "음식과 남녀는 사람의 큰 욕심이다(飮食男女, 人之大欲也〈예기〉)"라고 말했다.

식욕과 성욕은 사람이 동물로서 살아 있다는 기본조건일 터이다.

그렇다면 세 번째 굶주림은 무엇일까? 인정에 대한 갈망이다. 누군가 나를 알아봐 주기를 바라는 갈망. 이 허기는 심한 경우 죽음에 이르게도 할 수 있는 강렬한 욕망이다. 심리학자들의 헝겊원숭이 실험이나, 50년대 미국의 '무균실 아이들의 죽음' 이야기는 인정허기를 잘 보여 준다고 하겠다. 나를 어루만져 주는 손길, 그것이 인정이다. 나를 믿어 주는 것. 나는 아무에게도 인정받지 못하고 믿음을 주지 못한다고 느낄 때, 다른 두 가지 욕구인 식욕과 성욕마저 사라진다. 배도 고프지 않고 어떤 자극도 시들한 것이다.

공자의 말은 이 강력한 세 번째의 인정욕구를 넘어서라는 말이다. 보통 사람이 가능한 경지는 당연히 아니다. 어쩌면 공자 자신도 도달하지 못한 경지일지도 모른다. 여기서 나는 묘한 역설을 감지한다. 공자는 삼천에 이르는 수많은 제자들로부터 인정을 받은 위대한 스승이다. 그럼에도 그가 이런 말을 남겼다는 것은 일종의 어루만짐이다. 스승이나 벗들로부터 인정받고 싶어 몸부림치는 사람들을 위로하는 말이 아닌가.

"너무 인정받으려고 애쓰지 마라. 그러면 사람들이 너를 알아봐 줄 것이다."

오묘한 역설이 아닌가. 남들이 나를 알아봐 주기를 욕망하지 않을 때 오히려 남들이 나를 알아준다는 역설! 과연 그렇다. 공자는 "나는 하늘을 원망하지도 않고 사람을 원망하지도 않는다(不怨天 不尤人)"라고 말했다. 그럴 것이다. 누군가가 입만 열면 세상을 원망하고 주변 사람들을 원망한다면, 그 옆에 누가 남아 있겠는가. 귀를 싸매고 다들 도망치고 말 것이다. 세상도 사람도 원망하지 않는 사람이 있다면 오히려 그 사람 곁으로 많은 사람들이 모여들 터이다.

사마천은 〈사기〉의 '공자세가'에서 이런 말을 했다. "공자가 한 번씩 고난을 겪을 때마다 제자들이 더욱 늘어났다." 이 말을 무슨 뜻일까? 고난을 겪고서도 세상을 한탄하거나 사람을 원망하지 않고 더욱 자신을 거듭나게 하여 더 높은 경지로 나아갔다는 말이 아닐까. 그래서 공자는 '극기', 곧 남에게서 구하지 말고 자기 자신에게서 구하라는 말을 했다. 남이 알아주는 것에 목매지 말자. 나를 알아주고 알아주지 않음은 나를 보는 타자들의 눈에 달렸다. 나는 나를 극복하고 안으로 닦아 거듭나려고 하면 그뿐이다.

유자가 말했다.

"그 사람됨이 효성스럽고 공손하면서 윗사람 범하기를 좋아하는 이는 드물다. 윗사람 범하기를 좋아하지 않으면서 세상을 어지럽게 하는 걸 좋아하는 경우는 일찍이 없었다. 그러므로 군자는 뿌리를 굳건히 하는 데 힘쓰니, 뿌리가 단단하면 세상을 살아갈 길이 생긴다. 효와 제가 인을 실천하는 뿌리가 될 수 있을까?"

有子曰, "其爲人也孝弟, 而好犯上者, 鮮矣, 不好犯上, 而好作亂者, 未之有也. 君子務本, 本立而道生. 孝弟也者, 其爲仁之本與!"

유자는 공자의 제자인 유약(有若)이다. 유약은 공자보다 43살 어렸다고 하니, 공자가 죽었을 때 30세였다. 생김새가 공자와 비슷했다고 한다. 그래서 그랬는지, 공자가 죽은 뒤에 잠시 공자학단의 후계자 노릇을 했다.

이 장은 공자가 전제군주의 입맛에 제대로 맞는 이념적 근거를 제공해 준 것으로 인구에 회자된다. 그래서 시대의 혁명을 꿈꾸는 사람들에겐 경멸의 대상이 되기도 하는 장이다. 효는 가정의 수직적인 윤리다. 제는 가정을 벗어난 사회집단의 질서이다. 완고한 형식이 숨 막히게 하지 않는가.

더구나 그 경직된 윤리에 길이 든 사람은 순응주의자로 변하여 지배질서에 고분고분하게 된다. 그러니 어찌 감히 윗사람을 범할 수 있겠는가. 윗사람을 잘 따르는 사람이 어찌 사회변혁을 뜻하는 '작란(作

亂)'을 할 수 있으랴. 따라서 이 말은 지배질서를 공고히 하려는 전제 군주들에겐 하늘이 내려준 선물에 다름없었다. 다만 이 말이 '자왈'이 아니라 공자의 제자인 '유자왈'이라는 것이 통탄스러운 일이었다. 그러나 유자는 한때 공자의 후계자였으니 유자의 말은 공자의 말에 다름없다고 우기면 그만이다. 물론 공자를 봉건질서를 옹호한 인물로 몰아가는 사람들도 똑같은 논리를 펼 수밖에 없다.

여기서 우리는 개념과 관념을 생각해 보게 된다. 공자는 효와 제라는 개념을 제자들에게 말했다. 물론 공자가 개념화하겠다는 의도가 있어서 그런 것은 아닐 것이다. 사람이 사람다운 모습으로 타자들과 평화롭게 살아가기 위해서 공자는 효와 제라는 개념이 필요하다고 봤을 것이다. 부모는 스스로 낳은 자식을 아끼고 자식은 생명을 준 부모를 사랑하는 감정은 자연스럽다고 봤다. 이를 부자자효(父慈子孝)라고 한다. 위와 아래가 있지만, 내리사랑이 선행한다. 물이 아래로 흐르듯 내려오는 사랑은 쉽지만, 물길을 거슬러 오르는 건 힘이 든다. 효는 물길을 거슬러 오르는 배와 같다. 노를 부지런히 젓지 않으면 배는 제자리에 있지도 못한다. 가정 내의 평화를 유지하는 이 효라는 윤리가 가정의 울타리를 벗어나면 제가 된다. 서로가 타자를 공경하는 마음이 제이다.

유약은 스승인 공자가 말하는 이 두 가지 개념에 꽂혔다. 그리하여 유약은 자신의 세계관을 '효제'로 세워 보려 한다. 효제를 자신이 세상을 살아가는 길로 삼은 것이다. 효제라는 개념을 가져와 자신의 관념, 즉 유약 자신의 세계관이자 유약철학의 뿌리로 만들어 보고 싶었다. 아울러 공자가 늘 말한 인간으로서 최고의 경지인 '인(仁)'과 결합을 시켜 냈다. 인은 아낌없는 사랑이다. 타자를 나와 같이 여기는 마음이다. 효제를 실천하는 것이 인자로 가는 길이 아닐까, 유약은 그렇게 생각했다. 다만 유약은 자신할 수가 없었다. 그래서 말끝을 야(也)나 의(矣)로 하지 못하고 의문형인 여(與)로 끝내고 있다. 그리하여 이렇게 된다.

"효제는 인을 실천하는 길이 될 수 있을까?"

이 말은 공자가 얘기한 효와 제라는 개념을 가져와 유약이 자신의 철학을 만들어 가는 과정에 있는 발언임을 잘 나타내 준다고 하겠다.

그런데 이 유약의 관념을 후대에 자신의 입맛에 맞게 사용하면서 다양한 논리들을 생산하게 된다. 그 대표적인 것이 '지배질서의 옹호'라는 것이다. 부모에 대한 효를 군주에 대한 충성으로 둔갑시키고 '충효 이데올로기'를 생산하여 피지배자들을 옭아매는 족쇄로 사용하였다. 당연히 이것은 공자의 참뜻이 아니었고, 유약의 진의도 아니었다.

이 지배질서 옹호의 이념은 '상(上)'을 오로지 군주로만 해석한 것의 오류였다. 상은 다양한 해석이 가능하다. 효와 제라는 것이 타자에 대한 공경의 의미가 있으므로, 효제의 대상은 당연히 타자를 '윗사람'으로 나타낼 수도 있다. 그러므로 상은 곧 나를 제외한 모든 타자라고 할 수 있다. 또 상은 하늘이나 자연이 될 수도 있다. 오직 한 사람인 군주에 국한시킬 이유가 없는 것이다. 상이 모든 타자이거나 하늘이거나 자연이 될 때에 뒤의 구절이 자연스럽게 이어진다. '인'은 나 아닌 모든 타자에 대한 사랑을 뜻하는 개념이기 때문이다. 오직 한 사람인 군주에 대한 충성은 결코 '인'이 될 수가 없다.

유약은 보편적인 사랑의 길을 말하고 있다. 그 출발을 유약은 효제로 봤을 뿐이다. 내 곁에 가장 가까운 사람에 대한 사랑을 넓혀 나아가 세상 만물을 사랑하는 마음, 그것을 유약은 인의 실천으로 자기관념화했다고 봐야 한다. 그 과정에서 효제를 실천하는 사람은 타자를 해치지 않을 것이며 자연의 오묘한 질서를 어지럽히는 폭력을 행사하지도 않을 것이라고 봤다. 그것이 불호범상(不好犯上)이며 불호작란(不好作亂)이다.

시대의 혁명을 유약은 '작란'으로 보지 않았다. 후대에 자신의 이념을 포장하고 싶은 이들의 왜곡이었을 뿐이다. 그 왜곡을 검토해 보지도 않고 그 이념에 휩쓸려 들어간 사람이 얼마나 많았던가. 안타깝게도 혁명을 꿈꾸는 사람들조차 그 왜곡을 받아들였으니, 이 얼마나 아이러니한가.

공자가 말했다.

"예쁘고 듣기 좋게 말을 하고 낯빛을 잘 꾸미는 사람은 인을 실천하는 경우가 드물다."

子曰, "巧言令色, 鮮矣仁!"

어떤 일에 기교가 있다는 건 좋은 일이다. 겨우 길을 아는 사람은 기교를 부리지 못한다. 기교는 프로의 세계인 것이다. 말도 마찬가지다. 처음 말을 배운 아기가 어떻게 기교를 부리겠는가. 아기의 입장에서는 자기가 생각하는 의도를 전달할 수만 있으면 그것으로 최상이다. 그것이 몸짓이 됐든 울음이 됐든 자기의 뜻을 전달하는 것이 최대목표다.

하지만 말에 문리가 트이고 수많은 낱말을 알고 나면, 말에 기교를 부릴 수 있게 된다. 물론 이때도 정확한 의미 전달이 언어의 존재 뿌리라는 건 변함이 없다. 다만 말의 재미가 문제가 된다. 재미있게 이야기를 한다는 건 가치가 있다. 슬픔에 잠긴 사람에게 힘을 주는 위로의 말, 고된 노동에 시달린 사람들에게 웃음을 주는 개그 같은 말들은 얼마나 귀한 것인가.

따라서 여기서 공자가 얘기한 '교언(巧言)'이란 잘하는 말이 아니라 거짓말을 뜻한다. 화려하게 말을 포장하면 할수록 말의 본질이 불투명해진다. 아니, 사실을 왜곡하거나 진실을 감추려 할 때 말은 많아지고 꾸미게 된다. "소인은 잘못이 있으면 꼭 변명을 한다(小人之過, 必文也)"라고 하지 않던가. 자기의 과실을 있는 그대로 인정하지 않으려 할 때 사람들은 여러 가지 변명을 늘어놓게 된다. 교언은 바로 이러한 꾸밈, 변명, 왜곡 등으로 이루어진 거짓을 뜻한다.

자기 내면에 품고 있는 것과 다른 것을 추구해야만 할 때 사람들은 표정을 꾸미게 된다. 사람이 살아가면서 언제나 자기 뜻대로 행동하고 말할 수는 없다. 때로는 싫어도 꾹 참고 어떤 일을 해야만 한다. 그러나 사람다운 고귀한 덕성을 잃지는 말아야 한다. 여기서 말하는 '영색(令色)'은 아첨하는 낯빛이다. 자기가 추구하는 뭔가를 얻기 위해 자기 스스로를 속이는 행위다.

공자는 다른 자리에서 '원망을 감추고 사람을 벗하는 것(匿怨而友其人)'을 미워한다고 했다. 속으로는 그 사람을 증오하면서도 겉으로는 환하게 웃는 얼굴로 아첨을 하는 행위. 이러한 행위를 아첨을 받는 대상은 모를 수도 있을 것이다. 그러나 누가 아는가. 하늘이 알고 땅이 알고 내가 안다. 그런 나를 나 스스로 존중할 수가 없다. 자기긍정의 힘을 잃어버리면 자기부정의 어둠에 빠져 버릴 수 있다. 자존감을 잃게 되면 자기뿐 아니라 타자도 사랑하기 어렵다. 그러므로 공자는 교언과 영색을 하는 사람은 '인'을 실천하기 어렵다고 말하게 되었다.

4

증자가 말했다.

"나는 날마다 세 가지로 내 몸을 살펴본다. 남을 위한 일에 온 정성을 다했는지,
벗과 사귐에 약속을 지켰는지, 배움을 내면화하고 실천했는지, 이 세 가지다."

曾子曰, "吾日三省吾身, 爲人謀而不忠乎? 與朋友交而不信乎? 傳不習
乎?"

　　증자는 공자의 제자로 이름은 삼(參)이다. 공자보다 46살 어렸으니
공자 말년에도 매우 어린 제자였다. 공자는 증삼이 좀 둔하다고 말했
다. 그러나 공자의 도통을 이은 사람으로 증자를 꼽는다. 또 〈중용(中
庸)〉을 지은 공자의 손자인 자사(子思)의 스승이기도 했다. 둔하다는
건 욕이 아니다. 총명한 사람은 좀 더 일찍 깨닫겠지만, 둔한 사람은
늦게 깨닫는다. 깨닫는 시간의 차이일 뿐, 잘나고 못남의 구분으로 봐
선 안 된다.

　　증자는 날마다 세 가지로 자신을 살펴본다고 말한다. 여기서 '살펴
본다'는 뜻인 '성(省)'을 반성으로 해석하면 곤란하다. 반성의 본뜻은
'돌이켜 살펴본다'는 것이니 크게 문제 될 게 없다. 그런데 요즘 우리
의 언어감각으로는 좀 문제가 있다. 우리 시대의 반성의 의미는 '잘못
을 뉘우친다'는 의미가 강하다. 이건 반성의 본래 의미의 왜곡이다.

그러나 언어는 시대의 흐름을 따라 의미가 재창조될 수 있으니 어쩔 수 없다. 이렇게 왜곡된 우리 시대의 의미를 따른다면, 반성은 지나친 과장과 나쁜 습관으로 흐를 위험이 크다. 실제보다 지나치게 자신을 탓하게 되거나, 내면에 아무런 변화도 없으면서 습관적으로 '잘못했다'고 말하는 걸 반성이라고 생각하는 오해가 생길 수 있다.

따라서 '반성'을 말하지 말고 '내자송(內自訟)'을 말할 필요가 생긴다. 공자는 한때, "그만두자. 나는 '내자송' 하는 사람을 그토록 보고 싶어 했지만 끝내 못 보겠구나(子曰, 已矣, 吾未見內自訟者也)"라고 탄식했다. 내자송이란 무얼까? 자기 내면으로 들어가 스스로 따져 본다는 뜻이다. 밖으로 "잘못했어요, 용서해 주세요" 하고 내뱉는 것이 아니라, 자기 내면으로 들어가 진정 자신의 잘잘못이 뭔지 따져 본다는 말이다. 그러므로 내자송은 자기부정이 아니다. 반성은 자기부정성이 강하다. "잘못했어요, 죽을죄를 지었어요, 다시는 안 그럴게요" 등등. 그것도 습관적으로. 그러나 내자송은 스스로 살펴봐서 잘못이 있다면 잘못을 인정하는 것이고, 스스로 잘했다면 강력하게 자신의 옳음을 주장할 수 있는 경지다. 송사란 바로 그런 것이 아니겠는가. 정당한 논거를 대면서 자기를 변호할 수 있고, 그르다면 솔직히 잘못을 시인하는 그런 경지, 그것이 진정한 송사의 모습이리라. 결국 내자송은 자기부정이 아니라 자기긍정의 세계다. 여기서 증자의 발언도 반성이 아니라 내자송으로 봐야 그 의미가 살아난다.

'충(忠)'은 글자 그대로 기울어지지 않은 균형 잡힌 마음이다. 내가 일을 해주는 사람의 처지를 고려하여 내 마음의 중심이 기울어져서는 안 된다는 뜻이다. 사람의 빈부귀천, 남녀노소의 상황을 고려하여 내 마음이 변한다면 그건 '충'이 아니다. 학생을 가르치는 교사가 부잣집 아이에겐 온 정성을 들이고 가난한 집 아이는 대충 가르친다면, 그 교사는 자기의 직분에 충실한 사람이라고 할 수 없다.

벗은 일상적으로 나와 교류하는 모든 이들이다. 오직 나와 나이가 같은 동급생만을 벗이라고 말할 순 없다. 우리가 살아가는 사회에선 다양한 나이대의 사람들과 교류하며 살아야 한다. 같은 나이만 친구라는 건 학교라는 경직된 체제에 갇힌 사고다. 지금 같은 동기생들로 같은 학년을 만들어 단체생활을 하게 한 건, 근대에 발명된 제국적인 체제이다. 그러므로 나와 만나는 모든 타자를 '붕우(朋友)'라고 보면 된다.

인간사회에서 타자와 나를 연결해 주는 가장 중요한 도구는 '말'이다. 자기가 한 말을 지키는 것을 '신(信)'이라고 한다. 사람이 말을 했으면 말을 한 대로 실천을 해야만 그것이 사람의 말이 된다. 그렇지 않으면 그 말은 말로 기능하지 못하고 허공으로 사라지는 허무일 뿐이다. 타자와 한 약속, 곧 말을 지키는 것, 그것이 사람다운 사람이다.

지키지 못할 말은 하지 말아야 한다. 쓸데없이 큰소리를 하면 타자뿐 아니라 자기도 위태롭게 한다. 중국의 삼국시대 때 제갈량은 아끼는 부하장수인 마속을 울면서 목을 베었다. 마속이 전략적 요충지인 '가정'을 못 지키면 목숨을 내놓겠다고 큰소리를 치고선 위나라의 사마의에게 대패하여 가정을 잃었기 때문이다. 마속을 목 베면서 제갈량이 너무나 슬피 우는 게 안돼 보였던 다른 신하들이 물었다

"마속을 그렇게 아끼셨으면 용서하시지 그러셨습니까?"

제갈량이 대답했다.

"마속을 위해서 우는 게 아니다. 선황(先皇 : 유비)께서 마속은 말이 앞서니 높은 벼슬을 주지 말라고 하셨는데, 내가 그 말씀을 어겼다.

사랑이 앞서서 지혜를 잃은 것이다. 선황께 죄를 짓고 자식 같은 마속까지 죽였으니 내 잘못이 무엇보다 크다."

여기서 유비와 제갈량은 '말이 앞서는' 것의 문제를 지적하고 있다. 행동보다 말이 앞섰던 마속은 수만 명을 불타 죽게 하고 끝내 자기 목숨까지 잃고 말았던 것이다. 말의 신중하지 못함이 얼마나 무서운가.

전(傳)은 스승에게서 전해 받는 것이니, 가르침이다. 스승에게서 가르침 받은 것을 버릴 건 버리고 취할 건 취하여 내면화하고 나의 생활에서 실천을 해야 한다. 실천하지 않는 배움은 허망하다. 익힌다는 것은 취사선택의 의미가 있다. 취사선택이 바로 나의 세계관이다. 나의 세계관으로 배움을 조직하지 못하면 배움의 시간과 내용은 모두 낭비이다.

이 구절은 다른 해석도 가능하다. 다른 사람을 가르치기만 하고, 나는 실천하지 않는 행위. 이것은 학생들을 가르치는 교사가 된 사람들이 새겨들을 만한 해석이다. 또 다른 해석은 전을 '전(典)'으로 봐서 앞선 사람들이 남긴 고전의 의미로 푸는 것이다. 스승은 사람이 아니라 고전일 수도 있다. 고전을 부지런히 읽고 나의 세계관을 만들어 가는 데 통찰을 얻을 수 있다는 점에서 충분히 의미가 있는 해석이다.

5

공자가 말했다.

"천승의 나라를 다스리려면 이 다섯 가지 덕목은 갖춰야 한다. 일은 할 땐 정성스럽고, 약속은 잘 지켜야 하며, 씀씀이가 검소하고, 사람을 아낄 줄 알고, 백성을 때에 맞춰 써야 한다."

子曰, "道千乘之國, 敬事而信, 節用而愛人, 使民以時."

천승지국(千乘之國)이란 천 대의 전차를 낼 수 있을 정도의 국력을 가진 나라를 말한다. 전차 한 대에는 보통 고급 무사인 사(士)가 3명이 탄다. 어(御), 사(射), 과(戈)이다. 어는 말을 모는 사람, 사는 활을 쏘는 사람, 과는 긴 창을 든 사람이다. 이 전차를 따르는 보병이 10명 정도 된다. 천승이라면, 전차를 탄 무사가 3천 명이고 보병이 3만 명 정도 된다. 여기에 군량을 나르는 치중대가 있어야 하니, 만만치 않은 국력이다. 공자가 살았던 춘추시대의 노나라나 제나라 같은 제후국들이 바로 이 천승의 나라였다.

천승의 나라라면 꽤 큰 나라인데도 그 다스리는 덕목이 너무 평범해 보인다. 쉽게 실천할 수 있을 것처럼 만만해 보이기도 한다. 일에 정성을 보이고, 약속을 지키고, 검소하고, 사람을 아끼고, 때에 알맞게 사람을 부리는 것. 별로 어려워 보이지 않는다. 하지만 삶이 늘 그렇지 않던가. 평범해 보이는 것이 사실은 해내기 어려운 법. 이 덕목은 꼭 임금에게만 어울리는 건 아니다. 모든 사람에게 다 어울린다. 사람은 다 누군가의 부모이고 자식이고 벗이고 스승이고 제자가 된다. 평생을 살아가면서 늘 부림을 당하고만 사는 사람은 없다. 집단의 크고 작음이 있을 뿐, 사람은 다 누군가에게 부림을 받고 누군가를 부리면서 살아간다. 하다못해 사람에게는 부림을 당하기만 하는 사람도 초목과 동물을 부리며 살아간다. 사람이 일생을 살아가면서 위와 같은 덕목은 언제 어디서나 필요하다는 말이다.

물론 위와 같은 다섯 가지 덕목을 모두 잘 갖춘 사람이 있다면 그는 바로 군자가 될 것이다. 군자는 덕을 갖춘 사람의 이름이 아니던가. 덕을 갖춘 사람은 곧 타자의 우러름을 받고 타자를 부리는 위치에 자연스럽게 서게 되리라. 당연히 위와 같은 덕목들을 하나도 갖추지 못하게 되면 군자의 위치에 서기는 어려울 것이다.

정성이 없는 사람은 자기가 하는 일에 보람을 느끼지 못하니, 일의 노예가 될 것이다. 약속을 지키지 못하는 사람은 남에게 신뢰를 얻지 못한다. 신뢰를 잃은 사람은 자기를 존중할 수 없게 된다. 자존심을 놓친 사람은 주체성을 잃어버려 스스로 뭔가를 추진하는 힘을 잃게 된다. 검소하다는 건 스스로 필요한 것을 가려 뽑을 수 있는 힘을 말한다. 내가 뭘 원하는지도 모르면서 물건의 노예가 되지 말라는 것이다.

정성스럽지 않은 사람, 약속을 지키지 않는 사람, 사치스런 사람은 당연히 사람을 아낄 줄도 모르게 된다. 정성과 신뢰와 검소는 사람을 사랑할 때 나타나는 덕목이기 때문이다. 그러니 당연히 그 사람마다에 맞는 때가 언제인지 잘 살피지 않겠는가. 내 아이가 언제 가장 효과적으로 공부를 할 수 있는지 살펴보는 것이야말로 공부를 잘하기를 바라는 자상한 부모의 기본 태도가 아닐까. 함께하는 사람이 가장 좋아하는 때가 언제인지를 살펴보는 것, 그것이야말로 사람을 사랑하는 길의 출발선이 된다. 모든 삶이 그렇다.

공자가 말했다.

"젊은이들아. 집에 들어와서는 효를 하고, 밖에 나가선 공경해야 한다. 행동은 조심스럽게 하고 말을 하면 지켜야 한다. 널리 무리를 사랑하되, 어진 사람을 가까이해야 한다. 이렇게 하고도 남는 힘이 있거든 '문'을 배우도록 하라."

子曰, "弟子, 入則孝, 出則弟, 謹而信, 汎愛衆, 而親仁. 行有餘力, 則以學文."

이 구절은 공자가 가르침을 베풀던 공자학단의 학훈에 해당하는 것으로 보인다. 효가 강조되는 이유는 어렵기 때문이다. 부모가 자식을 사랑하는 것은 거역할 수 없는 본능이다. 그러나 자식이 부모를 받드는 것은 습관이 되지 않으면 힘들다. 밖에 나가서 타자를 공경하는 것도 마찬가지다. 본능이 아니라 수련에 따른 예다.

기숙고등학교에 다니는 딸아이가 이 구절을 읽다가, 너무나 마음에 와 닿는 이야기라고 놀라워했다. 집을 떠나 생활하다가 2~3주에 한 번 집에 오는데, 집에 와서 부모와 말다툼이라도 하고 가는 경우엔 학교에서도 생활이 편하지 않다고 했다. 가정에서 부모와 잘 지내는 경우엔 학교 등 바깥 생활에서도 편하다는 이야기였다. 효와 제는 결국 둘이 아니었다.

행동을 조심하고 말로 한 약속을 꼭 지켜야 한다는 것도 아이는 매우 중요하다고 했다. 기숙학교인 만큼 몇몇 아이하고만 친한 것도 나쁘다고 했다. 공자의 말처럼 모두를 사랑하는 마음을 가져야 한다는 것. 특히 아이가 꽂힌 구절은 "인자를 가까이하라(親仁)"였다. 24시간 함께 생활하는 기숙학교이다 보니 마음고생이 몹시 많다고 한다. 이럴 때 포옥 안겨서 위로를 받을 수 있는 따뜻한 인자의 품이 너무나 그립다고 한다. 친구도 좋지만 친구보다는 좀 더 나이가 많은 어른을 아이는 꼽았다. 사실, 우리가 인생을 살아가면서 내 온몸을 던져 안길 수 있는 사람이 하나라도 내 곁에 있다면 얼마나 행복할 것인가.

이 모든 것을 행동으로 실천하고 나서, '문'을 배우라고 공자는 말했다. 앞의 여섯 가지가 이루어졌다면 굳이 문을 배우지 않아도 충분히 행복한 삶이라고 할 수 있을 것이다. 하지만 사람의 배움에 대한 욕망은 본능이다. 사람으로서 기본이 갖춰졌다면 배움을 추구해야 한다. 여기서 말하는 공자의 '문'은 당시 공자학단에서 가르쳤던 '육예(六藝)'라고 보면 되겠다.

육예는 예(禮), 악(樂), 사(射), 어(御), 서(書), 수(數)를 말한다. 예는 사람과 사람 사이의 소통을 위한 질서의 내용, 악은 마음을 바르게 기르고 사람들과 조화를 꾀하는 음악, 사는 활쏘기, 어는 말과 수레 몰기, 서는 글자 익히기와 역사 공부, 수는 셈과 천문 역법에 대한 공부 등이었다. 예와 악이 인문적이라면, 사와 어는 무예이며, 서와 수는 일반교양이라고 하겠다. 이 육예를 갖추면 사(士)가 되어 리더가 될 수 있었다. 공자학단이 당시에 인기를 끌었던 비결이 여기에 있다고 하겠다.

자하가 말했다.

"어진 이를 어질다고 하는 걸 호색하는 마음처럼 하라. 부모를 모심에 자기의 온 힘을 다해야 하고, 임금을 모심에 자기 몸을 바칠 수 있어야 한다. 벗과 사귐에는 말을 하면 꼭 지켜 믿음을 준다면, 비록 배운 적이 없다고 하더라도 나는 반드시 그 사람을 배운 사람이라 하겠다."

子夏曰, "賢賢易色, 事父母, 能竭其力, 事君, 能致其身, 與朋友交, 言而有信. 雖曰未學, 吾必謂之學矣."

자하는 공자의 제자로 이름은 복상(卜商)이며 44살 어렸다. 자하는 복상의 자이다. 공자가 죽은 뒤 위나라로 건너가 위문후의 절대적인 지지 속에 거대한 학단을 만들었다. 〈논어〉에서 공자가 "함께 시를 말할 수 있겠다"고 말한 두 제자 가운데 한 명이다. 다른 한 명은 자공이다.

사람은 어진 사람을 보면 그 어짊을 잘 인정하려 들지를 않는다. 오히려 사람의 본능은 투현질능(妬賢嫉能)이라고 한다. 남의 어짊을 시샘하고 남의 능력 있음을 미워한다는 것이다. 그래서 자하는 인격이 완성된 사람은 투현질능을 하지 않으며, 오히려 좋아한다고 했다.

호색하는 마음이란, 남자가 여자를 여자가 남자를 좋아하는 마음을 말한다. 서로 짝을 찾는 건 본능이다. 남자가 미녀를 보면 '예쁘다'고 말하고 여자가 미남을 보면 '멋있다'고 말하는 건 매우 자연스러운 일이다. 수련을 통해 인격이 완성된 군자는 바로 호색하는 마음처럼 자연스럽게 현자와 능력자를 인정한다는 말이다.

부모를 모시는 건 가정의 일이요, 임금을 모시는 건 바깥의 일을 말한다. 자기가 할 수 있는 힘과 정성을 모두 내놓는다면 좋은 평가를 받을 것이다. 말을 하면 지켜야 한다는 건 이미 공자가 말했다.

제자들은 아무래도 스승의 말을 자기의 관념으로 가져가는 사람들이다. 그러다 보니 스승의 말이 제자들의 내면으로 들어가 제자들의 말로 다시 나오게 된다. 이건 당연한 일이다. 스승의 말을 앵무새처럼 되풀이한다면 그건 배움이 이루어진 것이 아니다. 다만 스승의 말 가운데 취사선택이 잘 되었느냐가 문제로 남는다. 단순반복이 아닌 차이에 의한 반복으로 새로운 경지에 올라서야 하며, 새로운 가치 있는 세계관을 보여 줘야 할 것이다. 그런 면에서 볼 때 자하의 말은 스승인 공자의 말을 새로운 경지로 이끌었다고 보기 어렵다. 오히려 답답하게 후퇴한 면이 있다.

공자가 말했다.

"군자는 자기를 소중하게 여기지 않으면 위엄도 생기지 않으며 배움도 단단해지지 않는다. 충과 신을 중심으로 삼되, 나보다 못한 벗은 없으니 내게 허물이 있다면 고치기를 꺼리지 말아야 한다."

子曰, "君子不重, 則不威, 學則不固. 主忠信. 無友不如己者. 過則勿憚改."

공자는 사람이 수양을 통해 도달할 수 있는 최상의 경지를 추구하는 사람을 '군자'라고 하였다. 또 다른 사람보다 높은 자리에 있어서 여러 사람에게 영향을 미칠 수 있는 리더를 '군자'라고 본다. 그런 군자가 지녀야 할 덕목은 자기를 굳건하게 지키는 충신(忠信)한 세계관이 있으면서도 언제든 자기를 비우고 남과 소통할 준비를 갖추는 것이다.

자기를 소중히 여기는 것은 자기긍정이다. 자기를 과장하거나 뽐내는 것도 꼴불견이지만, 자기를 비하하는 것은 더더욱 나쁜 행동이다. 자기를 존중하지 못하는 사람은 타자도 존중하지 못한다. 지기를 존중하고 긍정하는 사람은 남과 쓸데없이 다투지도 않는다. 자존감을 갖지 못하는 사람에게는 배움도 별 도움이 되지 못한다. 아니, 배움 자체를 욕망하지도 못한다. 학교에서 보라. 가난하거나 부모가 불화하거나 불편한 가정환경 등으로 자존감을 잃은 아이들이 학교에서 얼마나 학습에 장애를 겪는지. "나는 뭘 해도 안 돼!"라는 생각으로 절망하고 자기비하에 빠진 아이들은 간단한 셈이나 쉬운 문장도 이해하지 못한다. 아니, 이해를 거부한다.

배움이란 사람과 서적과 경험을 통해 많은 것을 이해하고 받아들인 다음, 세계를 바라보는 통찰력을 갖는 과정이다. 공자가 사랑하는 제자인 자공에게 말한 대로 '일관성'을 갖게 되는 일이다. 아래 공자와 자공의 대화를 보자. '사'는 자공의 이름이다.

> "사야, 너는 내가 많이 배워서 아는 사람이라고 생각하느냐?"
>
> "그렇습니다. 아닙니까?"
>
> "아니다. 나는 하나로 꿰뚫어서 아는 사람이다."

자잘하고 수많은 종류의 배움의 바다에서 허우적댄다면 자신을 잃고 말 것이다. 공자의 말대로 세상을 '하나로 꿰뚫어(一貫)' 바라보는 통찰력, 즉 '일관성의 구도'를 갖지 못한다면, 아무리 많이 배워 봐야 길에서 듣고 길에서 흘려보내는 허무한 일이 되고 만다. 곧 많이 배우되, 더 많이 비워 내야 한다는 말이다.

배움은 가치롭고 정의로운 세계관을 형성하기 위한 것이기도 하지만 그 궁극은 타자와의 소통이다. 타자는 인간을 포함한 나 밖의 모든 삼라만상이다. 그런데 비움은 타자와 소통하기 위한 전제조건이 된다. 나를 비우지 않고 소통이 이뤄질 수는 없다. 나를 비우는 것, 그것을 장자는 '허기(虛己)'라고 말했다. 또는 빈 배(虛舟)라고도 한다. 내 안에 내가 가득 차 있으면 타자가 스며들 틈이 없다. 그러므로 나는 나를 잊었다는 '좌망(坐忘)'을 장자는 말한다. 장자의 이런 발언의 원류가 바로 〈논어〉에 등장하는 공자의 말, 허물이 있으면 고치기를 꺼리지 말라는 말이다.

타자가 지적을 했든 내 스스로 느꼈든, 허물이라고 생각하면 지체없이 고쳐야 한다는 것이다. 내가 '개과(改過)'를 할 때 타자가 들어올 수 있는 공간이 생긴다. 또한 개과의 전제조건은 타자에 대한 존중이다. 타자를 내 발바닥의 때처럼 여기면서 개과는 이뤄질 수 없다. 그래서 "나보다 못한 벗은 없다"는 발언이 성립하게 된다.

그러나 이런 경우에도 자신의 정체성은 굳건해야 한다. 물이 네모난 그릇에 들어가면 네모 모양이 되고, 둥근 그릇에 들어가면 둥근 모양이 되어 그릇과 소통하지만, 물은 물로서의 성질을 잃어버리는 건아니다. 이 단독자로서의 굳건한 품성을 '충신'이라고 공자는 말했다. 충은 온 정성을 다하는 마음이요, 신은 약속을 지키는 태도를 말한다. 이 충과 신을 내 안의 줏대로 굳건하게 가지면서 개과를 통한 소통을해야 한다.

9

증자가 말했다.

"마침을 신중하게 하고 멀어지면 추모를 극진히 한다면, 사람마다의 덕이 따뜻
하고 두터워질 것이다."

曾子曰, "愼終追遠, 民德歸厚矣."

이 증자의 발언은 상례와 제례에 무게를 두게 만들었다. 사람의 죽
음은 산 사람에게는 크나큰 고통이다. 죽음에 이른 한 사람의 두려움
을 산 사람은 알 수가 없다. 다만, 산 사람은 죽는 사람과의 관계 단절
에서 오는 자기의 슬픔을 견뎌내기가 쉽지 않다. 그러므로 상례는 죽
은 자를 위한 것이기보다는 산 사람을 위한 한판의 씻김굿이다. 이 상
례가 신중하고 조심스러우면서도 경건하게 이뤄지지 않으면 산 사람
은 남은 생을 제대로 살아가기 어렵다.

슬픔은 충분히 슬퍼할 수 있어야 그 슬픔이 해소된다. 그래서 상례
의 공간은 죽은 자와 가까운 관계에 있는 사람이 마음 놓고 울 수 있
는 공간으로 조성되어야 한다. 죽은 자와 직접 이별을 해야 하는 상주
는 가장 귀하게 대우를 받아야 한다. 그들이 가진 슬픔은 그 순간만큼
은 누구보다 크기 때문이다. 크나큰 고통을 마주한 사람은 스스로를

낮추기 때문에 스스로 귀하게 된다.

슬픔은 시간과 함께 스러져 간다. 슬픔은 이제 추억이 되고, 죽은 자와 행복했던 기억으로 추모하면 된다. 죽은 자와 나빴던 기억은 모두 버리는 것이 추모다. 추모에 별다른 격식이 필요하지는 않겠으나, 추모가 아직 살아 있는 사람들에게 힘이 되는 방식이면 더욱 좋겠다. 추모의 정 역시 시간과 함께 조금씩 흐릿해져 가겠지만 말이다. 어쨌든 죽은 자를 떠나보내는 상례와 제례가 잘 이뤄진다면 사람들이 평화롭게 살아갈 수 있을 것으로 증자는 생각했다. 일리 있는 이야기다.

그러나 이 구절은 이런 해석도 가능하다. '마침'은 어떤 일의 결과로 보고, 추모는 그 결과의 원인을 따져 본다는 해석. 어떤 일이 발생했을 때 원인들은 켜켜이 쌓여 있다. 그런데 어떤 일을 결과짓는 진짜 원인은 멀리, 희미하게, 때로는 전혀 보이지 않을 정도로 숨어 있을 가능성이 크다.

2014년에 승객 476명을 실은 카페리 선박인 '세월호'가 침몰했다. 승객은 174명만 구조되는 대참사가 일어났다. 승객을 구조할 수 있는 '골든타임'이 무려 1시간 이상이었는데도 이런 터무니없는 일이 벌어지고 말았다. 그러나 선원은 20명 중에 15명이 살아남았다. 자, 이런 결과가 발생했을 때 가장 먼저 사람들은 누구에게 책임을 묻겠는가? 승객들을 구조하지 않고 살아남은 선원들? 당연히 처벌을 받아야 한다. 선원들만 처벌하면 이 상황은 종료가 될 수 있을까? 결코 그렇지 않다.

선원들은 배가 침몰할 것을 알면서도 의무를 다하지 못한 죄를 처벌받는 것이다. 진짜로 처벌받아야 하는 대상은 배가 침몰하는 데 원인을 제공한 자들이다. 배를 불법으로 개조한 회사, 심사조건을 갖추지 못했는데도 통과시킨 선박심사관, 그것들을 묵인한 해양경찰, 해양수산부의 공무원들. 그러나 이들의 불의와 불법을 조장한 진정한 신의 손길은 무엇이었을까? 그 신의 손길이 바로 멀리 있는 진짜 원인인데, 그것은 '자본'이다. 불의와 불법에 가담한 모든 존재들 사이엔 바로 '돈'이 있었다. 자본의 논리에 모든 것을 항복시키고 오로지 자본의 자유만을 강조하는 것이 '신자유주의'인데, 선박 침몰의 원인은 바로 거기에 있었다. 주변 강대국들에 둘러싸인 분단된 한국의 지정학적인 위치도 이 참사에 한몫했음에 틀림없다. 정치적이고 군사적인 문제가 존재하는 것이다.

하늘이 무너지고 땅이 꺼지는 고통을 당한 승객들의 유가족을 진정으로 위로하는 길은 진짜 원인제공자를 처벌하는 일이다. 침몰의 진실을 밝히는 일도 당연히 이뤄져야 한다. 그래야만 사람들이 평화를 찾을 수 있다. 이것이 '마침을 경건하게 하고 멀어짐을 추모함'의 참뜻이라 하겠다.

자금이 자공에게 물었다.

"공자 선생님은 어떤 나라에 가시면 꼭 그 나라의 정치에 참여하셨습니다. 그것은 공자 선생님이 원하신 일인가요, 아니면 그 나라에서 원한 일인가요?"

"선생님은 온화하고 정직하고 공손하고 검소하고 사양하는 마음으로 정치에 참여하셨다. 그러므로 선생님이 원하시는 건 보통 사람들이 원하는 것과 다르겠지?"

子禽問於子貢曰, "夫子至於是邦也, 必聞其政, 求之與? 抑與之與?"子貢曰, "夫子溫良恭儉讓以得之. 夫子之求之也, 其諸異乎人之求之與?"

자금은 진항(陳亢)이라는 사람으로, 공자의 제자라고도 하고 자공의 제자라고도 한다. 자공보다는 9살 정도 어렸다. 그러니 공자보다 40살 정도 어린 사람이다. 진항은 공자가 죽은 뒤에 자공보고 "당신이 겸손해서 그렇지 공자보다 낫다"라는 도발적인 발언을 한 사람이다. 또 공자의 아들인 공리에게 "당신은 당신 아버지에게 뭐 특별하게 배운 게 없느냐?" 하고 묻기도 했다.

이 구절에서도 진항은 공자가 여러 나라를 떠돌면서 어떻게 한자리 해 보려고 구걸하고 다닌 게 아니냐는 의심스런 마음을 표현하고 있다. 이런 일관된 발언들을 보면, 진항은 뭔가 공자의 행동들에 대해 미심쩍은 부분이 있다고 늘 생각한 사람인 듯하다. 이에 대해 자공은 늘 공자를 변호한다. 진항이 자신을 공자보다 낫다고 할 때는 "선생님은 하늘과 같아서, 사다리를 놓고 오를 수 없는 분"이라고 대답했다.

이 구절에서도 자공은 공자의 다섯 가지 덕을 말한다.

공자의 오덕, 바로 온량공검량(溫良恭儉讓)이다. 사람을 대할 때 온화하고 정직하고 공손하고 검소하고 양보하는 미덕. 얼핏 보면 그리 어려워 보이지 않는다. 이런 오덕을 갖춘 사람은 우리 주변에서 그리 어렵지 않게 찾을 수도 있다. 다만 늘 그러함이 문제가 될 수는 있다. 사람에 따라 환경에 따라 구애됨이 없이 공평하게 이 오덕이 실천되는 문제. 이 실천이 어려울 수 있을 것이다.

오덕 중에 검소함에 대하여 잠깐 살펴보자. 검(儉)은 인(人)과 첨(僉)으로 되어 있다. 첨은 '가려 뽑는다'는 뜻이다. 뭔가를 고르고 가려서 뽑아 낼 수 있는 안목을 가진 사람으로 뜻풀이가 된다. 그러니까 검소함이란, 나에게 꼭 필요한 물건이 무엇인지 알고 그것을 구입하는 안목이라 할 수 있겠다. 꼭 필요한 것도 돈이 아까워 구입하지 못하는 구두쇠 또는 자린고비와는 다른 개념이다.

검소함의 반대편에 사치가 있다. 사치는 한자의 구성이 재미있다. 사(奢)는 큰 대(大)와 놈 자(者)로 되어 '큰 놈'이다. 치(侈)는 사람 인(人)과 많을 다(多)로 구성되어 '많은 놈'이다. 이를 풀이해 보면, 큰 것을 원하고 많은 것을 원하는 것이 곧 사치다. '크게크게, 많이많이' 만을 추구하다 보면 진정으로 자기가 원하는 것이 뭔지 잃어버리게 된다. 이것이 자기상실이 아니고 무엇이겠는가.

공자가 말했다.

"부모가 살아 계실 때에는 그 뜻을 살피고, 부모가 돌아가신 뒤에는 그 행동을 살펴본다. 부모가 돌아가신 뒤에 3년 동안 부모의 길을 고침이 없어야 효도했다 하겠다."

子曰, "父在觀其志, 父沒觀其行, 三年無改於父之道, 可謂孝矣."

여기서는 '기(其)'의 해석이 문제가 된다. 기를 부모로 볼 것이냐, 자식으로 볼 것이냐 하는 문제다. 기를 부모로 보면, 부모가 살아 계실 때는 부모의 뜻을 잘 받들어야 하고, 부모가 돌아가신 뒤에는 부모가 남긴 행위, 곧 좋은 업적을 살펴서 기려야 한다는 것이 된다. 그리고 부모가 남긴 그 업적을 최소한 3년 동안은 내 마음대로 바꾸지 말아야 한다는 뜻이다. 여기서 3년이란 숫자는 꼭 3년만을 말하는 것이 아니라, 성수(成數)의 개념이다. 완성된 수, 그러니까 오랜 세월, 곧 '영원히'라는 말과도 통한다. 부모의 업적이 참으로 가치 있는 것이라면 어찌 3년 동안만 안 고칠까. 영원히 고칠 필요 없이 기리면 될 것이다. 물론 시대의 변화에 따른다면, 3년 정도면 아무리 좋은 업적이라 하더라도 부분적으로 수정해야 할 일들이 있을 수도 있다.

그런데 기를 자식으로 보면 이렇게 된다. 부모가 살아 계실 때에는 자식이 마음대로 행동을 못하므로 마음속에 품고 있는 뜻을 잘 살펴봐야 하고, 부모가 돌아가신 뒤에는 제 마음대로 행동하므로 행동을 보면 된다는 것. 부모가 살아 있는 동안에는 마음속에 꾹 참고 있다가 부모가 돌아가시자마자 제멋대로 행동하는 자식이 있을 수 있다. 그런 면에서 이런 해석도 충분히 가능하다. 부모가 돌아가신 뒤에 3년이 아니라, 하루아침에 부모와 정반대의 길을 가는 자식도 있다. 부모가 남긴 길의 옳고 그름을 떠나서 하루아침에 모조리 바꿔 버리는 자식이 당연히 있다.

결국 자식의 뜻과 행동이 문제다. 아마도 공자는 지행(志行)의 중요성을 제기한 듯하다. 부모의 생존 여부와 관계없이 지행이 한결같아야 하지 않을까. 부모라고 하는 강력한 환경의 유무와 관계없이 자신의 뜻과 행동이 일치되는 삶. 그런 사람의 삶의 태도는 우리가 쉽게 짐작할 수 있다. 꼭 부모에게만 아니라 그 누구에게도 지행이 일치하는 삶의 태도를 보일 것이다. 이런 삶의 태도를 공자는 '효'라고 봤다.

유자가 말했다.

"예는 조화롭게 하는 걸 귀하게 여긴다. 선왕들도 이를 아름답게 여겨, 모든 일을 그것으로 말미암았다. 하지만 해서는 안 될 것이 있는데, 조화가 좋은 것만 알아서 조화만 고집하고 예로 절제하지 않는다면, 결국 제대로 실천될 수 없다."

有子曰, "禮之用, 和爲貴. 先王之道, 斯爲美, 小大由之. 有所不行, 知和而和, 不以禮節之, 亦不可行也."

　　조화롭게 한다는 건, 다른 말로 하면 공감이다. 공감이란 어떤 시비나 선악의 기준 없이 타자를 있는 그대로 인정하고 받아 준다는 의미다. 상대방의 언행이나 마음을 내가 가진 기준으로 재단한다면 상대방의 언행과 마음을 결코 이해할 수 없을 것이다. 그러므로 옳고 그름, 좋고 나쁨을 따지지 않는 바탕에서 상대를 받아들이는 마음, 그것이 공감일 것이다. 조화는 바로 공감을 뿌리로 하여 나타나는 쓰임이다.

　　쉽게 음악을 예로 들 수 있을 것이다. 음악을 '천지의 조화(天地之和)'라고 한다. 음악은 공감을 불러일으키기 쉬운 힘을 갖고 있다. 수만 명의 인파가 모여 함께 어우러지는 록페스티벌이나 가수들의 콘서트장을 생각해 보면 된다. 공감으로 조화를 이룬 상태에서 삶은 의욕에 충만하게 된다. 공감은 포용의 또 다른 이름이다. 포용은 상대도 나도 삶을 살아가게 하는 힘을 배가시킨다.

그런데 이 조화에도 조심해야 할 것이 있다. 조화만을 강조하다 보면 자칫 패거리가 형성될 수 있다. 조화는 같아지자는 말이 아니다. 자기의 중심을 잃어버린 채 타자의 자장에 휩쓸려 들어가는 것은 조화가 아니다. 단독자로서 자기의 충신(忠信)을 굳건히 한 상태에서 타자를 포용하는 것이다. 각자의 색깔로 빛나야 한다. 자기의 색깔을 잃어버린다면, 그것은 조화가 아니라 '동(同)'이다.

공자는 "군자는 화이부동(和而不同)하고 소인은 동이불화(同而不和)한다"고 했다. 같아진다는 건 얼핏 보면 좋아 보이지만 매우 위험하다. 타자의 불의를 보고도 못 본 체하고 따라가는 것이 동이다. 타자의 불의는 공격하면서 나 또는 내 편의 불의는 눈감는 것 또한 동이다. 이를 우리는 '패거리'라 부른다. 선거할 때 잘 등장하는 '우리가 남이가!'를 외치면서 불의에 동참할 것을 요구하는 행위 또한 동이다. 동일률을 고집하는 사회는 파시즘 사회이다.

조화만 알고 조화만 고집한다는 말은 바로 '동'의 위험에 빠지지 말라는 것이다. 패거리 문화에 빠지지 않고 조화의 아름다움을 유지하려면, 바로 '예절'이 필요하다는 것이다. 예로 절제하라는 말이다. 어느 쪽으로도 치우치지 않는 중용의 마음으로 자신을 굳건하게 지킬 때 조화의 의미가 살아난다. 그것이 예다.

유자가 말했다.

"약속한 것이 정의롭다면 그 말을 실천할 만하다. 공손함이 예에 맞으면 치욕을 멀리할 수 있다. 내 삶의 행위가 가까운 사람을 잃지 않을 정도라면 역시 남의 스승이 될 만하다."

有子曰, "信近於義, 言可復也. 恭近於禮, 遠恥辱也. 因不失其親, 亦可宗也."

신(信)이라는 말은 조심스럽게 번역할 필요가 있다. '믿음'이라고 해석을 하면 의미에 혼란이 온다. 요즘의 세태에선 신에 대한 믿음, 곧 종교적인 신앙의 의미가 강하게 끼어들게 된다. 여기서 말하는 신은 종교적인 색채가 당연히 없다. 단순히 사람과 사람 사이에서 일어나는 말에 대한 신뢰를 의미한다. 약속이라고 보면 되겠다. 우리는 다양다종한 약속을 하고 살아간다. 모든 약속이 다 정의롭지는 않을 것이다. 그래서 유자는 말했다. 정의로운 약속이라야 실천할 만하다고.

공손함은 예로 절제가 되어야 한다. 공자는 교묘한 거짓말(巧言)과 거짓으로 꾸미는 낯빛(令色)과 지나친 공손(足恭)을 가장 부끄러워한다고 말했다. 또 공손하되 예가 없으면 쓸데없이 수고롭기만 하다고도 했다(恭而無禮則勞). 유자는 공자의 말을 조금 더 확대하여 공손하되 예로 절제가 안 된다면 치욕을 당한다고 봤다. 공손이 지나치면 바로 아첨으로 바뀌는 걸 경계한 말이다. 치욕은 남이 주는 것이기도 하지만 대부분 스스로 불러들이는 재앙이다. 데이비드 호킨스는 〈의식의 혁명〉에서 사람이 삶의 의욕을 잃어버리는 가장 나쁜 의식 수준은 '수치'라고 하였다. 수치는 스스로 느끼는 치욕감의 다른 이름이다. 아첨하는 사람은 늘 수치를 느끼며 살아간다. 그러나 그 수치심을 감추기 위하여 타자에게 폭력을 휘두르기도 한다.

삶은 내가 지향하는 바가 중요하다. 나의 지향이 곧 현재의 언행으로 나타나게 된다. 물론 내가 살아온 날들도 현재 나의 언행으로 나타난다. 따라서 현재의 나의 언행은 나의 과거와 미래의 지향이 다 포함된 모습이다. 그것이 현재 내 삶인데, 이 삶의 모습이 가장 가까이 있는 사람이나 내가 가까이해야 할 사람들에게 신뢰를 잃지 않는 것이라면, 그 사람은 남들에게 떠받듦을 받을 만한 자격이 있다는 것이다. 곧 남의 앞에 스승으로 서도 된다는 유자의 주장이다.

공자가 말했다.

> "군자는 먹을 때 배부르길 욕망함이 없으며, 거처가 편안하기를 욕망함이 없다. 일을 처리할 때는 재빠르게 하며, 말은 천천히 신중하게 한다. 스승이 될 만한 사람에게 나아가 자기를 바로잡는다. 이렇게 할 수 있다면 그가 바로 호학하는 사람이다."

子曰, "君子食無求飽, 居無求安, 敏於事而愼於言, 就有道而正焉, 可謂好學也已."

호학, 곧 '배우기를 좋아함'은 공자가 가장 자부심을 갖고 있는 것이었다. 공자는 "열 집 정도가 모여 사는 작은 마을에도 충신(忠信)한 사람은 분명히 있을 것이나, 자기처럼 호학하는 사람은 없을 것"이라고 주장하기도 했다. 공자는 스스로 군자이거나 인자의 반열에는 오를 수 없다고 봤지만, 자기는 배움을 싫어하지 않고 가르치기를 게을리 하지 않는다고 하였다. 그리고 배움과 가르침이 자기에겐 어려운 일이 아니라고 말한다. 학문에 대한 열정과 자부심이 절절이 배어 있는 공자의 발언들이라고 보겠다.

여기에 등장한 구절들은 호학하는 사람의 모습을 잘 보여 준다. 공자는 〈논어〉에서 호학하는 사람의 모습을 다양하게 변주하고 있는데 그 가운데 하나다. 배부르길 바라지 않는다는 건, 학문이 부를 욕망함이 아니라는 뜻이다. 공자는 이런 말을 한 적이 있다.

"부귀를 내가 바라지 않는 건 아니나, 억지로 되지 않는 것이라면 나는 내가 좋아하는 걸 하겠다."

또 이런 말도 한다.

"나물밥과 냉수를 마시고 팔 괴고 누웠으니, 부귀는 나에게 뜬구름과 같다."

자기가 좋아하는 학문에 열정을 불사르고 있으니, 부귀는 전혀 호학하는 사람을 흔들 수 없다. 거처는 곧 좋은 집을 말한다. 요즘으로 보면 좋은 집, 좋은 차, 뭐 이런 것들이겠다. 좋은 집이란 의미가 좀 모호하다. 자본의 논리로 본다면 크고 비싼 집이 좋은 집이리라. 공자의 논리에 따르면, 그런 집과 차는 호학하는 사람에게는 오히려 불편한 그 무엇이라는 말이 된다.

말보다 행동을 앞세우는 건 공자가 자주 얘기하는 중심 테마다. 말이 앞서게 되면 신뢰를 얻기 어렵다. 사람은 스스로 모든 걸 이룰 수는 없다. 주변의 모든 사람이 다 나의 스승이 될 수 있으나, 진정한 스승은 그리 많지 않다. 깨달음의 경지에 도달한 사람, 그런 사람을 '유도자(有道者)'라고 보면 되겠다. 인도의 간디나 크리슈나 같은 경지의 깨달음을 얻는 사람은 인구 천만 명 중에 한 명 정도 나온다고 한다. 그렇다면 그런 유도자를 스승으로 삼기는 매우 어려운 일이다. 우리 주변에서 찾을 수 없기 때문이다.

그러나 간디 같은 경지는 아니더라도 나를 감동시키고 삶의 의욕을 북돋워 줄 만한 스승이 없지는 않으리라. 쉽지는 않겠지만 그런 사람을 찾아 배워야 한다. 그럴 때 진정으로 '호학'하는 사람이 되겠다. 호학이 쉽지만은 않다.

자공이 스승인 공자에게 물었다.

"가난하지만 아첨함이 없고 부유하지만 교만함이 없으면 어떻습니까?"

"괜찮지. 그러나 가난하면서도 즐김이 있고 부유하면서도 예를 좋아함만 못하구나."

자공이 잠시 생각하다가 말했다.

"시에 이르기를, '자른 듯 간 듯 쫀 듯 문지른 듯' 하다는 말이 있는데, 그것이 바로 이것을 뜻하는 말이겠군요?"

"오, 사야. 이제 비로소 너와 더불어 시를 말할 수 있겠구나! 지나간 것을 말해 주니 올 것을 아는구나!"

子貢曰, "貧而無諂, 富而無驕, 何如?" 子曰, "可也, 未若貧而樂, 富而好禮者也." 子貢曰, "詩云, '如切如磋, 如琢如磨', 其斯之謂與?" 子曰, "賜也, 始可與言詩已矣, 告諸往而知來者."

　자공은 공자의 학단에서 매우 중량감이 있는 인물이다. 이름은 단목사(端木賜)이고 공자보다 31살 어렸다. 자공은 단목사의 자이다. 여기서 자공의 질문은 자기 스스로 도달한 경지를 말하고 있다. 자공은 나중에 한 나라를 사고도 남을 부자가 되었지만 어린 시절엔 가난했다. 가난했으되 부자나 권력자에게 아첨하지 않았다. 자기의 중심이 굳건했던 것이다. 그리고 탁월한 안목으로 장사를 잘하여 나중에 갑부가 되었을 때 교만하지 않았다. 자공의 그런 모습은 공자도 잘 알고 있는 거였다. 그리하여 자공은 스승에게 좀 칭찬을 받아 볼 욕심으로 그렇게 말해 보았다.

　그러나 공자가 누구인가? 자공의 자질로서 도달할 수 있는 경지가 아직 남아 있는데도 현재의 수준에서 만족할까 스승은 걱정하지 않을 수 없다. 그래서 자공이 좀 더 높은 경지에 도달하기를 바라며 말해 준다. 아첨보다는 '즐기'는 경지, 교만하지 않기보다는 '예를 좋아함'의 경지를 공자는 말한다.

여기서 다소 문제가 발생한다. 과연 가난을 즐길 수 있는가? 절대적인 빈곤에 시달리다가 스스로 목숨을 끊는 사람이 많은 세상이다. 이런 세상에서 과연 "가난을 즐기라"라고 말한다면 돌팔매 맞을 것이다. 그렇다면 공자는 비현실적인 말장난을 하고 있는 것일까? 공자는 결코 현실에서 발을 뺀 적이 없는 사람이다. 가난은 즐길 수 있는 것이 아니다. 내가 가진 것이 많지만 일부러 가난하게 산다면 그것은 즐김의 대상이라 할 수 있다. 그러나 절대적으로 가진 것이 없는 사람은 절대적으로 고통스럽다. 그래서 이 문제를 해결하기 위해 공자는 정치적인 해결법을 제시한다. 그것이 바로 '균무빈(均無貧)'이다. 고르면 가난이 없다는 말이다. 부가 어느 한쪽으로 편중되면 상대적인 박탈감에 빠지는 사람이 생길 수밖에 없고 절대적인 빈곤층이 발생한다.

재물의 탐욕에서 벗어나고 절대적인 빈곤에서도 벗어나는 경지, 그것이 '가난을 즐기는' 의미이다. 그러자면 부유한 자가 부를 내놓아야 한다. 부유한 자가 '예를 좋아함'이란 바로 '나눔'을 말한다. 예란 조화를 귀하게 여긴다고 했다. 누군가는 고통 속에서 허덕이고 누군가는 호의호식하는 즐거움을 누린다면 이것은 조화가 깨진 것이다.

자본은 불평등을 먹고 사는 괴물이다. 우리가 살고 있는 현재, 자본이 무한권력을 가진 이 시대가 바로 그렇다. 최근에 발생한 '세월호 참사'가 괴물이 된 자본의 욕망을 잘 보여 주고 있다. "가만히 있으라"는 억압에 순응한 앳된 고등학생 수백 명이 목숨을 잃었다. 자본은 자본의 증식에 방해가 되는 요소가 감히 대드는 것을 용납하지 않는다. 세월호 참사에서 피해자는 당연히 목숨을 잃은 학생들과 유가족이다.

그러나 자본과 자본에 기생하는 부패권력은 자기들을 도리어 피해자라고 생각한다. 요컨대 재수가 없어 발생한 사고인 것이다. 그러므로 그들은 피해자 유가족을 "미개하다, 좌파 종북주의자들에게 놀아난다"라고 몰아대는 것이다. 결국 괴물화된 자본의 체제를 바꾸지 않는 한 문제는 해결되지 않는다.

따라서 자본에 맞서는 비자본의 연대가 필요하다. 절대다수인 비자본가의 연대 말이다. 연대의 방식은 다양하게 생산될 수 있다. 작은 연대들이 튼튼하게 뿌리를 내릴 때, 거대자본과 자본에 기생하는 부패권력을 무너뜨릴 수 있다. 그리할 때 공자가 희망했던 '균무빈'의 세상이 열리리라.

이 장은 많은 사람들이 잘 알고 있는 '절차탁마(切磋琢磨)'의 출처다. 절차탁마는 옥으로 물건을 하나 만드는 과정을 나타낸 것으로 보면 좋다. 다른 암석들과 뒤섞여 있는 곳에서 옥을 잘라 내고(切), 그 옥에 붙은 다른 물질을 갈아 내고(磋), 옥을 원하는 물건의 모양으로 쪼아서 만들고(琢), 문지르고 다듬어 빛을 내게 하는 과정(磨), 그것이 절차탁마다. 옥가락지 하나가 생산되는 어렵고 정교한 과정을 빗댄 표현이다. 그럼 자공은 왜 이 시를 인용했을까? 자공은 스스로 도달한 '무첨무교(無諂無驕)'의 경지를 자랑하고 싶었다. 그런데 웬걸! 훨씬 높은 경지가 기다리고 있었다. 스승 공자의 발언을 듣고 보니 자공은 아직도 자신의 수련이 한참 모자란다는 걸 알았다. 그리고 언젠가 읽었던 시의 이 구절이 생각이 난 것이다. 단련에 단련을 거듭하여 찬란하게 빛나는 옥을 만드는 것, 그 과정에서 자신은 아직 절차(切磋)의 수준에 머물러 있음을 직감한 것이다. 그리하여 탁마(琢磨)가 아직 남았음을 시를 빗대어 고백한 셈이다.

비유는 듣는 사람에게 더욱 강한 감동을 준다. 시가 직유와 은유 같은 수사를 많이 사용하는 이유다. 자기 생각을 시를 통해 비유적으로 나타낸 제자가 공자는 너무나 사랑스럽다. 그래서 곧 극찬을 한다. 그래, 이제 비로소 너와 시를 말할 수 있겠구나. 그 칭찬으로도 모자라 공자는 한마디 덧붙인다. "지나간 걸 말해 주니 올 것을 아는구나." 공자가 얼마나 자공의 시 인용을 마음에 들어 했는지 짐작이 가는 대화다. 마음으로 깊이 통했던 스승과 제자의 아름다운 한 장면이다. 자공이 인용한 구절이 들어 있는 시의 전편을 소개한다. 시는 위풍의 기욱 편이다

　　　　기수의 물굽이

　　　　저 기수의 물가를 보아라 / 푸른 대나무가 무성하구나
　　　　물가를 거니는 저 사내 / 옥을 자른 듯 간 듯 쫀 듯 문지른 듯
　　　　의젓하고 늠름하네 / 빛나고 훤하네

　　　　저 기수의 물가를 보아라 / 푸른 대나무 싱싱하네
　　　　물가를 거니는 저 사내 / 귀걸이는 옥처럼 빛나고 모자는 별처럼 빛나네
　　　　의젓하고 늠름하네 / 빛나고 훤하네
　　　　물가를 거니는 저 사내 / 끝내 잊을 수 없어라

　　　　저 기수의 물가를 보아라 / 푸른 대나무 빽빽하네
　　　　물가를 거니는 저 사내 / 쇠도 같고 주석도 같고 길쭉한 옥도 같고 둥근
　　　　옥도 같네

너그럽고 여유 있네 / 굳건한 수레 기둥 같네

재미있는 말도 잘하고 / 사납지 않고 부드럽네

淇奧

瞻彼淇奧 / 綠竹猗猗 / 有匪君子

如切如磋 / 如琢如磨 / 瑟兮僩兮 / 赫兮咺兮

有匪君子 / 終不可諼兮

瞻彼淇奧 / 綠竹青青 / 有匪君子

充耳琇瑩 / 會弁如星 / 瑟兮僩兮 / 赫兮咺兮

有匪君子 / 終不可諼兮

瞻彼淇奧 / 綠竹如簀 / 有匪君子

如金如錫 / 如圭如璧 / 寬兮綽兮 / 猗重較兮

善戲謔兮 / 不爲虐兮

　한편의 연애시다. 헌헌장부가 유유자적 물가를 거니는 걸 보고 마음 졸이는 처녀의 심정을 잘 읊은 시다. 마지막에 재미도 있고 부드럽다는 표현은 드디어 만났다는 말이 된다. 1연과 2연은 거리를 두고 살펴보는 심정이지만, 3연은 가까이 얼굴을 맞대고 이야기를 나누는 장면이 아닌가.

공자가 말했다.

"남이 나를 알아주지 않는 것을 근심하지 말고, 내가 남을 알아주지 못함을 근심하라."

子曰, "不患人之不己知, 患不知人也."

1장의 세 번째 이야기인 "사람들이 나를 알아주지 않아도 성내지 않으니 군자로다"라는 말의 변주다. 공자는 〈논어〉에서 하나의 개념을 다양한 색깔로 보여 준다. 사람에 따라 장소에 따라 시기에 따라 쓰임이 다르기 때문일 것이다. 그것이 교육에 적용되면 재질에 따라 가르침을 베푼다는 인재시교(因才施教)로 나타나고, 정치나 어떤 일을 도모함에 적용하면 수시변역(隨時變易)으로 나타난다.

때에 따라 변화를 보인다는 말은 〈주역(周易)〉의 용어로 동양철학의 뿌리 중에 하나다. 세상에 변화하지 않는 것은 없다는 말이다. 예도 장소와 때, 대상에 따라 달라질 수밖에 없다. 인의도 마찬가지다. 어떤 사람에겐 꼭 필요한 인의가 어떤 사람에겐 질곡으로 다가설 수도 있다. 그래서 '시(時)'가 너무나 중요하다. 시를 맞추지 못하면 좋은 것도 나쁜 것이 되고 만다. 그래서 때맞춰 내리는 단비를 시우(時雨)

라고도 부른다.

다른 사람을 알아준다는 것은 나를 비울 때 가능하다. '허실생백(虛室生白)'이라는 말이 있다. '빈방은 흰빛을 낳는다'는 말이다. 흰빛은 생명의 기운이다. 생명을 낳는 암컷의 기운이기도 하다. 내 마음을 빈방으로 만들 때 생명의 기운을 낳는다는 말이다. 내 마음이 빈방이 될 때, 사물들이 편안하게 걸어 들어와 제 빛을 낳을 것이 아닌가. '형인정천(形人情天)'이란 말도 있다. 형체, 곧 몸은 사람이되 정, 곧 마음은 자연(天)과 같다는 뜻이다. 자연은 옳고 그름, 얻고 잃음을 따지지 않는다. 아니, 그 자체에 의미를 두지 않는다. 다른 사람에 대하여 시비를 가리고 득실을 따진다는 건 어떤 규정을 짓기 때문이다. 그건 자연스럽지 않다. 시비득실을 버리는 마음, 그것이 남을 알아주고 소통하기 위한 밑바탕이 됨을 잘 알려 주는 말이라고 하겠다.

남을 나를 알아주지 않는 것을 근심하는 사람은 자연스럽게 남도 알아주지 못한다. 나를 알아주기를 욕망한다는 것 자체가 내 욕심에 가득 차서 남을 알아주지 못한다는 말과 같기 때문이다. 인정을 받고 싶은 욕망에서 벗어나야만 자연스럽게 다른 사람을 인정해 줄 수 있는 너그러운 마음이 생긴다. 그러나 누가 과연 그런 경지에 도달할 수 있을까. 다만 그렇게 되기 위하여 애를 쓸 뿐이다. 붓다도 이렇게 얘기했다.

"사람으로 태어나는 건 힘든 일이다. 사람으로 태어나 깨달음을 얻는 건 더욱 힘든 일이다. 그러나 참으로 힘든 것은 깨달음을 추구하는 일이다."

남을 알아주지 못하는 걸 근심하는 사람이 되기 위한, 그런 추구를 하는 것만으로도 얼마나 소중한 일인가.

따뜻한 모닥불
위정

공자가 말했다.

"정치를 하는 데 덕으로 하는 것은 북극성에 비유할 수 있다. 북극성이 제자리에 가만히 있으니 뭇별이 모여들어 함께함과 같다."

子曰, "爲政以德, 譬如北辰, 居其所而衆星共之."

 정치를 하는 데 덕이 얼마나 중요한가를 말하고 있다. 북극성은 지구에서 보면 자전축 바로 위에 있기 때문에 움직이지 않는 것처럼 보인다. 그래서 나머지 별들은 모두 북극성을 중심으로 움직이는 것처럼 보이게 된다. 이것을 별의 일주운동이라고 한다. 공자가 살았던 기원전 6세기에는 지금처럼 지상에 불빛이 많지 않았을 것이다. 밤이 되면 깜깜한 밤하늘에 별들이 온전히 제 빛을 내면서 찬란했으리라. 아직도 몽골의 대초원에 가면 북쪽의 북두칠성과 남쪽의 십자성을 양손에 잡을 수 있을 것처럼 보이는 곳이 있다.

 밤하늘의 쏟아지는 별빛 속에 별들이 다 움직이지만 그 중심에 가만히 있는 별, 북극성을 보면서 덕이 있는 사람을 떠올리는 건 어렵지 않았을 것이다. 노자는 '무위무불위(無爲無不爲 〈도덕경〉 48장)'라고 말했다. 아무것도 하지 않지만 하지 않는 것이 없다는 말이다. 하는 게 아무것도 없지만 모든 것이 이루어진다는 말이다. 임금이나 크고 작은 어떤 단체의 지도자가 아무것도 하지 않고 가만히 있지만 모든 일이 잘되어 나가는 그런 상태. 이것을 '무위의 다스림'이라고 한다.

북극성은 가만히 있다. 그러나 모든 별이 북극성을 중심으로 돈다. 마치 모닥불을 피워 놓으면 사람들이 모닥불 둘레에 둥글게 서는 모습이 연상된다. 그 따뜻함에서 멀어지고 싶지 않다. 곁불도 쬐다 말면 섭섭하다고 했다. 덕 있는 사람이 중심에 서 있으면 그 주변이 모닥불처럼 따뜻해질까. 그래서 사람들이 자꾸만 모여들게 되는 것일까?

어떤 사람은 이 공자의 발언을 지배자의 입장을 옹호한 것이라고 말한다. 그래서 '공(共)'을 '함께한다'는 뜻으로 풀지 않고 '바친다'는 뜻의 '공(供)'으로 해석한다. 두 손을 맞잡고 공손하게 선 모습을 뜻하는 '공(拱)'으로 해석하는 사람도 있다. 임금 앞에 백성들이 두 손을 맞잡고 충성을 바치겠다고 맹세하는 모습으로 본 것이다. 그렇게 되면 이 공자의 말은 북극성을 중심으로 하고, 뭇별이 엎드려서 경의를 표하는 모습을 뜻한 것으로 보게 된다. 이 얼마나 군주를 즐겁게 하는 말인가.

그러나 이건 억지 해석이며 왜곡이다. 원문에 있는 글자 그대로 '함께한다'고 풀이하면 될 걸 왜 굳이 글자를 바꿔 가면서까지 주석을 냈을까? 답은 간단하다. 지배 이데올로기를 생산하고 싶었던 까닭이다. 북극성에 비견할 전제군주의 강력한 권력을 다지기 위한 이념으로 말이다.

공자는 다음 장에서도 덕치(德治)를 주장한다. 군주가 덕이 있어야 백성이 함께한다는 것. 이 말은 뒤집으면 군주가 덕을 잃으면 군주의 자리에서 물러나야 된다는 말과 같다. 나라의 뿌리는 백성이라는 맹자(孟子 : 기원전 372~289년)의 민본주의는 여기에 근거한다. 공자는 중심이 되는 사람의 덕성을 강조한 말이었지, 지배자에게 무조건 충성하라는 뜻의 발언이 결코 아니었던 것이다.

세상의 중심은 많아야 한다. 북극성은 지구에서 바라봤을 때만 움직이지 않는 별이다. 우주에서는 북극성이 중심이 아니라는 뜻이다. 중심은 곳곳에 있다. 다만 모든 중심은 주변을 밝고 따뜻하게 할 모닥불 정도의 뜨거움이라도 있어야 중심이라 할 수 있다. 고정된 중심은 없다는 말이다. 그게 우리 삶이다.

공자가 말했다.

"시 삼백 편을 뽑아서 엮고 보니, 한마디로 요약할 수 있겠다. 그건 '생각에 거
짓이 없다'는 거다."

子曰, "詩三百, 一言以蔽之, 曰, '思無邪'."

　　공자는 시를 매우 소중하게 여겼다. 아들인 공리에게도 시와 예를
배우라고 말한 기록도 있다. 시를 배우지 않으면 말을 할 수 없다고
공리에게 가르쳤다. 현재 우리가 보고 있는 〈시경(詩經)〉이라는 책은
바로 공자가 편집했다고 전한다. 여기엔 305편의 시가 실려 있는데,
이를 공자는 '시 삼백(詩三百)'이라고 표현한 것이다. 시경에는 각 나
라의 민요인 풍(風), 하나라 때부터 주로 천자가 있는 궁중에서 연주
되고 전해진 아(雅), 제사 지낼 때 사용한 제례음악인 송(頌)의 세 종
류가 있다. 이 중에 풍이 가장 많은데 그만큼 제후국이 많았기 때문이
다. 일설에는 공자가 삼천여 편의 시를 수집하여 삼백 편으로 편집했
다고 한다. 만만치 않은 작업이었을 것으로 생각된다.

　　'생각에 거짓이 없다'라는 말은 가사에 대한 내용일 것이다. 원래 시
경에 실려 있는 시들은 모두 노래의 가사였다. 그러나 악보는 전해지

지 않고 시경에는 가사만 실려 있어 우리는 그 곡조는 들을 수가 없다. 시란 원래 노래가 아니던가. 노래하는 시인은 거짓을 말할 수가 없다. 만약 거짓으로 꾸며진 시는 아무리 현란한 언어를 사용했다 하더라도 감동을 주지 못하리라.

시인이란 원래 세상의 아픔을 먼저 아파하는 사람이다. 잠수함에 실려 가는 토끼나 환경의 지표식물을 시인에 견주기도 한다. 시인은 섬세하고 정직하다. 우주는 모두 연결되어 있음을, 나와 남이 둘이 아님을, 나아가 자연과 내가 둘이 아님을 시인은 안다. 예컨대 다음과 같은 시를 보자.

> 치자꽃 향기가 좋아
>
> 코를 댔더니
>
> 그 큰 꽃송이가 툭 떨어진다
>
> 귀한 꽃 다친 게 미안해서
>
> 손바닥 모아
>
> 꽃송일 감추었더니
>
> 합장 인산 줄 알았던가?
>
> 보는 이마다
>
> 합장한 채 고개를 숙이고 간다.
>
> 어허, 여기선
>
> 치자꽃이 부처일세!
>
> —김진경, '부처' 전문

떨어지는 꽃송이를 차마 바닥에 내려놓지 못하여 두 손으로 받드는 마음. 이 가슴 떨리는 마음이 시인의 감성이다. 시인의 행동은 다른 이들을 경건하게 만드는 힘을 가져온다. 시인이 꽃을 받드는 그 마음이 꽃 한 송이 떼어 준 치자나무를 부처로 만들었다. 시인은 누가 볼까 봐 무서워서 꽃송이를 감춘 것이 아니다. 떨어지는 꽃 한 송이도 함부로 하지 않는, 사물에 대한 사랑이 꽃을 두 손으로 받게 한 것이다. 그것을 시인은 스스로 감추었다고 표현했다. 이 얼마나 부끄럽고 여리고 정직한 마음인가.

공자의 '시는 생각에 거짓이 없는 것'이라는 명제가 적확하다는 증명이 아닐까. 세상을 정직하게 살시 않고 거짓으로 산다면, 그건 겨우 죽음을 면하고 사는 것이라고 했다. 세상을 정직하게 사는 길이란 다른 게 아니다. 시를 읽고 가끔은 시도 쓰면서 사는 게 아닐까.

공자가 말했다.

"사람들을 이끄는 데 법령으로 하고 사람들을 가지런하게 하는 데 형벌로 하면, 사람들이 법과 형벌을 피하고 면하기만 바랄 뿐 부끄러움이 없다. 그런데 사람들을 이끄는 데 덕으로 하고 사람들을 예로 가지런하게 한다면, 부끄러워함도 있고 또 스스로 바르게 된다."

子曰, "道之以政, 齊之以刑, 民免而無恥, 道之以德, 齊之以禮, 有恥且格."

'자비 시스템'이라는 말이 있다. 사랑하고 슬퍼하는 것이 자비의 뜻이니, 연민과도 통한다고 보면 되겠다. 연민도 그렇지만 자비도 가진 자가 못 가진 자에게 베푼다는 뜻이 있다. 가진 자라면 부귀한 자만 말하는 것일까? 그렇다면 빈천한 자는 아예 연민이나 자비를 베풀 수 없다는 말인가? 당연히 그렇지 않다. '가짐'의 종류는 많고도 많다. 부귀란 물질의 소유가 많고 세속적인 지위가 높다는 뜻일 뿐이다. 빈천한 자가 세상에 베풀 것이 더 많을 수도 있다. 어쨌든 자비와 연민은 사람이 세상을 살아가는 데 큰 힘이 됨은 틀림없다.

이렇게 자비란 좋은 것이긴 한데, 이 자비가 시스템화되면 문제가 발생한다. 온갖 계율과 법령을 제작하여 일상의 모든 삶이 법에 저촉되게 만든다. 사람들이 살아가는 자체를 죄를 짓는 일로 만들어 놓는 것이다. 그렇게 되면 사람들은 위축되거나 광포해진다. 법을 어길 수밖에 없게 만든 뒤 용서를 해주는 것, 이것이 자비 시스템이다. 결국 사람들은 용서를 해주는 주체에게 매달리게 되지 않겠는가. 70년대 대한민국에는 '긴급조치'라는 것이 있었다. 몇 사람 이상이 모여 대화를 나누는 것조차 법령을 어기는 것이 되는 그 긴급한 조치의 시절. 일상이 다 범법이었다.

공자가 말하는 정형(政刑)으로 정치를 한다는 것은 바로 자비 시스템을 작동시키는 것과 같다. 촘촘하게 법의 그물을 만들어 옥죄는 것이다. 그러니 어떻게든 그 그물을 벗어나려 애쓰고, 벗어나면 통쾌한 것이지 부끄러울 일이 없다. 사람이 염치를 모른다면 어찌 겸손을 알고 사양을 알겠는가. 겸손과 사양이 사라진 자리엔 교만과 탐욕이 들어선다. 이것을 위력(威力)이라 한다. 위력은 으르고 협박하고 두렵게 하는 그 무엇이다. 정형의 정치는 바로 위력정치다. 나의 내면의 힘으로 타자를 이끄는 것이 아니라 외부로 외부를 제어할 뿐이다.

그렇다면 덕과 예는 무엇일까. 안으로 닦여진 힘이다. 덕은 '크다'는 뜻과 '얻다'는 뜻이 겹쳐 있다. 사람살이의 경험과 넓은 배움을 통해 얻어진 것들이 나의 내면에 들어와 하나의 '큰' 중심으로 자리 잡게 됨을 말한다. 물론 그 중심이 정의롭거나 충분히 아름답지 않다면 그것을 '덕'이라 이름 지을 수 없다. 물이 잔에 가득 차면 흘러넘치듯 자연스럽게 크게 닦여진 덕은 사람들에게 흘러간다.

예는 정의롭고 아름다운 덕으로 사람을 인도하는 길이다. 그러니 예로 가지런하게 하고 덕으로 사람을 이끈다는 말은, 예를 통하여 자신을 닦아 얻어진 덕성이 사람들에게 자연스럽게 흘러간다는 뜻이 된다. 이때 무슨 법령과 계율이 필요하겠으며, 매로 때리고 인두로 지질 이유가 있겠는가. 그래서 정형이 위력이라면, 덕례(德禮)는 '힘'이라고 하겠다. 영적이고 부드러운 힘.

위력(Force)과 힘(Power)의 차이를 잘 보여 주는 예화는 많고도 많다. 인도의 간디는 비폭력을 주장하여 맨몸으로 대영제국의 총칼을 물리쳤다. 대영제국 군대의 총칼이 위력이라면, 간디의 맨몸은 힘이다. 힘은 보통 위력의 7배 이상 강하다고 한다. 힘이 있는 사람은 겸손하다. 힘이 있는 사람은 두려움이 없다. 그러나 위력을 쓰는 사람은 늘 불안하다. 늘 타자가 의심스럽다. 공자는 말한다.

"위력을 버리고 힘을 가져라! 힘을 가지려면 예로 나를 가지런하게 하고 덕을 길러 사람들을 대하라."

공자가 말했다.

"나는 열다섯 살쯤에 배움에 뜻을 가졌다. 서른에 할 일의 중심을 세웠고 마흔이 되어 흔들림이 없었다. 쉰에 자연의 조화를 알게 되고, 예순에 귀가 순해졌다. 일흔이 되자 마음 내키는 대로, 내 욕심대로 해도 삶의 바른 길을 벗어나지 않았다."

子曰, "吾十有五而志于學, 三十而立, 四十而不惑, 五十而知天命, 六十而耳順, 七十而從心所欲, 不踰矩."

임운안분(任運安分)이라 했던가. 천체의 궤도가 '운(運)'이다. 자연의 조화에, 자연의 길에 나를 내맡겨 내 분수에 편안함을 '임운안분'이라 한다. 공자가 자기 생을 정리해서 말해 준 이 장을 보면 그런 생각이 든다. 공자는 일흔셋에 죽었다. 그러니 아마도 공자가 자신의 죽음을 알고 모여든 제자들에게 가만가만 말해 줬지 싶다. 머리 하얀 노인이 병석에 누웠거나 혹은 책상에 기대 앉아 천천히 말하는 정경이 그려지지 않는가.

15세면, 지금 우리나라에선 딱 중학교 2학년의 나이다. 고등학생들도 피해 다닌다는 공포의 중2. 누군가 한마디 훈계라도 할라치면 "뭐래?" 하고 입꼬리를 슬쩍 올리는 중2. 세상이 우습게 보이고 뭐든 못할 게 없다는 용맹이 가상한 중2. 그러나 요즘 대한민국의 중2는 피곤하다. 지쳐 있다. 스스로 선택하지 못한 길에 갇혀 오도 가도 못하는 신세다. 어른들이 만들어 놓은 외길에서 떨어질까 불안해하며 좋은 대학, 좋은 직장을 잡기 위해 밤낮없이 공부에 매달려 있다. 시험을 잘 보기 위한 공부. 스스로 문제를 설정하고 함께 토론하면서 해결점을 찾아가는 공부가 아니다. 세상을 어떻게 바라봐야 할까 하는 고민에서 출발한 세계관을 정립하는 공부도 아니다. 그저 외우고 남이 만들어 놓은 문제를 푸는 공부. 공자가 말한 '배움에 뜻을 둔' 15세 중 2는 과연 몇이나 될 것인가.

배움을 뜻을 두고서도 무려 15년이 걸려서야 자기가 무엇을 할지 중심을 세웠다고 공자는 말한다. 스스로 할 일에 대해 뜻을 두는 나이가 늦어지면 늦어질수록 중심을 세우는 일도 늦어지고 만다. 세상을 바꾼, 세상을 새롭게 바라보게 만든 천재(天才)들의 삶은 공통된 원칙이 있다. 자기가 하고 싶은 일을 하며 그 일에 최선을 다한다는 것. 그런데 이 천재는 특별히 따로 있는 것이 아니다. 사람은 누구나 '하늘이 내려준 재주'를 각자 다 품고 있다. 사람마다 소질이 다르다는 게 무엇인가. 누구나 다 '천재'를 갖고 있다는 말이다. 다만 자신의 속에서 잠자고 있는 천재를 깨워 밖으로 드러냈느냐 그렇지 못했느냐가 아닐까. 사람은 일평생 자신이 타고난 뇌의 능력 중에 3~4퍼센트도 쓰지 못한다는 말도 있다. 자신의 천재를 세상에 드러낸 사람들은 5퍼센트를 썼다는 말도 있다.

서른 살에 자신이 할 일의 중심을 세웠지만, 확신할 수는 없다. 날마다 흔들리지 않겠는가. 이 길이 진정 내 길이 맞는가, 내가 더 잘할 수 있는 게 또 있지 않을까, 작은 바람에도 흔들리는 나의 내면. 사람들은 말한다. 뭘 하든지 십 년은 해봐라. 우물을 파도 한 우물을 파라는 속담도 있다. 아무리 내 속의 천재를 발견했다고 해도, 그게 하루아침에 세상에 드러날 수는 없다. 공부와 인내가 필요하다. 그렇게 십 년 세월을 보내면 마흔이 된다. 십 년 정도 매달려서 우물을 팠지만 천재를 드러내지 못했다면 할 수 없다. 길을 바꿔야 한다. 공자는 서른에 세운 자신의 길을 마흔이 되자 흔들림이 없는 길로 확정할 수 있었다고 고백한다. 그러고 보면 공자는 행복한 사람이다. 서른 살에 중심을 잘 잡았으니 말이다. 공자가 세운 길은 배움과 스승의 길. 예악을 닦아 사람들과 즐거운 삶을 나누는 일. 그런 것들이 아니었을까.

흔들림 없이 십 년 세월을 더 보내고 보니, 이제는 자연의 조화 속으로 성큼 들어서게 되었다. 사람만이 아니라 천지자연의 생물, 비생물 모든 타자들과 조화롭게 삶을 살아갈 수 있다는 고백이다. 이것이 천명을 아는 것이겠다. 공자는 무가무불가(無可無不可)를 말한다. 세상에는 될 것도 안 될 것도 없다는 경지. 옳고 그름, 얻고 잃음의 분별지를 벗어나야만 자연과 조화를, 타자와의 소통이 가능하다고 한다. 귀가 순해지는 경지인 이순(耳順)이 그럴 것이다. 타자의 말이 귀에 들릴 때 내 안의 분별지가 작동한다면 그게 순하게 들릴 수 없다. 그건 돼! 그건 안 돼! 그건 옳아! 그건 틀려! 판단을 내릴 수밖에 없다. 판단은 통제를 따르게 한다. 예순 정도 나이가 되면 분별지를 버려야 한다는 공자의 말로도 볼 수 있겠다. 그래서 몸이 알아서 가는귀를 먹게 하고, 눈은 원시를 만들어 멀리 보게 하는 지도 모르겠다. 좀 덜 듣고 덜 보라는 것. 가까이 있는 시비득실의 족쇄에서 벗어나 있는 그대로 사물을 바라보고 있는 그대로 인정하고 순하게 살라는 것.

일흔 살에 공자가 스스로 도달했다고 말하는 경지는 곧 성인(聖人)의 모습이 아닐까. 장자(莊子 : 기원전 4세기)는 진인(眞人)을 말한다. 글자 그대로 '참사람'이라는 뜻이다. 이 진인은, 불에 들어가도 타지 않고 깊은 물에 들어가도 빠지지 않는다고 한다. 물과 불은 삶의 온갖 풍파를 비유한다. 사람은 삶의 풍파에 휘둘려 일희일비하다가 마침내 자기상실에 이를 수 있다. 자기상실이란, 하늘이 내게 준 '천재'를 한 번 발휘해 보지도 못하고 죽음에 이르는 안타까운 모습이다. 나의 천재를 드러내고, 중심을 잡고, 인생 한번 잘 살아 보는 것. 그것이 '참나'를 회복하는 삶이 아닐까. 그런 길에 도달한 사람을 장자는 '지인(至人)'이라고도 불렀다. 지인은 곧 진인이다. 장자가 말한 이 진인, 지인이 바로 공자의 성인이다. 세상에 태어난 사람은 누구나 천재이며, 성인이든 지인이든 진인이든, 다 도달할 수 있다고 한다. 다만 그 길을 모르거나, 알고도 하지 않을 뿐이다.

맹의자가 공자를 자기 집으로 초청해서 "효란 무엇입니까?" 하고 묻자 공자가 대답했다.

"어김이 없는 것입니다."

맹의자는 고개를 끄덕이고 더 이상 말이 없었다. 제자인 번지가 모는 수레를 타고 집으로 오는 길에 공자가 번지에게 말했다.

"맹손씨가 나에게 효를 묻기에, 내가 '어김이 없어야 한다'고 대답했구나."

"무슨 뜻입니까?"

"살아서 섬김에 예로 하고, 돌아가시면 장례를 예로 하고, 제사를 받들 때 예로 하는 것이다."

孟懿子問孝. 子曰, "無違." 樊遲御, 子告之曰, "孟孫問孝於我, 我對曰, 無違." 樊遲曰, "何謂也?" 子曰, "生事之以禮, 死葬之以禮, 祭之以禮."

맹의자는 공자가 살았던 당시 노나라의 실권을 갖고 있는 세 집안 가운데 하나인 맹손씨 집안의 장자였다. 세 집안이란, 노나라 14대 임금인 환공(桓公)의 세 동생인 경보(慶父), 숙아(叔牙), 계우(季友)의 집안을 말한다. 경보가 맏이여서 맏 맹(孟)을 써서 맹손(孟孫), 숙아는 둘째이므로 숙손(叔孫), 계우는 막내여서 계손(季孫)이라 불렀다. 그래서 이 세 집안을 '환공의 세 아들'이란 뜻으로 '삼환(三桓)'이라고 부르기도 한다. 이 세 집안이 각각 자기의 일정한 영토를 가진 대부로서 막강한 권력을 휘둘렀다. 그중에 막내인 계손씨 집안은 가장 세력이 커서 임금을 넘어서서 실질적으로 노나라를 좌지우지할 정도였다.

맹의자는 현자로 존경받는 공자를 가서 뵙지 않고 자기 집으로 불러 대화를 했다. 공자는 비천한 집안 출신으로 대부의 지위가 없었다. 그에 비하면 맹의자는 대대로 이어진 귀족으로서 계손씨 집안엔 못

미친다 하더라도 실권자였으므로 공자를 오라 가라 할 수 있었다.

공자는 출신은 비천했지만, 스스로 '사(士)' 계급을 만들어 내고 수많은 제자들을 기르는 학단을 운영하면서 큰 영향력을 행사하고 있었던 것이다. 공자도 영토를 가진 대부는 아니었지만, 노나라 임금을 돕는 벼슬로 대사구(大司寇)까지 올랐으므로 수레를 탈 수는 있었다. 그래서 제자인 번지가 모는 수레를 타고 맹의자를 찾아갔던 것이다.

맹의자는 공자가 대답한 "효란 어김이 없어야 한다"라는 말에 왜 더이상 말이 없었을까? 공자의 말을 들으면 대뜸 번지처럼 "무슨 뜻입니까?" 하고 묻고 싶어지지 않는가? 뭘 어기지 말라는지 공자의 뒷말이 궁금한 것이 보통이리라. 공자도 맹의자가 당연히 되물을 줄 알고 답변을 준비해 놓고 있었다. 실제로 공자가 하고 싶은 말은 준비해 놓고 있던 답변이었다.

그런데 맹의자는 고개만 끄덕일 뿐 더 묻지 않았다. 공자로선 답답한 노릇이었다. 진짜로 하고 싶은 말을 못했으니 말이다. 할 수 없이 공자는 답답한 마음을 제자 번지에게 털어놓는다. 번지가 묻기도 전에 공자가 먼저 이야기를 꺼내는 것을 보면 잘 알 수 있다. 공자의 바람대로 번지는 무슨 뜻이냐고 얼른 물어 준다. 이에 공자는 부모의 삶, 죽음, 추모를 함에 예에서 어긋남이 없어야 한다고 번지에게 알려 준다. 결국 공자의 "어김이 없어야 한다"는 것은 "예에서 어긋남이 없어야 한다"는 말이었다.

맹의자는 공자가 이어서 할 말을 확연히 꿰뚫고 있었기 때문에 더묻지 않았을 수도 있다. 하지만 공자가 보기에 맹의자가 그리 영특해보이지 않았을 수도 있다. 제자 번지가 비록 둔하다 해도 공자의 제자였는데 맹의자만 못하겠는가. 번지조차도 무슨 뜻이냐고 물어보는 걸 맹의자가 알아챘다고 공자는 볼 수 없었다. 설혹 맹의자가 공자의 진의를 파악했다고 해도 맹의자가 말이 없었기 때문에 공자로선 안심할 수 없었다.

공자가 생각하기엔, "부모의 말과 뜻을 어기지 마라" 정도로 맹의자는 이해하고 넘어간 게 아닌가 하는 의구심이 있었을 것이다. 그래서 공자는 제자 번지에게라도 자신의 생각을 분명히 해두고 싶었다.

"예를 모르면 사람으로 설 수 없다(不知禮, 無以立)"고 공자는 말했다. 자기를 이기고 예로 돌아가면 인을 실천할 수 있다고도 했다. 사람이 사람답게 사는 길은 '예'를 갖는 것이라고 공자는 생각했다. 예란 조화이며, 중용이며, 소통을 위하여 필요하다. 예에서 어긋나면 무례하다고 말한다. 무례한 사람은 공자에 따르면 사람으로 설 수 없다. 사람으로 설 수 없는 사람은 당연히 부모에게 불효를 저지르게 되지 않겠는가.

이 공자의 말을 사람들은 '효순(孝順)'이라 불렀다. 효는 예를 거스르지 않고 인간의 도리를 순하게 따르는 데 있다는 뜻이다.

맹무백이 효에 대해 묻자 공자가 대답했다.
"부모님이 편찮으실까, 그것이 걱정이지요."

孟武伯問孝. 子曰, "父母唯其疾之憂."

맹무백은 맹의자의 아들이다. 이름에 '무(武)'가 들어 있는 것으로
봐서 매우 씩씩했던 모양이다. 실제로 맹무백은 뛰어난 장수였다. 무
예도 좋아하고 용감했으므로 싸움에 나가 물러서는 법이 없었다고 한
다. 또 이름에 '백(伯)'이 들어 있어 맹무백이 맏아들임을 알려 주고
있다. 정실부인이 낳은 적장자(嫡長子)에게는 '백(伯)'을 쓰고, 첩이 낳
은 맏아들에게는 '맹(孟)'을 쓴다. 백이나 맹이나 다 '맏이'라는 뜻이지
만, 굳이 이렇게 처첩을 구분했던 것이다. 맹무백은 맹의자의 정실부
인의 적장자였다. 바로 맹손씨 집안의 모든 권력을 이어받는 위치에
있는 사람이다.

자식 된 입장에서 부모가 병이 들면 여러모로 힘들다. 부모는 자식
에게 가없는 사랑을 베푸는 존재라서 자식이 맘 놓고 기댈 수 있는 최
후의 보루다. 그런 부모가 병이 들면 자식을 돌볼 수 없게 된다. 자식

으로선 이제, 사랑을 잃어버리고 의무만 남게 되는 셈이다. 부모가 병들어 사랑을 주지 않는다고 부모를 버릴 수는 없는 노릇이다. 여기서 자식의 괴로움이 시작된다. 아픈 부모를 어찌할 것인가. 온 정성을 다해 보살펴 드려야 하겠지만 그게 어디 말처럼 쉬운가. 부모는 그러고 싶지 않아도 본능적으로 자식을 위해 온몸과 마음을 바칠 수 있지만, 자식은 부모에 대해 그렇지 않다. 그래서 자식이 부모에게 바치는 효는 일종의 연민이다. 연민은 가진 자가 못 가진 자에게 베푸는 너그러움이다. 자식은 부모보다 강한 존재이기 때문에 부모를 연민할 수 있다. 그러나 이 연민도 한결같을 수는 없다. 부모가 내 삶에 걸림돌일 땐 쉽게 연민을 거둬들일 수 있기 때문이다.

그래서 긴 병에 효자 없다는 말이 나온 듯하다. 부모가 처음 아프기 시작할 때엔 안타까워하고 불쌍하게 여기는 연민의 마음으로 잘 돌봐 드릴 것이다. 그러나 한 해 두 해 부모의 병은 깊어 가고, 연민의 정은 사라지고 귀찮음만 남을 수도 있다. 부모가 아프지 않고 나를 사랑해 주시다가 어느 날 갑자기 세상을 떠난다면 얼마나 좋을까. 이건 자식의 바람이기도 하지만 부모의 바람이기도 하다. 아니, 자식보다는 부모가 더 절실하게 바라는 일일지도 모른다. 어떤 부모도 자식에게 신세지고 싶지는 않을 것이기 때문이다.

공자는 바로 이 부분을 지적했다. 효란 '병(病)'의 문제와 관련이 있다는 것. 부모가 병들었을 때 자식의 행동을 보면 효의 깊이가 나타난다. 따라서 차라리 부모가 병들지 않게 미리 예방을 하는 것이 자식 된 입장에서 보면 더 좋은 효도가 된다. 부모의 입장에서도 병들지 않고 싶다. 요즘 70~80세 되신 노인들이 입버릇처럼 "밤에 잠자다가 그냥 갔으면 좋겠다"라고 하는 말이 부모들의 마음을 잘 대변하고 있다.

좋은 효란, 부모의 병을 어떻게 다스리느냐에 달려 있는 셈이다. 이것을 '효병(孝病)'이라 이름 지어 볼 수 있겠다.

이 장은 '기(其)'를 부모로 보느냐 자식으로 보느냐에 따라 해석이 판이하게 달라진다. 위의 내용은 부모로 보고 해석하였다. 하지만 자식으로 봐도 충분히 의미가 있다. "부모는 늘 자식이 아플까를 걱정한다"고 해석이 되는 것. 이 부모의 마음을 내 마음으로 여긴다면 그게 바로 효자의 마음, 곧 효심(孝心)이라는 것이다. 부모가 나를 사랑하여 나의 조그마한 병도 나보다 더 아파하고 힘들어하시는지를 안다면, 내가 내 몸을 함부로 하지 않는 것이 효의 시작이라는 것이다. 이 공자의 말에 바탕을 두고 후대에 "내 살과 뼈와 터럭까지 다 부모에게 받았으니 함부로 해치지 않음이 효의 시작이다(身體髮膚, 受之父母, 不敢毀傷, 孝之始也 〈효경〉)"라는 말이 나왔다.

자유가 효에 대해 묻자 공자가 대답했다.

"요즘 세상에선 잘 길러 주는 것을 효라고 하는 모양이다. 그런데 개나 말도 모두 잘 기를 수 있다. 공경함이 없다면 무엇으로 구별하겠는가?"

子游問孝. 子曰, "今之孝者, 是謂能養. 至於犬馬, 皆能有養, 不敬, 何以別乎?"

자유는 공자의 제자로 이름은 언언(言偃)이다. 공자보다 43살이나 어린 제자였지만 공문십철(孔門十哲)에 들었다. 공자 제자 삼천 명 가운데 뛰어난 제자 열 명을 공문의 '밝은 사람 열 명(十哲)'이라고 하였다. 사과십철(四科十哲)이라고도 하는데, 이는 공자가 덕행, 정사, 언어, 문학으로 나눈 것에 따라 부르는 이름이다. 덕행에는 안연, 민자건, 염백우, 중궁, 언어에는 재아와 자공, 정사에는 염유와 계로, 문학엔 자유와 자하를 꼽았다. 자유는 바로 '문학'에 특히 뛰어나다고 공자가 내다봤다.

이때의 문학이란 요즘처럼 시, 소설, 동화, 평론 등의 작품과 좀 다르다. 공자는 '문(文)'을 효제(孝悌), 근신(謹信), 친인(親仁) 등 사람으로서 일상생활에서 갖춰야 할 덕목들보다 뒤로 봤다. 효성스럽고 공경하며, 언행이 조심스럽고 신뢰가 있으며 어진 사람과 친하게 지내는 일상이라면, 사람으로서 충분하다고 봤다. 이렇게 하고서도 힘이 남으면 '문'을 배우라고 했다. 이때 '문'은 활쏘기나 수레몰기 같은 무예, 음악과 시, 글쓰기와 셈하기 같은 내용을 포함했다.

아마도 자유와 자하는 젊은 세대이면서 이러한 '문'에 재주가 뛰어났던 모양이다. 그러나 네 개의 과를 언급하면서 공자는 문학을 가장 말미에 두었다. 덕행을 첫손가락에 꼽았고, 거기에 나열된 네 명의 제자는 공자가 누구보다 아끼고 높였던 제자들이다. 비록 말미에 꼽기는 했으나 사실 겉으로 드러나는 것은 '문'일 수밖에 없다. '문' 자체가 '무늬'를 뜻하지 않는가. 그렇게 보면 자유와 자하는 젊은 세대이면서 멋쟁이였을 가능성이 크다.

그런 자유가 효를 물었다. 이에 공자는 현실의 세태에 대한 우려를 먼저 지적한다. '기름(養)'이란 의식주다. 좋은 옷을 해 입히고, 기름진 음식을 주고 좋은 집에서 살게 한다. 그러나 이것이 효의 전부라고 하면 오해다. 좋은 기름의 바탕에 '공경'이 있어야 한다는 것. 공경이 없다면 기름진 음식도 체할 수 있다. 자식 된 입장에서 부모의 의식주를 가장 좋은 것으로 해드려야 하는 건 당연한 도리다.

경제적인 능력은 사람마다 다르다. 따라서 자기가 할 수 있는 최선의 '기름'을 해드림과 동시에 그 무엇보다 공경이 있어야 한다. 공경은 정성을 다하는 마음, 사랑의 다른 이름이다. 우리가 개나 말 같은 애완동물을 기르면서 공경까지 하지는 않는다. 그러나 부모는 공경이 필요한 대상이다. 멀리 시골에 계신 부모는 자나 깨나 자식을 그리워하고 기다린다. 이런 시가 있다.

오래전에 가지가 잘려 나갔으리라

팽나무 중동에 옹이 두개 나란히 박혀 있다
젖몸살을 앓는 여자의 검붉은 젖꼭지처럼 뭉쳐 있다
슴벅슴벅 아리는 쓰라림을 함께 앓아
보이지 않는 가지로 여전히 아프다는 듯이
환지통을 앓는 사람의 어깨처럼
쭈글쭈글한 상흔

놓친 가지를 향한 그리움과 애탐이 옹이로 뭉치도록
얼마나 속앓이를 하였으랴
타버린 속이 시커멓게 비어 있다

그리움 쪽으로 기어이 고개 내밀고 있는 옹이들
딱딱하게 굳은 옹이의 꼭지에는 무언가가 이어져
가만가만 손짓하고 있다

명절 전날이면 신작로 쪽으로 몸이 쏠린 노인들이
그 나무 아래에서 웅성거리곤 하였다

——이대흠, '젖몸살' 전문, 〈정말〉, 창비

이런 부모에게 택배로 옷이나 맛 좋은 음식 좀 보내고 효를 다했다
고 생각하지는 않는지, 생각해 볼 일이다. 개나 말을 기르는 것과 무

엇이 다르냐는 공자의 물음은 그래서 아프다. 혹여 개나 말보다 '기름'조차 못하고 있지나 않은지.

이 장의 공자 말은 효양(孝養), 효경(孝敬)으로 부를 수 있겠다. 잘 기름과 동시에 공경이 그 바탕에 있어야 한다는 말이다.

자하가 효에 대해 묻자 공자가 대답했다.

"얼굴의 표정이 어려운 일이다. 일이 있을 때 젊은이들이 그 수고로움을 대신하고, 술과 밥이 있을 때 먼저 드시게 하는 것, 그것을 일찍이 효라고 여겼는가?"

子夏問孝. 子曰, "色難. 有事, 弟子服其勞, 有酒食, 先生饌, 曾是以爲孝乎?"

자하는 공자보다 44살 어렸으니 아주 젊은 제자였다. 7장에 등장한 자유와 함께 '문학'으로 공문십철에 들었던 바로 그 제자다. 공자가 죽은 뒤 자하는 제나라로 건너가 직하학파(稷下學派)를 세웠다. 뒷날 전국시대에 이름을 떨쳤던 순자나 맹자 같은 인물도 다 직하를 거쳐 갔다.

공자는 효를 묻는 제자에게 '얼굴 표정'에 대한 얘기를 들려준다. 표정이 무엇인가. 드러날 표(表), 사실 정(情)으로 구성되어 있다. 정은 마음속에 품고 있는 뜻이라고도 하고 본성이라고도 한다. 상대를 미워하는 뜻이 가득하면 이것은 어떤 식으로든 밖으로 드러나고 만다. 좋아하는 것도 마찬가지다. 보통 칠정(七情)을 이야기 한다. 희(喜), 노(怒), 애(愛), 구(懼), 애(哀), 오(惡), 욕(欲)인데 기쁨, 성냄, 좋아함, 두려워함, 슬퍼함, 미워함, 욕망함 등이다. 이 칠정은 우리 마음속에 들어 있는 감정들의 대표들이고, 미세한 감정의 변화야 이루 셀 수조차 없다. 이 정들이 밖으로 드러나는 것이 표정이다.

표정은 우리 신체의 모든 부분을 통해 드러난다. 우리가 보통 얼굴이라고 부르는 안면(顏面)은 사실, 얼굴 가운데 하나일 뿐이다. 눈에 가장 잘 띄는 곳이므로 얼굴의 대표 격인 것이다. 눈과 입이 워낙 미묘한 감정을 잘 표현할 수 있기 때문이기도 하다. 그러나 표정이 안면으로만 나오는 건 아니다. 주먹을 불끈 쥐어 보일 수도 있고 두 손을 합장할 수도 있다. 다른 손가락은 구부리고 가운데 손가락만 쭉 펴서 보여 줄 수도 있다. 발로도 많은 표정을 보여 줄 수 있다. 물론 우리 신체만이 아니라 다른 사물을 통해서도 우리는 표정을 보여 줄 수 있다. 엄마에게 반항하는 표시로 우리 중학생 친구 하나가 자기 방문을 '쾅!' 소리가 나게 닫았다고 해보자. 이 중학생은 문을 통해 자신의 표정을 엄마에게 보여 준 셈이다.

이 모든 것들이 얼굴이다. 얼굴로 드러나는 표정, 이것이 효도와 관련이 있다고 공자는 말했다. 아마도 성난 표정을 말하는 것이 아니라 온화하고 부드러운 종류의 표정을 공자는 말하는 것이리라. 부모에게 따뜻하고 부드러운 표정을 보이는 것, 이를 공자는 효라고 했다. 그런데 공자는 이것이 어렵다고 봤다. 사람들은 일을 대신하고 먹을 것을 먼저 잡숫게 하는 것으로 효를 다했다고 착각한다고 공자는 말한다. 그러나 마음속으로 부모를 귀찮아하면서 대신해서 일을 하고 음식을 먼저 드리는 건 효가 아니라는 것. 인상을 푹푹 찡그리면서 어머니에게 갈치 살을 발라 드린다면 과연 어머니는 맛있게 드실 것인가? 중국의 고시에 이런 것이 있다.

착한 일 가운데 효가 가장 앞서는 일이니

그 마음을 살펴보지 그 자취를 따지지 않는다

자취를 따지면 가난한 집에는 효자가 없으리

모든 악한 일 가운데 음탕함이 으뜸이 되니

그 자취를 따지지 그 마음을 따지진 않는다

마음을 따지면 세상에 완전한 사람은 드물리라

百善孝爲先

原心不原跡

原跡貧家無孝子

萬惡淫爲首

論跡不論心

論心世上少完人

드러난 결과가 자취다. 사람이 지나온 흔적이다. 몸 가는 데 마음이 가고, 마음 가는 데 몸도 간다. 이 고시를 보면 효는 몸보다 마음을 중시한 듯하다. 몸을 물질적인 것으로 본다면, 물질보다는 아무래도 마음 씀씀이가 더 중요하지 싶다. 따뜻한 말 한마디가 때로는 수백만 원짜리 물건보다 더 값지기도 하니까 말이다. 하지만 마음은 몸을 통해 드러난다. 작은 사탕 하나라도 건네는 것이 빈손보다야 낫지 않겠는가.

이 장의 이야기와는 별 상관없지만, 위의 시로 보면 음란함은 겉으로 드러난 자취가 중요하다. 마음으로야 하루에도 수많은 이성을 사랑할 수 있지만 몸까지 그래선 안 된다는 이야기다. 육체라는 물질이 자칫 사랑을 왜곡할 수도 있으니 자취를 남기는 일은 조심스러운 일이다.

그러나 몸과 마음은 분리되기 어렵다. 일에 따라서 경중은 있을 수 있으나 어찌 몸 따로 마음 따로일 수 있으랴.

공자가 말했다.

"내가 안회와 함께 하루 내내 공부를 하는데, 회가 단 한 번도 내 말을 어김이 없어 마치 어리석은 사람 같았다. 그런데 회가 내 앞에서 물러나 생활하는 모습을 보니, 내가 말한 뜻을 충분히 이해하고 잘 실천하고 있었다. 오히려 내가 미처 생각하지 못한 것까지 확장시키고 있었다. 아, 회는 어리석지 않구나!"

子曰, "吾與回言終日, 不違如愚. 退而省其私, 亦足以發, 回也不愚."

안회(顔回)는 공자보다 서른 살 어린 제자였다. 자가 자연(子淵)이어서 안연이라고 부르기도 한다. 공문십철의 한 사람으로 '덕행'으로 이름이 높았다. 〈논어〉 전편을 통틀어 공자에게 가장 많은 칭찬과 인정을 받는 제자다. 때로는 공자가 "나보다 낫다"라고 표현을 할 정도로 뛰어난 제자였다. 공자가 노나라에서 계씨에게 밀려 주변 국가를 떠도는 14년 동안 늘 공자의 곁을 지켰던 제자였다. 68세에 노나라로 돌아온 공자, 이때 안회는 38세였는데 안타깝게도 마흔에 죽었다. 공자로 봐서는 너무나 빠른 죽음이었다. 공자는 안회가 죽자, "하늘이 나를 버리시는구나!" 하고 외치며 구슬피 울었다. 공자의 울음이 얼마나 서러웠는지, 다른 제자들이 공자가 몸을 상할까 걱정되어 말릴 정도였다.

그런 제자 안회의 타고난 자질에 대한 이야기를 지금 공자가 하고 있다. 이야기의 내용으로 봐서 공자가 처음으로 안회를 가르칠 때인 것 같다. 스승이 하는 말을 그저 듣고만 있는 안회. 아마 고요히 미소 지으며 고개를 가볍게 끄덕이기도 했으리라. 공자는 그런 안회가 미 심쩍었다.

'이 녀석이 내 말을 알아듣는 거야?'

이해가 안 되면 되물어야 한다. 또 자기와 생각이 다르면 반박을 해 야 한다. 공자의 다른 제자 중에 재아(宰我)라는 사람이 있다. 재아는 공자와 다른 논리를 갖고 다툼을 벌이기도 했다. 또 번지라는 제자는 "무슨 뜻입니까?" 하고 잘 물었다. 그런데 안회는 둘 다 아니었다. 그 러니 공자로선 답답하기도 하고 혹시 바보 아닌가 하는 의심까지 들 었던 것이다.

그런데 아니었다. 안회는 공자의 진심을 환하게 꿰뚫고 있었다. 나 아가 공자가 미처 생각하지 못한 부분까지 넓고 깊게 확장시키고 있 었다. '족이발(足以發)'이라는 공자의 감탄이 그걸 잘 보여 준다. '족 이'라는 말은 '충분하다, 아주 만족스럽다'는 표현이다. '발'은 '펴다, 쏘다, 나아가다, 확장시키다' 등의 의미가 있다. 그러니까 공자의 진의 를 파악하여 실천을 할 뿐 아니라 한발 더 나아간 경지를 말한다. 그 런 제자를 지켜보는 스승의 입장에서 공자는 얼마나 행복했을까.

탁월한 무인이자 정치감각을 자랑했던 의리파인 자로(子路)가 공자 의 제자가 되자 그 누구도 공자에게 함부로 못했다고 한다. 반면에 안 회가 공자의 제자가 되자 공자의 학단에 따스한 평화의 기운이 감돌 았다고 한다. 어떤 제자가 스승의 사랑을 독차지한다면 다른 제자들 에겐 시기와 질투의 대상이 되기 쉽다. 안회는 스승 공자로부터 인정 과 칭찬을 독차지하다시피 했다. 그런데도 다른 제자들이 안회를 시기하지 않았다. 아니, 둘째가라면 서러워할 자공(子貢) 같은 제자는 자기 입으로 "안회는 저보다 열 배는 뛰어난 인물입니다"라고 인정하기도 했다.

스승은 물론 동료 선후배들에게도 골고루 덕성을 인정받았던 안회. 그 품격은 맑고 드높았다. 미인박명이라 했던가. 하늘은 안회가 가진 천재(天才)를 미처 다 펴기도 전에 목숨을 거둬 가버렸다. 안회가 죽은 뒤에 보니 집안이 너무나 가난하여 장례를 지낼 관곽(棺槨)조차 마련하기 어려웠다. 영적인 삶, 주변에 빛을 뿌리는 삶이란 애초부터 돈이나 권력과는 거리는 멀다는 것인지. 교조화되거나 고집스럽게 지나친 신앙으로 흐르지 않은 평화로운 영직인 삶. 그 삶이 과연 똥구멍 찢어지게 가난했던 안회의 '즐거움'이었을까? 안회의 삶에서 이것저것 곰곰이 생각해 보게 된다.

공자가 말했다.

"지금 하는 것을 보고, 하게 한 까닭을 살펴보고, 앞으로 하려는 것을 주의 깊게 헤아려 본다면, 그 사람이 무엇을 숨길 수 있겠는가. 그 사람이 무엇을 숨기겠는가?"

子曰, "視其所以, 觀其所由, 察其所安. 人焉廋哉? 人焉廋哉?"

일명, 공자의 관인법(觀人法)이라 할 수 있겠다. 사람을 볼 때 눈앞에서 그가 하는 행위로만 판단하지 말라는 것이다. 지금 이 순간 그가 하는 행위 속에는 과거, 현재, 미래가 모두 들어 있다. 이 한 편의 시를 보자.

> 욕쟁이 목포홍어집
> 마흔 넘은 큰아들
> 골수암 나이만도 십사 년이다
> 양쪽 다리 세 번 톱질했다
> 새우 눈으로 웃는다
>
> 개업한 지 십팔 년하고 십 년
> 막걸리는 끓어오르고 홍어는 삭는다

부글부글을 벌써 배웅한

저 늙은네는 곰삭은 젓갈이다

겨우 세 번 갔을 뿐인데

단골 내 남자 왔다고 홍어좆을 내온다

남세스럽게 잠자리에 이만한 게 없다며

꽃잎 한 점 넣어준다

서른여섯 뜨건 젖가슴에

동사한 신랑 묻은 뒤로는

밤늦도록 홍어좆만 주물럭거렸다고

만만한 게 홍어좆밖에 없었다고

얼음 막걸리를 젓는다

얼어 죽은 남편과 아픈 큰애와

박복한 이년을 합치면

그게 바로 내 인생의 삼합이라고

우리 집 큰놈은 이제

쓸모도 없는 거시기만 남았다고

두 다리보다도 그게 더 길다고

막걸리 거품처럼 웃는다

——이정록, '홍어' 전문, 〈귀가 서럽다〉, 창비

목포홍어집 할머니는 욕쟁이다. 걸쭉한 욕설을 마구 쏟아내는 할머니를 보고, '저런 못된 할머니!'라고 욕할 수 있겠는가. 만약 그런 사람이 있다면 그 사람은 눈에 보이는 현상에만 파묻힌 사람이다. 바다에 떠 있는 빙산을 보라. 눈에 보이는 것은 한 줌뿐이지만, 물속에 그 수백 수천 배에 이르는 몸체가 있지 않는가. 욕쟁이 할머니의 현재는 얼어 죽은 남편, 골수암 앓는 아들의 아픔을 딛고 일어선 자리다. 이정록의 표현대로 신세를 한탄하고 슬픔과 분노로 무너지는 가슴의 '부글부글을 배웅'한, '곰삭은 젓갈'이다. 그것이 식당에 오는 손님들에게 악의 없는 정감 어린 '욕'으로 나타나는 것이다. 마침내 남편과 아들의 아픔에 그 아픔을 받아들인 자신을 합쳐서 '삼합'으로 부르는 이 경지. 목포홍어집 할머니가 어떤 삶을 살아갈지 넌지시 짐작하게 해주지 않는가.

지금 현재, 눈앞에서 일어나는 행위는 공들여 보지 않아도 보인다. 그래서 시(視)를 썼다. 하지만 지금의 행위를 가져온 그 까닭, 그 사람이 해온 것들을 알아보기 위해선 슬쩍 볼 수는 없다. 그 사람의 이야기도 들어야 하고, 그의 내면으로 들어가려 애를 써 봐야 한다. 그래서 관(觀)을 썼다. 좀 더 주의 깊게 살피라는 뜻이다. 그런데 한 사람의 과거와 현재에 머물 수만은 없다. 앞으로 살아갈 삶의 모습은, 그가 무엇을 지향하고 있는지가 중요하다. 한 사람의 지향은 그가 편안해 하는 그 무엇이다. 이것은 더욱 알아채기가 쉽지 않다. 그만큼 깊숙이 자리하고 있기 때문이다. 그래서 찰(察)을 썼다. 나를 내려놓은 채 그 사람을 받아들여야 한다. 그제야 그는 자신의 지향을 흔쾌히 드러내 줄 것이다.

한 사람의 생애는 이처럼 쉽게 판단할 수 없다. 그 사람이 한 것, 하는 것, 할 것을 다 살펴본 뒤에야 겨우 그 사람을 안다고 말할 수 있겠다. 내가 그렇게 정성스런 마음으로 사람을 대할 때, 그 사람은 나에게 숨기는 것이 없을 것이라고 공자는 두 번 거듭해서 강조했다. 이 공자의 관인법은 내가 타인을 함부로 판단하지 말라는 뜻이기도 하지만, 나 스스로도 삶을 잘 살아야 한다는 경구이기도 하다.

공자가 말했다.

"옛것을 따뜻하게 덥히고 새로운 것을 잘 안다면, 남의 스승이 될 만하다."

子曰, "溫故而知新, 可以爲師矣."

'온(溫)'은 '따뜻하다, 온화하다, 원만하다'와 같은 뜻을 가지고 있다. 세상을 오래 산 사람이 그런 덕성을 가지고 있으면 젊은 사람들이 그 둘레에 모여들겠다. 하지만 사람이란 나이가 들수록 오히려 탐욕은 늘고 배포는 좁아져서 강퍅해지기 쉽다. 하루라도 자신을 비워 가는 수련에 게을러서는 안 되는 이유다.

'고(故)'란 지나간 것이다. 이미 있었던 것, 예로 들 수 있는 것을 말한다. 밥도 지은 지 오래되면 식어서 차가워진다. 차가운 그대로도 먹을 수는 있겠지만 맛이 덜하고 심지어 체할 수도 있다. 우리 인생사에서 지나간 것들도 그럴 것이다. 옛것을 있는 그대로만 바라보는 건 재미가 덜하다. 옛것만 고집하다 보면 밥이 체하듯 타자들과 소통을 못하게 되는 수가 있다. 그래서 데워야 한다. 지금 내가 사는 이 시대, 나와 타자들에게 알맞은 온도를 만들 필요가 있다. 그것이 '온고'다.

새로운 것을 잘 안다는 '지신(知新)'은 발견과 창조의 의미가 있다. 인류가 지구에 나타나 진화를 거듭한 지 수십만 년이 되었다. 인류는 뛰어난 지능으로 식물, 동물, 광물 등 온갖 특성들을 발견하고 발명하여 생활에 이용해 왔다. 그러나 아직 발견 못한 것들이 무수히 많을 것이다. 그런데 새로운 발견은 갑자기 하늘에서 뚝 떨어지는 것이 아니다. 늘 그 자리, 그 시각에 있어 온 어떤 것을 어느 날 갑자기 보게 되는 것이 발견이다. 그래서 발견은 지나간 것들과 단절된 자리에서 존재할 수 없다. '온고'가 '지신'과 나란히 얘기되는 까닭이다.

어떤 초등학교의 늙은 교사가 말했다.

"나이가 많으시니 아이들이 싫어해요. 학부모들은 더 싫어하고요."

과연 그럴까? 아이들이나 학부모가 싫어한다는 그 교사의 말은, 나이에 핑계를 대고 있는 건 아닐까? 나이에 핑계를 댄다는 말은 '온고'를 못하고 있다는 반증이 아닐지. '온고'란 단지 옛것에 빠져 있는 것이 아니라 옛것을 오늘의 온도에 맞추는 작업이다. '온고'가 되지 않으니 당연히 '지신'도 어렵다. 공자는 말한다. '온고'와 '지신'이 이루어질 때, 그 사람은 남의 스승이 될 수 있다. 초등학교의 그 늙은 교사는 스승이 되기 위한 '온고'와 '지신'이 충분했는지 스스로 돌아보면 좋겠다. 학부모들도 착각이다. 늙은 교사들은 으레 '온고'를 못할 뿐 아니라 '지신'은 당연히 못할 것이라고 지레짐작을 하기 때문이다. 한편, 그렇게 생각하도록 사회가 만들어 온 부분도 있다.

그런데 이 장에는 재미있는 해석도 있다. "온고와 지신을 잘하려면, 남의 스승이 되어 봐도 가(可)하다"는 것이다. 사람은 누군가를 가르칠 때 자신의 배움이 더욱 깊어지고 넓어진다고 한다. 어빙의 '망각곡선'에서도 보면 주입식으로 배웠을 때보다 남을 가르쳤을 때 배운 것을 더 오래 기억한다고 되어 있다. 맞는 얘기다. 한 가지를 가르치기 위해서 그 한 가지를 둘러싼 수백 가지의 배경을 공부해야 한다. 1 더하기 1은 2라는 수학적인 답만 가지고 사람을 가르칠 순 없다. 1 더하기 1은 하나도 되고 셋도 될 수 있다는 걸 알아야 한다. 내 배움이 깊어지기 위해선 남을 가르쳐 보라는 말은 충분히 가능한 해석이다. 공자도 호학에 대한 자신감을 얘기하면서, "배움을 싫어하지 않고, 가르침을 게을리하지 않았다(學而不厭, 誨人不倦)"고 말했다. 배움과 가르침이 한 다발로 묶여 있음을 알겠다.

공자가 말했다.
"군자는 그릇이 아니다."

子曰, "君子不器."

공자학은 '군자학'이라고 부르기도 한다. 군자는 글자 그대로 보면 임금 또는 임금의 아들을 뜻하는 말이니 위에 있는 사람이다. 사람들 위에서 사람들을 부리는 위치, 권력의 정점에 있는 사람이다. 이 뜻이 확장되어 '덕을 갖춘 사람'으로 불리게 된다. 임금은 정치권력으로 사람들에게 커다란 영향을 미친다. 덕이 있는 사람은 덕을 베풀어 주변을 환하게 할 수 있다. 그래서 공자는 제자들에게 군자가 되라고 가르쳤다.

군자에 대한 다양한 발언이 있다. 주로 '소인'과 대비시켜서 말하는데 조화를 중요시한다거나, 태연하다거나, 두루두루 마음을 쓴다거나 하는 것들이 군자의 행위를 표현하는 말들이다. 그런데 여기서 군자는 "그릇이 아니"라고 공자는 말했다. 그렇다면 군자가 되기 위해선 그릇이 되어선 안 된다는 말일까? 그릇이 되어선 안 된다는 뜻으로 해석하여 다양한 문제들이 발생했다.

그릇이 무엇인가? 그릇은 이름이 정해져 있다. 밥그릇, 국그릇, 술잔, 병, 숟가락……. 이름이 있으며 그릇은 그릇마다 쓰임이 정해져 있다. 각자의 쓰임에 맞게 잘 쓰이면 그릇으로서 할 일을 잘 해낸 것이다. 그렇다면 군자란 무엇인가. 그릇이 아니라면 군자는 어디에 쓸 것인가. 이 때문에 그릇이 아니라는 공자의 발언은, 허황되고 자기관념에 파묻힌 비현실적인 문제를 낳는다고 비판을 받는다. 그릇을 부정함으로써 그릇들이 발전하는 길을 막았다는 것이다. 과학기술이나 장인정신 같은 그릇들의 세상이 부정되고 '인의'와 '예악' 같은 정신문화만 강조하는 쪽으로 흘러갔다는 얘기다.

하지만 위와 같은 논의는 한 면만 과장한 느낌이 있다. 군자는 그릇이 아니라는 발언은 그릇을 부정한 것이 아니라 '그릇을 넘어선 그릇', '하나의 쓰임에 국한되지 않는 그릇'의 의미로 봐도 무방하다. 예컨대 노자의 〈도덕경〉에 이런 말이 있다.

> 큰 방은 모서리가 없고
>
> 큰 그릇은 모양이 없고(완성이 늦고)
>
> 큰 소리는 소리가 없고
>
> 큰 모습은 형체가 없다.
>
> (大方無隅, 大器晚成, 大音希聲, 大象無形 〈도덕경〉 41장)

공자가 말하는 '불기(不器)'는 곧 '대기(大器)'를 말한다고 봐도 되겠다. 큰 그릇은 모양이 없으므로 오히려 모든 쓰임에 쓸 수 있다. 컵도 되고, 술잔도 되고, 밥그릇도 되고, 때로는 오줌을 받는 그릇도 될 수 있는 그릇. 이것이야 말로 진정 큰 그릇이 아니겠는가. 〈예기〉라는 책에는 이런 말이 있다.

북은 다섯 가지 소리에 해당하지 않지만, 북이 없으면 소리들이 조화가 되지 않고
물은 다섯 가지 색깔에 해당하지 않지만, 물이 없으면 색깔들이 제 빛을 드러내지 못한다.
(鼓無當於五聲, 聲弗得鼓不和 / 水無當於五色, 色弗得水不章)

소리들을 조화시켜 주지만 북은 이름 붙은 소리가 아니다. 색깔들이 제 빛을 충분히 드러내게 도와주지만 물은 어떤 특정한 색으로 이름 불리지 않는다. 물이나 북과 같은 존재, 그가 바로 불기이자 대기인 군자의 모습이 아닐지. 또한 군자는 누군가 그 품에 들어가 포옥 안겨서 울 수 있는 존재자이기도 하다.

타향에서 이리저리 채이고 핍박을 받으며 마침내 빈털터리가 된 어떤 아들이 떨어지지 않는 발걸음을 힘겹게 옮겨 고향에 돌아갔을 때, 맘껏 울며 안길 수 있는 아버지의 품 같은.

자공이 "군자는 어떤 사람입니까?" 하고 묻자, 공자가 대답했다.
"행동으로 실천을 먼저 하고, 말은 그 뒤를 따르게 하는 사람이다."

子貢問君子. 子曰, "先行其言而後從之."

말을 해놓고 실천이 따르지 않으면 '빈말'이라고 한다. 알맹이가 없이 텅 비었다는 뜻이다. 고기는 씹어야 맛이고 말은 해야 맛이라고 한다. 말을 하지 않으면 속내를 알아채기 어려우니 어서 말을 하라고 재촉하기도 한다. 하지만 "말로써 말 많으니 말 말을까 하노라" 하고 말했던 옛 시인도 있다. 말이란 한 번 하기 시작하면 꼬리에 꼬리를 물게 된다. 말이 완전할 수 없는 까닭이다. 한 번 말을 해놓고 보면 실언을 한 부분이 보이거나 생각을 제대로 드러내지 못한 부분이 보이게 된다. 앞에 한 말에 보충을 하거나 수정을 해야 한다. 그러니 말이 자꾸만 많아질 수밖에 없다.

차라리 말이 없으면 마음이 편해지는 것이 그 이유다. 언젠가 '묵언 걷기'를 한 적이 있다. 도법 스님이 여주의 남한강가를 따라 조성된 여강길을 걷기 위해 오셨다. '화쟁, 코리아'를 슬로건을 걸고 온 나라를 100일 동안 순례하는 중이었다. 순례단과 지역의 사람들이 합쳐서 50여 명이 모였다. 걷는 동안엔 말을 하지 않기 위해 한 줄로 걸었다. 묵묵히 앞사람의 뒤를 보고 걸었다. 늘 지나다니던 길인데도 새로운 것이 보이고 새로운 소리가 들렸다. 길을 걸으면서 말을 하다 보니 놓치는 것들이 많았던 셈이다. 말이 적으면 그만큼 수정 보충하기 위해 꾸밀 필요도 줄어들고, 다른 이에게 더 집중하게도 된다.

무엇보다 말은 실천이 중요하다. 사람의 말로서 말의 의의가 살아나는 것은 알맹이가 있을 때인데, 그것을 '신(信)'이라고 한다. "저 사람은 한 번 한다면 꼭 해", "자기가 한 말을 틀림없이 지키지" 같은 이야기를 듣는다면 그 사람은 '신'이 있는 사람이다. 다른 이에게 믿음을 주는 사람이다. 믿음을 잃고도 세상을 못 살 거야 없겠지만 자꾸만 부딪치게 될 것이다. 부딪침이 잦아지면 스스로도 힘들고 더불어 살아야 하는 타인도 힘들 수밖에 없다. 그러니 말보다 실천을 먼저 하자. 행동을 먼저 하고 말은 그 뒤를 따르게 하자. 그러나 무엇보다 말을 했다면 행동이 꼭 뒤따르게 해야겠다. 세상사는 행동보다 말을 먼저 하는 경우가 훨씬 많기 때문이다.

공자가 말했다.

"군자는 두루두루 다 통하며 패거리를 만들지 않는다. 소인은 패거리를 만들고 두루두루 통하질 못한다."

子曰, "君子, 周而不比, 小人, 比而不周."

　　사람으로 태어나 군자로 살아갈 수 있다면 꽤 괜찮은 삶일 것이다. 그러나 공자가 말하는 군자의 모습은 도달하기 쉽지 않아 보인다. 당장 이 구절만 해도 그렇다. 모든 사람을 두루두루 편견 없이 똑같이 대접하라는 말이다. 그것이 '주(周)'에 대한 해석이다. 그런데 우리는 따질 것이 너무나 많다. 같은 고향인가, 같은 학교를 나왔는가부터 시작해서, 같은 절이나 교회를 다니는지, 생활수준이 같은지 다른지, 남자인지 여자인지도 따진다. 그런 기준을 다 넘어서야만 '두루두루'가 가능하다. 그러나 어디 삶이 그런가.

　　'비(比)'는 바로 우리네 삶의 모습을 전형적으로 보여 주는 글자다. 글자를 보면 두 사람이 한 방향을 나란히 바라보고 있다. 그래서 이 글자는 '함께 손잡고 나란히 걸어갈 비'도 되고 '서로서로 도울 비'도 된다. 이 비와 상대적인 글자에 '배(北)'가 있다. 좌우의 두 사람이 서로 등을 지고 있는 형상이다. 그래서 '배'는 '달아나다, 배신하다'의 뜻을 갖고 있다. 나 혼자 살기 위해선 동지의 손을 놓고 돌아서서 도망가야 하지 않겠는가. 패배(敗北)가 바로 '싸움에 져서 달아나다'의 뜻을 가지는 이유다. 비는 한 방향으로 손을 잡고 잘 나아가고 있으니 좋아 보인다. 그런데 문제는 나와 손잡고 있는 이에게만 너무 빠져든다는 것이다. 나와 손잡지 않은 이는 적으로 간주하여 내친다. 그래서 자기들끼리만 똘똘 뭉치는 아집을 보여 주게 된다.

요즘 우리 한국의 상황을 보면, 마치 '비의 시대' 같은 느낌을 준다. 자기논리만 고집하는 시대. 아니, 자기논리조차 가지지 못한 상태에서 내면의 성찰 없이 외부의 논리를 자기의 논리라고 착각하는 세뇌형 고정관념의 논리. 한 번도 스스로 검증해 보지 않은 상태에서 진리라고 믿어 버린 오류. 너무나 많은 사람들이 그런 부적절한 논리로 무장하고 핏대를 세워 외치고 있는 형국이다.

역사가 늘 그렇듯 '비'를 강조하는 소인은 득세하기 마련이다. 16세기 조선에서 대학자였던 율곡조차 '나라를 그르치는 소인(誤國小人)'으로 몰렸다. 나중에 서인으로 불리게 되는 한 떼의 선비들을 율곡이 비호했기 때문이다. 율곡과 성혼과 정철 등에 맞서는 사람들이 동인으로 불리며 서로 세를 겨루게 된다. 당쟁(黨爭)의 시작이었다. 군자는 무리를 이루되 '당(黨)'을 짓지는 않는다고 했다. 이 당이 곧 '비'와같다. 패거리 의식이란 말이다. 조직폭력배처럼 패거리를 짓게 되면 싸움이 일어날 수밖에 없다. 필연적으로 당쟁이 일어나게 된다.

자기네의 논리만 옳다고 주장하면 끝내 제3의 길로 나아갈 수가 없다. 새로운 길, 새로운 중심을 찾지 못하면 함께 망하게 된다. 그러므로 군자는 새로운 중심을 부단히 세우는 사람이다. 중심이 하나여서는 너무 답답하지 않은가. 여기저기서 많은 중심들이 새롭게 서서 빛을 발하고 있을 때, 얼마나 아름다운가.

공자가 말했다.

"배우기만 하고 생각을 하지 않으면 허무하고, 생각만 하고 배우지 않으면 위태롭다."

子曰, "學而不思則罔, 思而不學則殆."

요즘 우리나라 학제로는 대학까지 졸업할 경우 16년이 걸린다. 초등학교 6년, 중고등 6년, 대학 4년 동안 줄기차게 가방을 들고 학교를 다닌다. 그렇게 16년을 배우고 나서 "그동안 내가 뭘 배웠는지 모르겠다"라고 허망한 말을 하는 사람이 많다. 내 주변에는 대학은 자동차학과를 나와서 요리사를 하는 사람도 있다. 그 친구는 "차라리 식품영양학과라도 갈걸" 하고 말한다. 대학을 다니면서 쓴 돈을 모았다가 가게를 여는 데 보태지 못한 게 너무나 후회스럽다고도 했다. 그 친구가 대학을 갈 당시 자동차학과는 졸업할 경우 앞날이 유망하다고 많이들 얘기했다. 그러니까 그 친구가 대학에서 배운 것은 허망했던 셈이다. 열심히 자동차 수리를 공부했지만 지금은 식당을 하고 있고 자동차가 고장 나면 카센터에 맡긴다. 자동차를 고치는 방법이야 좀 알지만 수리를 할 수 있는 설비가 없으니 무용지물이다. 자동차학과를 가기 전에 좀 더 깊이 생각을 해봤더라면 뒤늦은 후회는 많이 줄어들었을 것이다.

배우고 생각을 한다는 건 내면화 과정이라고 보면 좋겠다. 수많은 배움이 세상에 널려 있지만 다 나와 맞는 건 아니다. 그러나 내가 잘할 수 있는 것은 분명히 있다. 배운 것들이 내 안에 들어와 나의 내면을 살찌우고, 나를 변화시키는 요소로 작용하지 않는다면 그 배움은 허무하다.

나와 맞지 않는 배움들은 버릴 필요가 있다. 배움에 들인 시간과 돈과 노력이 아까워서 싸들고 있으면 내 몸은 점점 무거워져 자유를 잃게 된다. 배움은 나를 자유롭게 하는 과정이다. 나를 자꾸 가볍게 만들어 가는 과정이다. 비우고 또 비워 깃털처럼 쉽게 움직일 수 있어야 한다. 그렇게 되려면 '생각'할 수밖에 없다. 이를 공자는 내자성(內自省), 내자송(內自訟) 등으로 말했다. 나의 내면으로 들어와 성찰하기, 나의 내면에서 스스로 송사하듯 살펴보기이다. 그리하여 배움이 나의 생각, 나의 말로 만들어져 밖으로 표현되게 된다. 나의 말, 나의 행동으로 귀결되지 않는 배움이란 그저 남의 말을 따라 지껄이는 앵무새에 지나지 않는다.

생각이 중요하다고 생각만 하고 배우지 않는 것도 문제다. 배움을 멀리하는 사람으로 공자는 지위가 높은 사람, 부유한 사람, 나이가 많은 사람 등을 꼽았다. 지위가 너무 높으면 모두 자기보다 지위가 낮기 때문에 아첨꾼만 많고 진리를 가르쳐 줄 스승을 만나기 어렵게 된다. 부자는 교만하기 쉬워 배우려 하지 않고, 나이 든 사람은 나이를 내세워 자기보다 어린 사람에게 배우기를 꺼린다. 이들의 태도는 모두 배움에 있어서 반드시 버려야 할 것들이다. 그래서 공자는 불치하문(不

恥下問)을 말했다. 아랫사람에게 묻기를 부끄러워하지 말라는 말이다. 여기서 '아랫사람'이란 지위가 낮은 사람, 나보다 가난한 사람, 나보다 나이가 어린 사람 등으로 보면 되겠다.

북한의 최고권력자인 김정은은 이제 겨우 삼십대 초반이다. 세상에 아직 배워야 할 것이 너무 많은 젊은 나이라는 뜻이다. 그러나 머리가 하얀 60~70대 노인들이 김정은을 수행하면서 수첩에 교시를 받아 적는 모습을 본다. 과연 김정은을 누가 가르치겠는가. 예전에 조선시대엔 왕을 가르치는 사부가 있었다. 그를 경연관(經筵官)이라 불렀다. 임금이 스승에게 인간의 도리와 정치철학 등을 배우고 토론하던 자리를 '경연'이라 했다. 경연을 날마다 2회 이상 열었는데, 임금이 경연을 빼먹으면 매우 좋지 않게 여겼다. 주로 폭군들이 경연을 자주 빼먹었고, 때때로 경연을 아예 없애 버리기도 했다. 지위가 높을수록 오히려 더욱 많이 배워야 한다는 뜻이다. 자기 생각만 고집하고 배움을 던져 버리면, 위태로워진다. 그가 최고권력자일 경우 나라에 해독을 끼치기도 한다. 제2차 세계대전을 일으켜 인류에게 엄청난 고통을 안긴 히틀러가 그 대표적인 인물이다.

조직에서 아주 높은 지위에 있는 어떤 사람은 아랫사람에게 묻지 않기 위해 자기 혼자 엄청난 독서를 한다고 한다. 이는 그나마 나은 경우다. 자기의 지위를 유지하고 우습게 보이지 않기 위해서 책을 스승으로 두고 있기 때문이다. 배움의 대상이 꼭 사람일 필요는 없지 않겠는가. 그러나 그 사람도 자기 지위의 권위를 내려놓고 물을 필요가 있다. 그 사람의 이야기를 전해 준 사람에 따르면, 그 지위 높은 사람은 처음 가는 길을 모를 때조차 길 가는 이에게 물어보지 않는다고 한다. 어떤 방식으로든 스스로 찾기 위해 애를 쓴다는 거였다. 길가에서 있는 아무에게나 길을 묻는 사람을 보고, "어떻게 저럴 수 있나?" 하고 놀라워한다는 거다. 자기 지위에 자기를 묶어 놓은 사람의 생활 습관을 잘 보여 주는 얘기였다.

　나보다 어린 사람이든, 나보다 가난한 사람이든, 나보다 지위가 형편없이 낮은 사람이든, 다 각자의 경험과 각자의 세계관을 갖고 있다. 나보다 나은 부분, 내가 갖지 못한 부분을 모든 사람이 소유하고 있다는 뜻이다. 묻기를 부끄러워하지 말아야 한다. 내 생각에만 고집스러워지지 않으려면 그래야 한다.

공자가 말했다.

"나와 생각이 다르다고 공격하면 해로울 뿐이다."

子曰, "攻乎異端, 斯害也已."

이 구절은 해석에 논란이 좀 있다. 우선 '공(攻)'을 '공격하다'와 '다스리다(전공하여 배우다)'의 두 가지로 볼 수 있다. 다음은 '이단(異端)'이다. '이단'은 글자 그대로 보면 '다른 끝'이다. 막대가 하나가 있을 때 끝은 두개이다. 이를 양단(兩端)이라고 한다. 돗자리를 짤 때 서로 다른 끝에서 짜 들어가면 가운데서 비뚤어질 수 있다. 양단의 어느 한쪽에서 시작되고 어느 한쪽에선 끝이 나는 것이 자리를 짜는 방법이다.

그런데 '단(端)'은 끝이기도 하지만 시작이기도 하다. 늘 끝은 새로운 시작의 준비이기 때문이다. 형사들이 어떤 범죄를 해결하기 위해, 단서(端緒)를 찾아내는 일에 온 신경을 집중하는 까닭이 거기에 있다. '이단'은 다른 단서, 다른 끝, 다른 시작의 의미를 내포하고 있다. 이것이 사람의 철학으로 오게 되면 다른 사상으로 나타난다. 요즘엔 '이단'이란 말이 마치 종교의 전유물처럼 되어 있다. 정통 종교에서 벗어나 어떤 한 교리에 집착하는 집단을 '이단'이라 부른다.

이 구절의 '이단'을 주자(朱子)는 양주와 묵적의 사상으로 보았다. 양주는 위아설(爲我說)을 주창했던 인물이다. 세상의 중심은 오로지 나이며, 나의 완성을 목표로 살아가야 한다는 주장이다. 양주는 "내 다리털 하나를 뽑아서 천하를 구할 수 있다고 해도, 나는 내 다리털을 주지 않겠다"고 나의 소중함을 극단적으로 말했다. 묵적은 "내 발뒤꿈치를 베어서 다른 이에게 도움이 된다면 나는 기꺼이 받아들이겠다"라고 세상 모든 것을 사랑하자는 겸애설(兼愛說)을 주장했다.

이 두 주장을 주자는 매우 위험한 사상으로 보았다. 양주의 주장은 자기만 소중하다고 하므로 부모도 몰라보는 무부(無父)의 위험에 빠질 수 있고, 묵적은 모든 것은 똑같이 사랑한다고 하므로 나중엔 임금도 몰라보게 된다는 무군(無君)에 빠지게 된다고 봤다. 주자가 스승으로 모신 정자(程子)는 '이단'을 불교로 봤다. 불교는 논리가 교묘하여 세상을 떠나 산으로 들어가게 하므로, 가장 위험한 사상이라고 몰아붙였다.

그런데 주자와 정자의 주석은 문제가 있다. 양주와 묵적은 공자보다 훨씬 후대에 태어난 인물이고, 불교는 공자가 살았을 때 막 인도에서 태동하고 있는 사상이었다. 공자가 어떻게 이들의 사상을 알아서 '이단'이라고 말할 수 있었을까? 완전히 불가능한 이야기다. 그렇다면 정자와 주자는 왜 이런 엉터리 주장을 한 것일까? 그 판단은 어렵지 않다. 주자는 자기 논리에 힘을 실어 주기 위해 공자에게 기대려 했고, 마침 공자의 이 발언을 보게 되었다. 시간성의 문제는 좀 있으나, 공자의 후광을 가져오기엔 그만인 구절로 생각했던 것이다. 어쨌든 주자학을 신봉했던 조선의 선비들은 주자의 이 논리에 따라 양주,

묵적, 석가를 배척했다. 일종의 앵무새 사상이었다. 배움을 내면화하여 자기 사상으로 만들어 내지 못한 허무한 결과를 잘 보여 주는 부분이다.

그렇다면 공자의 진의는 무엇이었을까. 단순하게 볼 필요가 있다. 당시 노나라에는 공자만 학단을 연 게 아니었다. 공자가 죽였다는 소정묘(少正卯)도 있고 양호(陽虎)도 있다. 또 원양(原良)이라는 공자의 친구도 있었다. 이들은 각자 나름대로 제자들을 거느린 철학자들이었다. 학단끼리 다른 사상에 대한 다툼과 공격이 있었을 것이다. 공자는 법무부 장관에 해당하는 대사구가 되었을 때 소정묘를 죽였다. 젊은이들을 그릇된 길로 끌고 가는 사상을 편다는 이유였다. 아마도 이 사건을 치르면서 공자는 깊이 깨달았던 듯하다. 나와 생각이 다르다고 하여 지나치게 공격을 하는 것은 결국 해로울 뿐이라는 것 말이다. 그런 공격은 군자가 할 일도 인자가 할 일도 아니었다. 중용은 군자가 지녀야 할 기본 덕성이 아니던가. 공자는 자신의 기준으로 소정묘를 바라보니 나쁜 사람이었던 것이다. 그러나 그 기준을 바꾸면 그 사람은 나쁘지 않을 수도 있다. 그 아픈 깨달음을 공자는 제자들에게 말했을 가능성이 있다. 깨달음을 통해서 행동을 바꿀 수 있는 사람이 진정으로 배움을 좋아하는 사람이다. 이 가슴 아픈 발언을 통해서 우리는 그런 인간 공자의 고뇌를 볼 수 있다.

공자가 말했다.

"유야. 너에게 안다는 것이 무엇인지 가르쳐 주마. 아는 것을 안다고 하고, 모르는 것은 모른다고 해라. 이것이 아는 것이다."

子曰, "由! 誨女知之乎! 知之爲知之, 不知爲不知, 是知也."

유(由)는 자로다. 성이 중(仲)이어서 이름은 중유이다. 자로는 중유의 자다. 계로(季路)라고 부르기도 한다. 공자보다 아홉 살이 어렸다. 성격이 괄괄하고 무예가 뛰어났다. 공자는 자로를 야(野)하다고 말하기도 했다. 들판에서 뛰노는 야생마처럼 질박하고 거칠다는 뜻이었다. 자로는 공자에게 배운 뒤 정치감각이 뛰어나다고 칭찬을 받았다. 많은 제후나 대부들이 자로를 자기 밑에 두고 싶어 할 정도였다. 그러나 거칠고 단순한 성격 때문에 공자에게 핀잔도 많이 받았다.

자로는 확실하게 알지 못하는 것도 경솔하게 아는 척을 하는 경우가 있었던 모양이다. 공자는 제자들이 자기의 단점을 극복하고 장점을 크게 확장시키기를 바랐다. 이 구절은 그래서 자로가 자신의 단점을 고치기를 바라는 마음으로 말해 줬을 것이다. 아는 것은 안다고 하고 모르는 것은 모른다고 솔직하게 고백하는 것, 그것이 참으로 아는 것이라는 말. 달리 말하면 정직하라는 말과도 맥이 통한다. 이렇게 해석하고 나면 이 구절이 뭐 그리 어려울 것이 없다. 그런데 과연 내가 무엇을 알고 무엇을 모르는지 알 수가 있을까? 이런 의문을 가진 사람이 장자(莊子)였다.

장자는 왕예와 설결이라는 스승과 제자의 대화를 통해서 앎(知)과 모름(不知)에 대하여 자기 생각을 드러낸다. 스승 왕예는 지와 부지에 대하여 묻는 제자 설결에게 이렇게 말해 준다.

"내가 안다고 하는 것, 그것이 사실은 모르는 것인지도 모르고, 내가 모른다고 하는 것, 그것이 사실은 모르는 것이 아닌지도 모른다. 과연 진정한 앎, 곧 진지(眞知)란 무엇일까?"

내가 안다고 하지만 그것은 나의 어떤 기준에만 맞춘 것일 수 있다. 예를 들면 여배우 전지현을 사람들은 예쁘다고 한다. 그러나 전지현이 다가오면 개구리는 놀라서 도망을 치고 만다. 개구리는 사람이 보는 미의 기준을 갖고 있지 않기 때문이다. 과연 누구의 기준이 옳다는 말인가. 미꾸라지는 물기 많은 진흙 속에서 잘 산다. 그러나 사람을 거기에서 살라고 하면 금방 병들어 죽고 말 것이다. 과연 누가 서식지를 잘 안다고 말할 수 있는가. 기준이 움직이면 내가 알고 있는 것이 모르는 것이 될 수도 있고, 모르는 것이 아는 것이 될 수도 있다. 옳고 그름도 마찬가지일 것이다. 문제는 기준이다. 그래서 장자는 말한다. 기준을 버리면 '참앎(眞知)'이 생긴다고.

사람도 그렇지 않을까? 자기의 기준으로만 세상을 보면 얼마나 힘들고 답답하겠는가. 만나는 사람에 따라, 만나는 사물에 따라, 만나는 상황에 따라 유연하게 기준이 바뀔 수 있으면 좋겠다. 때로는 상대의 기준에 내가 맞춰 줄 수도 있고, 상대가 나의 기준에 따라올 수도 있으리라. 또 둘이 마음을 모아 새로운 기준을 만들 수도 있을 것이다. 그리하여 마침내 모든 기준이 사라진 상태. 그것이 진정한 자유의 상태가 아닐지.

15~16세기, 서양에서는 종교의 잣대로 수많은 사람이 억울하게 고문을 당하고 화형으로 죽어 갔다. 지구 중심의 세계관을 부정하고 태양 중심의 세계관을 가졌던 과학자들도 추방당하거나 죽음을 당했다. 우주의 중심이 지구라는 것은 기독교의 세계관이었다. 창세기에 하나님이 "해가 있어라!" 하니까 해가 생겨났기 때문이다. 그렇게 피조물에 불과한 해가 어찌 태양계라는 이름을 가진 우주의 중심이 될 수 있단 말인가. 종교지도자들은 천문학자의 기준을 받아들일 수가 없었던 것이다. 그런데 권력을 종교지도자가 갖고 있으니, 천문학자는 자기소신을 바꾸거나 죽거나 해야 했다. 고정된 중심, 고정된 기준의 비극이었다.

기준은 언제든지 바뀔 수 있다. 물론 중심도 곳곳에 있다. 앎과 모름도 마찬가지가 아닐까. 오늘 내가 아는 것이 내일은 모르는 것으로 바뀔지도 모른다. 오늘 내가 옳다고 생각한 것이 내일은 그른 것이 될지도 모른다. 세상에 변하지 않는 기준, 변하지 않는 중심은 없다. 변화가 곧 우주를 만들고, 태양을 만들고, 지구도 만들었다. 사람 몸의 진정한 근원인 세포의 DNA 분자의 원자들은 모두 수소나 질소 같은 기체로 이루어졌다는 것이 밝혀졌다. 인간은 기(氣)가 모여 뭉치면 만들어졌다가 죽음과 함께 흩어진다는 주장이 먼 옛날부터 있어 왔는데, 그것이 사실이었던 것이다.

사람 몸 자체가 곧 무한한 변화의 중심에 있는 것이 아니고 무엇인가. 그런데 우리는 왜 그리 고집을 하면서 사는 것일까. 변화에 따르는 삶이 곧 편안한 삶일 텐데 말이다. 그래서 임운안분(任運安分)이라고 했다. 하늘의 운수에 맡기고 내 분수에 편안하자는 말. 이것은 숙명론이나 운명론과는 다르다. 숙명이니 운명이니 하는 것은 체념과 포기에 가깝다면, 임운안분은 사람으로서 자연의 흐름에 몸을 편안히 맡긴다는 것으로서, 매우 적극적인 삶의 자세다. 자연과 함께하는 생명의 평화를 누리는 사람은 자기도 평화롭지만 주변도 평화롭게 한다. 이것은 매우 가치 있고 높고 귀한 경지의 삶이다.

자장이 말했다.

"벼슬을 하여 녹(祿)을 얻는 방법을 배우고 싶습니다."

공자가 대답했다.

"많이 듣되 의심스러운 건 빼놓고 그 나머지를 조심스럽게 말한다면 허물이 적을 것이다. 많이 보되 곤란한 것은 빼놓고 그 나머지를 조심스럽게 실천한다면 후회가 적을 것이다. 말에 허물이 적고 행동에 후회가 적다면 녹은 그 가운데 있다."

子張學干祿. 子曰, "多聞闕疑, 愼言其餘, 則寡尤, 多見闕殆, 愼行其餘, 則寡悔. 言寡尤, 行寡悔, 祿在其中矣."

자장은 매우 어린 제자였다. 성은 전손(顓孫)이요 이름은 사(師)였다. 공자보다 48살 어렸다고 전한다. 비슷한 나이였던 자하와 자유가 공문십철에 들어갔지만, 자장을 들어가지 못했다. 그러나 공문사우(孔門四友)의 하나로 이름을 올렸다. 네 친구란 안회(안연), 중유(자로), 단목사(자공)와 함께였다. 가장 뛰어났다는 제자 3명과 같이 거론되었다는 것은 자장에겐 크나큰 영광이다. 더구나 안회와 자공은 자장보다 13~14살 더 많은 사람이고 자로는 36살이나 더 많았으니 어쩌면 스승이나 다름없었다. 그런 사람들과 같이 거론되었다면 자장에게 뭔가 특별한 것이 있을 터이다.

〈논어〉에 등장하는 자장은 물음들이 크다. 그만큼 배포가 크다는 뜻도 되겠다. 그래서 그런지 공자도 자장을 일러 "과(過)하다"고 말했다. 지나치다는 뜻이다. 덩치도 크고 품은 생각도 커서 대인의 풍모가 있었던 듯하다. 자장과 상대적으로 얘기되는 인물이 자하이다. 공자는 자하를 일러 "불급(不及)이다"라고 말했다. 좀 모자란다는 뜻이다. 조심을 너무 많이 한다는 뜻이기도 하다. 자장은 지나치고 자하는 모자란다고 말하여 둘 다 조금씩 만족스럽지 못하다는 이야기인데, 제자들이 궁금하여 물었다.

"그렇다면 자장의 과와 자하의 불급 중에 누가 낫습니까?"

"과유불급이지."

공자가 짤막하게 대답했다. 과유불급(過猶不及)은 지나침과 모자람은 둘 다 똑같다는 뜻이다. 사람은 누구나 그럴 것이다. 지나치거나 모자라거나. 중용을 지키기란 얼마나 어려운 일인지. 하지만 중용을 지키는 사람은 자기의 평온과 타자의 평온을 한꺼번에 가져다준다. 그게 우리가 중용의 덕을 가지기 위하여 부단히 노력해야 하는 이유가 된다.

역시 자장답게 벼슬 사는 법을 물었다. 공자는 언제나 근본적인 대답을 한다. 공자가 습관처럼 잘 사용하는 말 중의 하나가 '재기중(在其中)'이라는 말이다. '그 가운데에 있다'라는 말. 뿌리가 튼튼하면 줄기, 가지, 잎, 꽃, 열매는 저절로 잘 익는다는 것. 뿌리가 허약한데 꽃이나 열매의 화려함만 쫓아다녀 이루려 한다는 건 가능한 일이 아니라는 설명이다. 공자는 자장에게 벼슬하는 사람의 뿌리에 대한 이야기를 해줬다.

결국 요약하자면, 언행이다. 말에는 허물이 적고 행동에 후회가 적은 사람. 그런 몸가짐을 가진 사람에겐 저절로 벼슬자리가 온다는 것. 남에게 원망을 받거나 스스로도 후회할 일이 많은 언행을 하면서 벼슬자리를 얻으려 해봐야 그건 모래 위에 쌓은 성이나 다름없을 것이다.

최근에 국무총리가 될 사람을 대통령이 지명을 했는데 후보자는 여론의 압박을 견디지 못하고 자진사퇴했다. 검찰에서 높은 지위에 올랐던 사람인데 전관예우가 문제였다. 이 사람이 검찰에서 퇴직을 하고 1년 동안 벌어들인 변호사 수임료만 수십억이었다. 돈도 돈이지만 변호를 한 내용이 더 문제였다. 사회적으로 부도덕한 짓을 저지른 부유한 사람을 위하여 변호를 하고 막대한 수익을 올렸던 것이다. 수익을 사회에 기부하겠다고도 했지만 여론의 지탄은 그치지 않았다. 마침내 일주일 만에 스스로 후보직에서 물러났다. 국회의 청문회를 견딜 자신이 없었던 모양이다. 전관예우 같은 부적절한 관행을 척결해야 한다고 했던 자신의 말을 지키지 못한 점과 지나치게 많은 돈을 벌어들인 행위 등 사람들의 원망과 스스로도 후회를 많이 할 행위가 발목을 잡은 셈이다. 공자가 말한 뿌리를 튼튼하게 하면 그 속에 녹은 저절로 찾아온다는 가르침에 고개가 끄덕여진다.

애공이 공자에게 물었다.

"어떻게 하면 백성들이 잘 따르겠습니까?"

공자가 대답했다.

"곧은 사람을 천거하여 굽은 사람들 위에 두면 백성들이 따릅니다. 굽은 사람을 들어서 곧은 사람 위에 두면 백성들이 따르지 않습니다."

哀公問曰, "何爲則民服?" 孔子對曰, "擧直錯諸枉, 則民服, 擧枉錯諸直, 則民不服."

애공은 젊은 임금이다. 공자가 14년 동안이나 노나라 밖에서 떠도는 동안 즉위를 했고, 공자가 우여곡절 끝에 노나라에 돌아오자 반가이 맞이했다. 이 대화가 이루어진 시기는 공자 나이 칠십 전후일 것이고, 애공은 아직 임금으로서 제대로 자리를 잡지 못한 상태였을 것이다. 더구나 삼환(三桓)이라고 하는 왕족의 후손인 세 대부 집안이 실권을 장악하고 있으니 허수아비 임금이나 다를 바 없었다.

그 답답한 처지에 있는 임금은 뭔가 돌파구가 필요했으리라. 마침 만인의 추앙을 받는 국부 공자가 귀국하자 재빨리 공자를 초청하여 물어봤다. 백성들이 어떻게 하면 자기를 따르게 할 수 있겠느냐고. 백성들이 자기를 따르게 할 수만 있다면 허수아비 임금이라는 굴욕을 벗어던질 수도 있지 않겠느냐고, 애공은 생각했을 것이다.

공자의 대답은 간명하여 군더더기가 없다. 사람을 잘 쓰면 된다는 것. 인사가 만사라는 말이 있다. 사람을 잘못 쓰면 작거나 크거나 관계없이 조직은 망한다. 누구나 인정할 만한 정직하고 정의로운 사람을 뽑아서 일을 하게 하면 된다. 올곧은 사람이 실권을 갖고 일을 하면 굽었던 사람도 따라서 곧아질 수 있다. 반대로 부정직하고 부도덕하고 불의한 사람이 실권을 갖고 있으면 곧았던 사람도 순식간에 굽어질 수 있다. 어찌 조직이 망하지 않고 버티겠는가.

계강자가 물었다.

"사람들로 하여금 공경하고, 충성스럽고, 서로 권면하게 하려면 어떻게 하면 될까요?"

공자가 대답했다.

"당신이 사람들을 대할 때 장엄하면 공경스럽게 되고, 당신이 효성스럽고 자애로우면 충성스럽게 되며, 당신이 착한 사람을 뽑아 모자란 이들을 가르치게 하면 서로 권면하게 될 겁니다."

季康子問, "使民敬忠以勸, 如之何?" 子曰, "臨之以莊則敬, 孝慈則忠, 擧善而教不能則勸."

계강자는 계씨 집안의 맏이로 실권자였다. 노나라의 임금보다 실질적인 권력을 갖고 노나라를 지배했던 맹손씨, 숙손씨, 계손씨 세 집안 중의 하나였다. 계씨는 그 세 집안 중에서도 가장 막강한 힘을 가지고 있었다. 공자는 적통이 아닌 삼가(三家)가 나라의 권력을 농단하는 것을 옳지 않게 봤다. 따라서 계강자의 물음에 대한 답을 보면 "너나 잘하세요"의 의미가 강하다.

백성들에게 공경, 충성, 권면을 하라고 몰아붙이지 말고 지배자인 당신의 태도부터 바로잡으라는 충고다. '장(莊)'이라는 글자는 씩씩하고 엄숙하다는 뜻을 갖는다. 그런데 사람이 씩씩하거나 엄숙하기만 하면 주변에 사람이 같이하기 어렵다. 군자는 "멀리서 보면 엄숙하게 보이지만, 가까이 가면 온화하다"라는 말이 있다. 태도가 씩씩하고 장엄해도 직접 사람들과 부딪치는 현장에서는 따뜻한 웃음이 있다는 말이다. 공경은 내리눌러서 강제로 바치라고 할 때 생기지 않는다. 압력과 위력은 두려움과 복종을 생산한다. 공경은 마음으로 감동할 때 생기는 법이다.

'충'은 앞에서 얘기했듯이 '정성을 다하는 마음', '중심이 든든한 마음'이다. '효'는 자식이 부모에게 보내는 정성이요, '자(慈)'는 부모가 자식에게 주는 사랑이다. 사람은 누구나 부모가 있다. '효'란 자신의 뿌리를 되돌아보는 마음이다. 부모라는 뿌리는 내 생명의 근원이며, 내 생명이 유지되게 하는 데 가장 중요한 힘이다. 더구나 부모는 세상 그 무엇보다도 나를 사랑한다. 그 사랑에 대한 보답의 의무가 '효'다. 그러므로 '효'는 '정성'이 중요하다. 사람은 누구나 부모가 있지만, 자식이 없을 수는 있다. 만약 자식이 없다면 내려 줄 사랑도 없는가? 그렇지는 않다. 나보다 지위가 낮은 사람, 나보다 재물이 적은 사람, 나보다 나이가 어린 사람에게 내가 나눠 주는 모든 것이 사랑이 아니고 무엇일까?

착한 사람을 선발해서 모자란 사람을 가르치게 하는 건, 교육의 중요성을 강조한 말이다. 가르치는 자를 왜 군이 착한 사람이라고 했을까. 견문이 많다고 스승이 되기는 어렵다. 물론 본 것, 들은 것이 많은 사람은 그것만으로도 사람을 가르칠 수 있다. 그러나 교육이 단순히 지식의 전수에 그칠 수만은 없다. 지식에 앞선 바탕, 곧 인격이 중요하다. 사람다운 사람이 되는 것. 그러므로 '모자란 사람'이란 견문과 지식이 모자랄 뿐 아니라, 사람다운 사람으로 성장하는 것이 필요한 사람을 말하겠다. 선입견에 사로잡혀 있거나, 고정관념의 아집을 가진 사람, 자기만의 세계관을 주장하는 사람 등등. 자기의 세계관을 수정하면서 세상과 소통하기 위한 사람으로 성장하려면, 나를 감동시킬 수 있는 스승이 필요하다. 그런 스승을 가려 뽑아 사람들이 배우게 한다면, 서로 힘써 도와주는 문화는 자연스럽게 뒤따라오게 된다.

어떤 이가 공자에게 말했다.

　"당신은 왜 정치를 하지 않습니까?"

　공자가 대답했다.

　"서(書)에 이런 말이 있소. '부모에겐 효가 있고 형제에겐 우애가 있어, 이것이 정치에 베풀어지도다.' 이 말이 역시 정치하는 게 무엇인지 잘 나타내고 있소. 어찌 꼭 벼슬자리에 있어야만 정치를 하는 것이겠소."

或謂孔子曰, "子奚不爲政?" 子曰, "書云, '孝乎惟孝, 友于兄弟, 施於有政.' 是亦爲政, 奚其爲爲政?"

　이 대화는 공자가 정치를 어떻게 보고 있는지를 잘 나타낸다. 가정의 윤리인 효와 우애가 확대되면 그게 바로 정치라는 거다. 그래서 유학자의 정치철학이 여기에 바탕을 두고 있다. 때문에 유학을 국학으로 삼았던 조선시대에는 '효'를 매우 무겁게 여겼다. 조선의 왕들은 내용이야 어쨌든 형식적으로는 아침저녁으로 대비와 왕대비 등 어머니, 할머니에게 문안인사를 드릴 수밖에 없었다.

　공자에게 질문을 하는 어떤 사람의 어투를 보면 좀 재미있는 구석이 있다. 진짜로 궁금한 듯도 하지만 공자를 약간 비꼬는 듯한 의미도 담겨 있어서다. 공자는 어려서 아주 가난하고 천하게 자랐지만 각고의 노력으로 이름이 세상에 알려졌다. 공자가 서른 살이 되었을 무렵에는 상당한 세력을 형성할 만큼 제자들도 많았다. 특히 공자는 예를 잘 아는 사람으로 유명했는데, 그중에서도 상례(喪禮)에 밝았다.

어머니인 안징재(顏徵在)가 대대로 무당 집안의 사람이어서, 공자는 무당들이 모여 사는 당골에서 자랐다. 공자는 어려서 제기(祭器)를 가지고 놀고 예를 차리는 모양을 잘했다고 사마천은 '공자세가'에서 기록을 남겼다. 무당은 죽은 사람을 편안하게 보내 주고 추모하는 일을 담당하는 사람들이다. 따라서 공자는 상례와 제례 같은 것이 어릴 때부터 몸에 배는 환경이었다. 게다가 누구보다 배우기를 좋아하는 사람이 아닌가.

잠시라도 배움을 게을리하지 않아서 공자는 박학다식했다. 게다가 무인기질을 타고나 수레몰기, 활쏘기 등에도 능했다. 또 "내가 노나라에 돌아오자 노나라의 음악이 바로잡혔다"라는 말을 할 정도로 대단한 음악가였다. 거의 모든 방면에 출중한 공자가 벼슬자리 하나 얻지를 못하고 있으니, 어떤 이는 그게 이상했던 것이리라.

공자의 대답은 늘 근본이 무엇인지를 놓치지 않는다. 여기서도 마찬가지다. 공자가 보기에 '벼슬자리'는 결과물에 지나지 않는다. 자리가 목표가 되어서는 안 된다는 뜻이다. 어떤 '자리'는 내가 사람다운 사람으로서 삶을 추구하다 보면 자연스럽게 얻어지는 부산물에 불과하다는 것. 공자는 앞에서 제자인 자장에게도 '재기중(在其中)'을 말했다. 뿌리가 튼튼하면 줄기와 가지가 튼튼해지고, 잎이 무성하고 탐스런 열매가 맺는 법이다. 눈에 보이는 결과에만 매이는 건 재앙을 부른다. 열매만 크기를 욕망하여 지나치게 거름을 하고 농약을 쳐 댄다면 결국 식물의 뿌리가 상하고 토양이 나빠져서 몇 년 안에 농사를 망치고 마는 것과 같다. 공자가 보기에 눈에 보이는 권력의 자리는 정치의 본질이 아니다. 사람들이 사람의 기본윤리인 효와 우애를 지니지 못하면, 결국 정치는 없는 것이나 마찬가지. 여기서 효와 우애가 단지 가정의 윤리에 머물지 않게 된다. 효는 가정에선 부모에 대한 정성이지만, 사회로 확대되면 어른에 대한 공경이 된다. 우애는 가정에서는 형제를 사랑하는 윤리이지만, 사회로 확대되면 벗과 나보다 어린 사람에 대한 사랑이 된다. 정치가 무엇인가. 사람을 편안하게 하고 사랑하는 일이 아닌가. 누군가가 이런 덕목을 일상생활에서 실천하고 있다면 그 사람은 곧 훌륭한 정치가이다.

공자가 말했다.

"사람이 약속을 지키지 않는다면, 그를 사람이라고 해도 될지 모르겠다. 큰 수레에 예(輗)가 없고 작은 수레에 월(軏)이 없다면, 수레가 어떻게 갈 수 있겠는가."

子曰, "人而無信, 不知其可也. 大車無輗, 小車無軏, 其何以行之哉?"

자기가 한 말을 지키면 다른 사람이 믿어 준다. 약속을 지키는 것이 너무나 중요하다는 공자의 거듭된 주장이다. 교과서에 실린 덕에 많은 사람들이 잘 아는 '양치기 소년' 우화가 있다. 혼자 양을 지키려니 심심해서 사람들이 놀라는 재미를 좀 보려고 늑대가 나타났다고 소리쳤다. 사람들은 늑대를 쫓기 위해 우 몰려왔으나 거짓말임을 알고 화를 내며 돌아갔다. 양치기 소년은 재미있어서 한 번 더 거짓말을 했다. 사람들은 두 번까지는 왔으나, 세 번째 진짜 늑대가 나타났을 땐 양치기 소년이 아무리 소리를 쳐도 사람들이 오지 않았다. 소년은 신뢰를 잃었기 때문이다.

누군가 자기가 한 말을 지키지 않거나 거짓말을 자꾸 할 때 사람들은 그 사람을 믿지 않는다. 다른 사람에게 신뢰를 잃으면 그가 과연 사람일 수 있겠느냐고 공자는 묻는다. 공자의 수레 비유는 통렬하다.

큰 수레란 소가 끄는 우차(牛車)로 짐을 많이 실을 수 있다. 작은 수레란 말이 끄는 마차(馬車)로서 주로 전투에 쓰는 날랜 전차다. 소와 말을 수레와 연결하려면, 짐승의 등에 얹은 멍에와 수레의 끌채를 연결해야 한다. 이때 끌채에 가로지르는 나무를 대고, 그곳에 멍에를 연결하고 쐐기로 고정을 시킨다. 바로 이 쐐기를 우차는 예, 마차는 월이라고 불렀다. 쐐기는 작은 물건이다. 수레나 짐승이나 끌채나 멍에에 비하면 아주 작은 물건이다. 그러나 쐐기가 빠지면 어찌 될까. 수레와 짐승은 분리될 수밖에 없고, 수레는 움직일 수가 없다.

위의 양치기 소년의 예에서 보듯, 거짓말이나 지키지 않을 헛말은 쉽게 할 수 있다. 아주 작은 물건인 쐐기처럼 아주 별것 아닌 것처럼 보이기 때문이다. 그러나 그 작은 쐐기가 수레가 움직일 수 없게 하듯이, 약속을 지키지 않는 사람은 결국 사람이 될 수가 없다는 것이다. 공자의 말은 아주 쉬워 보이는 비유이지만, 듣는 이에게 한 번 더 생각하게 해주는 힘이 있었다.

자장이 물었다.

"삼백 년 앞을 알 수 있겠습니까?"

공자가 대답했다.

"은나라는 하나라의 문화에 의지해서 덜고 더하고 했으니 그 문화를 알 수 있다. 주나라는 또 은나라의 문화를 바탕으로 하여 덜고 더했으니 그 문화를 알 수 있다. 만약 누군가 주나라의 문화를 잇는 자가 있다면, 삼천 년 앞이라도 알 수 있다."

子張問十世可知也. 子曰, "殷因於夏禮, 所損益, 可知也, 周因於殷禮, 所損益, 可知也. 其或繼周者, 雖百世, 可知也."

자장은 젊고 패기 넘치는 제자답게 물음들이 컸다. 본문의 십세(十世)는 삼백 년이다. 부모와 자식을 가르는 한 세대를 삼십 년 정도로 보는 것이 당시의 셈법이었다. 요즘 우리나라는 젊은이들의 결혼이 점점 늦어져서 세대를 가르는 삼십 년이 조금 위태롭기는 하나, 이 셈법은 지금도 누구나 고개를 끄덕일 만하다. 한 사람이 사람으로 자립할 수 있는 나이가 삼십대의 삶이 최적일 수 있다. 몸과 정신이 가장 열정적으로 활동할 수 있는 나이이기도 하다. 사실 서른 살이 되어서도 한 인간으로 독립할 수 없다면 커다란 문제가 아닐까.

제후국이 됐든 천자국이 됐든 한 국가를 경영하려면, 자장은 삼백 년 앞은 내다봐야 한다고 생각했다. 요즘 우리들의 관용어 중에 '교육은 백 년의 큰 계획'이라는 말이 있는데, 자장의 배포에 비하면 초라한 편이다. 그런데 왜 삼백 년일까? 춘추시대 당시에 왕조들이 삼백 년

이상을 유지하는 경우를 보기 쉽지 않았다는 것이 자장의 판단에 영향을 주기도 했을 것이다.

역시 공자는 보통 사람의 생각을 훌쩍 뛰어넘는다. 유쾌하다. 삼백 년 앞날을 묻는 제자에게 삼천 년 앞날로 화답하고 있지 않은가. "너는 겨우 삼백 년 앞을 알고 싶으냐? 나는 그 열 배의 미래도 알 수 있단다. 그 까닭은 다음과 같다" 하고 공자는 사랑스런 제자에게 넌지시 일러 준다. 은나라는 하나라를 바탕삼고, 주나라는 은나라를 바탕삼는다. 미래는 과거와의 단절이 아니라, 과거를 바탕삼아 '손익(損益)'을 해야 한다는 것. 버릴 건 버리고, 보탤 건 보태야 한다는 말이다. 그러나 손익의 선택은 사실 얼마나 어려운 일인지. 수많은 타자들이 나에게 버려야 한다고 충고를 하건만, 나는 끝끝내 버리지 못하고 집착하는 것이 얼마나 많던가.

한 정권이 지나간 어느 시절의 영화에 매달려 현실을 바라보지 못할 때 얼마나 많은 민중들이 고통을 당했던가. 문제는 늘 '지금, 여기'다. "모든 끝은 시작"이라고 어느 시인은 노래했다. 하나라의 멸망은 은나라의 시작이요, 은나라의 멸망은 주나라의 시작이었다. 한 나라의 끝은 늘 버려야 될 것으로 가득 차기 마련이다. 권력자의 부패와 그에 따른 사회문화의 방탕함 등은 대표적인 것이다. 하지만 버려야 될 것만 있는 경우는 없다.

인류는 그야말로 조금씩 조금씩 진화를 해왔다. 과학기술, 제도, 예술, 철학 모든 부분에서 그렇다. 아이작 뉴턴은 '만유인력'을 발견했지만, 그것은 뉴턴 혼자 한 것이 아니다. 뉴턴보다 조금 앞서서 행성천문학자인 케플러가 "모든 행성은 자기력(磁氣力)을 갖는다"고 말했기에 가능했다. 뉴턴도 케플러의 연구에서 도움을 받았다고 고백했다.

공자는 주장한다. 버릴 것은 버리되, 보탤 것은 보태라. 나는 생각한다. 버림 그 자체가 곧 보탬이라고. 버릴 것을 선택하는 것은 얼마나 어려운가. 아니, 버릴 것을 잘 선택하는 건 더 어렵다. 잘 선택한 것의 버림을 실천하는 건 더더욱 어렵고 큰 용기이다. 용기의 바탕 위에 새 문화는 생성되고 성장해 나갈 것이다.

그런데 이 대화에선 공자의 과장이 좀 느껴진다. 아울러 주나라에 대한 지극한 애정도 알 수 있다. 공자는 주나라의 문화를 이어 가기만 하면 충분하다고 봤다. 주나라의 문화는 사람이 사람으로 살아갈 수 있는 '인문의 길'이 완성되었다는 것이다. 더 이상의 '손익'이 필요 없다는 깃. 주나라에 대한 공자의 사랑이 너무 깊어 그런 것 같다.

공자가 말했다.

"그 귀신이 아닌데 제사를 지내는 건 아첨하는 것이다. 정의로운 일을 보고도
하지 않는 건 용기가 없음이다."

子曰, "非其鬼而祭之, 諂也. 見義不爲, 無勇也."

〈논어〉에서는 '기(其)'를 어떻게 보느냐에 따라 해석이 완전히 달라
지는 구절이 여럿 있다. 여기서도 완전히 달리지는 경우는 아니지만,
'기'를 보는 관점에 따라 해석이 좀 달라질 수 있다. 관점은 두 가지다.
먼저 '기'를 '나'로 보는 것. 그렇게 되면, 나의 귀신이 아닌데 제사를
지낸다는 의미가 된다. 내가 제사를 지내야 하는 귀신이라면 어떤 귀
신일까? 부모를 비롯한 조상이 있다. 내 부모와 조상은 아니지만 배우
자의 부모와 조상이 있다. 이 범위 안의 귀신은 내가 정성을 다해 추
모를 해야 할 대상이다.

두 번째는 '기'를 '마땅함'으로 본다. 곧 마땅히 제사를 받아야 할 귀
신이라는 뜻이다. 모든 사람에게 제사를 받아 마땅한 귀신은 무엇일
까? 한 나라의 백성 모두가 받들었던 천신, 지신, 산신, 수신 같은 경
우가 해당하지 싶다. 그런데 천신이나 산신 같은 경우는 누구나 제사

를 지닐 수 있는 것이 아니라, 임금 또는 나라에서 지정한 제관이 아니면 제사를 지낼 수 없었다.

이제 공자는 말한다. 내가 제사 지낼 대상이 아닌데 제사를 지냄은 '아첨'이라고. 내 조상이 아닌 남의 조상 제사에 정성을 들이는 까닭은 쉽게 이해가 된다. 뭔가 얻고 싶은 것이 있기 때문이다. 어떤 회사의 과장 부인이 그 회사 부장의 부모 제사에 음식을 해다 바치고 과장이 차장으로 승진을 했다는 이야기는 누구나 안다.

그런데 마땅히 제사 지내야 할 대상인 천신, 산신에게 제사를 지낸 것도 아첨이 된다는 건 무슨 뜻일까? 공자가 살았던 당시 노나라의 제도에 큰 산에 제사를 지낼 수 있는 사람은 임금뿐이었다. 그런데 다른 사람이 제사를 지냈다면? 이는 그 사람이 자신의 욕망을 추구하기 위하여 산신에게 아첨했다고 볼 수 있다는 것이다. 자신의 분수를 넘어선 행위 또는 자신의 탐욕을 위한 행위를 공자는 아첨으로 본 것이다.

불의를 보거나 정의롭게 해야 할 일을 봤을 때 불의를 바로잡거나 정의로운 일을 하지 못한다면 용기가 없다는 말이 아프다. 용기를 내지 못하는 이유는 우선 나에게 돌아올 피해를 걱정하기 때문이다. 그런 점에서 용기는 바람직한 방향으로 한 걸음 나아갈 수 있는 경계가 된다. 사람다운 삶으로 진보하는 것은 용기가 전환점이라는 의미다.

3

예의 질서와 음악의 조화
팔일

공자가 계씨의 행동을 비판했다.

"자기 뜰에서 여덟 줄로 춤추게 한다는구나. 이런 일도 할 수 있다면 무슨 일인들 차마 못하리오."

孔子謂季氏, "八佾舞於庭, 是可忍也, 孰不可忍也?"

계씨는 노나라의 왕족으로서 막강한 권력을 가졌던 세 집안 가운데 하나다. 세 집안 중에서도 계씨가 가장 힘이 셌다. 팔일무(八佾舞)는 64명이 가로 세로 여덟 줄로 서서 춤을 춘다. 부채를 들고 추는 문관의 춤과 칼을 들고 추는 무관의 춤이 있다. 일단 규모가 상당하다. 64명이 몸을 놀려 춤을 출 수 있으려면 그 뜰이 얼마나 커야 할까. 계씨의 부를 짐작하게 한다.

공자는 계씨가 자기 집 뜰에서 팔일무를 추게 했다고 비판한다. 많은 주석가들은 계씨의 '참월'을 비판한 것으로 본다. 팔일무는 천자만이 누릴 수 있는 춤이라는 것이다. 천자는 팔일무, 제후는 육일무, 대부는 사일무, 사(士)는 이일무의 차등이 있다는 것. 계씨는 일개 대부에 불과한데 마치 자기가 천자인 양 팔일무를 쳤으니 가당치 않다는 것이다. 역사를 돌이켜 보면 나라를 뒤집는 반역자들이 자기 세력을 과시하는 일이 종종 있었다. 사가(私家)에 옥좌를 차려 놓고 왕처럼 행세한다든가 하는 등의 일이다.

하지만 계씨로선 이런 항변도 가능하다. 인간의 질서를 누가 만들었느냐? 누구는 천자고, 누구는 제후고, 누구는 노예라는 법이 처음부터 있었느냐고. 각자 능력이 있으면 팔일무가 아니라 십일무인들 못 추겠느냐고 말이다. 계씨의 행동을 공자처럼 비난할 수도 있지만, 한편으론 신분의 족쇄를 깨뜨리는 개혁가의 모습으로 볼 여지도 있다.

요즘 시대를 보자. 재벌들은 엄청난 부를 갖고 있다. 그들이 호화로운 잔치를 벌인다고 할 때 어떻게 볼 것인가? 대통령이나 수상이나 한 국가의 최고권력자가 누려야 할 의례를 재벌이 한다고 누가 뭐랄 것인가. 민주화된 시대에 자기 부를 과시한다고 '참월' 같은 용어는 쓰지 않을 것이다. 하지만 분명히 비난은 받는다. 그렇다면 그 비난의 요체는 무엇일까. 나는 그것을 '검소함'에 대한 것으로 본다.

공자는 '검소함'이야말로 인간이 인간다움을 유지하는 큰 덕목으로 봤다. "섬세하게 실로 짠 모자를 쓰는 것이 예에 합당하다고 해도, 나는 천으로 쉽게 짠 모자를 쓰겠다"는 말도 공자는 한 적이 있다. 예에 어긋나더라도 '검소함'을 선택하겠다는 선언이다. 예는 고정된 것이 아니라 얼마든지 바뀔 수 있다는 공자의 유연한 태도를 잘 보여 준다.

그렇다면 이제 공자의 비판의 진의를 찾을 수 있다. 공자가 계씨를 비판한 것은 '참월'에 대한 것이라기보다는 '사치함'에 대한 비판이다. 굶주려 죽어 가는 인민이 즐비한데 호화로운 잔치를 벌이는 권력자에 대한 비판이다.

그래서 이런 짓도 할 수 있다면 무슨 일인들 못 하겠느냐고 한탄했다. 계씨는 자기 영지에서 세금을 가혹하게 거둬 곳간을 채운 사람이다. 계씨의 세금 걷는 일을 총괄했던 공자의 제자가 있다. 바로 염구다. 공자는 염구에게 계씨를 바른 길로 이끌라고 여러 번 충고했다. 염구는 '자기 능력 밖의 일'이라고 대답해서 공자를 실망시켰다. 오히려 계씨를 돕기까지 하니, 화가 난 공자는 다른 제자들에게 말했다.

"북을 울리면서 염구 저놈을 공격해라!"

권력자든 재벌이든 낭비와 사치는 사람들의 눈살을 찌푸리게 한다. 그 바탕에 과시와 허영이 도사리고 있기 때문이다. 공감과 나눔의 가치는 들어설 틈이 없다. 사람이 자율적인 인간으로서 인간다움의 품격은 검소함에서 온다는 공자의 생각을 잘 보여 준다고 하겠다.

노나라의 세 대부 집안에서 '옹'이라는 노래를 부르면서 제사 지낸 그릇들을 치웠다. 이 얘기를 들은 공자가 말했다.

　"'제후들이 서로 도우니, 천자가 즐거워하는구나'라는 노래를 어찌하여 세 대부의 집에서 부를 수 있단 말이냐?"

三家者以雍徹. 子曰, "'相維辟公, 天子穆穆', 奚取於三家之堂?"

　노나라 임금보다 부와 권력이 많았던 맹손씨, 숙손씨, 계손씨 집안을 '삼가'라고 한다. 1장에서 나왔던 계씨를 계손씨라고도 부른다. 계씨만이 아니라 다른 두 집안도 낭비와 사치가 심하기는 마찬가지였던 모양이다.

　'옹'이라는 노래는 천자가 제사를 지낸 뒤에 부르는 노래로 되어 있다. 그것이 당시의 예였다. 그러나 "나는 이만한 권력이 있어. 나는 이만한 부가 있어. 그러니 내가 못할 게 뭐야"라는 생각을 세 대부 집안에서 했는지 모르겠다. 돈과 권력이 있으면 남에게 과시하고 싶은 건 인지상정이다. 자기가 가진 것을 누리겠다는데 뭐가 문제란 말인가. 아니꼬워도 어쩔 수 없는 일 아닌가.

　그러나 공자는 참지 못한다. 그건 잘못된 일이라고 지적한다. 그릇된 일을 보고도 참아 준다면 동조나 다름없다고 본다. 공자가 언젠가 스스로 자기의 근심을 네 가지로 토로한 적이 있는데, 그중에 한 가지가 '사의(徙義)'다. 사의는 '옳은 일, 정의로운 일을 찾아간다'는 뜻이다. 어떤 것이 정의로운 일인지 가치판단이 되었는데도 행동으로 옮기지 못하는 것을 공자는 자기근심 중에 하나라고 말했다.

사람들에게 사의가 일어나지 않는 까닭은 다양할 것이다. 귀찮아서, 겁이 나서, 자기판단에 대한 신뢰가 부족해서 등등. 당시 노나라는 임금도 내쫓을 수 있을 만큼 세 대부 집안의 권력은 막강했다. 그러나 공자는 발언을 멈추지 않았다. 공자가 14년 동안이나 고국으로 돌아가지 못하고 떠돌이 생활을 해야 했던 이유도 거기에 있었다. 계씨와 정치적인 충돌로 벼슬길에서 밀려나고 원치 않은 출국을 했던 것이다. 뒷날 제자 염구가 계씨의 가신이 되어 총애를 얻은 뒤 공자는 겨우 노나라로 돌아갈 수 있었다.

정의로운 행동을 한다는 건 신변의 위험도 감수해야 한다. 그래서 공자는 이런 말도 했다. "내 목숨을 구하기 위해 인(仁)이 무너지는 걸 원치 않는다. 차라리 내 몸을 죽여 인을 이루겠다." 살신성인(殺身成仁)이라는 사자성어를 남긴 유명한 말이다. 여기 인이 뜻하는 바가 곧 사회정의가 아닐까 생각해 본다. 정의를 이루기 위해서, 인자가 되기 위해선 목숨까지 걸어야 할 정도로 쉽지 않다는 표현이기도 하다. 삶이란 시시각각 모순과 타협으로 점철되지 않던가. 굳건하게 내면을 다지기란 얼마나 어려운 일인가.

공자가 말했다.

"사람이면서 어질지 못하다면 예 같은 건 무엇이며, 사람이면서 어질지 못하다면 음악 같은 건 무엇할까?"

子曰, "人而不仁, 如禮何? 人而不仁, 如樂何?"

공자는 예와 악을 몹시 중요하게 여겼다. 예는 사람과 사람을 소통하게 하는 도구가 된다. 그러므로 예는 수시로 변해야 한다. 공자는 예의 달인이라는 소문이 난 사람이다. 그런데 무슨 일이 있을 때 공자는 "이때는 어찌해야 합니까?" 하고 자꾸 묻고 다녔다. 그래서 어떤 사람은 공자가 예를 잘 아는 것이 맞느냐고 의문을 품기도 했다. 상황에 따라서 예는 얼마든지 바뀔 수 있으므로, 낯선 자리에 간다면 그곳의 예를 물어볼 수밖에 없다.

〈장자〉에 '장보관'을 팔러 월나라에 간 송나라 사람 이야기가 있다. 장보관은 제사나 엄숙한 의식을 치를 때 쓰는 모자였다. 그런데 월나라 사람들은 머리를 빡빡 깎고 몸에 문신을 하고 사는 사람들이었다. 송나라의 장보관이 전혀 필요 없었던 것이다. 이것은 예의 충돌이자 문화의 충돌이다.

만약 송나라 사람이 월나라를 정복하고 절대권력을 가진다면 자신의 문화를 강제할지도 모른다. 머리를 다시 기르고 문신도 금지하며 장보관을 쓰라고 강요할 수도 있다. 이것이 바로 '불인'이다. 타자를 있는 그대로 바라보는 마음이 인의 덕목 중에 하나다. 불인은 타자를 나의 세계 안에 가두는 횡포를 부릴 가능성이 크다. 그러므로 어질지 못한 사람에게는 예가 아무짝에도 쓸모가 없다고 공자는 생각했다. 일방적인 폭력을 휘두르니 무슨 소통이 일어나겠는가. 소통의 도구인 예는 아예 사라지고 만다.

음악 또한 마찬가지이다. 음악은 삶을 조화롭게 만드는 구실을 한다. 예처럼 소통의 도구가 되기도 한다. 천지자연의 소리들은 곧 음악이다. 물이 흐르는 소리, 새의 날갯짓 소리, 바람이 나뭇잎을 흔들고 가는 소리들도 모두 음악이다. 그런데 불인한 사람의 귀에는 이런 음악이 들리지 않는다. 자기 내면의 소리에만 갇혀 있기 때문이다.

'들어주는 공덕'이라는 말이 있다. 누군가 고통에 빠져 허우적댈 때 그 고통을 들어주는 것이다. 사람들은 늘 누군가에게 자기 생각을 말하고 싶어 한다. 말하고 싶은 사람은 많은데 들어주는 사람은 적다. 그래서 남의 말을 잘 들어주는 사람이 곧 인자다. 인자는 누구보다 사람의 소리를 정성껏 들어주지만 자연의 소리도 놓치지 않는다. 천지 조화의 한가운데 들어가 편안해 하는 것이다.

예와 음악은 사람이 사람답게 살아가기 위해 꼭 필요한 덕목이다. 공자의 말을 이렇게 변주해 보자. 어질다는 '인(仁)'을 사람 '인(人)'으로 바꿔 봐도 되겠다. 그럼 이렇게 된다.

"사람이 사람이 아니면 예는 뭣하며, 사람이 사람이 아니라면 음악은 뭣하리."

임방이 예의 뿌리에 대해 묻자 공자가 대답했다.

"훌륭하도다, 물음이여! 예란 것은 사치하기보단 검소해야 한다. 장례를 치를 때는 잘 꾸미기보다는 슬퍼하면 된다."

林放問禮之本. 子曰, "大哉問! 禮, 與其奢也寧儉, 喪, 與其易也寧戚."

임방은 노나라 사람인데 현자로 이름이 나 있었다. 임방은 세상 사람들이 예를 따짐에 있어서 겉으로 꾸미는 일에만 치중하는 것이 아닌가 하는 의심이 들어서 이런 질문을 했다. 당시 공자는 예를 잘 아는 사람이라고 소문이 나 있었다.

역시 공자는 임방의 질문에 반색을 했다. 임방의 물음에 대답하기에 앞서 감탄을 먼저 내놓은 것을 보면 잘 알 수 있다. 큰 대(大)를 써서 임방의 물음이 아주 크고 훌륭하다는 칭찬을 아끼지 않았다. 일종의 극찬에 해당한다.

공자의 대답은 아주 간단하다. 예의 뿌리는 검(儉)이라는 것이다. 검은 앞에서도 이야기했지만 '고를 줄 아는 사람'이란 뜻이다. 예는 때와 장소, 상대하는 대상에 따라 달라져야 한다. 고정된 예는 이미 예가 아니다. 나와 타자 사이에 소통을 도와주는 것이 예인데, 이것이

고정되어 있다면 어떻게 되겠는가. 나의 잣대로만 상대를 재단하려 들면 서로에게 아픈 상처를 남길 뿐이다.

검은 꼭 필요한 것을 골라서 살 줄 아는 소비태도이기도 하다. 그러니까 사치는 예와 거리가 한참 멀다는 이야기다. 가장 적절한 것을 고를 줄 아는 안목은 상황에 가장 적절한 몸가짐을 할 수 있다는 것과 통한다.

공자는 예의 뿌리는 '검'이라고 전제를 해놓고 현실 삶의 보기를 들어 준다. 그것이 상례에 대한 태도이다. 사람이 살아가면서 치러 내야 하는 큰일을 네 가지로 든다. 성인식에 해당하는 관례(冠禮), 짝을 만나는 혼례, 죽은 이를 보내는 상례, 조상을 추모하는 제례가 그것이다. 줄여서 관혼상제(冠婚喪祭)라고 부른다.

네 가지 큰 예 가운데서 공자는 상례를 예로 들었다. 상례는 아직 죽은 이의 몸이 내 곁에 있으므로 슬픔과 두려움, 안타까움과 막막함 등 복잡한 심정이 뒤섞이는 혼란한 시기이다. 죽은 자와 산 자가 나뉘는 이때 적절한 예는 마음을 추스르는 데 큰 도움이 된다.

죽은 이에 대하여 충분히 애도를 하지 못하면 평생의 한으로 남는다는 말이 있다. 바다에 배가 침몰하여 가족이 죽었을 때, 시체를 찾아서 정성껏 상례를 치른 사람은 좀 더 빨리 슬픔에서 벗어날 수 있다고 한다. 그러나 끝내 시체를 찾지 못한 실종자 가족은 슬픔을 누그러뜨릴 기회를 얻지 못하여 한은 가슴에 고이고 만다.

공자는 말한다. 상례에 있어서도 겉치레로 형식만 꾸미지 말라고. 상례의 뿌리는 역시 애도하는 마음이니 충분히 슬퍼하라는 것이다. 비참한 일을 당한 유가족에겐 그들이 충분히 슬퍼할 만한 장소와 시간을 제공해야 한다. 충분한 보상 운운하는 그 밖의 형식들은 진정으로 유가족을 치유하는 길이 아니다.

예의 뿌리인 검이 실제 삶의 현장인 상례에 있어선 '충분한 슬픔'으로 나타난다는 말이다. 그렇다면 관례에선 어떻게 나타날까? '충분한 기쁨' 정도일까. 혼례에서는 '기쁨과 책임감'으로 나타날 수도 있다. 제례에선 '그리움' 정도가 아닐까. 돌아가신 부모나 조상을 추모하는 마음이 깊으면 충분하지, 갖가지 세세한 제사의 형식은 사실 그리 중요한 일이 아닐 것이다. 그래서 제상을 차리는 일에 있어서 '홍동백서(紅東白西)'니 '조율시이(棗栗柿梨)'니 하고 따지면서 다투는 일은 제례의 본질이 아니다.

공자가 말했다.

"오랑캐들에게 임금 있음이 여러 중원 나라들에 임금이 없음과 같지 않다."

子曰, "夷狄之有君, 不如諸夏之亡也."

이 공자의 발언은 논란의 여지가 좀 있다. 일단 오랑캐와 중원을 구분하여 차별한 것으로 읽힌다. 이적(夷狄)은 중국을 세계의 중심이라고 봤을 때 동쪽의 오랑캐와 북쪽의 오랑캐를 말한다. 남쪽은 만(蠻), 서쪽은 융(戎)이다. 그리하여 동이, 북적, 남만, 서융이라는 조어가 생겼다. 바로 우리나라가 동이에 해당한다. '오랑캐'라는 말 자체가 멸시하는 어감이 있다. 문화적으로 미개한 지역의 사람이란 뜻이다.

하(夏)는 중국 고대의 하나라를 말한다. 하나라는 관개시설을 창안하여 치수에 성공한 임금인 우(禹)가 시조인 왕조다. 우임금은 공자가 살았던 춘추시대에도 몹시 인기가 높았던 인물이다. 하나라가 망하고 상나라(은나라)가 서고, 다시 주나라로 이어졌다. 공자가 살았던 시기는 주나라 말기에 해당한다. 공자가 입버릇처럼 말하는 삼대(三代)의 시대가 곧 하은주(夏殷周), 세 나라의 시대다.

세 나라의 처음을 열었던 사람은 어진 임금으로 칭송을 받는 인물들이다. 하나라의 우, 은나라의 탕(湯), 주나라의 문무(文武)가 그렇다. 그 삼대의 시작인 하나라의 시조이므로 우임금은 그야말로 슈퍼스타였다. 그래서 뒷날 중국 땅에 왕조를 열었던 여러 나라들은 서로 자신이 하나라를 계승했음을 자랑으로 여겼다. 따라서 본문의 '여러 하나라(諸夏)'라는 말은 공자가 당시 왕조들의 모습을 반영한 말로 보면 된다.

공자의 발언은 중화주의로 비판할 수 있다. 중국이 세계의 중심이며 그 밖의 다른 나라들은 미개한 문화를 가진 오랑캐 나라라는 멸시의 편벽된 시각을 가진 이념이 중화주의다. "변두리 나라들은 임금을 가졌어도 중원에 임금이 없는 것만도 못하다"는 발언을 잘 뜯어보자. 임금이 있다는 말이 정치가 잘 이뤄지고 있다는 비유로 본다면, 임금이 없다는 것은 정치가 혼란스럽다는 뜻이 된다. 그러나 중원은 정치가 혼란스러워도 정치가 잘 이뤄지고 있는 오랑캐 나라보다 낫다는 말이 아닌가. 중원 지방의 오래된 문화의 내공이 지금 일시적으로 혼란스럽다고 해도 곧 정치는 안정을 가져올 수 있다는 믿음의 표현으로 볼 수 있다.

이런 해석에 따르면 공자는 차별심을 가진 편벽된 시각을 가진 사람의 한계에서 벗어날 수가 없다. 그럼 어떤 다른 해석의 여지가 있는가? '불여(不如)'의 해석에 주목해 보자. 불여는 글자 그대로 해석하면 '같지 않다'가 된다. 그렇다면 공자의 발언은 이런 해석도 가능하다.

"오랑캐 나라에 임금 있음이 여러 중원 나라들에 임금이 없는 것과 같지 않다."

미묘한 차이가 있다. 이 해석에 따르면 '중심은 곳곳에 있다'라는 의미가 살아난다. 중심은 중원 지방에만 있는 것이 아니라 오랑캐의 나라에도 있을 수 있다는 것. '임금'을 하나의 중심으로 본다면 그런 해석이 가능한 것이다. 한발 더 나아가 "오랑캐 나라라고 하더라도 혼란스런 중원 지방보다 낫다"라는 정반대의 해석도 가능해지는 것이다.

이때 공자는 편벽된 시각을 가진 사람에서 폭넓은 중용의 시각을 가진 사람으로 거듭나게 된다. 한때 공자는 "구이(九夷)의 나라에 가서 살고 싶다"고 고백한 적도 있다. 그런 미개한 나라에 가서 어떻게 사시겠느냐는 제자의 물음에 "인자는 어디든 못 살겠느냐"고 답변하기도 했다.

에밀리 디킨슨이 쓴 시에 이런 시구가 있다.

'지상에서 천국을 찾지 못한 사람은 하늘에서도 천국을 찾지 못한다. 우리가 어디로 이사 가든 천사들이 우리 옆집을 빌릴 테니까.'

내가 사는 곳 그곳이 곧 천국이며, 내가 사는 곳 그곳이 곧 또 하나의 중심이라는 뜻일 게다.

계씨가 태산에 올라가 제사를 지냈다. 이 이야기를 듣고 공자가 염유에게 물었다.

"네가 구할 수 없었느냐?"

"할 수 없었습니다."

공자가 길게 탄식을 했다.

"아아! 태산이 임방만도 못하다고 누가 말하겠는가?"

季氏旅於泰山. 子謂冉有曰, "女弗能救與?" 對曰, "不能." 子曰, "嗚呼! 曾謂泰山不如林放乎?"

계씨는 잘 알다시피 당시 노나라의 최고 갑부이자 권력자였다. 계씨가 태산에 올라가 지낸 제사는 '여(旅)'라는 제사였다. '여'는 오백 명을 일대로 하는 군사편제이기도 하다. 요즘도 군대에서 여단(旅團)이라는 편제가 있다. 꽤 많은 사람으로 구성되는 것이 '여'였으므로 이 글자는 '무리, 많음' 등의 뜻으로도 쓰인다. 한 떼의 사람들이 함께 돌아다니는 것을 '여행(旅行)'이라고 부른다.

태산은 노나라의 수도인 곡부에 있는 산이다. 노나라에선 거룩한 산으로 높이는 산이다. 따라서 이 태산에 올라가서 천지신명에게 제사를 지내는 건 노나라 임금만이 할 수 있는 일이었다. 계씨는 임금이 아니었으므로 해서는 안 되는 일을 한 것이다. 임금을 무시함과 아울러 자신의 세력을 만천하에 드러내 보이는 행동이었다.

공자는 이런 계씨의 행동이 못마땅했다. 그래서 제자인 염유에게 물은 것이다. "계씨를 구할 수 없었느냐?" 하고. 여기서 계씨의 행동을 말릴 수 없었느냐고 묻지 않고 "구할 수 없었느냐"라고 묻는 말이 재미있다. 염유는 공자의 제자이면서 계씨 집안의 총재였다. 염유의 이름은 염구(冉求)이다. 공자보다 29살 어렸다. 문무에 모두 뛰어나 염유는 계씨의 총애를 한 몸에 받고 있었다.

구한다는 말은, 불의와 교만의 구렁텅이에서 계씨를 구해 내라는 뜻이 담겨 있다. 제대로 된 신하라면 자신이 모시는 사람이 바른 길로 가도록 인도할 책임이 있다. 더구나 염유는 계씨의 총애를 한 몸에 받고 있었으므로 간절하게 충고를 한다면 불의에 빠지는 것을 막을 수도 있었다. 그러나 염유는 대답한다. "할 수 없습니다." 공자는 탄식을 할 수밖에 없다.

요즘 우리나라의 현실이 좋은 대비가 된다. 2015년 4월 16일은 세월호 희생자들의 1주기였다. 304명이 수장된 비참한 사건. 온갖 비리와 부정이 세월호의 침몰을 가져온 원인이었다. 그러나 어느 것 하나 진실은 밝혀지지 않았고 정부는 사실을 덮으려고만 했다. 그렇게 한 해가 지나고 1주기가 되었다. 대통령이 앞장서서 애도를 해야 하건만, 대통령은 하필 4월 16일 그날, 다른 나라로 떠나 버렸다. 수많은 비서관과 보좌관이 있었으나 대통령의 행보에 이견을 제시하지 않았다. 대통령이 비공감의 길로 나아가는 것을 구해 주지 못한 것이다.

믿었던 제자가 "할 수 없다"고 말하자, 공자는 에둘러서 그런 제자를 꾸짖는다. "태산이 어찌 임방만도 못하다고 하겠는가?" 하고. 여기서 태산은 '태산의 산신'을 줄인 말이다. 계씨는 태산에 올라가 태산의 산신과 천지신명 모두에게 제를 올렸다. 그러나 산신은 계씨의 부정한 제사를 받지 않을 것이라고 공자는 단정한다. 왜냐하면 계씨는 검소한 사람이 아니라 사치한 사람이기 때문이다. 자신의 분수에 넘치거나 적절한 행동을 하지 못하는 사람은 '검'하다고 할 수가 없다. 검은 예의 뿌리이므로, 당연히 계씨는 예를 모르는 무례한 사람이 된다.

'임방도 예의 뿌리가 무엇인지 아는데 태산의 산신이 그것을 모르겠는가' 하는 것이 공자의 생각이었다. 염유에게 이 말을 함으로써 검소하지 못한 계씨의 무례를 탄식함과 아울러 염유가 제대로 신하 노릇 못한 것까지 꾸짖었다.

윗사람에게 아첨이나 하면서 자리를 지키는 것은 얼마나 부끄러운 일인가. 그러나 그런 사람이 너무나 많은 세상이다. 아니, 그것이 부끄러움이라고 생각하지 않는 세상이 되었다. 무도한 세상에서 부와 지위를 누리는 것은 몹시 부끄러운 일이라고 공자는 말한 적이 있다. 부끄러움을 모르는 염치없는 사람을 어찌 사람이라 하겠는가.

공자가 말했다.

"군자는 경쟁함이 없다. 굳이 하나 말해 보라고 한다면 '활쏘기'가 있다. 예를 갖춰 사양하면서 올라가 활을 쏜다. 그 다음 내려와서 술을 마시니, 그 경쟁도 군자답다."

子曰, "君子無所爭. 必也射乎! 揖讓而升, 下而飮. 其爭也君子."

　군자는 경쟁하지 않는다고 공자는 단언을 했다. 군자는 덕이 몸에 체득된 인물이다. 남을 나처럼 아끼는 인물이다. 주변을 평화롭게 만들어 주는 인물이다. 그런 군자는 경쟁을 하지 않는다고 한다. 그렇다면 공자는 경쟁을 좋은 덕목이 아니라고 말하는 셈이다.

　경쟁이란 어떤 목표를 두고 서로 앞을 다투는 걸 말한다. 그러니 승자와 패자가 있기 마련이다. 승자의 기쁨과 패자의 슬픔이 교차하게 된다.

　우리들이 즐기는 모든 게임은 경쟁의 요소를 갖고 있다. 가장 대표적인 것이 스포츠 경기다. 경기라는 말 자체가 '재주를 겨룬다'는 의미가 있으니 서로 다퉈서 승패가 나기 마련이다. 승패에 민감한 것에는 내기가 있다. 패자는 자기가 가진 모든 것을 잃을 수도 있다. 가장 나쁜 다툼은 전쟁일 것이다. 영토든 재물이든 뭔가 이권을 노리고 싸우는 것이 전쟁이다.

　다른 사람보다 앞서고 싶은 욕망, 다른 사람보다 많이 갖고 싶은 욕망은 인간의 본성일지도 모르겠다. 어찌할 수 없는 욕망이 그렇다면 전쟁 같은 참화가 아니라, 평화롭게 욕망을 이루게 하는 것이 좋겠다. 그런 의도에서 출발한 것이 스포츠 경기이다. 인간의 경쟁 욕망도 충족하면서 평화롭게 승패를 마무리하는 것이다.

　여기서 공자가 말하는 '활쏘기'가 바로 스포츠에 해당한다고 보면 좋겠다. 활이란 전쟁무기다. 적을 살상하기 위하여 만들어진 무기를 스포츠로 승화하는 것이다. 나는 활을 전문적으로 배워 본 적이 없다. 내 친구 중에 '명궁' 칭호를 얻은 궁사가 있어 물어보았다.

　"〈논어〉에 공자의 말이 있네. 두 손을 가지런히 모아서 읍을 하고 서로 사양하면서 사대에 올라가 활을 쏜다는군. 그런 다음 내려와서 술을 마신다고 하는데, 정말 그런가?"

　"그래? 우리 그렇게 하는데. 그게 〈논어〉에 나오는 거였군. 오, 공자님 말씀이야?"

　"허허, 이 사람이 궁사라면서 그걸 몰랐단 말인가. 그런데 말이야. 술은 누가 마시는 건가? 진 사람이 마시는 거야, 이긴 사람이 마시는 거야?"

　"진 사람이 벌주를 마시는 걸세."

　"아하. 벌주! 그런데 진 사람이 술을 마시면 또 지게 되는 거 아닌가? 술이 취해서 말이야. 활은 고도로 정신을 집중해서 쏴야 할 텐데?"

　궁사인 친구가 고개를 흔들었다.

　"모르는 말씀. 술을 어디 취하게 먹는가? 한 잔 술은 몸에 열기가 돌게 해서 활을 더 잘 쏘게 해주지. 긴장감도 풀어 주고. 그래서 진 사람이 먹는 거야."

"오! 그럼 이긴 사람은 못 먹나?"

"당연하지. 진 사람에게 도움을 주기 위한 거라니까."

나는 무릎을 쳤다. 진 사람이 몸을 데워 활을 더 잘 쏘도록 도와주는 술이라. 이건 그러니까, 벌주(罰酒)가 아니라 상주(賞酒)가 아닌가. 공자가 활쏘기 스포츠야말로 군자다운 경쟁이라고 한 말이 이해가 되었다. 패자에 대한 승자의 배려가 거기에 있었다. 나만 이겨서야 어디 그 즐거움이 얼마나 가겠는가.

자연스럽게 '우분투'라는 말이 떠올랐다. 우분투는 아프리카의 말로 "우리가 함께 있기에 내가 있다"라는 말이다. 어떤 인류학자가 아프리카 아이들을 모아 놓고 놀이를 했다. 십여 미터 떨어진 곳에 사탕이 담긴 바구니를 놓아두고 이런 말을 했다고 한다.

"맨 먼저 달려가는 사람이 저 사탕을 모두 갖는 거야. 자, 준비! 땅!"

어떻게 되었을까? 맨 먼저 달려가는 아이는 하나도 없었다. 아이들이 다 같이 손을 잡고 달리는 거였다. 사탕 바구니까지 달려간 아이들은 사탕을 꺼내 하나씩 나눠서 맛있게 먹었다. 어안이 벙벙해진 인류학자가 아이들에게 물었다.

"누구든지 일등을 하면 사탕을 다 가질 수 있는데, 왜 같이 갔어?"

아이들은 알 수 없는 이상한 질문을 한다는 눈으로 인류학자를 바라보았다. 아이들 중에 한 명이 대답했다.

"혼자 다 가지면 없는 아이는 슬프잖아요. 슬픈 아이가 있는데 어떻게 즐거울 수 있겠어요?"

인류학자는 할 말이 없어서 가만히 있을 뿐이었다. 이건 협동과 경쟁의 차이를 잘 보여 주는 이야기다. 경쟁보다 협동의 즐거움이 훨씬 크다는 걸 알 수 있다. 경쟁이야말로 좋은 교육 방법이라고 주장하는 교육자가 있다면 곰곰이 생각해 볼 만한 이야기다.

자하가 물었다.

"'묘한 웃음 어여쁜 볼우물이여 / 아름다운 눈동자는 선명하기도 해라 / 하얀 분으로 꾸미니 더욱 빛나는구나'라고 읊은 시가 있습니다. 뭘 말하는 걸까요?"

"그림 그리는 일은 흰색을 나중에 칠한다는 뜻이지."

"예가 뭐란 말이군요?"

공자가 기쁜 얼굴로 빙그레 웃으며 말했다.

"나를 일으키는 사람은 바로 상이로구나. 비로소 너와 함께 시를 말할 수 있겠구나."

子夏問曰, "'巧笑倩兮, 美目盼兮, 素以爲絢兮'何謂也?"子曰, "繪事後素." 曰, "禮後乎?"子曰, "起予者商也! 始可與言詩已矣."

자하가 스승인 공자에게 큰 칭찬을 받고 있다. 공자는 약 삼천 편에 이르는 민요를 수집한 후 고르고 편집해서 〈시경(詩經)〉을 만들었다. 공자는 워낙 음악을 좋아한 사람이라 각국의 민요를 모으는 일은 어쩌면 당연한 일이었다. 악기로 연주를 하면서 노래를 불렀을 것이다. 하지만 지금 악보는 전해지지 않는다. 〈시경〉에 실려 있는 삼백다섯 편의 시는 노랫말만 있다. 그러니 시경은 가사집인 셈이다.

공자는 시에 대해서 제자들에게 자주 말했다. 그렇지만 함께 시를 말할 수 있다는 칭찬을 아무 제자에게나 주지 않았다. 역시 자하는 공자가 '문학'에 재질이 뛰어나다고 손꼽을 만한 제자였다. 여기서의 알쏭달쏭한 선문답 같은 대화를 봐도 그렇다. "상이로구나"의 상은 자하의 이름인 복상(卜商)에서 성은 빼고 이름만 다정하게 부른 것이다. 공자는 제자를 이름으로 부르는 습관이 있었다.

이 대화에서 핵심은 '예란 무엇인가?' 하는 것이다. 당시 세간에 떠돌던 시 한 편을 자하가 가져왔다. 시를 인용할 때 이미 자하의 심중에는 '예'에 대한 의문이 자리 잡고 있었을 것이다. 시든 그림이든 글이든 뭔가를 인용한다는 것은 자신의 생각을 좀 더 선명하게 드러내기 위한 장치이다.

자하가 인용한 시의 내용을 한 번 보자. 웃으면 볼우물이 살짝 생기는 모습은 미인의 전형이다. 중국에 〈천녀유혼(倩女幽魂)〉이란 영화가 있다. 왕조현이 주인공인 '천녀' 역을 맡아서 많은 남성들의 심금을 울렸다. 볼우물이 살짝 들어가는 가녀리고 어여쁜 여인. 천(倩)은 볼우물이란 뜻도 있지만 보통 웃을 때 입매가 예쁜 것을 말한다. 두 번째 구절은 예쁜 눈을 형상화하였다. 반(盼)이란 글자 모양을 보면 '눈이 나뉘었다'라는 해석이 가능하다. 그래서 흰자위와 검은 눈동자가 절묘하게 나뉘어 어울리는 모습으로 본다. 미인의 눈을 보면 시원스러울 뿐 아니라, 흑백이 잘 조화되어 또렷하다.

보는 이를 눈부시게 하는 입매와 눈을 가진 미인이 화장까지 한다. 마지막 세 번째 구절이 바로 화장을 나타낸다. 소(素)는 흰색이다. 예전에 여인들의 화장을 분칠(粉漆)이라고 했다. 분은 원래 쌀가루를 말하는 것으로 흰색이다. 칠은 옻나무의 칠로서 검은색이다. 흑과 백으로 대조가 된다. 이것이 확장되어 단장하고 꾸미는 것을 분칠이라고 부르게 되었다. 이 세 번째 구절은, 흰색으로 얼굴을 곱게 화장하니 더욱 빛이 난다는 뜻이 된다.

이렇게 시를 인용하고 나서 자하는 물었다. "선생님. 이 시는 과연 뭘 말하는 걸까요?" 공자는 아주 덤덤하게 대답했다. "그림은 흰 칠을 나중에 한단다." 공자의 대답은 평이하고 재미도 없다. 공자는 자하가

'그림 그리는 일'에 대해서 질문했다고 생각했을까? 아마 그랬을 것이다. 공자는 '이 녀석이 뭐 이런 별 영양가 없는 질문을 할까?' 속으로 생각하면서 덤덤하게 대답했을 것이다. 그런데 자하가 홈런을 치고 말았다.

"아하, 그럼 예는 뒤라는 말이군요?"

이 자하의 말이 공자를 벌떡 일으켜 세운 것이다. 예라고 하는 것은 '수시변역(隨時變易)'이다. 때와 장소, 대상에 따라 끊임없이 변화해야 하는 소통의 도구다. 그러니 예가 바탕일 수는 없다. 사람이 타고난 자질은 잘 변하기가 어렵다. 자질이 좋든 나쁘든 예가 필요하다. 자질이 아무리 좋아도 예가 부족하면 좋은 자질이 드러나지 않는다. 자질이 나빠도 예가 적절하다면 좋은 방향으로 바꿀 수가 있다. 그러니 '예는 삶을 삶답게 만들어 주는 후천적인 것이다'라고, 공자가 생각하는 이 예의 본질을 자하가 정확하게 꿰뚫었다.

정말로 공자가 앉은 자리에서 일어섰을 수도 있다. "상아, 너는 나를 일으키는 자로구나" 하는 말을 공자가 일어서면서 했을 수도 있다. 반갑고 놀라움의 표현이다. 이십대의 어리디어린 제자 복상이 칠십대의 노스승과 서로 가르침을 주고받을 수 있는 경지로 격상되는 순간이다. 많이 아는 척, 모르면서도 아는 척, 자기 고정관념에 빠진 꼰대의 모습을 공자는 갖고 있지 않았다. 자기를 온통 비운 군자의 대범함이 느껴진다.

공자가 말했다.

"하나라의 예를 내가 말할 수 있으나 기나라에서 징험하기 부족하다. 은나라의 예를 내가 말할 수 있으나 송나라에서 징험하기 부족하다. 문헌이 부족한 때문이다. 충분하다면 내 말을 증명할 수 있을 텐데."

子曰, "夏禮吾能言之, 杞不足徵也, 殷禮吾能言之, 宋不足徵也. 文獻不足故也. 足則吾能徵之矣."

여기서 공자가 말하는 '예'는 문화다. 문화란 생활양식이니, 하례(夏禮)란 곧 하나라의 예악문물을 뜻한다. 공자는 대단한 자신감을 보이고 있다.

"하나라와 은나라의 문화를 나는 안다. 알 뿐 아니라 설명할 수도 있다. 그런데 내 말이 맞음을 증명을 할 수 없는 것이 안타까울 뿐이다. 그것은 기(杞)나라와 송나라에 증명할 자료가 남아 있지 않기 때문이다."

자신감과 안타까움이 잘 드러난 말이다. 기나라는 하나라의 후예이고 송나라는 은나라의 후예이다. 은나라가 하나라를 대신해 천하를 차지하고 나서 하나라의 유민을 기나라에 살게 했다. 마찬가지로 은나라가 주나라에 천하를 넘겨준 뒤 은의 왕족과 유민은 송나라를 세워 살았다. 그러니 기와 송에서 하와 은의 문화를 증명할 자료를 찾지 못한다면 그 어디서도 찾을 길이 없어진다.

공자가 이런 자신만만한 태도를 보이는 것으로 봐서 공자는 기나라와 송나라에 가서 문헌들을 다 뒤져 봤다는 말이 된다. 엄청난 학구열이다. 문(文)은 기록자료이며 헌(獻)은 사람이다. 기록으로 남아 있는 문과 기록은 없지만 구전된 것을 알고 있는 사람인 헌을 합쳐 문헌이라고 한다. 공자는 기록자료와 구전된 것을 알고, 있을 만한 현자들을 두루 다 살펴보고 만나 봤다는 말이다.

요즘처럼 기록자료와 사람이 넘쳐나는 시대에 문헌을 다 살펴본다는 건 불가능하다. 하지만 기원전 6세기에는 일단 기록자료는 미미했을 것이다. 물론 과거 역사를 알고 있는 현자들도 손꼽을 정도였을 거다. 그렇다고 하더라도 그들을 일일이 만나 보고 배운다는 건 대단한 열성이다. 배움을 좋아한다는 '호학'에 있어서는 그 누구보다도 낫다고 자부했던 공자답다.

공자가 말했다.

"'체' 제사를 지내는데, 신을 맞아들이는 강신주를 드리고 난 다음부터는 내가 보고 싶지 않다."

어떤 사람이 공자의 말을 듣고 물었다.

"선생님은 체제사에 대하여 아십니까?"

"모릅니다. 만약 체제사에 대하여 아는 사람이 있다면, 그 사람은 천하를 이렇게 볼 것입니다."

공자는 자기 손바닥을 가리켰다.

子曰, "禘自旣灌而往者, 吾不欲觀之矣." 或問禘之說. 子曰, "不知也, 知其說者之於天下也, 其如示諸斯乎!" 指其掌.

체(禘)라는 제사는 천자가 지내는 나라의 큰 제사 이름이다. 천자가 정월에 남쪽 들판으로 나가 하늘에 지내는 제사이다. 체라는 글자 자체가 그렇다. 시(示)와 제(帝)의 결합이다. 시는 '보인다'는 뜻이다. 하늘이 내려주는 것들을 그린 그림이 '시(示)'라는 글자로 정착되었다. 하늘에서 내려주는 것은 뭐가 있을까? 햇빛, 달빛, 비, 눈, 천둥, 번개……. 셀 수 없이 많다. 더구나 하늘에서 내려오는 것들은 우리 삶에 결정적인 영향을 미친다. 그러니 하늘을 경외하지 않을 수 없다.

제(帝)라는 글자는 '임금, 하느님'을 뜻한다. 하느님이 보여 주시는 그 무엇이 바로 체(禘)이다. 체제사는 한 나라가 가장 정성을 들여서 지내야만 하는 큰 제사가 된다. 그런데 공자는 당시에 이루어지는 체제사에 대하여 큰 실망감을 드러내고 있다. 관(灌)은 물을 붓는다는 뜻이다. 제사를 지낼 때, 제를 받아먹는 신을 모시는 의식이다. 신이 내려오시기를 청한다는 뜻이어서 강신주(降神酒)라고도 한다. 신을 모시는 이 술은 아주 향기로운 술을 쓴다.

공자는 강신주 의식까지만 보고 그 뒤는 보고 싶지 않다고 말했다. 이 말을 풀어 보면 강신주 의식까지는 그래도 괜찮다는 것이다. 그 다음부터는 아마도 예가 제대로 지켜지지 않는 모양이었다. 지나친 허식에 빠졌거나 지나치게 간략하거나.

공자가 말하는 예의 본질은 무엇인가? 검소함과 수시변역이다. 강신 이후의 체제사 모습이 사치스럽거나 지나간 예에 꼭꼭 매어 있거나 했을 것이다.

공자가 불평하는 것을 들은 어떤 이가 말했다. "그렇다면 당신은 체제사의 예에 대하여 아는가?" 하고. 그런데 공자의 대답이 묘하다. "모른다!" 어떻게 알지도 못하는 예에 대하여 불평을 할 수 있을까? 모른다고 해놓고 뒤에 덧붙이는 공자의 말이 걸작이다.

"체제사에 대하여 아는 사람은 천하를 자기 손바닥 들여다보듯 하리라."

손바닥을 들여다보는 일은 참 쉽다. 한눈에 다 보인다. 세상사, 아니 천하를 다스리는 일이 손바닥 들여다보는 것처럼 쉽다면 좋은 지도자가 될 수 있으리라.

공자가 자기 손바닥을 가리킨 까닭을 잘 생각해 볼 필요가 있다. 세상을 살아가는 일은 자기 손바닥을 들여다보는 일과 무엇이 다르랴. 내 삶은 멀리 있지도 않고 남에게 있지도 않다. 내 손이 정성스러운지 살펴볼 일이다. 체제사도 마찬가지이다. 내 손이 하는 일인 만큼 내 손이 정성스러워야 한다. 내 손이 정성스러우려면, 내 마음이 그래야 한다. 손은 또 발이 가야만 움직인다. 내 발바닥이 서 있는 위치도 중요하다. 나는 과연 어디에 서 있는가? 내 발은 주로 어디를 다니는가? 아찔하지 않은가?

'조상 제사는 조상이 자리에 계신 듯, 신에게 지내는 제사는 신이 자리에 계신 듯 지내라'
라는 말이 있었다. 공자가 그 세간의 이야기를 듣고 덧붙였다.

"내가 제사에 참여하지 않았으면 제사를 지내지 않은 것과 같다."

祭如在, 祭神如神在. 子曰, "吾不與祭, 如不祭."

이것은 제사에 대한 성의를 말했다. 제사는 슬픔의 상례가 끝난 뒤 추모하는 의례이다. 시간이 흘러갈수록 그리움도 누그러지기 마련이다. 그리움이 옅어지면 추모의 마음도 작아지고, 그저 형식만 갖추게 되기도 한다. 정성스런 마음 없이 형식만 갖추는 것을 공자는 좋게 보지 않았다.

제의 대상인 조상이나 신이 제상 앞에 앉은 듯이 하라는 말은 공경을 다하라는 말과 같다. 눈에 보이는 것이 전부는 아니다. 귀신은 눈에 보이지 않으나, 내가 정성을 다하면 내가 차린 제상 앞에 와서 앉을 것이다.

세간의 이야기에 공자는 고개를 끄덕였다. 그리고 빠진 하나를 덧붙였다. 내가 직접 참여한 제사만이 내가 지낸 제사라는 것. 돈이나 물건만 보내고 몸은 가지 않는 경우가 있다. 제사만이 아니라 다양한 잔치에도 그렇다. 직접 내 발로 걸어서 내 몸이 가서 참석하는 것은 정성의 표현이다. 그것을 과연 돈으로 따질 수 있겠는가.

결혼식이나 장례식의 참석 여부를 두고 우리는 가끔 저울질을 할 때가 있다. 가야 하나 말아야 하나. 가지는 않더라도 부조는 해야 하나 말아야 하나. 저울질의 재료는 관계의 친소(親疎)가 대부분이다. 가끔은 이해관계가 껴들기도 한다. 그러나 친소와 이해(利害)의 저울질을 떠나서, 직접 몸이 가서 참여한다는 것은 극진한 예임에는 틀림없다.

왕손가가 공자에게 물었다.

"아랫목신인 오(奧)에게 아첨하느니 차라리 부엌신인 조(竈)에게 예쁘게 보이는
게 낫지 않겠소?"

"그렇지 않소. 하늘에 죄를 얻으면 빌 데도 없는 법이오."

王孫賈問曰, "與其媚於奧, 寧媚於竈, 何謂也?" 子曰, "不然, 獲罪於天,
無所禱也."

왕손가는 위나라의 권세 있는 대부였다. 공자가 위나라에 갔을 때
왕손가와 나눈 대화이다. 공자는 계씨와 의견대립으로 자리에서 물러
난 뒤 노나라까지 떠나야 했다. 무려 14년간이나 귀국을 하지 못하고
여러 나라를 전전했다. 그 가운데 위나라에 가장 많이 머물렀다. 위나
라에는 자로의 형도 살았고, 자로의 부인의 나라이기도 했다. 자로도
위나라에서 벼슬을 살았다. 자로는 공자를 극진하게 모신 제자였다.

공자가 위나라에서 '남자(南子)'를 만난 일은 유명하다. 남자는 위나
라 임금인 영공의 부인으로 왕비였다. 송나라 출신으로 천하절색이라
할 만한 미모를 가졌다. 그런데 음탕하다는 소문도 높았다. 사마천은
〈사기〉의 '공자세가'에서 공자가 남자를 만나는 장면을 아주 오묘하
게 그렸다. 남자가 하늘거리는 옷에 영롱한 소리를 내는 패옥을 허리
에 두르고 공자를 만났다고 묘사했다. 이 표현 때문에 남자가 공자에

게 연정을 품은 것이 아니냐는 해석을 하는 문학가나 예술가가 나오게 되었다.

공자는 현실정치에서 결코 손을 놓은 사람이 아니었다. 이 나라 저 나라를 전전하는 와중에도 자신을 등용하여 써 주려는 사람이 있으면 마다하지 않았다. 그런 공자의 태도를 보고 비판하는 사람이 많았다. 여기의 왕손가도 그중의 한 사람이다.

왕손가의 말을 보면 그 비꼼이 아주 신랄하다. 아랫목신에게 아첨하지 말고 부엌신에게 아첨하라는 것은 몹시 굴욕적인 말이다. 아랫목신인 오왕(奧王)은 주택신들 중에선 가장 높은 자리다. 그래서 모든 제사를 다 받아먹는다. 대문신이나 부엌신 같은 각 부분을 맡은 기능신들에게 제상을 먼저 차려서 먹게 한 다음, 오왕 앞에 다시 제물을 진설하는 것이 일반적인 예였다. 결국 오왕은 각자 기능신들이 먹고 남은 찌꺼기를 받아먹는 셈이다. 항상 높고 가장 높은 자리이기는 하지만, 실권이 없는 자리인 것이다.

왕손가는 자기를 부엌신인 조왕(竈王)에 비유하고 위영공이나 남자를 아랫목신에 비유를 했다.

"공자여, 실권은 다 나에게 있는데 임금과 왕비를 헐떡거리며 찾아다녀 봐야 뭣하겠소? 차라리 나에게 아첨해 보쇼."

이런 말을 왕손가가 한 거였다. 지독한 비꼼이었다. 사실 공자가 왕손가에게 아첨을 한다고 해도 이렇게 비꼬는 마음을 가진 왕손가가 공자에게 한자리 줄 리도 없었다. 이런 말을 들었을 때 보통은 어떤 반응을 보일까? 얼굴이 시뻘개져서 화를 내며 자리를 박차고 일어설 것인가? 아니면 부끄러움에 고개도 들지 못하고 조용히 물러날 것인가.

공자는 이렇게 대꾸했다.

"아니오, 그렇지 않소. 하늘에 죄를 얻으면 어디에도 빌 데가 없소."

자, 이건 무슨 말일까? 동문서답인가? 그렇지 않다. 아주 정곡을 찌른 말이다. 왕손가가 주택신을 가져와서 비유를 했다. 오왕이나 조왕은 주택신에 지나지 않는다. 신의 등급으로 따지자면 한참 급이 낮은 신들이다. 왕손가가 예로 든 신들보다 아주 격이 높은 하늘을 공자는 들고 나왔다. 대번에 왕손가의 신들이 초라해지지 않는가.

거기에 덧붙여 공자가 일침을 놓았다. 조왕에게든 오왕에게든 아첨을 하는 짓은 하늘에 죄를 짓는 일과 같다는 것. "내가 기도를 하려면 하늘에 대고 하지, 기껏 주택신들에게 하겠느냐?" 하는 말이기도 하다. "나는 하늘에도 아첨을 하지 않는 사람이다"라는 말이기도 하고.

이것이 대인의 말하는 법이다. 공자가 왕손가의 비꼬는 말에 화를 냈다면 왕손가와 다름없는 소인의 인격을 가진 사람으로 봐야 한다. 대인은 소인의 말에 화를 내거나 토라질 일이 없다. 부드럽게 빙긋 웃으며 바로잡아 줄 뿐이다.

공자가 말했다.

"주나라는 하나라와 은나라를 거울삼아 그 문화가 빛나고 빛나도다! 나는 주나라를 따르겠다."

子曰, "周監於二代, 郁郁乎文哉! 吾從周."

주나라에 대한 공자의 깊은 애정을 보여 준다. 앞선 시대를 그냥 내치는 것이 아니라 계승할 건 계승하고 뺄 건 빼서 더 나은 문화를 만든 나라가 주나라라는 것이다.

요즘 우리의 정치문화를 보면 아쉬운 점이 많다. 겨우 5년이나 7년 동안 정권을 쥔 사람들이 앞사람이 이룩한 것들을 일단 모조리 부정하고 본다. 정당이 다를 때 그렇다. 같은 정당 사람이 정권을 잡았을 땐 부정(不淨)한 것도 부정(否定)하지 않는 것이 또 문제다.

공자가 사랑하는 주나라는 기준이 '백성'에게 있었기 때문에 '욱욱(郁郁)'한 문화를 만들었다. 지금 현대 우리나라의 정권들을 보면 기준이 '백성'에게 있는지 모호하다. 백성이 주인인 '민주'를 부르짖으면서 주인은 따로 있는 것 같다. 그 주인의 정체는 '돈'이나 '자리'이거나, 나에게 돈과 자리를 주는 어떤 '사람'인 것 같다.

공자가 태묘에 들어갔을 때 모든 일을 물어서 했다. 그러자 어떤 사람이 말했다.

"누가 추인의 자식이 예를 안다고 말했나? 태묘에 들어와서 일마다 묻더군."

그 말을 듣고 공자가 말했다.

"이것이 예다."

子入太廟, 每事問. 或曰, "孰謂鄹人之子知禮乎? 入太廟, 每事問." 子聞之曰, "是禮也."

태묘는 큰 무덤이라는 뜻이니, 제왕의 무덤이다. 노나라의 태묘는 곧 주공(周公)의 묘이다. 주공은 천자의 자리에 앉은 적은 없으나 그 덕이 천자를 넘어섰다. 형인 무왕이 죽자 어린 조카인 성왕을 보필하여 주나라 천하를 잘 다스렸다. 성왕은 숙부의 높은 덕을 기려 천자의 예로 주공을 모셨다. 노나라는 주나라가 천하를 차지한 뒤에 주공을 제후로 세운 나라였다. 그 까닭에 노나라에 주공의 태묘가 있었던 것이다.

공자가 벼슬길에 올라 처음으로 태묘에 제사를 지내러 들어갔다. 물론 공자는 태묘에서 지내는 제사의 차례에 대하여 잘 알았다. "추인의 자식이 예를 안다고 누가 말했나?"라는 어떤 사람의 말이 그것을 반증한다. 이미 공자는 예의 달인으로 소문이 나 있었던 것이다. 기대가 크면 실망도 큰 법. 함께 제사를 지내는 사람들은 일마다 물어서

하는 공자를 보고 고개를 갸웃했다. "공자가 예를 잘 안다는 말은 헛소문이었군" 하고 다들 생각할 수밖에.

어떤 사람이 '추인의 자식'이라고 표현한 말에 이미 헛소문에 대한 비웃음이 섞여 있다. 공자는 추(鄹) 땅에서 태어난 사람이다. 공자의 직함도 있고 자도 있는데 굳이 태어난 땅이름을 들먹이며 '자식' 운운하는 말은 멸시가 담겨 있다. '성문과정(聲聞過情)'이라는 말이 있다. 성문은 '들리는 소리'라는 뜻이니, 사람들에게 알려진 소문을 뜻한다. 과정이 실제보다 부풀려졌다는 뜻이다. 공자도 그런 말을 한 적이 있다. 없으면서도 있는 체하거나, 비었으면서도 가득 찬 체하는 것은 부끄러운 일이라고.

어떤 사람은 공자가 한 말도 기억하고 있었을지 모르겠다. 어쨌든 공자에 대한 신랄한 공격이었다. 이에 대해 공자는 어떻게 대답했는가? 짧은 한마디였다. "이것이 예다!" '그것'이라고 하지 않고 '이것'이라고 한 것은 현장성을 반영한다. 사후에 공자가 전해 들은 말이 아니라 공자가 직접 들었다는 뜻이 된다. 어떤 이가 공자의 면전에서 '추인의 자식' 운운한 것이다. 그리고 공자도 곧바로 답변했다. "이렇게 모든 일을 물어서 하는 것이 예이다!"

과연 공자의 답변은 맞는 것일까? 더 이상 어떤 이와 논쟁한 사실이 〈논어〉에는 없다. 어떤 이가 공자의 짧은 한마디에 수긍을 했는지는 알 수가 없다.

공자는 아마도 태묘 제사에 처음 참여했을 것이다. 문헌으로야 공자는 태묘제례의 예를 이미 공부했으리라. 하지만 실제로 해본 적이 없으니 자신이 없었을 것이다. 사랑을 글로 배운 사람은 실제 연애에서 헛발질을 날리기 십상이다. 여기서도 공자의 '경험주의자'로서의 진면목이 잘 드러난다. 내가 문헌으로 배운 것은 믿을 수가 없다. 예라는 것은 시시각각 변하는 것이니 그동안 어떻게 변했을지 알 수 없다는 것이 공자의 생각이다. 그러니 공자의 입장에선 매사를 물어서 할 수밖에 없다. 이것은 겸손과도 차원이 좀 다르다.

이 공자의 발언에서 우리가 알 수 있는 것은 '예의 시의성'이다. 예는 고정될 수 없다는 것. 때와 장소, 상대방에 따라 수시로 바뀔 수밖에 없다는 것이다.

공자가 말했다.

"활쏘기는 가죽 뚫는 것을 주장하지 않는다. 쓰는 힘이 같은 종류가 아니기 때문이다. 이것이 옛날의 도이다."

子曰, "射不主皮, 爲力不同科, 古之道也."

여기에 등장하는 가죽은 표적의 한가운데에 덧대는 것을 말한다. 그래서 관혁(貫革)이란 말이 생겼다. 관은 '꿰뚫는다'는 뜻이고 혁은 '가죽'이다. 활을 쏘아 표적의 가운데에 덧댄 가죽을 뚫고 나가는 것을 '관혁'이라고 한 것이다. 이것이 전이되어 활쏘기의 표적을 '과녁'이라고 부르기도 한다.

활을 쏘아 한가운데 맞힌 것은 그냥 적중(的中)이다. 표적의 한가운데를 맞혔다는 뜻이다. 화살이 표적에 꽂히지 않고 떨어져도 상관없다. 하지만 관혁은 반드시 화살이 가죽을 뚫어야 한다. 힘이 약한 사람은 가죽을 뚫기 어려운 것이 당연하다.

그래서 공자는 말한다. 활쏘기는 '가죽 뚫는 것'을 주장하지 않는다고. 공자는 관혁이 힘을 숭상한다고 봤다. 무력은 양날의 칼이다. 잘 쓰면 정의를 수호하지만 잘못 쓰면 폭력이 된다. 활을 쏜다는 것은 무예 수련만큼이나 마음을 수련하는 의미가 컸다. 정신을 한곳으로 모아 표적을 맞히면 충분하지, 꼭 가죽을 뚫을 만큼 육체적인 힘도 강해야 한다고 보지 않았다. 물론 심신이 조화롭게 발달하면 더할 나위 없이 좋다. 그러나 자칫 활쏘기가 육체적인 힘, 무력의 강화로 변질될 것에 대한 우려를 공자는 나타내고 있다고 보면 좋겠다. 결국 공자는 '무력을 중요시했을 때의 위험성'을 강조하고 있다고 보면 되겠다.

자공이 '곡삭례'를 행할 때 쓰는 희생양을 없애는 것이 좋겠다고 하자 공자가 말했다.
"사야! 너는 양을 아끼느냐? 나는 그 예를 아낀다."

子貢欲去告朔之餼羊. 子曰, "賜也! 爾愛其羊, 我愛其禮."

'곡삭례'는 매월 초하루를 알리는 예를 말한다. 고(告)는 '알린다'는 뜻이다. 그런데 임금이 종묘에 들어가 제를 지내면서 알리는 것이므로 윗대 조상에게 예를 갖추어서 발음을 '곡'으로 바꾸었다. 글자의 발음을 바꾸어서 존경의 예를 나타내는 형식이 있었다. 삭(朔)은 '초하루'라는 뜻이다.

요즘 세상이야 참 흔한 것이 달력이다. 하지만 2,500년 전에는 사정이 달랐다. 계절의 변화를 안다는 것은 대단한 일이었다. 천문을 관측하여 날씨를 예보하는 벼슬아치를 일관(日官)이라 불렀는데, 이들은 왕의 직속이었다. 일기의 변화를 안다는 것은 엄청난 권력이었다. 농사와 전쟁 같은 국가의 큰일이 날씨에 영향을 많이 받았다. 소설의 재미를 주기 위해 각색된 것이긴 하겠지만, 〈삼국지〉에서 제갈량이 동남풍을 불러 적벽대전을 승리로 이끄는 일이 대표적이다. 제갈량이 날씨의 변화를 잘 알고 있었던 것이 대승을 거두는 바탕이 되었던 것이다.

고대에는 임금이 정확하게 날씨의 변화를 아는 일은 그 무엇보다 중요한 일이었다. 중국에선 천자가 각 제후들에게 해마다 달력을 내리기도 했다. 선정을 베푸는 임금은 일관을 통해 얻은 날씨 정보를 백성들에게 알리는 것이 일반적이었다. 곡삭도 그중의 하나인데, 매월 초하루를 백성들에게 알리기 전에 종묘에 아뢰던 예였다. 이때 희생으로 양을 썼다.

그런데 왜 자공은 양을 쓰지 말자고 했을까? 날씨를 백성들에게 알리는 일은 몹시 중요한 일인데 말이다. 자공이 주장하는 이면을 들여다보면 허례허식으로 흐른 측면을 지적하는 것이 아닐까 한다.

이때는 이미 곡삭례가 그리 중요하지 않았을 수도 있다. 굳이 곡삭례가 아니더라도 사람들이 날짜를 알 수 있는 경로가 많았기도 했을 것이다. 더구나 임금이 백성을 사랑하는 마음으로 종묘를 찾고 정성스럽게 날짜를 알려야 하는데, 그렇지 않은 점이 있었을 것이다. 임금은 종묘에 오지도 않고 벼슬아치 하나 보내서 절하게 한 다음, 애꿎은 양만 죽이는 것이 아닌가 하는 비판. 이런 허식은 가치가 없으니 폐지하는 것이 옳다는 자공의 주장으로 보면 되겠다.

이에 대해 공자는 말한다. "너는 양을 아끼느냐? 나는 그 예를 아낀다." 공자의 이 말은 곡삭례를 폐지하면 안 된다는 주장이다. 이것은 앞에서 누누이 얘기한 공자가 바라보는 '예의 의미'에 맞지 않는 듯하다. 예란 때와 장소, 상대방에 따라 변해야 하는 그 무엇이다. 그렇다면 이 곡삭례는 '때'로 봐서 폐지가 마땅한 것처럼 보인다. 그런데 왜 공자는 폐지를 반대하고 있을까? 과연 공자의 참뜻은 무엇일까?

다양한 의견이 제출될 수 있을 것으로 보인다. 다만 여기서 공자가 말하고 있는 것은 '예'라는 것을 뒷받침하고 있는 바탕의 문제로 보인다. 양이 쓸데없이 희생되는 것처럼 보이지만, 그 희생양으로 말미암아 예의 중요한 바탕이 아직 전해지고 있다는 주장인 것. 곡삭례의 존재로 말미암아 임금은 백성을 사랑하는 마음이 어떤 것이지를 일깨워줄 수도 있다는 주장. 아마도 공자의 진의는 그런 것이 아니었을까, 생각해 본다.

공자가 말했다.

"임금을 섬기는 데 예를 다했더니 사람들이 아첨한다고 여기더라."

子曰, "事君盡禮, 人以爲諂也."

이런 경우는 흔하게 겪는 일이다. 임금은 권력의 중심이다. 그만큼 임금에게선 얻을 것이 많다. 얻을 것이 많은 사람 주변에는 사람이 꼬이기 마련이다. 꼬인 사람들 중에는 당연히 아첨꾼도 있게 마련이다.

아첨꾼은 상대방을 진심으로 위하기보다는 자신의 잇속을 차리는 데 바쁘다. 하지만 겉으로는 가장 정성을 들이는 체한다. 진심으로 상대를 위하면서 자신의 잇속에는 무관심한 사람도 있다. 그런데 성실한 사람과 아첨꾼은 구별하기가 쉽지 않다.

이 말은 공자가 벼슬을 살 당시에 누군가에게 들은 이야기일 것이다. 임금이 공자를 총애하는 것을 보고 시기심을 느낀 사람의 말일 가능성이 크다. 그런 비난에 대해 공자는 자신의 마음을 그냥 무심하게 제자들에게 들려줬다. "허허, 내가 아첨하는 사람으로 보이나 보다" 하고 한 번 웃고 넘어갔으리라.

정공이 물었다.

"임금이 신하를 부리는 것과 신하가 임금을 섬기는 일은 어떠해야 합니까?"

공자가 대답했다.

"임금은 신하를 예로 부리고, 신하는 임금을 충으로 섬깁니다."

定公問, "君使臣, 臣事君, 如之何?" 孔子對曰, "君使臣以禮, 臣事君以忠."

정공은 공자에게 벼슬을 준 임금이다. 법률을 관장하는 대사구라는 꽤 높은 자리에 공자를 등용했다. 그러나 결국 강력한 대부인 계씨 집안의 위협에 굴복하여 공자를 더 높이 세우지 못한다. 공자는 정공과 계씨에게 실망하고 노나라를 떠나 14년간이나 타국을 떠돌게 된다. 이 이야기는 정공과 공자 사이가 한창 좋을 때 나눈 이야기이다.

공자의 '사군이충'이란 말은 후대에 임금에겐 '충성'을 바치라는 금과옥조가 되었다. 사실 충이라는 말은 내가 할 수 있는 온 정성을 다한다는 말이다. 그러므로 충성이란 꼭 임금에게만 바치는 것은 아니다. 나와 교류하는 상대방 누구에게나 충성을 다하는 것이 사람의 기본 도리이다. 군대에서 거수경례를 하면서 "충성!" 하고 외친다. 하급자와 상급자가 서로에게 외치는 인사말이 똑 같다. 서로에게 충성을 다하겠다는 말이니, '충'의 뜻을 정확하게 쓰고 있는 셈이다.

임금이 신하를 부릴 때 예로 한다는 것은 무엇일까? 이것은 임금이 신하에게 보내는 충성이다. 임금이 부르지 못하는 신하가 있다고 했다. 나라의 큰일에 대하여 자문을 구하기 위해선 임금이 직접 신하를 찾아가야 한다는 뜻이다. 이것은 바로 임금이 신하에게 보내는 깊은 정성에 해당한다. 사람은 권력으로 부리는 것이 아니라, 정성으로 부려야 한다는 것이 공자의 생각이었다.

공자가 말했다.

"멋진 남자와 아리따운 여인의 사랑을 읊은 시인 '관저'는 즐겁되 음란하지는 않고, 슬프되 몸을 망치지는 않는다."

子曰, "關雎, 樂而不淫, 哀而不傷."

'관저'는 현존하는 〈시경〉에 실려 있는 노랫말 가운데 가장 첫 번째 장이다. 공자가 살았던 당시에 수집할 수 있는 노랫말을 가능한 한 많이 수집해서 가려 뽑아 편찬한 책이 시경이다. 시경에 실린 시는 크게 풍(風), 아(雅), 송(頌) 셋으로 분류된다. 풍은 각국의 민요이며, 아는 궁중의 음악이고, 송은 종묘제례에 쓰이는 음악의 노랫말이다.

풍은 남녀의 사랑을 읊은 내용이 많다. 곡조가 있어서 노래로 불렸겠지만 지금은 가사만 전해진다. 공자는 음악을 몹시 좋아했고 조예도 깊었다. 수많은 노래들을 수집하여 연주하고 불렀다. 그리고 〈시경〉이란 가사집을 만들었는데, 이 '관저'를 맨 첫머리에 두었다. 아울러 여러 제자들에게 평까지 남겼으니, 공자가 이 '관저'를 얼마나 좋아했는지 알 만하다. 지금은 곡이 없어 들을 수 없으니 안타깝다. 그럼 아쉬운 대로 가사만이라도 보도록 하자.

강강 우는 저 물수리 강가 모래톱에 있네 / 아리따운 그 아가씨 이내 몸의 좋은 짝이로다

들쑥날쑥 저 마름 풀 이리저리 흐르네 / 아리따운 그 아가씨 자나 깨나 그리워

그리워도 못 만나니 애가 타네 / 생각하고 또 생각하며 온 밤 내내 이리 뒤척 저리 뒤척

들쑥날쑥 저 마름 풀 여기저기 뜯었다네 / 아리따운 그 아가씨와 금슬을 뜯으며 벗이 되네

들쑥날쑥 저 마름 풀 삶아서 국 끓이네 / 아리따운 그 아가씨와 종과 북을 치며 즐기네

關雎

關關雎鳩 在河之州 窈窕淑女 君子好逑
參差荇菜 左右流之 窈窕淑女 寤寐求之
求之不得 寤寐思服 悠哉悠哉 輾轉反側
參差荇菜 左右采之 窈窕淑女 琴瑟友之
參差荇菜 左右芼之 窈窕淑女 鐘鼓樂之

아름다운 아가씨를 물가에서 보고 반한 남자가 온 마음을 다해 구애를 한 끝에 마침내 서로 사랑하게 된다는 이야기다. 노랫말만 봐서는 공자의 평가를 이해하기 어렵다. 아마도 공자의 평가는 곡조에 대한 것인 듯하다.

그러나 이 시에 대한 평을 떠나서 공자의 말은 말 그대로 울림이 있

다. 즐거움이 지나치면 방탕해진다. 즐거움이 곧 고통으로 변하게 되는 것이다. 슬픔도 어느 정도에서 그쳐야지 몸과 마음을 망칠 정도까지 가서는 안 될 것이다.

김광석의 노래에 '너무 아픈 사랑은 사랑이 아니었음을'이라는 노래가 있다. 맞다. 너무 아픈 사랑은 사랑이 아니라 집착이다. 이미 사랑이란 이름으로 불릴 수 없다. 집착은 나를 해치고 상대방까지도 해치게 된다.

애공이 재아에게 사(社)에 심는 나무에 대해 묻자 재아가 대답했다.

"하나라는 소나무를 심었고 은나라는 잣나무, 주나라는 밤나무를 심었습니다. 주나라가 밤나무를 쓴 까닭은 백성들로 하여금 전율케 하려는 것이었습니다."
공자가 이 말을 전해 듣고 말했다.

"이루어진 일은 말할 수 없고, 끝난 일은 비판할 길이 없고, 이미 지나간 것은 탓할 수가 없다."

哀公問社於宰我. 宰我對曰, "夏后氏以松, 殷人以栢, 周人以栗, 曰, 使民戰栗." 子聞之曰, "成事不說, 遂事不諫, 旣往不咎."

애공은 젊은 나이에 임금이 된 사람이다. 공자의 가장 만년에 노나라의 젊은 임금이었다. 그 애공이 공자의 제자인 재아와 나눈 대화였다. 재아는 공자의 십대 제자의 한 사람으로, 자공과 함께 '언어(言語)'에 재능이 있다고 칭찬을 받은 인물이다. 그 칭찬만큼이나 재아는 논리에 뛰어났다. 공자를 가끔 곤경에 빠뜨리는 질문을 하고 자기 논리를 세우기도 하였다.

사(社)는 토지의 신이다. 나라마다 자기 땅의 신을 모시고 제사를 지내는 곳을 '사'라고 하였다. 후대엔 곡식의 신인 '직(稷)'과 함께 모셔서 사직단이라고 불렀다. 우리나라에도 서울 종로구 사직동에 사직단이 있다.

흙무더기를 쌓거나 돌을 세워 사신(社神)이라 부르기도 했지만, 대부분 나무를 심었다. 나무는 그 땅에서 잘 자라는 나무를 고르기 마련이다. 우리나라는 마을마다 큰 느티나무가 많다. 이 나무들을 당나무 또는 당산나무 또는 당신이라 부르기도 한다. 다 사신의 변이형이다.

재아가 대답한 하나라의 소나무나 은나라의 잣나무, 주나라의 밤나무는 아마도 각 나라의 발상지 땅에서 잘 자라는 나무였을 가능성이 높다. 그런데도 재아는 밤나무를 심은 까닭을 특별히 보충하여 '백성을 전율케' 하기 위한 것이라고 하였다. 공자는 이 부분을 비판하고 있다.

말 잘하는 재아의 경솔함에 대하여 공자는 세 번이나 반복하여 꾸지람을 주고 있다. 첫째, 이루어진 일은 말할 수가 없다는 것. 완성되어 버린 일은 말을 해봐야 잔소리밖에 안 된다는 뜻이다. 둘째, 끝나버린 일은 비판해 봐야 어쩔 수 없다는 것. 어떤 일을 초기 단계에서 바로잡지 않으면 나중에 고치기는 매우 어렵다는 뜻이다. 셋째, 이미 지나간 일은 탓해 봐야 소용없다는 것. 이 역시 잔소리밖에 안 된다.

여기서 공자의 생각에 반론을 제기할 수 있다. 완성되어 가든 끝났든 지나간 일이든, 잘못된 부분이 있다면 지적하는 것이 옳다. 그래야 다시는 그런 잘못을 저지르지 않을 수 있는 기대를 걸어 볼 수가 있다. 그런데 왜 공자는 이렇게 말했을까? 그것도 세 번씩이나 거의 비슷한 말을 변주해서 말이다.

바로 이 부분이다. 공자가 재아의 말에 몹시 실망하고 있음이 보인다. 한 번만 꾸짖어도 될 일을 세 번씩이나 똑같은 말로 꾸짖는 것을 봐서 알 수 있다. 백성을 두렵게 만들려고 밤나무를 심었다는 말은 '공포정치'를 뜻한다. 공자가 추구했던 '예악정치'와는 정면으로 배치된다. 그것이 자기 제자의 입에서 임금에게 전해졌으니 얼마나 답답했을까.

더구나 '전율'이란 말뜻은 밤나무의 '율(栗)'을 빗대서 한 말이다. 이건 공자가 보기에는 교언이다. 교묘하게 꾸미는 말인 교언(巧言)은 공자가 가장 싫어했던 것 중의 하나였다. 사실을 왜곡하거나 허물을 변명하려는 사람이 교언을 하기 쉽기 때문이다.

공자가 말했다.

"관중은 그릇이 작구나!"

그 말을 듣고 어떤 사람이 물었다. "그럼 관중은 검소했습니까?"

"관씨는 부인을 셋이나 두었고, 집안일 하는 사람에게 겸직을 시키지 않았으니 어찌 검소하다고 하겠습니까?" "그렇다면 관중은 예를 알았습니까?"

"임금이라야 문을 가리는 나무를 심는 법인데, 관씨도 문을 가리는 나무를 심었답니다. 임금이라야 다른 나라 임금을 맞이하여 술을 마시는 '반점'을 두는 법인데, 관씨 역시 반점을 두었어요. 이러니 관씨가 예를 안다면 누가 예를 모른다고 하겠습니까?"

子曰, "管仲之器小哉!" 或曰, "管仲儉乎?" 曰, "管氏有三歸, 官事不攝, 焉得儉?" "然則管仲知禮乎?" 曰, "邦君樹塞門, 管氏亦樹塞門. 邦君爲兩君之好, 有反坫, 管氏亦有反坫. 管氏而知禮, 孰不知禮?"

관중은 관이오(管夷吾)이다. 중(仲)은 관이오의 자이다. 기원전 725년에 나서 645년에 죽었으니 공자보다 약 백 년 정도 앞서서 살았던 인물이다. 제나라의 정치가이자 사상가로서 제환공을 춘추오패의 우두머리로 만드는 데 큰 역할을 했다. 포숙아(鮑叔牙)와 평생 좋은 우정을 나눠 관포지교(管鮑之交)의 고사로 유명한 인물이다.

백 년이면 그리 멀지 않은 세대다. 공자가 살고 있던 당시에도 관중은 전설적인 인물로 슈퍼스타였을 것이다. 공자와 대화를 나눈 '어떤 이'도 관중을 추종하던 인물 가운데 하나임이 틀림없다.

공자는 관중의 그릇이 작다고 말한다. 큰 그릇은 많은 것을 담지만 그릇이 작으면 담을 것이 많지 않다. 작은 그릇이란 바로 소인이란 뜻이다. 공자의 발언에 대해 어떤 이는 이견을 내놓는다. 그 사람은 관중을 좋게 보고 있기 때문에 공자의 '그릇이 작다'라는 말을 검소하다는 뜻으로 받아들였다. 그래서 검소하냐고 되물은 것이다.

　이에 공자는 관중의 사치스러움을 말한다. 부인이 셋이라면 집이며 의복이며 모두가 세 배는 들 것이었다. 또 집안일을 하는 사람들에게 겸직을 시키지 않았다고 했다. 관중은 제나라에서 임금 빼고는 가장 높은 지위에 있었던 인물이다. 그만큼 집안도 크고 부리는 사람이 많았다. 그런데 집안일을 돌보는 하인들에게 하나씩만 일을 맡겼다고 공자는 말한다. 마당 쓰는 하인, 물 긷는 하인, 나무해 오는 하인 등 일마다 맡은 사람을 따로 뒀으니 얼마나 많은 하인을 부려야 했을까. 공자는 그것을 사치라고 본 것이다.

　그러자 어떤 이는 다시 묻는다. 그렇다면 관중은 예를 아는 사람인가? 이건 무슨 뜻일까? 공자는 예의 근본은 '검소함'이라고 했다. 이미 관중이 검소하지 않다고 했으니 예의 근본을 모르는 사람이라고 한 셈이었다. 그런데도 어떤 이는 '예를 아는가?'라고 물었다. 왜 그랬을까? 아마 어떤 이는 어떻게 해서라도 관중의 좋은 점을 공자의 입을 통해서 듣고 싶었던 모양이다. 그러나 긁어 부스럼이었다. 예를 아느냐고 물음으로 해서 관중의 허물이 더 드러나게 되고 말았다.

　수색(樹塞)과 반점(反坫)은 모두 임금이 사는 대궐에만 설치가 가능했던 것이었다. 수색은 임금이 사는 내전이 보이지 않도록 나무를 심어 가리는 것이다. 반점은 정상회담을 할 때 임금이 마신 술잔을 내려 놓는 곳이었다. 수색과 반점은 곧 임금의 상징이었다. 관중이 자신의 집에 수색을 하고 반점을 설치했다면 스스로 임금처럼 했다는 것이니 대역죄를 범한 것이나 다름없다.

　하지만 관중이 수색과 반점을 설치한 것은 제환공이 허락한 일일 수도 있다. 그렇다면 대역죄는 아니다. 오히려 임금이 허락했으나 설치하지 않는 것이 벌을 받을 일이다. 공자는 생각이 달랐다. 비록 임금이 허락했다고 하더라도 설치하지 말아야 한다는 것. 그것을 공자는 예라고 봤다. 그리하여 사치스럽고 최고 권력을 마음대로 누린 관중을 공자는 '작은 그릇'이라고 했다.

공자가 노나라 태사의 음악에 대해 말했다.

"태사의 음악은 알 만하다. 시작은 여러 악기가 합한 듯하고, 이어 뒤섞임이 없는 소리가 밝게 이어지다가, 여러 음이 한꺼번에 풀리듯 다스려지면서 완성된다."

子語魯大師樂, 曰, "樂其可知也, 始作, 翕如也, 從之, 純如也, 皦如也, 繹如也, 以成."

태사는 궁정음악의 지휘자다. 공자가 살았던 당시 노나라의 태사는 '지(摯)'라는 사람이었다. 공자는 음악에 조예가 깊었다. 이 구절은 모든 악기가 다 참여하여 웅장하게 연주되던 지의 음악을 듣고 공자가 감상을 말한 것이다.

음악의 시작, 중간, 마침으로 나눠 말했다. 시작은 모든 악기가 한꺼번에 소리를 내어 사람들의 마음을 뒤흔들어 놓는 장면이 연상된다. 이어 악기마다 하나씩 순수하게 자기의 음으로 소리를 내며 이어진다. 마치 봄철에 산에서 꽃나무들이 순서대로 피어나는 것과 같다. 봄 산을 보면 맨 먼저 생강나무가 노란 꽃을 피운다. 이어 벚나무, 진달래, 철쭉, 아카시아, 밤나무가 차례대로 자신의 색을 드러낸다.

순수하고 밝고 맑은 소리로 각자 한 번씩 주인공이 된 다음, 다시 어울려 풀어지고 다스려지면서 음악의 완성을 향해 가는 것이다. 각자 고유의 색으로 한 번씩 무대에 몸을 드러낸 뒤에 모두 녹색으로 산을 완성하듯이 말이다.

'의(儀)'라는 땅의 국경수비대장이 공자 뵙기를 청하면서 말했다.

"군자가 이곳에 왔을 때 내가 뵙지 못한 적이 없습니다."

제자들이 공자를 뵙게 해줬다. 공자를 만나고 나와서 수비대장이 말했다.

"당신들은 선생님이 자리 잃은 것을 걱정하십니까? 그럴 필요 없겠어요. 세상에 도가 없어진 지 오래된지라, 하늘이 장차 선생님으로 목탁을 삼으실 듯합니다."

儀封人請見, 曰, "君子之至於斯也, 吾未嘗不得見也." 從者見之. 出曰, "二三子何患於喪乎? 天下之無道也久矣, 天將以夫子爲木鐸."

'의' 땅은 위(衛)나라 국경의 작은 고을이다. 공자가 제자들과 함께 위나라 국경에 도착했을 때의 이야기다. 수비대장은 이름난 사람들과 이야기 나누는 것을 좋아하는 사람이었다. 의 땅을 지나가는 군자(이름이 알려진 인물)들은 모조리 만나 봤다는 고백에서 알 수 있다.

공자를 만나서 무슨 이야기를 나눴는지는 기록이 없다. 제자들이 배석하지 않고 공자와 단독으로 만난 듯하다. 대화의 내용은 알 수 없으나 수비대장은 크게 감명을 받은 모양이다. 나와서 제자들에게 '목탁론'을 말하는 것이 그 증거다.

목탁은 금구목설(金口木舌)이다. 쇠로 둥근 방울을 만들고 그 안에 쇠를 두드리는 혀는 나무로 만든 것이다. 긴 장대에 이 목탁을 매달고 흔들면 나무 혀가 쇠에 부딪혀 소리를 낸다. 나라에서 새로운 법령을 만들어서 반포할 때 이 목탁을 흔들어서 알렸다. 곧 법령을 반포하기 전에 사람들을 불러 모으는 데 쓰인 도구였다. 금탁도 있었다. 금탁은 금구금설(金口金舌)이다. 부딪히는 혀를 쇠로 만들었으니 목탁보다는 소리가 높고 날카롭다. 그래서 금탁은 주로 군사에 관련된 일에 쓰였다.

수비대장이 공자를 목탁에 비유한 까닭은 무엇일까? 그의 전제는 '무도한 세상'이다. 당시는 춘추시대였다. 주나라는 힘을 잃고 각 제후국들이 서로 영토를 넓히고 백성을 모으기 위해 자주 전쟁이 일어나던 시기. 혼란의 시대였고 수많은 철학자와 정치가가 나타나서 자신의 주장을 펴던 시기였다.

결국 수비대장은 새로운 시스템을 만들어 세상에 빛을 가져올 사람으로 공자를 평가한 셈이다. 수비대장은 국경의 작은 고을에 있었으나 사람을 알아보는 안목이 높은 사람이었다. 공자가 2,500년이 지난 지금도 인류에게 많은 영향을 미치고 있으니 그의 예언은 맞아떨어진 것이다.

공자가 '소(韶)'에 대해 말했다.

"지극히 아름답고, 지극히 선하다."

공자가 '무(武)'에 대해 말했다.

"지극히 아름다우나, 지극히 선하진 않다."

子謂韶, "盡美矣, 又盡善也." 謂武, "盡美矣, 未盡善也."

'소'는 순임금의 음악이고 '무'는 무왕의 음악으로 알려져 있다. 순임금은 중국 전설 속의 황제인 요임금이 천하를 물려줘 임금이 된 사람이다. 사람이 가장 평화롭게 살았다는 시대를 '요순시대'라고 부른다. 요순시대의 완성은 아마도 순임금 시기였을 것이다. 요임금이 천하의 제왕 자리를 물려줄 인물로 선택한 사람이니 순임금의 덕성은 인간으로서 지극한 경지에 도달했을 터이다.

'소'는 바로 그런 순임금의 테마음악이었다. 공자가 제나라에서 처음으로 '소'를 듣고 석 달 동안 고기 맛을 몰랐다는 이야기는 유명하다. 형식미도 완벽하고 그 내용 또한 지극히 좋았다는 것이다. 진선진미! 지금은 소를 들을 수 없으니 안타깝기 그지없다. 과연 지금 우리 시대에 전해지는 음악 가운데 소와 같은 음악은 무엇이 있을까?

무왕은 은나라를 멸망시키고 주나라를 세운 임금이다. 무력으로은 왕조를 무너뜨렸다. 순임금이 천하의 제왕이 된 것과 방식이 달랐다. 순임금은 전혀 무력을 사용하지 않고 요임금이 물려준 왕위를 받았다. 그래서 무왕의 천하제패에는 피 냄새가 묻어 있다는 것이다. 당연히 무왕의 테마음악인 '무'에도 그 냄새가 묻어 있다는 공자의 평가다. 그리하여 진미미진선! 그 형식미는 완벽하나 내용에 좋지 못한 점이 있다는 것. 과연 요즘 무와 같은 음악엔 무엇이 있을까?

공자가 말했다.

"윗자리에 앉아서 너그럽지 않고, 예를 행하면서 공경스러움이 없고, 장례를 치르면서 슬퍼하지 않는다면, 내가 더 무엇을 볼 것인가?"

子曰, "居上不寬, 爲禮不敬, 臨喪不哀, 吾何以觀之哉?"

이것은 위치나 하는 일에 따라 그 위치와 하는 일을 더욱 빛내 주는 덕목들에 대한 이야기다. 높은 자리에 앉은 사람의 좋은 덕목은 너그러움이다. 자리가 높을수록 너그러움도 커져야 하는데, 그건 아랫사람들도 편하게 해줄 뿐 아니라, 사실 윗자리에 앉은 그 자신을 더욱 빛나게 해준다.

예를 실천하는 경우엔 공경하는 마음이 그 덕목이다. 겉으로만 예의를 차리고 속으론 원망이나 경멸하는 등의 마음을 갖는다면 그건 일종의 사기다. 내면과 외면이 반대되는 행동은 자아의 분열을 초래한다. 이것은 예의를 받는 사람보다 그런 행동을 하는 자신을 해치게 된다. 사기를 치고 있다는 걸 누구보다 자신이 잘 알고 있기 때문이다.

장례를 치르는 마음은 슬픔이다. 아주 고통스러운 삶을 살아서 차라리 죽는 것이 낫다고 하는 삶이라 하더라도 죽음은 슬픔이다. 형식적으로 재빨리 상을 치러 버린다거나, 충분히 오래 살았으니 호상이 아니냐고 하는 말들은 다 죽음을 애도하는 것이 아니다. 충분히 슬퍼해야 죽음을 보낼 수 있다. 태어난 것들은 반드시 죽게 되어 있다. 죽음은 또한 새로운 삶의 바탕이 된다. 죽음에 대한 예의를 잘 갖출 때 살아남은 사람들은 평온을 얻을 수 있다. 그 죽음에 대한 예의가 바로 슬픔이다. 결국 상례에서 충분히 슬퍼하는 것, 그 자체가 상주인 자신을 위한 일이 된다.

이렇게 스스로에게 도움이 되는 일을 사람들은 왜 하지 않으려는 것일까? 그래서 공자는 이런 태도를 갖지 않는 사람을 "도대체 내가 무엇으로 판단하겠는가?" 하고 되묻고 있는 것이다.

인은 아름답다
이인

공자가 말했다.

"인을 실천하는 것이 아름답다. 인한 일을 가려서 하지 않는다면, 어찌 지혜롭다 하겠는가?"

子曰, "里仁爲美. 擇不處仁, 焉得知?"

'리(里)'라는 글자는 다양하게 해석할 수 있다. 일반적인 글자의 뜻은 '마을, 거리, 주거지' 등이다. 이 글자를 마을로 봐서 주희는 이렇게 해석한다. "어질고 두터운 풍속이 있는 마을은 아름답다. 그런 마을을 골라서 살지 않는다면 옳고 그름을 따지는 본심을 잃어서 지혜롭다는 소리를 듣지 못할 것이다." 무슨 소리인지 아리송하다.

세상에 좋은 마을과 나쁜 마을은 분명히 있을 것이다. 그러나 나에게 좋다고 다른 사람에게도 좋다는 보장이 없다. 시골 마을에 가 보라. 요즘도 마을엔 텃세가 있다. 한 성씨가 마을을 이룬 집성촌일수록 좀 더 심하다. 외지에서 들어온 사람은 늘 뜨내기 대접을 받는다. 나도 어떤 집성촌에 들어가 8년을 산 적이 있다. 꽤 오래 살았지만 동네의 장례식에 참석이라도 하면 이방인으로서 푸대접을 받기 일쑤였다. 이런 마을은 같은 성씨를 쓰는 그들에게는 좋은 마을이지만 그렇지 않은 사람에겐 좋은 마을이 아니다.

〈맹산(盲山)〉이라는 영화가 있다. 중국의 리양 감독이 2007년에 만든 영화인데 우리나라에는 2011년에 개봉했다. 2007년 칸느영화제의 주목할 만한 시선에 초청된 작품이다. 이 영화는 '블라인드 마운틴'이란 영어 제목으로 더 많이 알려졌다. '눈이 먼 산'이란 뜻의 맹산이란 제목이 암시하듯, 깊은 산골 마을엔 그들만의 삶을 고집하는 사람들이 살고 있다. 도시에서 대학을 졸업한 처녀가 이곳에 인신매매로 잡혀와 강제결혼을 하고 아이를 낳는다. 지옥 같은 삶에서 처녀는 끊임없이 탈출을 시도하지만 번번이 실패로 돌아간다. 처녀가 보기에 산골 마을 사람들은 짐승과 다름없다. 남편에게 뒷돈을 받는 집배원은 처녀가 아버지에게 보내는 편지를 부쳐 주지 않는다. 마침내 아이의 도움으로 아버지에게 편지가 가고 아버지가 공안과 함께 찾아오지만, 마을 사람들의 폭력적인 시위에 공안들은 도망간다. 처녀의 남편은 장인을 두드려 패고 마을 사람들은 수수방관한다. 보다 못한 처녀가 낫으로 남편의 목을 찍는 것이 마지막 장면이다.

이 영화에 등장하는 마을의 사람들을 도시인 시각에서 보면, 정말 무지하고 잔혹스럽다는 생각이 든다. 외부인에겐 상종 못할 나쁜 놈들의 마을로 규정될 만하다. 하지만 그들은 그들끼리의 세상의 법칙으론 이상할 것이 없다. 서로 정을 나누며 술잔도 기울인다. 함께 동물을 기르고 힘을 모아 들일을 한다. 자유를 찾으려는 처녀의 행동은 이 동네 사람들과 번번이 충돌을 일으킨다. 충돌은 끝내 비극적인 결말로 막을 내린다.

영화는 당시 중국에서 사회문제가 되고 있는 인신매매의 비극성을 잘 드러낸 수작이다. 마을을 둘러싸고 있는 아름다운 자연은 처녀의 비극을 더욱 슬프게 채색한다. 자연의 아름다움이 마을의 평화를 보장해 주지 않는다는 걸 잘 보여 준다.

결국 좋은 마을이란 내가 어떻게 하느냐에 달려 있는 듯하다. 나에게 딱 맞는 좋은 마을이 갖춰져 있을 리가 없다. 사람들은 자주 말한다. 집은 내가 가꾸기 나름이라고. 마을도 마찬가지가 아닐까. 이 공자의 발언에 대한 주희의 주석은 명확하지가 않다. '옳고 그름을 따지는 본심이'라는 말은 무슨 뜻인지 종잡을 수가 없다. 그런데도 주희의 주를 금과옥조처럼 받들던 조선의 선비들은 어딘가에 인후한 풍속을 가진 마을이 있을 거라고 찾아다녔을 것이다. 실제에 뿌리내리지 못하는 허망함이다.

주희의 주에 '마을을 고른다'는 말은 '택리(擇里)'로 표현되었다. 이 용어를 따다가 조선의 학자인 이중환(1690~1756년)은 〈택리지〉라는 책을 쓰기도 했다. 이중환은 살터를 잡을 때 지리(地理), 생리(生利), 인심(人心), 산수(山水)를 꼽았다. 지리는 땅의 기운을 뜻하고 생리는 그 땅에서 생산되는 것이 좋아야 한다는 것이며, 인심은 사람들의 마음이 온후해야 한다는 거다. 마지막으로 산과 물이 잘 어우러져 경치가 좋아야 하는데, 이중환은 이 네 가지 가운데 하나라도 모자라면 살기 좋은 땅이 아니라고 했다. 이중환의 주장에 따르면 살터를 잡는 일은 몹시 어려운 일이다. 과연 이 네 가지를 모두 만족시키는 땅이 있을 것인가?

나는 이 구절을 이렇게 해석하고 싶다. 리를 '리(理)'로 보는 것이다. 이 글자는 '다스리다, 통하다, 길, 순리대로 행하다' 등등의 뜻을 가지고 있다. 그렇다면 이인(里仁)은 풍속이 인후한 마을이 아니라, '인으로 통하다, 인을 실천하다'의 뜻으로 해석이 가능하다. 이렇게 되면 공자의 말은 새로운 차원으로 쉽게 해석이 된다.

인을 실천하는 사람은 아름답다는 것. 이 아름다운 사람이 있으면 그 마을은 당연히 좋은 마을이 될 터이다. 인후한 풍속을 가진 마을을 헤매며 찾아다닐 것이 아니라, 내가 인을 실천하는 아름다운 사람이 되면 된다. 공자의 진의는 이것이었으리라.

공자가 말했다.

"어질지 못한 자는 곤궁함을 오래 견디지 못하고, 즐거움도 오래 누리지 못한다. 인자는 인에 편안하고, 지혜로운 자는 인을 이롭게 여긴다."

子曰, "不仁者, 不可以久處約, 不可以長處樂. 仁者安仁, 知者利仁."

인의 정체는 무엇일까? 공자는 '바로 인이란 이것이다'라고 말한 적은 없다. 대부분 비유로 말했다. 여기서도 인이란 어떤 것인지 유추해 봐야 알 수 있다. '약(約)'이란 '묶어서 다발을 짓는다'는 뜻이다. 펼쳐져 있는 것을 핵심만 간추리면 요약이 된다. 넓게 퍼져 있는 것을 묶으면 가지런해지면서 작아진다. 이것은 좋은 의미다. 그런데 여기선 뜻이 전이되어 '곤궁함'을 나타내는 것으로 바뀌었다.

사람살이에 필요한 물질이 적으면 곤궁한 것이다. 가난하다고 표현하면 더 정확하겠다. 불인한 사람은 가난을 오래 견디지 못한다고 공자는 말했다. 어디 불인자만 그렇겠는가. 가난을 견딜 수 있는 사람은 당연히 많지 않다. 공자 스스로도 이런 말을 한 적이 있다. "부유하면서 교만하지 않기는 쉽지만, 가난하면서 원망하지 않기는 어렵다"고. 이것이 인지상정이다.

그렇다면 여기서 일반 사람이라고 하지 않고 굳이 '불인자'라고 한 까닭은 무엇일까? 아마도 경계의 뜻이 있는 듯하다. 불인자는 가난을 오래 견디지 못할 뿐 아니라, 반드시 폭력이나 위법적인 행위로 가난을 벗어나려 할 것이다. 이유는 바로 다음 구절에 있다. 즐거움도 오래 누리지 못한다는 것!

즐거움이 지나치면 넘친다. 방탕함에 빠져서 애초의 즐거움이 고통의 씨앗으로 변질될 수가 있다. 불인자는 그런 화를 자초할 수가 있다고 본 것이다. 그렇다면 곤궁함을 견디고 즐거움을 오래도록 누리려면 어찌해야 하는가.

'인에 편안함'과 '인을 이롭게 여김'으로 공자는 답을 내놓는다. 앞 구절에서 인을 실천함은 아름답다고 말했다. 아름다운 실천의 모습이 편안한 상태. 애써서 좋은 일이니 하겠다든가, 남의 눈을 의식해서 하기 싫으면서 억지로 행동하는 것이 아닌, 자연스러운 행인(行仁)의 모습. 그것이 안인(安仁)이다. 안인의 다음으로 이인(利仁)인데, 이것도 괜찮다. 인을 실천하는 것이 나에게도 이롭고 타인에게도 이롭다는 걸 알고 행동한다. 이것은 안인의 상태는 아니나 지혜로운 사람의 모습이다. 굳이 나쁜 일을 자초할 필요가 없다는 것이니, 어찌 아니 그렇겠는가.

공자가 말했다.
"오직 인자라야 사람을 좋아할 수 있고, 사람을 미워할 수 있다."

子曰, "惟仁者, 能好人, 能惡人."

이 구절을 보면 "누가 이 여인에게 돌을 던지랴"라는 말이 생각난다. 예수를 찾아온 창녀가 예수의 발에 향유를 붓고 눈물을 흘렸다. 이것을 보고 시몬이 언짢아하니까 예수가 했다는 말이다.

"자, 죄 없는 자는 이 여인에게 돌을 던져라!"

과연 누가 돌을 들 수 있으랴. 세상에 태어나 살아가면서 작은 죄 하나 짓지 않고 살아갈 수는 없으리라.

공자도 아마 예수와 비슷한 상황에 있었을 것이다. 제자들이 누군가를 지나치게 미워하거나 특별히 좋아하는 모습을 보일 때 이런 말을 했을 것 같다. 누군가를 좋아함과 미워함에는 사심이 깃들어 있을 가능성이 크다. 좋아하고 미워하는 잣대는 나의 잣대이기 때문이다.

여기서 공자가 말하는 인자는 바로 사사로운 잣대를 버린 사람이다. 누구나 좋아할 만한 사람은 좋아하고 누구나 미워할 만한 사람을 미워하는 것, 그것이 공정한 잣대이다. 공명정대한 잣대를 가진 사람이 바로 인자이다.

장자의 일화 중에 천하절색 아가씨가 냇가에 얼굴을 비추니 물고기가 놀라서 도망가더라는 이야기가 있다. 천하절색 아가씨의 얼굴이야 사람에게나 아름답지, 물고기에게는 공포의 대상일 뿐이다. 사람의 잣대로 본 아름다움이 모든 생물에게 통하는 것은 아니라는 뜻이다. 사람을 미워하고 좋아함도 마찬가지 아니겠는가.

공자가 말했다.

"진실로 인에 뜻을 두고 있다면, 나쁜 짓을 하는 일은 없으리라."

子曰, "苟志於仁矣, 無惡也."

세운 뜻의 중요성을 말하고 있다. 뜻이란 내 마음이 가는 방향이라고 주희는 말했다. 공자는 자기 평생의 연보를 짧게 정리하면서 "나는 열다섯 살에 배움의 뜻을 두었다(吾十有五而志于學)"고 말한 적이 있다.

그 뒤 공자는 평생 배움과 함께 살았다. 가장 자부심을 가졌던 것이 '배움을 좋아함(호학)'이기도 했다. 열다섯에 세운 그 뜻을 평생 실천하면서 공자는 인류의 위대한 스승의 한 사람으로 우뚝 섰다. 이처럼 뜻을 세움의 중요성을 공자는 피부로 느끼고 있었다.

인이란 타자를 나처럼 사랑하는 마음이다. 이 인의 실천에 뜻을 뒀다면 나쁜 일은 될 수 있으면 삼갈 것이다. 공자의 이 말은 인의 중요성을 알고 인의 실천에 뜻을 두라는 가르침을 제자들에게 베풀고 있다.

5

공자가 말했다.

"부귀는 사람들이 다 바라지만, 옳은 방법으로 얻은 것이 아니라면 누리지 말아야 한다. 빈천은 누구나 싫어하지만, 옳은 방법으로 얻어진 것이 아니라 하더라도 떠나지 않는다. 군자가 인을 버리면 무엇으로 이름을 이룰 것인가? 군자는 밥 한 끼 먹는 시간에도 인에서 어긋남이 없으니, 몹시 바쁜 시간에도 그러하며 몹시 위급한 상황에서도 그러하다."

子曰, "富與貴, 是人之所欲也, 不以其道得之, 不處也. 貧與賤, 是人之所惡也, 不以其道得之, 不去也. 君子去仁, 惡乎成名? 君子無終食之間違仁, 造次必於是, 顚沛必於是."

이 장은 논란이 많을 수 있다. 부귀는 누구나 좋아한다. 인생사 수많은 더러운 일이 돈과 관련되어 있다. 지위는 어떤가? 누구든지 귀족이 되고 싶지 천민으로 살고 싶지는 않다. 높은 지위와 부는 한 몸이다. 어제 텔레비전 뉴스에서 로스쿨 관련 이야기가 나왔다. 현재 우리 사회에서 부귀로 가는 길 가운데 하나가 로스쿨이다.

로스쿨 재학생의 70퍼센트가 변호사 시험에 합격한다고 한다. 평균 4.8년이 걸리고, 소요되는 경비는 1억 5백만 원 정도 든다고 한다. 이 액수를 지불할 만한 여력을 가진 서민은 없다. 그러니 부귀의 대물림 현상이 생길 수밖에 없다. 로스쿨이 초기에는 '계층 이동의 사다리' 역할을 하도록 하겠다는 의도가 있었다. 그러나 현실은 달랐다. 부귀의 속성은 부귀한 자를 더 만들지 않으려고 한다. 빈천한 자가 다수 있어야만 부귀가 더욱 빛나지 않겠는가. 이는 자본주의 속성과도 맞물린다. 자본은 가난에 허우적대며 죽어 가는 자들이 있어야만 더욱 빛을 발하는 체제다.

오늘 아침, 안타까운 이야기가 세상에 알려졌다. 40세의 남자 연극배우가 한 평 남짓 되는 고시원에서 혼자 생을 마감했다는 소식이었다. 고시원의 한 달 임대료는 25만 원이었다. 그는 우리나라 예술대학의 최고봉이라고 할 수 있는 한국예술종합학교 연기과를 졸업했다. 수백 대 일의 경쟁을 뚫고 입학해야 하는 곳이다. 그 대학을 졸업했지만 궁핍한 생활을 벗어나지 못했다. 막노동으로 생계를 이어 가며 연극에 대한 열정을 불살랐던 사람이었다. 가난은 그의 싱싱한 육체를 파괴했다. 40세의 젊은 나이에 신부전증과 고혈압을 이기지 못하고 병사하고 말았다.

이러한 절대빈곤의 삶을 살아가는 사람이 많다. 그렇다면 공자의 말은 현실감각이 전혀 없는 허망한 말이 되고 만다. 부귀를 올바른 방법으로 얻은 것이 아니라면 누리지 말라는 말은 쉽게 이해된다. 하지만 가난과 천한 지위를 부당하게 갖게 되었더라도 떠나지 말라니, 이게 무슨 말인가? 가난은 수단과 방법을 가리지 말고 벗어나야 하며, 지위도 천한 곳에서 얼른 벗어나 귀한 자리로 가야 하지 않겠는가. 이것이 물이 아래로 흐르듯 자연스러운 인간의 본성을 따르는 길이다. 그런데 공자는 그 역을 말하고 있다. 본성을 거스르란 말인데, 이것이 어떻게 가능하겠는가?

그래서 공자는 근거를 대서 주장하게 된다. "군자가 인을 버리면 무엇으로 이름을 이루겠는가?" 하는 것이 그 근거다. 조차(造次)는 '다급하고 구차한 상황'이며 전패(顚沛)는 '자빠지고 엎어지는 위험한 상황'을 말한다. 너무 바빠서 다른 것을 돌아볼 틈이 없고 몹시 위험해서 목숨을 잃을지도 모르는 절체절명의 상황에서도 '인을 어기는' 일을 해서는 안 된다고 공자는 말한다. 그래야 인자의 이름을 얻을 수 있다는 주장이다.

그렇다면 앞의 연극배우는 전패의 상황이라고 할 수 있다. 목숨을 잃을 정도의 위중한 병을 앓고 근근이 생을 유지할 수입밖에 없는 처지였다. 이런 처지의 사람에게 '인을 어기는 행위'를 하지 말라고 말하면 그것이 어떤 위로가 될까?

그래서 공자의 이 말은 절대빈곤의 상황을 벗어난 사람들에게만 의미가 있다. 부귀를 위해, 또는 빈천을 벗어나기 위해 무도한 짓을 하지 말라는 경고. 이 경고가 의미를 얻으려면 복지사회가 선결되어야 한다. 모두가 살 만한 세상으로 만들어진 다음에야 이 덕목은 빛을 발할 수 있을 것이다. 이런 부분은 공자 사상의 한계로 봐야 하겠다.

공자가 말했다.

> "나는 아직 못 보았다. 인을 좋아하거나 불인을 미워하는 사람을. 인을 좋아하
> 는 사람은 더 보탤 말이 없다. 불인을 미워하는 사람은 인을 실천함에 있어 불
> 인한 것이 내 몸에 끼치지 않게 하려고 한다. 하루라도 인을 실천하려고 자기
> 힘을 써 본 적이 있는가? 나는 못 보았다. 힘이 부족해서 인을 실천 못하겠다는
> 사람을. 혹시 있을까? 혹시 있는데 내가 못 본 것일까?"

子曰, "我未見, 好仁者, 惡不仁者. 好仁者, 無以尙之, 惡不仁者, 其爲
仁矣, 不使不仁者加乎其身. 有能一日用其力於仁矣乎? 我未見力不足
者. 蓋有之矣, 我未之見也."

이 말은 인을 실천하는 건 그리 어렵지 않다는 말이다. 인이란 남을
나와 똑같이 사랑하는 마음이다. 내가 하기 싫은 것을 남에게 시키지
않는 마음이다. 남이 도달하고 싶어 하는 곳에 도달시켜 주려고 애쓰
는 마음이다. 다른 사람의 장점을 완성할 수 있도록 도와주는 마음이
다. 이 얼마나 아름다운 마음인가? 그래서 공자는 말했다. "인은 아름
답다!"고.

그런데 공자는 그런 사람을 아직 못 봤다고 말했다. '아직 못 봤다'
는 뜻인 미견(未見)은 공자가 자주 쓰는 말이다. 제자들을 자극하여
분발하게 하려 할 때 쓰는 어법이다. 아직은 못 봤으나 앞으론 볼 수
있을 거라는 희망을 남기는 말이다. 뒤에 태어난 사람인 제자들에게
기대를 건다는 뜻도 포함되어 있다.

'역부족'이란 말은 하고자 하는 마음은 있으나 도저히 이룰 수 없

는 불가항력을 뜻한다. 말하자면 백두산을 옆구리에 끼고 동해 바다를 단걸음에 건너뛰는 것과 같은 종류이다. 인의 실천은 그런 불가항력의 일이 아니다. 맹자가 말한 불위(不爲)에 해당한다. 불위는 '하지 않음'이다. 나뭇가지를 꺾어 노인의 지팡이를 만들어 주는 일 같은 것. 이런 일은 귀찮아서 안 하는 것이지, 힘이 없어 못하는 게 아니다. 하지만 지팡이를 만들어 주는 행위, 이것은 바로 인의 실천이다. 그 행위는 얼마나 아름다운가.

그래서 공자는 말한다. "단 하루라도 인을 실천하려고 마음만 먹는다면, 역부족인 사람을 나는 못 봤다." 인의 실천 유무는 불능이 아니라 불위라는 것이다. 마지막의 공자 말은 재미가 있다. "혹시 인을 실천하는 데 역부족인 사람이 있을까? 있는데 내가 못 본 것은 아닐까?" 제자들을 자극시켜 분발하게 하면서도 마지막은 재치 있는 유머로 마무리했다.

공자가 말했다.

"사람의 허물은 각각 종류가 있다. 허물을 보면 그 사람의 '인'을 알 수 있다."

子曰, "人之過也, 各於其黨. 觀過, 斯知仁矣."

사람은 잘못 하나 없이 완벽하게 살아갈 수는 없다. 될 수 있으면 허물을 줄이면서 살아가려고 노력하는 것이 사람이다. 그런데 공자는 허물도 종류가 있다고 말한다. 사람의 도리에 어긋나는 잘못도 있고, 어쩔 수 없이 저지르는 잘못도 있다.

인정도 과하면 사람을 불편하게 한다. 선의에서 나왔다고 해도 지나치게 친절하면 의심을 받을 수 있다. 공자는 이런 말을 한 적이 있다. "온 정성으로 임금을 모셨더니, 사람들이 아첨한다고 하더라." 누군가를 지극한 정성으로 모시는 건 인자의 모습이다. 그러나 그 대상이 최고권력자인 '임금'이라면 아첨이라는 오해를 받을 만도 하다. 이것을 '인'이 내재된 허물이라고 하겠다.

잘한 일보다 오히려 잘못한 일에서 본성이 더 잘 드러난다는 건, 공자의 혜안이다. 아무도 보지 않는 곳에서 혼자 저지르는 잘못도 많다.

예전에 몸을 닦는 선비들은 '신독(愼獨)'이라 하여 혼자 있을 때를 몹시 경계했다. 사람들 앞에서는 군자인 척 행동하다가 혼자 있을 때엔 소인의 짓을 하는 것을 부끄러워한 것이다. 나는 혼자 운전할 때 갑자기 앞으로 끼어드는 다른 차를 욕한 경우가 있다. 그러나 동승자가 있을 때엔 끼어드는 차를 욕하지 않았다. 이는 '신독'이 되지 않은 한 예이다. 저지르는 잘못을 보면 그 사람의 본성이 '인'을 바탕에 두고 있는지 더 잘 알 수 있는 법이다.

공자가 말했다.

"아침에 도를 들으면 저녁에 죽어도 된다."

子曰, "朝聞道, 夕死可矣."

　여기서 공자가 말하는 도는 무엇일까? 도란 글자 그대로 해석하면 길이다. 길은 유형도 있고 무형도 있다. 산속에 난 오솔길, 자동차가 달리는 아스팔트 도로, 기차가 달리는 철로는 모두 유형의 길이다. 이 유형의 길은 우리들로 하여금 서로 만나게 하여 소통하게 한다. 무형의 길은 무엇일까? 사람으로 국한하자면, 사람다운 사람으로 살아가는 길이라고 하겠다.

　사람다운 사람으로 사는 길. 그것을 공자는 군자의 길이요, 인자의 길이라고 했다. 군자나 인자의 길은 연민을 바탕으로 사람을 사랑하는 길이다. 끊임없이 배우는 길이기도 하다. 많이 배우고 핵심을 잘 요약하여 마침내 하나로 꿰뚫는 통찰(一以貫之)을 보여 주는 길이다. 그리하여 결국 길은 소통이다.

　이 길이 막힌 것을 우리는 '무도(無道)' 곧 길이 없다고 한다. 공자가 살던 시대는 천하를 통치하던 주나라가 미약해지고 곳곳에서 제후국이 강성해져 무수한 전쟁이 벌어지던 시기였다. 영토 확장과 백성 숫자 불리기에 골몰하던 시대였다. 이를 두고 공자는 무도한 시대라고 봤다. 공자가 신념으로 가졌던 예악정치는 실종하고 무력만을 앞세운 폭력정치의 시대였다. 따라서 공자가 듣고 싶어 했던 '도'는 영 들려오지 않았다. 그래서 이런 과장도 하게 되었다. "아침에 도를 들으면 저녁에 죽어도 좋다." 과장을 통한 간절한 마음을 표현한 것이다.

그런데 누군가는 말한다. 그렇게 간절한 '도의 소식'을 들었다면 바로 죽으면 되지, 왜 저녁때까지 기다린단 말인가? 이것은 우문이다. 그러나 우문에 대한 현답은 늘 있기 마련이다. 현답은 이러했다. 아침부터 저녁때까지 하루의 시간차를 둔 것은 '실천'의 모습을 보고 싶었기 때문이다. 내가 바라는 좋은 세상이 왔다면 잠시라도 그것을 누려야 하지 않겠는가. 하루의 시간은 그것을 누릴 수 있는 최소한의 시간을 나타낸 것이다. 또 '도의 소식'이 들려왔지만, 소식만으로 그칠 수도 있다. 그것이 과연 제대로 실천되고 있는지 살펴볼 최소한의 시간이 필요하다. 그것이 '들음과 죽음'의 시간차를 갖게 하였다.

현실을 돌아보자. 과연 나는 지금 어떤 소식을 기다리는가? 아침에 듣고 저녁에 죽어도 좋을 만큼 내가 간절하게 기다리는 소식은 무엇인가? 사람마다 다를 것이다. 아주 작은 개인사부터 범국가, 범세계적인 일이 될 수도 있다. 그러나 최소한 내 목숨을 걸 정도라면 그만한 값어치는 있어야 하리라.

공자가 말했다.

"선비가 도에 뜻을 두고도 누추한 옷을 걸치고 거친 음식 먹는 걸 부끄러워한다면 함께 생각을 나누기엔 부족하다."

子曰, "士志於道, 而恥惡衣惡食者, 未足與議也."

여기서 말하는 공자의 '사(士)'는 육예를 갖춘 사람이다. 육예는 예, 악, 사, 어, 서, 수이다. 예는 천지의 질서요, 사람과 사람 사이 소통의 매개다. 예는 수시로 변할 수 있어야 한다. 일종의 융통성이라고 볼 수도 있겠다. 악은 말 그대로 음악이다. 음악은 사람의 감정을 격동시켜 사람 사이뿐 아니라 자연과의 조화도 꾀할 수 있게 한다. 사는 활쏘기이니 무예수련이다. 어는 말과 수레를 모는 것이니, 춘추시대 당시 전투에 나아가려면 반드시 갖추어야 할 기예였다. 서는 글을 익히는 것이다. 당시는 문맹률이 몹시 높았으니, 글만 알아도 큰 대접을 받을 수 있었다. 수는 셈이다. 수학적인 셈뿐 아니라, 천문도 볼 수 있는 능력이다.

이 정도의 능력을 갖춰야만 '사'로 불릴 수 있었다. 그리고 이 사는 곧바로 벼슬을 살아도 충분히 일을 헤쳐 나갈 수 있는 자격이 있는 사람이었다. 공자의 학단에선 3년 이상 배우면 이 정도 능력을 갖출 수 있었다. 그러니 당시로선 굉장히 인기가 있는 학단이었다.

그렇다면 이 '사'는 무슨 도를 지향했을까? 공자의 말, "사가 도에 뜻을 두고도"에서 도는 무엇일까. 능력만 갖추었으면 당연히 자기 능력을 세상에 써야 한다고 공자는 말한다. 제자인 자공이 그런 질문을 할 때 공자는 "내 능력을 팔아야 한다. 나는 좋은 값을 기다리는 사람이다"라고 대답했다. 적극적으로 세상에 나아가 능력을 펼치라는 주문이다. 이때 사의 길, 곧 '도'가 문제가 된다. 공자가 말하는 도는 바로 앞장에서 이미 얘기했다. 아침에 들으면 저녁에 죽어도 좋다는 바로 그 도이다.

이 도에 뜻을 두고도 가난한 것을 부끄러워한다면 같이 얘기하기 어렵다고 공자는 말한다. 누추한 옷과 거친 밥은 가난을 비유한 표현이다. 내 도가 행해지는 것이 중요하지 부귀는 고려 대상이 아니라는 뜻이다. 공자는 벼슬을 살아서 '녹봉' 얻는 방법을 묻는 제자에게 "밭은 갈아도 그 속에 굶주림이 있고, 말과 행동에 허물이 적으면 '녹봉'은 그 속에 있다"라고 말한 적이 있다. 반드시 수확물이 있기를 기대하면서 농사를 짓지만, 굶주림을 못 면할 수도 있다. 농사를 망쳤거나 풍년이 들었지만 모두 빼앗길 수도 있다. 그러나 반드시 벼슬을 살기 위해서 공부를 한 것은 아니지만, 말과 행동 곧 인품을 잘 만들어두면 언제든 벼슬은 저절로 굴러 올 수가 있다는 뜻이다. 요즘 잘하는 말로 "준비된 자에겐 언제나 기회가 있다"라는 말과 같다.

뭔가를 얻겠다는 욕심을 부리다 보면 얻은 것도 잃을 수 있다. 특히 부귀의 욕심은 인품을 기르는 데 방해가 될 가능성이 크다. 요즘 우리 시대는 모든 아이들이 부귀를 향해 달려간다. 좋은 대학을 가고 좋은 곳에 취업하는 것이 가장 중요한 일이 되어 버렸다. 그러자니 경쟁은 심화되고 서로 정을 나눌 자리는 점점 줄어든다. 공감도는 낮아지고 타자와의 관계는 이해를 먼저 따지게 되었다. 사회는 삭막해지고 삶의 행복도는 낮아질 수밖에 없다.

공자가 말했다.

"군자는 세상사에 있어서 오로지 고집하는 것도 없고 반드시 안 된다는 것도 없다. 다만 정의로운가를 견주어서 함께할 뿐이다."

子曰, "君子之於天下也, 無適也, 無莫也, 義之與比."

세상을 살아가는 데에는 내 고집이 없을 수 없다. 우리가 대화를 할 때에도 다른 이의 말을 듣기보다는 내 주장에 바쁜 경우가 많다. 말이 많을수록 설득력은 약해지는데도 우리는 말을 멈추기가 어렵다. 어떻게 보면 내 생각을 주장하는 것은 인간의 본능에 가까운 일이다.

마찬가지로 우리는 판단 내리기를 좋아한다. '이건 된다, 저건 안 된다' 하고 일단 판단을 하고 본다. '싫다, 좋다, 된다, 안 된다' 같은 가치 판단은 매우 감정적이다. 감정이 사고(思考)의 단계를 거치지 않고 즉흥적으로 나오는 경우가 많다. 어떤 사물이 존재함을 아는 것은 감각이다. 그 다음 존재의 정체를 아는 것, 이것은 사고단계다. 존재의 정체를 알았으면 좋고 싫음, 되고 안 되고 같은 가치판단을 하게 된다. 이것이 감정이다. 마지막으로 존재의 과거와 미래의 지향을 아는 것이 직관이다.

그러나 우리는 사고를 가끔 배제하고 바로 감정적으로 대상을 대하는 경우가 많다. 직관은 사고와 감정의 단계까지를 한꺼번에 아우른 경지여서 실패가 적다. 감정의 단계에 머무르면 실수의 가능성이 커진다. 그런데도 우리는 감정적으로 사물을 대하는 경우가 허다하다.

공자는 사물을 정밀하게 판단해 보길 요구한다. 사실 우리가 어떤 대상에 대하여 가지는 감정은 왜곡되어 있을 가능성이 크다. 수많은 선입견이 존재하기 때문이다. 우리가 갖고 있는 고정관념들은 내 안에서 내가 스스로 만든 것이 아닌 경우가 많다. 누군가에게 자주 듣거나 어디선가 자주 본 것들이 내 안에서 성장한 것인 양 가장하고 있다. 여자는 얌전해야 된다든가 남자는 거칠어야 된다는 성에 대한 고정관념들, 노는 것은 공부가 아니라는 공부에 대한 고정관념 등 생각해 보면 헤아릴 수 없이 많다.

공자의 발언은 선입견이나 고정관념을 버릴 것을 요구한다. 그렇다면 이래도 흥 저래도 흥, 물에 물 탄 듯 술에 술 탄 듯 하라는 뜻일까? 그런 우려를 위해서 공자는 한마디를 덧붙였다. "정의에 견주어서 따르라." 정의로운 일이라면 고집을 좀 부려도 된다는 것이다. 꼭 해야 한다고 주장해도 된다는 말이다. 그렇다면 정의란 무엇인가? 공명정대함이다. 사사로움보다는 공적인 것, 어둠이 아닌 밝은 일, 거짓이 아닌 정직함, 사소한 것보다는 큰일. 이것이 공명정대이다. 정의란 그런 것이다.

공자가 말했다.

"군자는 덕을 가슴에 품지만, 소인은 땅을 품는다. 군자는 형벌을 생각하지만, 소인은 은혜를 생각한다."

子曰, "君子懷德, 小人懷土, 君子懷刑, 小人懷惠."

자동차를 운전하는 사람이라면 대부분 잘 아는 유명한 분기점이 있다. 경부고속도로와 호남고속도로가 갈라지는 분기점, 바로 '회덕'이다. 이 지명의 출전이 이곳이다. 회덕은 대전의 옛 이름이기도 하다. 커다란 밭을 뜻하는 순우리말 '한밭'을 한자로 쓰면 대전(大田)이 된다. 대전의 '전'은 입이 네 개란 뜻도 되어, 시끌시끌한 곳이라고 우스개를 하는 사람도 있다. 대전은 경상, 전라, 충청이 만나는 중심이다. 교통의 요충지이기도 하며 온갖 산물이 거래되는 중개지역이니 왜 아니 시끄럽겠는가.

말 그대로 넓은 벌판이 대전이다. 시원스레 펼쳐진 땅을 보면 사람들은 마음이 편해진다. 당연히 땅을 소유하고 싶은 욕심이 생긴다. 농사가 잘되는 땅도 갖고 싶고, 배산임수의 명당지를 가려 집도 짓고 싶다. 이러한 인간의 본능을 누가 욕할 수 있으랴. 그런데 공자는 말했다. 몸이 편안하게 깃들 땅만 가슴에 품으려는 사람은 소인이라고. 가슴에 품을 것은 더 차원 높은 '덕'이 있다는 얘기다. 덕은 크다는 뜻도 있고 얻는다는 뜻도 있다. 덕은 베푸는 사람이나 받는 사람이나 서로 얻음이 있다. 봉사는 봉사를 받는 사람보다 봉사를 실천하는 사람이 더 행복하다는 말이 있다. 그만큼 베푸는 즐거움이 크다는 증거다.

돈이든 땅이든 물건이든 재물은 많을수록 더욱 만족을 모르게 된다. 오죽하면 아흔아홉 마리 양을 가진 사람이 한 마리 가진 사람의 양을 빼앗아 가려 하겠는가. 결국 탐욕에 빠지지 말고 덕을 품어 보라는 공자의 충고다.

군자는 형벌을 생각하고 소인은 은혜를 생각한다는 건 무슨 뜻일까? 누군가 죄를 범했을 때 은혜를 베푸는 일은 권장할 만한 일이 아닌가? 냉정하게 법대로 처리하기보다는 전후 사정을 잘 살펴서 억울함이 없도록 하는 일은 꼭 필요한 일이다. 따라서 공자의 이 말은 타인이 죄를 범했을 때가 아니라, 내가 죄를 범했을 경우의 태도를 나타낸다.

큰 죄든 작은 죄든 잘못을 저질러 벌을 받게 되면 우리는 변명하고 선처를 바라게 된다. 작은 예로 교통규칙 위반이 있다. 신호를 어기고 진행하다가 교통경찰에게 적발이 되었다고 생각해 보자. 사람마다 반응이 다양할 것이다.

"너, 내가 누군지 알아?"라며 자기의 위력을 뽐내는 사람도 있을 것이고, "한 번만 봐주세요"라며 불쌍한 표정으로 사정을 하는 사람도 있을 것이고, "왜 나만 잡느냐. 다른 사람은 그냥 보내고"라며 자신의 불운을 탓하며 경찰의 불공평함을 따지고 드는 사람도 있으리라. 그러나 이런 반응을 보이는 사람들은 공자의 생각에 따르면 소인이다. 은혜에 기대어 혜택을 바라고 있기 때문이다. 자신의 잘못을 인정하지 않거나, 자신의 잘못에 대한 선처를 바라는 마음을 갖고 있다. 자신의 잘못을 뉘우치기보다는 어떻게든 다른 방법으로 불리한 상황을 벗어나려 한다. 이건 분명히 올바르지 않다.

공자가 말하는 "형벌을 생각한다"라는 것은 법대로 하라는 냉정함이 아니라, 자신의 잘못을 분명하게 인식하고 인정하라는 선언이다. 그것이 군자답다는 말이다. 나는 그런 사람을 본 적이 있다. 역시 교통규칙의 위반사례였다. 나는 조수석이 앉았고 그는 운전을 하고 있었다. 유턴 금지구역에서 그가 유턴을 했다. 그곳은 유턴을 관습적으로 하는 차량이 많은 곳이었다. 그래서 그곳에 유턴 표시를 해야 한다고 주장하는 운전자들도 많았다. 이쨌든 그는 멀리서 다가오는 교통경찰의 손짓에 따라 정차를 했다. 운전자와 교통경찰이 옥신각신하는 사례가 많은 곳이기도 했다. 교통경찰이 면허증 제시를 요구하자 그는 면허증을 주면서 말했다.

"죄송합니다."

그리고 더는 말이 없었다. 딱지를 끊고 그는 다시 운전을 시작했다. 내가 옆에서 웃으며 말했다.

"왜 좀 따져 보지. 문제가 많은 곳이잖아."

"나도 알지. 그래서 시청과 경찰서에 민원을 넣어 놓았네. 조사해서 처리하겠다는 답변까지 받았다네. 하지만 아직은 고쳐지지 않았으니 어찌겠나. 교통경찰과 다툴 일은 아니기도 하고."

그의 말은 내 가슴에 잔잔한 감동을 줬다. 아마도 그는 공자의 말에 따른다면 군자일 가능성이 높았다.

공자가 말했다.

"이익에만 매달려 행동을 하면, 원망을 많이 받는다."

子曰, "放於利而行, 多怨."

　　행동의 기준을 이익에 두는 것은 소인이라고 공자는 말한다. 그런데 이익이 있는 곳에 사람들이 많이 모이기 마련이다. 어떤 일을 해야 할 때, 이것이 나에게 어떤 이로움을 주는지 따져 보지 않는 경우는 드물다. 나에게 아무런 이로움도 주지 않는데 시간과 노력을 들일 사람이 과연 얼마나 될 것인가.

　　일본 제국주의가 조선을 강제로 합병했을 때 전 재산을 기울여 독립운동을 한 사람들이 있다. 그러나 자신의 부귀공명을 위해 일제에 충성한 인물도 많다. 이 친일파들은 아직도 대한민국에서 득세를 하며 산다. 엄청난 욕을 먹고 원망을 받지만 아주 굳건하게 부귀를 누리며 살고 있다.

　　각자 사람들은 어떤 것이 나에게 이로울까를 판단의 기준으로 삼는다. 각자의 이익이 충돌하면 분쟁이 일어난다. 자신의 이익을 고집하면 할수록 원망은 커져만 갈 것이다. 내가 상대방의 이익을 해치지는 않았는지 늘 돌아보며 살 일이다. 그것이 결과적으로 서로를 위한 일이 되지 않겠는가.

공자가 말했다.

"예의와 겸양으로 나라를 다스릴 수 있다면 무슨 어려움이 있겠느냐. 예의와 겸양으로 나라를 다스릴 수 없다면, 예는 있은들 무엇하랴."

子曰, "能以禮讓爲國乎? 何有? 不能以禮讓爲國, 如禮何?"

이 구절을 보니, 요즘 대한민국의 현실이 그대로 겹쳐진다. 예의와 겸양이 드문 세상. 때와 장소, 상대방에 따라 적절하게 대처하는 것이 예다. 그러나 어떤 사람은 오로지 자신을 위주로 모든 것이 돌아가야만 직성이 풀리는 고집을 보인다. 이 고집이 바로 무례함인데, 무례한 사람이 참 많은 세상인 것 같다.

겸양은 겸손하게 양보하는 몸가짐이다. 드물지만 겸양의 미덕을 가진 사람을 우리는 가끔 본다. 겸양하는 이는 주변 사람들을 평화롭게 하고 서로 잘 소통할 수 있도록 도와준다. 그런데 현실은 안타깝기 그지없다. 무례하고 겸양할 줄 모르는 사람들이 권력과 재물을 마음대로 농단하고 있다. 어찌 슬픔의 시대가 아니랴.

14

공자가 말했다.

"지위 없는 것을 근심하지 말고, 그 지위에 설 만한지를 근심해라. 날 알아주지 않음을 근심하지 말고, 알아줄 만하게 되기를 애써라."

子曰, "不患無位, 患所以立. 不患莫己知, 求爲可知也."

　　그릇에 물이 가득 차면 저절로 흘러넘치기 마련이다. 물은 흐르다가 웅덩이를 만나면 가득 채워야만 넘어간다. 어떤 지위에 오를 만한 자격을 갖추지도 못했는데 욕심을 낸들 무엇하겠는가. 자리도 더럽히고 마침내 자기 자신도 더럽힐 뿐이다.

　　공자의 말은 인간의 본능에 반한다. 자격을 갖추려 애쓰기보다는 자리에 연연하고, 알아줄 만한 사람이 되려고 애쓰기보다는 왜 나를 알아주지 않느냐고 화를 내는 게 보통 인생이다. 하지만 본능에 따라 사는 생은 더 아름다운 세계가 있는데도 들어가 보지 못하는 것과 같다.

　　음식과 성욕, 세속의 지위와 재물의 세계에서 사는 삶이 있다. 대부분 사람들의 생이 그럴 것이다. 그런데 이러한 욕망을 뛰어넘으면 어떤 세상이 펼쳐질까? 심장을 두근거리게 하고 영혼에 감동을 주는 그런 삶은 없는 것일까. 인도의 간디는 세속의 변호사라는 지위와 마음껏 누릴 수 있는 재물을 버렸다. 그리고 평생 스스로 물레를 돌려 만든 천을 몸에 감고 살았다. 감옥을 집 가듯 드나들고, 죽음의 문턱까지 가는 단식도 여러 번 해냈다. 음식과 성욕, 세속의 지위와 재물을 버린 삶이었다. 하지만 인도 사람들은 '위대한 영혼'이라 불렀다. 간디가 도달해서 바라본 삶의 경지가 어떠했을지는 알 수가 없다. 다만 추측은 해볼 수 있겠다. 천 개의 연꽃이 한꺼번에 피어나고 정신을 맑게 하는 온갖 향기가 풍겨 오는 세상이지 않을까.

태어난 생은 필멸한다. 세속의 탐욕에 찌들어 고통만으로 삶을 살다가 가는 건 얼마나 허망한가. 원효는 해골에 담긴 물을 달게 마셨다. 세상은 마음먹기에 달렸다는 원효의 깨달음은 몸으로 체득한 것이 아니라 그대로 따르긴 어렵다. 다 잘될 거라느니, 나쁜 일이 지나면 좋은 일이 올 거라느니, 부질없는 낙관주의는 금물이다. 중국 소설가 루쉰의 〈아큐정전〉 주인공 '아큐' 같은 병적인 자기합리화는 더더욱 위험하다.

하지만 여기의 공자 말처럼 하는 건 중요하다. 나에게 지위가 없는 것은, 내가 아직 그만한 자격을 갖추지 못한 때문이라는 마음다짐은 긍정적이다. 남이 나를 알아주지 않을 때 내가 더 알아줄 만한 사람이 되도록 애써야 한다는 각오를 다지는 것 또한 마찬가지다. 이것은 비관도 낙관도 아니다. 삶에 대한 긍정이다. 다시 힘을 내서 살아갈 수 있는 힘은 이 긍정에서 나오게 된다.

15

공자가 말했다.

"삼아. 나의 도는 하나로 꿰뚫었느니라."

증자가 말했다.

"예, 알겠습니다."

공자가 나가자 문인들이 증자에게 물었다.

"스승님 말씀이 무슨 뜻입니까?"

증자가 대답했다.

"스승님의 도는 충과 서일 따름이지요."

子曰, "參乎! 吾道一以貫之." 曾子曰, "唯." 子出, 門人問曰, "何謂也?"
曾子曰, "夫子之道, 忠恕而已矣."

이 대화는 논란이 좀 있다. 증삼(曾參)은 증자의 이름이다. 증자는 공자가 죽은 뒤 학통을 이은 인물로 알려져 있다. 중국 송나라 시대의 주희가 작성한 도통론에 따르면, '요·순·우·탕·문·무·주공·공자·증자·맹자·정자'가 된다. 요임금, 순임금, 우임금, 탕임금, 문왕, 무왕, 주공까지는 전설적인 성군들이고, 공자부터는 철학자이다. 이 도통은 유학자들이 금과옥조처럼 여기는 흐름이다. 증자는 공자에게 직접 배운 제자로서 그 도통을 이었으니, 후대 유학자들이 얼마나 높이 받들었을지는 불을 보듯 뻔하다.

증자는 공자보다 46살이 어렸다. 공자가 73세에 졸했으니, 당시 증자의 나이는 27세이다. 공자의 제자들 가운데 굉장히 어린 축에 든다. 더구나 증자는 공자가 "둔하다"고 평가를 할 만큼 제자들 가운데 뛰어난 인물도 아니었다. 그런데 위의 대화를 보라. 공자가 불문곡직, "내

도는 하나로 꿰뚫었다"라고 증삼에게 콕 찍어서 말한다. 그리고 증삼은 그 말을 알아들었다. 같은 자리에 있던 다른 공자의 문인들은 무슨 소리인지도 모르는데 말이다.

이 장면은 어디선가 많이 본 듯하지 않은가. 스승이 수제자에게 의발을 물려줄 때의 장면. 석가모니와 가섭존자의 염화미소도 생각이 난다. 석가모니가 연꽃을 들어 보였을 때 아무도 무슨 뜻인지 몰랐으나, 가섭존자만이 알아듣고 미소를 지었다는 일화.

그래서 이 장은 증삼의 제자들이 만들어 끼워 넣은 장으로 오해를 받는다. 〈논어〉가 기원전 3세기경에 완성이 되는데, 이때는 이미 공자 다음에 증자로 도통이 확고하게 이어져 있었을 것이다. 증자에게 공자가 도통을 넘겨주는 장면으로 더할 나위 없이 좋은 문답이 아닌가.

그런 혐의를 두면서 이젠 내용을 한번 살펴보자. 하나로 꿰뚫었다는 뜻인 '일이관지'는 관용구로 널리 알려져 있다. 이것은 통찰력이다. 공자는 널리 배워서 필요한 것만 요약할 수 있어야 한다고 했다. 이것이 박문약례다. 그런데 여기서는 더욱더 좁힌다. 하나로 꿰어야 한다는 것. 노자는 '도는 날마다 비워 가는 것'이라고 말했다. 그렇다면 여기서 말하는 공자의 '나의 도(吾道)'도 노자의 말과 통한다. 하나로 꿰뚫는다는 건, 많이 배운 것들을 다 버리고 세계를 바라보는 하나의 통찰을 얻었다는 뜻이니까. 사실 보고 들은 것들이 안에 가득 차 있으면 새로운 배움도 쉽지 않다. 앞선 배움이 선입견과 고정관념으로 작용하여 새로운 배움을 방해하기 때문이다. 배웠으면 잘 버릴 줄 알아야 한다. 공자는 그런 말을 하고 있는 것이다.

그렇다면 하나로 꿰뚫은 그것은 무엇인가? 문인들이 몰랐던 것은 그것이었다. 증자는 그것을 '충서'라고 알려 준다. 충은 글자를 보면

'중심(中心)'이다. 심장의 한가운데를 가로지른다는 뜻이다. 그래서 앞선 학자들은 충을 '내 온 정성을 다함'이라고 풀이했다. 사람을 만나거나 무슨 일을 할 때 내가 할 수 있는 정성을 다한다는 것이다. 서는 글자를 보면 '여심(如心)'이다. '내 마음 같이'라고 풀이할 수 있다. 타자를 나와 같이 본다는 것으로, 나와 타자를 구분하지 않는 마음이라는 것이다. 사람은 누구나 남보다 자기를 위하게 되어 있다. 모든 싸움의 시작은 내 입장을 고집하기 때문에 일어난다. 그러므로 '서'가 몸에 밴 사람은 남과 다툴 일이 없다. 그래서 그런지 공자는 다른 자리에서 "군자는 다투지 않는다"고 말한 적이 있다. 군자는 '서'의 생활이 몸에 밴 사람이다.

증자는 자기 스승 공자의 일이관지가 '충서'라고 말했다. 삶을 꿰뚫는 한 가지 기준이 충서라는 뜻이다. 타자를 나와 같이 보고, 타자에게 내 온 정성을 다하는 마음이 있다면 과연 그런 삶은 어떤 모습일까. 이이불이(異而不二)라는 말이 있다. 다르되 둘이 아니라는 말이다. 사람은 누구나 개성화가 이뤄져야 자기실현의 성취감이 있다. 그러니 누구나 똑같을 수는 없다. 단독자로서 삶을 살아야만 세상에 온 보람이 있을 것 아닌가. 그러나 개개의 단독자가 서로 어울려 아름다운 조화가 이루어져야 또 좋은 세상이라 할 수 있다. 내가 단독자로서 소중한 만큼 타자도 단독자로 존중되어야 한다. 이것이 곧 '이이불이'의 의미이다. 공자의 충서는 '이이불이'가 이루어지는 세상의 중요한 바탕이 된다고 본다. 그렇다면 공자의 일이관지를 증자는 나름대로 잘 해석한 것 같다.

공부든, 일이든, 사랑이든, 정치든, 인간의 모든 삶이 충서를 바탕으로 이뤄진다면 이 얼마나 아름다울 것인가.

공자가 말했다.

"군자는 의로움에서 깨닫고, 소인은 이로움에서 깨닫는다."

子曰, "君子喩於義, 小人喩於利."

공자는 군자와 소인의 비유를 들어서 이야기하기를 좋아했다. 다양한 변주가 이뤄지고 있는데, 여기서는 의리(義利)로 대비를 시켰다. 사람을 움직이게 하는 것은 정의일까, 이익일까. 당연히 대답은 '이익'이다. 정의는 누구나 바라는 일이긴 하나, 앞장서서 행동하기엔 어렵다. 하지만 나에게 이익이 되는 일에는 앞장서기가 쉽다. 결국 군자는 인간의 본능을 거슬러 가는 수련이 필요하다는 것이다.

사람이 소인의 성향이 강한 것은 인간의 본능이니 나무랄 일은 아니다. 다만 지향이 문제가 된다. 정의를 지향하느냐, 이익을 지향하느냐이다. 어떤 일을 놓고 해결책을 찾아야 할 때, 정의로운 방법을 먼저 찾아보기를 공자는 권하고 있는 셈이다. 우리는 일상사에서 가끔 군자의 지향을 보여 주는 사람을 만날 때가 있다.

17

공자가 말했다.

"어진 사람을 보면 같아지기를 생각하고, 어질지 못함을 보면 스스로 내 안을 살펴봐야 한다."

子曰, "見賢思齊焉, 見不賢而內自省也."

공자의 이 말은, 말로 하기는 쉬우나 실천하기는 몹시 어렵다. 투현질능(妬賢嫉能)이 인간의 타고난 심성이기 때문이다. 투현질능이란, 어짊을 시샘하고 능력 있는 걸 미워함이다. 사촌이 땅을 사면 배가 아프다는 말도 비슷한 뜻이다. 남이 잘되는 것을 질투하는 마음 없이 있는 그대로 인정하고 칭찬하기는 어렵다. 아마도 내 자식이나 내 부모가 잘되면 사심 없이 좋아할까?

그토록 어렵기 때문에 예전에 마음 수련을 하던 사람들은 이 구절을 써서 벽에 걸어 놓기도 했다. 남이 어진 행동 하는 걸 보면 나도 그와 같아지기를 생각한다는 건, 질투가 아니라 인정이다. 인정함과 동시에 배우려는 태도이다. 이건 참으로 귀한 마음이다. 그래서 어떤 이는 '같아지기를 생각함'이라는 '사제(思齊)'를 자신의 호로 삼기도 하고, 어떤 이는 자기 집의 당호로 삼기도 했다.

또 우리는 남의 못난 것을 보면 비웃거나 흉보기 쉽다. 진짜로 잘난 사람은 남을 비웃지 않는다. 며칠 전 아는 사람들과 차를 마신 적이 있다. 그때 자존감 이야기가 나왔다. 자기 자신을 존중하지 못하거나 자기 자신에 대해 자신감이 부족한 사람은 공격적인 성향을 보인다는 것이다. 아울러 지독하게 방어적인 성향을 띠기도 한다는 것. 하지만 자기를 긍정하고 존중하는 사람은 공격과 방어보다는 조화를 도모한다는 것이다.

상당히 일리 있는 이야기였다. 여기 공자의 말도 그렇다. 남의 잘못을 보면 그를 비웃거나 흉보기보다는 자기를 돌아보라는 것 아닌가. 스스로 자기 내면을 살펴보라는 '내자성(內自省)'은 반성과는 또 다르다. 반성은 '돌이켜 살펴본다'는 뜻인데, 요즘 뜻이 좀 왜곡되었다. 자기가 저지른 잘못에 대한 뉘우침의 의미가 되었다. 그런데 내자성은 잘못에 대한 뉘우침이 아니라, 자기 자신을 살펴본다는 뜻이다. 잘못이 있을 수도 있고 없을 수도 있다. 만약 잘못이 있다면 고칠 수 있는 힘은 내자성에서 나온다. 남이 요구하는 반성에서는 나오기 어렵다.

공자가 말했다.

"부모를 모실 때는 기미를 잘 봐서 말해야 한다. 내 뜻을 따라 주지 않아도 더욱 공경하여 어긋남이 없어야 한다. 아무리 수고로워도 원망해선 안 된다."

子曰, "事父母幾諫, 見志不從, 又敬不違, 勞而不怨."

부모와 충돌하는 자식이 점점 늘어가고 있다. 부모가 권위로 찍어 누르려고만 하는 문제도 있지만, 자식들도 부모에 대한 공경이 별로 없다. 어릴 때는 힘이 없어 자식이 일방적으로 당하게 된다. 오죽하면 이런 말도 있을까? "나는 엄마가 물을 엎질러도 혼내지 않는데." 이건 어느 유치원생이 했다는 말이다.

엄마들은 아이에게 온갖 금지를 시키고 행동에 대한 꾸중을 많이 하기 마련이다. 밥알을 흘려도 혼내고, 물을 쏟아도 혼내고, 온통 혼낼 일투성이다. 아이들은 모든 꾸중을 일방적으로 받아야 한다. 당연히 부모가 잘못을 해도 자식은 감히 혼낼 수가 없다. 힘의 불균형이 강력하기 때문이다. 그러다가 나이가 들어가면서 반항이 시작된다. 육체의 힘도 생기고, 세상을 바라보는 나름대로 세계관도 형성이 된다. 그 결정적인 시기가 청소년기이다. 엄마들이 "청소년과 한 집에 살기 너무 힘들다"고 하소연을 하는 이유다.

　이때 청소년들은 부모의 허위의식을 간파하게 된다. 부모의 잘잘못이 백일하에 드러나는 것이다. 지적 성장을 이룬 자식의 눈에 부모는 두려운 존재가 아니라, 애증의 존재로 바뀌게 된다. 나를 위해서 그 누구보다 애정을 기울이는 사람이 부모다. 애정의 방향이 잘못되어 자식을 짓누르는 폭압으로 작용할 수도 있지만, 부모의 애정의 바탕은 다 선하다. 자식이 잘못되기를 바라는 부모는 없기 때문이다. 그러나 자식과 부모의 지향이 일치되면 다행이지만 다른 경우도 많다. 이럴 때 충돌이 일어나는데, 종종 심각한 국면에 다다를 수도 있다.

　그런 점에서 위의 공자 말은 자식과 부모, 양쪽 모두의 입장에서 바라보면 좋겠다. 먼저 자식의 입장에서 보자. 기미를 봐서 말한다는 것. 간(諫)은 '말로 분간하다, 말로 옳고 그름을 가린다'는 뜻이다. 그러니까 단순히 의견을 제시하는 것이 아니라 상대방의 언행에 대해 시비를 가려서 말한다는 뜻이다. 부모가 한 언행에 문제를 발견한 자식이 그것의 시비를 논하는 말이 곧 간이다. 그러니 함부로 말할 수는 없다. 우리는 친구 사이에도 친구의 상황을 봐 가면서 중요한 일을 말하게 된다. 하물며 부모임에랴. 다른 누구도 아닌 자식에게 간을 당하는 것을 좋아할 부모는 없다. 부모의 감정상태, 말을 들을 수 있는 여유 등 여러 가지를 잘 살펴보고 간해야 함은 마땅하다.

　자신의 잘못을 지적할 때 흔쾌히 따르기란 쉽지 않다. 자신의 언행에 대해 변명하기가 더 쉽다. 부모가 자식의 지적을 쉽게 따를 리는 더더욱 없다. 이럴수록 더욱 공경하라는 것이다. 공경하면서 또 기미를 봐서 간해야 하니 수고로울 수밖에 없다. 내가 좀 수고롭다고 부모를 원망하지 말라는 것. 자, 이쯤 되면 효자라는 칭송을 받을 만한데,

공자는 효자라 부르지 않았다. 자식으로서 지녀야 할 기본적인 덕목으로 본 것 같다.

그럼 부모로 입장을 바꿔 보자. 부모는 자식에 대한 기대가 크기 때문에 모든 것이 부족해 보인다. 그러니 말이 많다. 대부분 꾸짖거나 간섭하거나 요구하는 말들이다. 자식 입장에선 얼마나 듣기 싫을까? 반항을 하면서 잘 안 듣기 마련이다. 이럴 때 화를 내야 할까? 그러지 말고 더욱 공경해라. 자식의 처지를 살펴보면서 조심스럽게 말하고 뜻을 따르지 않더라도 더 조심스럽게 대해라. 한 번 해서 안 듣고, 두 번 해서 안 듣고, 자꾸 말하는 수고로움을 갖게 하더라도 자식을 원망하지 마라. 자식과 좋은 관계를 유지하려면 꼭 필요한 태도로 보인다. 요즘 자기주장만 고집하다가 자식에게 버려지는 부모가 얼마나 많은가. 효와 사랑은 한 길로 올라가고 내려가는 게 아니다. 쌍방향으로 이뤄져야 한다.

공자가 말했다.

　"부모가 살아 계시면 멀리 떠나지 말고, 떠나더라도 방도를 만들어 놓고 가야
　한다."

子曰, "父母在, 不遠遊, 遊必有方."

　이때 부모는 늙은 부모님이다. 아주 연로해서 곧 돌아가실 것 같은
부모님. 부모의 임종을 지키는 것은 효자의 의무였다. 먼 곳에 있으면
마음이 있어도 임종을 할 수가 없다. 부득이 먼 곳에 가야 한다면 방
도를 만들어 놓고 가라는 것이다. 이때 방도란 무엇일까? 물리적으로
임종을 할 수 없으니, 임종을 대신할 만한 것이 무엇이 있을까. 요즘
세상에는 화상채팅이 있으니 영상으로 임종을 할 수도 있겠다. 그러
자면 당연히 누군가가 곁에 있어야 한다. 의료진이든 친척이든 누군
가가 있어야 한다. 다른 형제가 없는 독자라면 이런 방도가 더욱 절실
하겠다.

공자가 말했다.

"삼 년 동안은 아버지의 도를 고침이 없어야, 효를 실천했다고 할 수 있다."

子曰, "三年無改於父之道, 可謂孝矣."

이 이야기는 '학이'편 11장에 이미 나왔다. 언젠가 마이산 여행을 갔다가 아내가 들려준 이야기가 생각난다. 일본의 한 노부부가 평생 공들여 가꾼 집과 정원을 젊은 아들이 물려받자마자 포클레인으로 밀어 버렸다는 이야기였다. 파헤쳐지는 정원을 보며 노부부는 속이 상했지만 이미 권리를 넘긴 뒤라 어쩔 수 없었다는 이야기였다.

"심하군. 부모님이 돌아가신 뒤에 해도 되지 않았을까?"

"정원을 바라보는 관점도 세대에 따라 다르지. 아들 눈엔 별 가치 없어 보이는 정원일 수도 있고. 게다가 젊은 아들은 그 땅을 이용해서 다른 일을 하고 싶었겠지."

아내는 관대하게 아들의 편을 들었다. 이때 나는 〈논어〉의 이 구절이 생각났었다. 젊은이들은 앞선 세대에 대해 꼰대니 뭐니 하면서 폄하하기 십상이다. 고리타분하고 신세대의 취향을 이해 못하고, 하루빨리 제거되어야 할 묵은 것이라고 생각하기 쉽다. 아버지의 길이 뜻하는 것은 다양하다. 의식주를 비롯한 생활양식과 예술 등 수많은 길이 있을 것이다. 부모가 남긴 그 길에 대해, 삼 년이란 길다면 길고 짧다면 짧지만 잠깐 여유를 갖고 되새겨 보는 시간으로는 좋다고 본다. 너무 재빠른 일처리는 가끔 후회를 낳는다. 제자들이 공자의 이 말을 거듭 채록해 놓은 것은 아마도 꽤 큰 울림을 주었던 것 같다.

공자가 말했다.

"부모의 나이는 모르면 안 된다. 한편으론 기쁘고 한편으론 두렵다."

子曰, "父母之年, 不可不知也. 一則以喜, 一則以懼."

일흔, 여든이 넘어가면 부모님의 나이를 잊기가 쉽다. 잊는다기보다는 정확하게 모른다. 누군가 부모님 나이를 물어보면, 잠깐 헤아려 보는 사람이 많다. 당장 나만 해도 내 나이에 덧셈을 한다. 어머니는 28, 아버지는 37을 더하고 나서 고개를 끄덕인다. 이런 나를 보고 누군가가 "흥, 역시 자기중심적이군" 하고 흉을 보기도 했다. "계산의 편리성을 도모하고자 한 것이지, 어째 자기중심적인가?" 하고 나는 항변을 해봤지만 그 사람은 받아들이지 않았다.

부모님이 늙어 간다는 건 우울한 일이다. 세상에서 가장 든든한 의지처가 무너져 가는 것이니까. 이 우울함을 공자는 두려움이라고 표현했다. 죽음을 피할 수는 없는 일이니까. 우리가 많이 듣는 이야기가 있다. 돌아가신 뒤에 후회하지 말고 살아 계실 때 잘해 드리라는 말. 자식은 청소년기에 부모와 가장 많이 싸운다. 그러다가 어른이 되고 스스로 부모가 되면서, 부모님의 마음을 이해하게 된다. 일종의 동병상련의 감정을 느끼게 되는 것이다.

최근에 나는 어머니를 두 달간 모셨다. 19년 전, 아버님이 돌아가실 때도 어머니는 골다공증이 심하셨다. 당시에 예순셋밖에 안 된 나이인데도 다리와 허리 통증을 늘 호소하셨다. 오죽하면 아버님 염을 모실 때 "내 아픈 것 다 가지고 가소"라고 말하셨을까. 어머니는 일흔도 되기 전에 무릎에 인공뼈를 넣고 절뚝거리며 다니게 되었다. 그런데도 집 주변의 텃밭을 유리알처럼 깔끔하게 가꾸었다. 하지만 나이에는 장사가 없는 모양이다. 더 이상 농사를 지을 수도 없고 혼자 사시기에도 힘에 부쳐 형님 댁으로 옮긴 지 삼 년이 되었다. 가끔 우리 집에도 와서 묵어가시는데, 이번엔 두 달을 묵게 되었다.

마침 내가 직장을 그만두고 집에서 뒹굴뒹굴하고 있어서 어머니 삼시세끼를 담당하게 되었다. 아내가 출근하고 나면 아침식사를 준비해서 드린다. 잇몸이 좋지 않아 틀니를 했으니 단단한 건 씹을 수가 없다. 김치도 끝부분의 보드라운 부분만 드실 수가 있다. 그래서 나는 날마다 된장을 끓였다. 내가 가장 잘할 수 있고 다들 맛있다고 인정해 주는 요리가 된장찌개다. 어머니는 물리지도 않고 잘 드셨다.

산책을 좀 나가자고 해도 마다하고 식사 뒤엔 대부분 침대에 누워 지내신다. 가끔 거실에 나와 텔레비전을 보시는 일이 전부다. 늘 누워만 계시면 몸에도 좋지 않을 텐데…… 어머니는 어쩔 수 없이 한 시간에 한 번은 일어나신다. 화장실에 오줌을 누러 가야 하기 때문이다. 잦은 요의에 어머니는 질색을 하지만, 나는 오히려 어머니를 운동시켜 주는 좋은 일이라고 했다.

어머니는 다시 아기로 돌아가신 듯하다. 아기들은 하루의 대부분을 잠자는 일로 보내지 않는가. 먹고 자고, 먹고 자고. 언젠가 어머니가 이런 말을 하신 적이 있다. "백일 전에 아기들은 세상일을 모르는 게 없다. 그래서 말을 못하게 만들어 놓은 거지." 아마도 그럴듯한 말이라 여겨 내가 기억에 잘 갈무리해 둔 모양이다. 이번에 하루 내내 어머니와 같이 두 달을 지내면서 나는 이 말이 맞는 말이 아닌가, 생각해 봤다. 어머니는 여든두 해 생애를 살아오시면서 온갖 풍상을 겪었다. 할 말씀이 오죽 많으랴. 하지만 이젠 가는귀를 먹어 잘 듣질 못하신다. 주변에서 크게 소릴 지르면 겨우 알아듣는다. 그래서 그런지 말수도 점점 줄어들었다. 이렇게 아흔이 되시면 아마도 아기처럼 방긋방긋 웃기만 하고 말을 안 하실 지도 모르겠다.

처음 모실 때엔 많이 귀찮았다. 저녁엔 사람들과 술을 마시다가도 집에 와서 어머니 밥을 차려 드리고 나갈 때도 있었다. 함께 먹는 찌개를 찌꺼기 묻은 숟가락으로 휘휘 저어 식구들 얼굴을 찌푸리게 한다든가, 컵에 따라 드린 물을 숟가락으로 퍼 드신다거나, 씹던 음식물을 식탁에 뱉기, 밥 먹으면서 수시로 껵껵 트림하기 등 손녀들이 "같이 밥 먹으면 체하겠다"고 말을 하게 만드는 액션을 보여 주신다. 또한 화장실에서는 오줌이나 똥이 잘 안 나오면 "에이, 시발" 하고 욕도 하신다.

이런 행위들은 어머니 옆에 가기를 꺼려지게 만들기도 한다. 하지만 아내는 나에게 이렇게 말했다. "당신은 늙으면 어머니보다 더할 거야." 아내의 말은 나를 각성시켰다. '그래, 맞아. 이건 바로 이삼십 년 뒤의 내 모습이야.' 각성을 하고 나자 어머니의 그런 행위들을 참는 힘이 조금씩 생겼다. 하지만 어머니가 숟가락으로 퍼 드신 컵의 물을 아직 맨 정신으로 먹을 순 없다. 물속엔 숟가락에서 떨어진 음식 찌꺼기가 가라앉아 있고, 수면엔 기름기가 돌고 있으니 말이다. 그런데 나는 어느 날 밤에 어머니의 그 물을 마셨다. 미처 버리지 않고 식탁에 있던 그 컵의 물을, 술이 잔뜩 취해서 들어온 나는 무심코 마셔 버린 것이다. 마치 원효가 해골에 담긴 물인지도 모르고 아주 달게 마신 것처럼.

어머니가 형님 댁으로 가신 지 일주일이 지났다. 이 글을 쓰고 있는 지금, 나는 어머니가 그립다. 그리고 한편으론 기쁘고 한편으론 두렵다. 여든을 넘기셨어도 크게 아프지 않은 것이 기쁘고, 이제 언제든지 돌아가실 수 있다는 것이 두렵다. 공자는 자식의 이런 마음을 어떻게 알았을까. 그는 세 살에 아버지를 잃고 어머니도 젊은 나이에 돌아가셨는데. 아버지가 워낙 나이가 많은(공자 아버지 숙량흘은 나이 일흔 살에 공자를 낳았다. 그리고 일흔 셋에 죽었다.) 탓에 얼굴도 보지 못하고 아버지가 돌아가신 서러움이 마음에 가득해서 그랬을까?

공자가 말했다.

"옛사람들이 말을 함부로 내뱉지 않은 것은, 이미 한 말을 몸이 따라가지 못할까 부끄러워했기 때문이다."

子曰, "古者言之不出, 恥躬之不逮也."

이 구절은 끊임없이 변주된다. 아마 공자의 제자들 가운데 누군가는 "아유, 또 저 소리!" 하고 듣기 싫어했을지도 모른다. 아무리 좋은 이야기도 자꾸 들으면 싫은 법이다. 하지만 공자는 실천하지 않을 말은 아예 하지 말라고 귀에 못이 박이도록 들려준다. 약간씩 어투를 바꾸어서.

말이란 참 얼마나 중요한 것인가. 말을 입 밖으로 내지 않고 가슴에 품고만 있었어도 괜찮았을 텐데, 입 밖으로 내는 순간 감당해야 할 고통이 엄청난 말들도 많다. 특히 사랑하고 믿고 아껴 줘야 할 사이엔 더욱 그렇다. 부부, 부모와 자녀, 형제인 가족은 서로에게 천국이 될 수도 있고 지옥이 될 수도 있다. 하기 힘든 말은 꾹꾹 참다가 내뱉는 것이어서 진실이 묻어 있다.

사실 그렇다. 좋은 말도 실천하기 어렵지만, 나쁜 말도 실천하긴 어렵다. 예를 들어 부모와 자녀가 다투다가 "그래. 부모 자식의 인연을 끊자!"라고 화가 나서 소리를 쳤다고 해보자. 이것이 실천 가능한 말일까? 애초에 실천 불가능한 말을 쏟아 놓고 서로 지울 수 없는 상처만 남기는 경우가 허다하다. 화난다고 아무 말이나 하면 안 된다. 순간의 쾌감이 영원한 고통으로 남을 수 있다.

공자가 말했다.

"잘 묶어 두면 잃어버릴 일이 드물다."

子曰, "以約失之者, 鮮矣."

〈논어〉에서 약(約)은 여러 의미로 쓰인다. 사치하지 않고 검소한 것. 가진 것이 많지 않아 곤궁한 것. 자신을 잘 단속하여 오만하지 않은 것. 널리 퍼져 산만한 것을 잘 다발지어 묶은 것. 널리 배운 것을 하나의 통찰로 잘 요약한 것.

여기서는 이 모든 쓰임이 다 가능하다. 한마디로 종합편으로 기능한다. 사람이 검소하면 실수가 적을 것이다. 꼭 필요한 곳에 골라서 돈을 쓴다면 후회가 줄어들기 때문이다. 이것저것 꼼꼼히 따져 보지 않고 선뜻 결정을 했다가 뒤늦게 땅을 치는 경우가 얼마나 많은지.

곤궁하면 잃을 것이 없다는 말도 맞다. 잃어버릴 것이 있어야 잃지 않겠는가. 예로 자신을 잘 절제하는 사람 역시 실수가 적다. 널리 배운 것을 요약하여 버릴 것은 버리고 취할 것은 취해서 자기의 세계관을 만들어 간다면 제대로 배웠다고 하겠다.

미국의 작가 포리스트 카터는 어린 시절 할아버지에게서 배운 것을 이렇게 기록했다.

> "슬퍼하지 마라, 작은 나무야. 이게 자연의 이치라는 거다. 탈콘 매는 느린 놈을 잡아갔어. 그러면 느린 놈들이 자기를 닮은 느린 새끼들을 낳지 못하거든. 또 느린 놈 알이든 빠른 놈 알이든 가리지 않고 메추라기 알이라면 모조리 먹어 치우는 땅쥐들을 주로 잡아먹는 것도 탈콘 매들이란다. 말하자면 탈콘 매는 자연의 이치대로 사는 거야. 메추라기를 도와주면서 말이다."
>
> ─포리스트 카터, 〈내 영혼이 따뜻했던 날들〉 25~26쪽

'작은 나무'는 할아버지와 할머니가 카터를 부르는 이름이다. 탈콘 매가 무리에서 뒤떨어진 메추라기를 잡아먹는 것을 보고 카터가 슬퍼하자, 할아버지가 들려준 이야기다. 깊은 산속에 살면서 어린 카터는 자연의 이치를 하나하나 배워 간다. 그리고 그 배움은 카터의 영혼을 따뜻하게 만들어 주는 양분이 된다. 물론 어른이 되어서도 카터가 자연을 바라보는 세계관의 밑틀이 된다.

공자가 말했다.

"군자는 말은 더듬거리듯 하고 행동은 빠르게 하고자 한다."

子曰, "君子欲訥於言而敏於行."

역시 언행의 중요성에 대한 공자의 변주다. 바로 앞의 22장에 나왔던 구절과 마찬가지로 실천을 중요하게 여기는 바탕은 같다. 다만 이 구절에서 눌변에 대한 의견은 갈릴 수가 있다. 말을 잘 못하는 것이 눌변이요, 말을 잘하면 달변이다. 과연 눌변은 좋은 것일까? 여기서 공자는 말을 더듬거리는 이를 군자라고 했다. 과묵한 것은 좋지만, 더듬거리는 건 좋다고 하기 어렵다.

아울러 달변도 나쁜 것일 수 없다. 사실 공자 자신도 달변가가 아니겠는가. 그러니 일도양단 식으로 눌변이 좋다고 오해하면 안 된다. 이 구절에서 공자가 말하고자 하는 진심은 '실천에 민첩하라'는 것이지, 말을 우물거리라는 것이 아니다. 실천의 중요성을 강조하다 보니 눌변을 근거로 들고 나온 것으로 봐야 한다. 또 마땅히 달변은 속이 빈 교언과는 구별되어야 한다.

굳이 따진다면, 차라리 말을 더듬거리더라도 행동이 민첩한 것이 훨씬 낫다는 비교우위를 말한 것이다. 우리 주변에도 더러 그런 사람이 있다. 묵묵히 궂은일을 찾아서 하는 사람. 그런 사람은 말이 적지만 그 사람의 한마디는 굉장한 힘이 있다. 그 사람의 말이 꾸밈이 없을 때 힘은 더욱 크다. 보통 시끄럽게 떠들던 좌중은, 행동은 민첩하나 과묵한 사람의 말 한마디에 집중하는 모습을 보인다. 말보다 행동이 힘이 센 까닭이다.

공자가 말했다.
　　"덕은 외롭지 않다. 반드시 이웃이 있으니."

子曰, "德不孤, 必有鄰."

　　이 말은 듣는 사람에게 위로가 될까, 되지 않을까? 사오 년 전의 일이다. 〈논어〉 강독을 같이 하던 한 부인이 힘들어했다. 그 사람에게 직접 듣지는 못했지만 다른 사람을 통해 들은 이야기는 이랬다.
　　"남편이 구속될지도 모른답니다. 뇌물을 받았다는군요."
　　부인의 남편은 고위 공직에 있었다.
　　"혐의를 부인하고 있고, 몹시 억울해하고 있다는군요."
　　말을 전해 주던 사람이 덧붙였다. 나도 남편을 본 적이 있고 선량한 사람이라고 생각했다. 이런 추문이 터진 것이 안타까웠다. 아니 땐 굴뚝에 연기 나겠느냐고 하지만, 나는 억울하다는 그 사람의 말을 믿고 싶었다. 그래서 〈논어〉 강독에 온 부인에게 이렇게 말했다.
　　"덕은 외롭지 않고 반드시 이웃이 있다고 합니다. 너무 걱정하지 마십시오."

나는 부인 남편이 덕을 많이 쌓았으려니 생각하고 이렇게 위로한다고 말을 한 것이었다. 그런데 뜻밖에도 부인은 아무런 대답이 없었다. "아유, 감사합니다" 하고 반색을 할 정도는 아니더라도 평범한 고마움 표시 정도는 할 줄 알았는데 전혀 없었다. 오히려 얼굴을 살짝 찌푸리기까지 했다. 나는 순간 뭔가 잘못된 것을 느끼고 약간 불안한 감정이 들었다.

역시 내 예상은 맞았다. 부인의 남편은 구속되었다. 주변에서 도와주는 사람은 적고 비난하는 사람이 꽤 있다고 한다. 나는 내가 위로한다고 던진 말이 몹시 부끄러웠다. 부인에겐 위로가 아니라 비웃음으로 들렸을 수도 있었다. 도와주는 이웃이 있는 사람은 반드시 덕 있음이 전제되어야 함을 절실하게 깨달았다. 좋은 말이라고 다 위로가 되지는 않는 법이다.

자유가 말했다.

"임금을 섬기는 데 자주 다투면 치욕을 당하고, 벗과 사귀면서 자주 충고하면 멀어지게 된다."

子游曰, "事君數, 斯辱矣, 朋友數, 斯疏矣."

자유는 언언(言偃)인데, 공자보다 45살 어렸다. 매우 어린 제자로서 자하와 함께 문학으로 공문십철에 든 인물이다. 임금과 다툰다는 것은 시비를 가리기 위해 신하가 임금에게 간(諫)하는 것을 말한다. 온 정성을 다해 임금의 그른 것을 바로잡아 보려고 애쓰는 충신의 말을 '충간'이라고 부른다. 충간을 하다가 죽음을 당한 충신은 역사 속에 셀 수 없이 많다. 자유는 이렇게 목숨을 잃을 정도로 다투지 말고 물러나라고 말하고 있다. 자주라는 건 세 번을 넘는 것을 말한다. 친구도 마찬가지다. 세 번 정도 얘기를 했는데도 친구가 따르지 않는다면 들을 생각이 없다는 표시다. 그런데도 자꾸 얘기하는 건 의미가 없다.

들지 않는데도 자꾸 말하면, 말하는 사람은 가벼워지고 듣는 사람은 싫어하게 된다고 후스(胡適 : 1891~1962년)는 말했다. 이것을 언경청염(言輕廳厭)이라고 한다. 정말 좋은 말이었으나 오히려 듣는 사람을 괴롭게 만들어 버렸으니 말의 가치가 사라져 버린 것이다.

게다가 속셈이 충성스럽지 않다면 더욱 나쁘다. 임금에겐 벼슬자리나 총애를 바라고, 친구에겐 더 친해지기를 바라는 노림이 있다면 교활한 것이다. 온 정성을 다해서 충고를 하다가도 세 번이면 멈춰야 하는데, 나쁜 속셈을 가지고 있다면 화를 입어도 할 말이 없다.

언젠가 초등학교 5학년 아이들과 친구 이야기를 한 적이 있다. 그때이 이야기를 했더니 한 아이가 말했다.

"저는 반대에요. 정말 좋아하는 친구라면 세 번이 아니라 열 번을말해서라도 고쳐 놔야지요."

"그런 적이 있나요?"

"예. 있어요. 그 친구도 좋아했어요."

이 아이의 말을 같은 반에 있던 그 친구가 증명을 해줬다. 자유의말은 이 아이의 논리에 여지없이 깨졌다. 물론 이 아이와 같은 경우도있을 것이다. 하지만 일반적으로 자유의 말은 충분히 경청해 볼 만하다. 신뢰하는 친구라면 똑같은 말을 세 번 한다면 들어줄 것이다. 그렇지 않다면 신뢰도를 가늠해 볼 수 있다.

무엇보다 자유의 말은 이런 경계를 담고 있음을 잊지 말아야겠다. 충심이 아니라 그릇된 속셈을 가지고 윗사람이나 벗을 대해서는 안된다는 것.

5

뗏목을 타고 바다로나 가 볼까
공야장

공자가 공야장에 대해 말했다.

"사위 삼을 만하다. 비록 감옥에 갇힌 적이 있으나, 그의 죄가 아니었다."
하고 딸과 결혼시켰다.

子謂公冶長, "可妻也. 雖在縲絏之中, 非其罪也." 以其子妻之.

공야장은 노나라 사람으로 공자의 제자였다. 야(冶)를 쓴 것으로 봐서 대장장이 집안의 자식이었을 것이다. 귀족 출신도 아니었으며, 더군다나 감옥에 갇힌 적도 있는 인물이었다. 류(縲)는 검은 새끼다. 포승 또는 '오라'라고 부른다. 우리 욕에 '오라질 놈'이란 것이 있다. 감옥에 갈 놈이라는 뜻이다. '경(黥)을 칠 놈', '육시(戮屍)를 할 놈' 같은 말도 비슷한 것들이다. 경은 얼굴에 글자를 새기고 먹물을 집어넣는 걸 말한다. 도둑은 도(盜), 간음한 자는 간(姦) 등을 새겼으니 얼굴을 들고 살 수 없게 만들어 버린 것이다. 육시는 처참하게 죽이는 것이다. 수레나 말 또는 소에 팔과 다리를 매어 찢어 죽이는 형벌이 가장 참혹했다. 이런 욕은 욕 중에서도 심한 저주가 담긴 것이었다.

공야장은 전과자였다. 요즘도 우리는 전과자라고 하면 괜히 꺼리게 된다. 파렴치한 범죄를 저지른 사람은 더욱 경멸하고 멀리하게 되는 법이다. 여기서 공자가 말하는 "그의 죄가 아니었다"라는 건 무얼 뜻하는 것일까? 아마도 누명을 쓰고 억울하게 옥살이를 했다는 말일 것이다. 누명이 아니라면 올바른 소리를 하다가 갇혔을 수도 있다. 우리 시대로 본다면 부당한 권력에 맞선 민주투사일 수도 있다. 공자는 전과자 여부를 따진 것이 아니라, 사람 됨됨이를 봤다. 외부조건이 사위를 고르는 기준이 될 수 없다는 걸 잘 보여 준다.

사람은 끝없이 흔들린다. 심지를 굳게 세우기가 어렵다. 온갖 문제들이 자꾸만 일어나기 때문이다. 나는 일 년 전에 집을 팔았다. 서울에 살다가 시골로 내려와 마련한 집이었다. 육십 년 세월이 만들어 놓은 집터의 힘이 있는 곳이었다. 수십 년 된 나무도 있었다. 주변에서 많은 사람들이 부러워했고, 아내는 "벌써 꿈을 이뤄도 되는 거야?" 하며 좋아했다. 그러나 이웃집이 3층 높이로 남쪽을 틀어막고 집을 지음으로써 순식간에 고통이 몰려왔다. 시야를 막은 것뿐 아니라, 보일러와 저온저장고의 소음이 엄청났다. 350평이나 되는 터가 앞집의 시야에 백일하에 드러났다. 편하게 마당에 나갈 수도 없었다. 24시간 돌아가는 저장고의 팬 소리는 밤에도 잠을 방해할 정도였다. 이때부터 집은 편안한 곳이 아니었고, 늘 떠나고 싶게 만들었다. 오로지 집만 팔리기를 빌었다. 집 문제가 늘 무겁게 머리를 짓눌렀다. 집만 팔면 모든 문제가 해결될 줄 알았다.

무려 오 년 만에 집이 팔렸다. 불행 끝, 행복의 시작인 줄 알았다. 그러나 커다란 판단착오였음이 금방 드러났다. 집을 팔기 전보다 훨씬 더 큰 문제들이 발생한 것이다. 새로운 터를 마련하고 새로 집을 지어야 하는 일은 수많은 갈등과 고통을 몰고 왔다. 이곳저곳을 돌아다니다 보니 팔아 버린 집터가 얼마나 좋은 곳인가를 알게 되었다. 그 정도 집터를 구하려면 팔아 버린 값보다 훨씬 많은 값을 치러야 했다. 앞집이 준 문제보다 훨씬 많은 문제들을 안고 있는 곳도 많았다.

따스한 봄, 막걸리에 취한 얼큰한 기분에 집터를 하나 샀다. 아내도 좋아했고 집을 짓기 위해 계약도 했다. 그런데 막상 집을 지으려니 새로 마련한 집터도 많은 문제를 안고 있었다. 송전탑이 가깝고 드나드는 길도 좁다. 고민 끝에 포기하려고 다른 곳을 알아봤다. 마음에 드는 곳이 있어서 계약금까지 치렀다. 그런데 그곳은 더 큰 문제가 도사리고 있었다. '매입은 천천히, 매도는 신속하게'라는 경구가 가슴을 치는 경우였다. 3킬로미터 거리에 열병합발전소가 들어선다는 것이다. 이건 마치 여우를 피하려다 호랑이를 만난 꼴이었다. 그것을 알고 나자 나는 몹시 부끄러웠다. 아울러 갈피를 잡을 수가 없게 되어 버렸다. 과연 나는 어떤 곳에 자리를 잡아야 하는가?

이것은 일종의 벌이다. 고질적인 나의 나쁜 습관에 대한 질책이라는 생각이 든다. 내가 갖지 못한 것은 좋아 보이는 것. 내가 이미 갖고 나면 가치 없게 보인다는 것. 내가 가진 것에 절대 만족 못하고 단점만 찾는 못된 버릇의 결정판이 바로 지금 내가 보여 주는 모습인 것 같다. 공자의 말처럼 늘 근심걱정에 휩싸여 '척척거리는' 소인의 전형이다. 이 얼마나 못난 짓인가.

군자는 쉽게 흔들리지 않는다. 마음이 넓고 평온하여 모든 일에 평화롭다. 내가 가질 뻔했던 것에 대한 괴로움으로 밤을 지새우는 일도 없다. 나는 어린 시절 한순간이 늦어 친구에게 빼앗겼던 돌멩이가 생각난다. 권총처럼 생긴 차돌멩이였다. 며칠 밤을 지새웠던지. 그 잘생긴 돌멩이가 눈앞에 어른거려 잠을 잘 수가 없었던 것이다. 사실 그돌멩이를 가졌다 한들 무엇했으랴. 친구들한테 자랑이나 했을까. 지금도 마찬가지다. 누구나 꿈에 그리는 '언덕 위 하얀 집'을 가졌다면 나는 만족했을까? 더 이상 헤매지 않고 편안하게 머물 수 있을까? 알 수 없는 일이다. 터는 가꾸어야만 자기 터가 된다고 했다. 아직 나는 제대로 가꿔 본 터가 없는 셈이다.

사람도 터나 마찬가지일 것이다. 공자가 공야장을 사위로 삼은 일은 여러모로 귀감이 된다. 공야장이 훌륭한 인물임을 알렸을 뿐 아니라 공자 자신도 군자다운 풍모를 보여 준 것이다. 하지만 사실 실천하기 얼마나 어려운가. 끊임없이 남이 가진 것은 좋아 보이고 내가 가진 것은 보잘것없어 보이는 이 저급한 속성. 고통의 바다에서 허우적대는 중생의 적나라한 모습이 아니고 무엇이랴.

2

공자가 남용에 대해 말했다.

"나라에 도가 있으면 버려지지 않고, 나라에 도가 없을 때도 형벌이나 죽임을 면할 수 있는 사람이다."

하고 조카딸을 시집보냈다.

子謂南容, "邦有道, 不廢, 邦無道, 免於刑戮." 以其兄之子妻之.

남용은 노나라의 세 손가락 안에 드는 귀족인 맹손씨 집안사람이었다. 노나라 수도인 곡부의 남쪽에 집을 짓고 '남궁'이라고 불렀다. 이름은 도(縚)와 괄(适)이 있다. 남궁도, 남궁괄이라고 불렀고, 자는 자용이며 시호는 경숙이다. 그래서 남용, 남궁경숙 등으로 불리기도 한다.

나라에 도가 있다는 것은 정치를 할 만한 사람이 맡아서 사람살이가 평화로운 시기를 말한다. 무도한 시기는 정치가 사람들을 괴롭히는 때이다. 나쁜 정치는 호랑이보다 더 나쁘다고 했다. 사람들을 비참한 죽음으로 내모는 것이 호랑이보다 잔혹스럽다는 것이다. 역사 속의 폭군들이 그러했다. 무능한 권력자도 폭군이나 마찬가지다.

남용은 이 모든 시기에 쓸 만한 인재라는 공자의 평가다. 상당히 높은 평가이다. 공자는 위태로운 나라나 어지러운 나라에는 들어가지 말라고 했다. 자기 뜻을 제대로 펴지도 못하고 목숨을 잃을 위험이 있기 때문이다. 평화로운 시대를 이끌어 내던 정치인이 난세에는 위험해지는 경우가 허다했다. 그런데 남용은 치세와 난세 모두에 자기를 보존할 수 있는 사람이다. 시대에 아첨하지 않고 자신의 지조를 지키면서도 이게 어떻게 가능한 일일까. 몹시 현명한 사람임에 틀림없다. 그러니 조카딸을 시집보낼 사윗감으로 아주 그만이다.

공자가 자천에 대해서 말했다.

"군자로다, 이런 사람은! 그런데 노나라에 군자가 없었다면 이 사람이 어디서 이것을 얻었으랴."

子謂子賤, "君子哉若人! 魯無君子者, 斯焉取斯?"

자천은 복부제(宓不齊)인데, 성은 복이요 이름이 부제이다. 복부제는 이름이 재미있다. 복은 '비밀리에 뭔가를 한다'는 뜻이고, 부제는 '가지런하지 않다'는 뜻이다. 비밀스러우면서 일반 사람들과 다른 그 무엇이 있다는 것 아닌가. 공자가 '군자'라고 인정하는 사람은 극소수다. 더구나 제자를 군자라고 했다는 것은 자천에 대한 대단한 칭찬이 아닐 수 없다. 공자의 학문을 군자학이라고 일컬을 만큼 군자에 도달하는 것이 최고의 경지였다. 소인의 한계를 넘어서서 너그러우면서 굳센 군자가 되는 길. 그렇다면 자천은 이미 최고의 경지를 성취한 셈이 된다.

공자는 자천을 인정하고 나서 한마디를 덧붙였다. 노나라에 군자가 없다면, 자천이 어디서 군자의 덕을 얻을 수 있었겠는가? 하고 물었다. 이것은 학문의 성취는 평지돌출일 수 없다는 말과 같다. 앞선 시대 인물들의 전통을 이어 가면서 새로운 시스템을 생산하는 것, 그것이 학자의 길이다. 복부제가 노나라에 유학 온 것이 잘했다는 뜻이다. 복부제는 제나라 사람이다. 공자는 노나라에 대한 자부심이 대단했다. 직접적으로는 자천이 공자 자신에게 배우고 있으므로 은근히 공자 자신이 군자임을 나타냈다고도 볼 수 있다.

대한민국의 현재는 안타깝다. 나라에 대한 자부심을 잃은 젊은이들이 넘쳐난다. 20~30대 젊은이들이 '이민계'를 만들고 있다. 돈을 어느 정도 모아서 외국으로 가겠다는 것이다. 젊은이들이 살 수 없는 나라는 미래가 없는 나라다. 이건 그들의 책임이 아니다. 그렇게 사회를 만들어 온 앞선 세대가 뉘우쳐야 한다. 역사에 대한 자부심, 앞선 시대 인물에 대한 자부심을 이 땅의 젊은이들이 갖고 있지 않다는 증거다. 최근에 유럽의 아일랜드에서 그런 일이 있었다. 800만 명 정도 되는 인구 가운데, 절반인 400만 명이 이민을 간 적이 있다고 한다. 지금 경제적으로 최대 위기를 맞고 있는 그리스도 젊은이들의 실업률이 60퍼센트에 이른다. 현재 대한민국도 청년실업률이 고공행진을 하고 있다. 아버지 세대만큼만 살아도 좋겠다는 젊은이들이 늘어나고 있다.

문제의 원인은 부의 편중에 있다고 본다. 경제총량은 모든 사람이 넉넉하게 살아갈 만큼 되는데도 굶어 죽는 사람이 아직도 있다. 대학까지 졸업한 예술가가 병이 들어도 치료를 받지 못하고 죽어가는 사회다. 죽은 시체도 뜯어먹는다는 악마적인 자본이 기세등등하게 군림하는 한, 비참한 현실은 개선되기 어려울 것이다. 대한민국에 군자가 없으니 젊은이들이 어떻게 군자가 될 수 있겠는가? 공자의 경고가 선명하다. 자본과 권력을 가진 사람일수록 소인스러움의 극치를 보여 주고 있으니 더욱 절망스럽다.

그렇다고 우울하게 지낼 수만은 없다. 현실이 비관적일수록 철저하게 현실과 대면해야 한다. 그래야 새로운 프레임을 짤 수 있다. 정치가 문제라면 정치를 바꿀 수 있도록 새로운 움직임을 만들어 봐야 한다. 이민계를 만들어 떠나는 것만이 능사는 아니다. 요즘 몇몇 뜻있는 사람들을 중심으로 작은 모임들이 곳곳에서 생겨나고 있다. 자본의 맹위에 도전하는 마을장터의 움직임도 있다. 자본의 굴레에서 벗어나 자급자족의 생활공동체를 지향하는 것이다. 조금 왜곡되기는 했으나 협동조합도 있다.

작은 모임이라도 곳곳에서 새로운 중심을 형성해서 각자 빛을 발한다면, 그 힘들이 모여 전체 정치판을 바꿀 수도 있다. 감나무 밑에 누워 감이 떨어지기만을 바랄 수는 없다. 정치인을 욕하고 사회를 비판할 수는 있다. 그러나 비난만 하고 행동하지 않는 것은 아무것도 안 하는 것보다 더 나쁘다. 각도를 조금만 바꿔도 풍경은 다르게 보인다. 실천에서 오는 즐거움은 당연히 행복하다.

자천이 군자라고 인정받는 것을 본 자공이 스승에게 물었다.
　"저는 어떻습니까?"
　"너는 그릇이다."
　"무슨 그릇입니까?"
　"호련이다."

子貢問曰, "賜也何如?" 子曰, "女, 器也." 曰, "何器也?" 曰, "瑚璉也."

　공자는 "군자는 그릇이 아니다"라고 말한 적이 있다. '군자불기'라는 관용구로 많이 사용된다. 군자는 한 개 그릇의 쓰임에 국한되지 않고 두루두루 쓰일 수 있다는 뜻으로 보는 것이 일반적이다. 물론 사람마다 타고난 재질이 있고, 그 재질을 충분히 발휘할 수만 있어도 삶은 가치가 있다고 보겠다. 하지만 드높은 경지에 도달하고픈 욕망 또한 어쩔 수 없다. 공자는 '군자'라는 경지를 그렇게 보았다. 하나의 쓰임을 넘어서는 그 무엇. 그릇은 아무리 커도 그릇이다. 그릇이 아닌 그릇! 그릇을 넘어선 그릇! 그것이 군자불기의 의미다.

　그런데 이 대화를 보라. 공자는 자공의 면전에서 "너는 그릇이다" 하고 말해 줬다. 이 말을 바꾸면 "너는 군자가 아니다"라는 뜻과 같다. 자공의 실망은 몹시 클 수밖에 없다. 자공은 그 어떤 제자보다도 '군자'가 되기 위해 노력했던 사람이다. 가난할 때 아첨하지 않고 부자일 때 교만하지 않으면 어떠냐고 물었던 자공이었다. 자신이 갖고 있는 재물을 모두 흩어서 대중들을 구제한다면 어떠냐고 묻기도 했다. 실제로 자공은 거대한 부를 축적했고, 그 부를 베풀 줄도 알았다. 하지만 공자는 그런 자공에게 매정할 정도로 차갑게 대꾸한다.

"그런 일은 네가 도달할 수 있는 경지가 아니다."

한껏 기대를 걸고 있는 제자에게 이런 선언은, 뼈에 새겨질 정도로 아팠을 것이다. 그렇다면 자공은 어떻게 반응했을까? 섭섭함을 누르고 묻는다. 저는 어떤 그릇입니까? 간장 종지만 한 그릇인지, 물동이 정도는 되는지, 아니면 바다와 육지를 담고 있는 지구라는 큰 그릇 정도는 되는지 궁금한 것이었다. 공자는 대답해 준다. 너는 아주 귀한 그릇이라고.

호련은 종묘의 제사에 쓰는 거룩한 그릇이다. 한마디로 보통 그릇이 아니다. 다만, 자주 쓰이는 그릇이 아니라는 단점을 지닌다. 종묘제사라는 큰 제사는 일 년에 몇 번이다. 그릇이란 자주 쓰여야 좋다. 귀하기는 하지만 보관되어 있을 뿐 자주 쓰이지 않는 건 그릇으로서 기능이 제한적이라는 뜻이다. 물론 한 번 크게 쓰이는 그릇도 필요한 법이긴 하지만.

결국 자공은 만족스러운 답을 얻지 못했다. 여기서 배우는 사람으로서 태도가 드러나게 된다. 자신을 인정해 주지 않는 스승을 떠나거나 아니면 더욱 힘써 높은 경지로 나아가거나. 자공은 후자였다. 스승의 매서운 가르침을 가슴에 새기며 한 걸음씩 앞으로 나아갔던 것이다. 뒷날 공자가 죽었을 때, 자공은 혼자서 6년이나 시묘살이를 했다. 공자 학단이 힘들 때마다 자신이 갖고 있는 재물을 시원스럽게 내놓기도 했다. 공자가 죽은 뒤 어떤 사람이 자공에게 이런 말을 한 적이 있다.

"당신이 겸손해서 그렇지, 내가 보기엔 중니(공자의 자)보다 당신이 훨씬 훌륭하오."

자공이 고개를 흔들며 대답했다.

"결코 그렇지 않소. 나는 허리쯤 오는 높이의 담이라면, 우리 스승님은 몇 길 높이의 담이오. 나의 경지는 누구나 들여다볼 수 있지만, 우리 스승님은 문을 통해서 안으로 들어가지 않으면 결코 그 경지를 볼 수가 없다오. 만약 문을 열고 들어설 수만 있다면 온갖 아름다움이 그곳에 있을 것이오."

아, 이런 기림을 받은 스승이 얼마나 있는가. 온 마음을 다 바친 제자에게서나 나올 수 있는 스승에 대한 찬탄이다. 이는 매정하게 보이는 공자의 말들이 애정을 바탕으로 한 표현들이었음을 보여 준다. 물론 정확한 지점을 짚어 주어, 그 지적을 통해 한 단계 상승할 수 있는 가르침이어야 했다. 공자가 바로 그런 스승이었음을 알 수 있다. 섣부른 칭찬이나 인정은 오히려 독이다.

어떤 사람이 말했다.

"염옹은 어질기는 하지만 말재주가 없다."

공자가 듣고 말했다.

"말재주를 어디에 쓰겠는가? 그 좋은 입담으로 사람들의 입을 틀어막으니 자주 미움을 사기만 할 텐데. 옹이 어진지는 모르겠으나, 말재주는 어디에 쓰겠나."

或曰, "雍也仁而不佞." 子曰, "焉用佞? 禦人以口給, 屢憎於人. 不知其仁, 焉用佞?"

　　염옹은 공자의 제자로 중궁이라고 많이 불린다. 염옹은 공자보다 29살 어렸다. 아버지는 천박한 사람이었으나 훌륭한 덕성을 타고난 중궁은 공자의 사랑을 많이 받았다. 공문십철의 한 사람으로 덕행으로 이름이 높았다. 이 장에 등장하는 어떤 사람도 중궁의 단점을 지적하고 있으면서도 "어질기는 하지만"이라고 덕성을 인정을 하고 있다.

　　공자와 어떤 이의 명백한 시각차가 있다. 어떤 이가 단점으로 지적한 '말재주 없음'을 공자는 오히려 장점으로 본다. 말재주는 다른 사람에게 미움을 받는 원인이 된다는 것이다. 구급(口給)은 글자 그대로 해석하면 '입이 넉넉하다, 입으로 보태다' 등이니 '넉넉한 입담'이나 '입으로 자꾸 보태는 것' 등으로 해석하면 된다. 입으로 보태는 것은 말재주가 아니겠는가.

　　말재주는 사실 단점이라고 보기는 어렵다. 말을 못하는 것보다야 잘하는 것이 좋다. 말 한마디에 천 냥 빚을 갚는다는 속담도 있다. 물론 말 한마디로 원수가 되기도 하고, 말 한마디에 지혜와 무지가 탄로날 수도 있다. 나와 남, 주변을 평화롭게 하는 말재주야 당연히 훌륭한 것이다. 그런데 말을 잘하는 사람은 말의 기운이 워낙 세서 가끔 다른 사람이 말할 기회를 빼앗을 수 있다. 이것은 의도하지 않은 실수가 된다. 의도하지 않았더라도 미움을 받는 원인이 된다.

그러므로 말재주가 있는 사람보다 차라리 없는 편이 낫다는 것이 공자의 생각이었다. 말재주가 있으면서도 말을 참기란 보통 어려운 일이 아니므로. 물론 말재주가 있으면서도 과묵할 수 있다면 그보다 더 좋을 수는 없으리라.

공자가 칠조개에게 벼슬길에 나가도 좋겠다고 하자, 칠조개가 대답했다.

"저는 그만한 능력이 있는지 아직 확신할 수가 없습니다."

그 말을 듣고 공자가 기뻐했다.

子使漆雕開仕. 對曰, "吾斯之未能信." 子說.

칠조개는 공자의 제자이다. 성이 칠조인데, 한자의 뜻을 보면 물건에 옻칠 같은 칠을 하고 뭔가를 새긴다는 뜻이다. 당시엔 직업으로 성을 삼는 경우도 많았다. 그렇다면 칠조개의 집안은 대대로 물건을 만들어 칠과 무늬를 새기는 일을 했을 것이라는 추측이 가능하다. 귀족 집안은 아니고 부유하지도 않을뿐더러 신분이 낮은 집안이라는 것이다.

공자의 학단에는 벼슬길을 노리고 오는 제자들도 많았다. 한때 공자는 "삼 년을 배우면 벼슬길에 나갈 걸 꿈꾸지 않는 자가 드물구나!" 하고 탄식을 한 적도 있다. 한마디로 염불보다는 잿밥에 관심을 두는 세태에 대한 비판이기도 하다. 사실이 그렇다. 자기가 하고 싶은 일을 하는 중에 자연스럽게 먹을 것과 지위가 따라온다면 그보다 좋은 일이 있겠는가. 공자의 희망도 그랬을 것이다.

낮은 신분의 가난한 집안 자식인 칠조개의 처지에선 하루빨리 벼슬길에 나가는 것이 당연해 보인다. 그런데 스승인 공자가 벼슬길에 나갈 만하다고 인정을 하는데도 칠조개는 "아직 부족합니다"라는 뜻을 말했다. 스승으로서 기쁘지 않을 수 없다. 이렇기 때문에 칠조개는 오히려 벼슬길에 오를 만한 자격이 있음을 거꾸로 증명한 셈이다.

충분히 일을 담당할 만한 능력을 갖추고선 겸손하는 마음까지 있으니 스승인 공자로서도 탄복할 수밖에 없다.

공자가 말했다.

"도가 실행되지 않는구나. 뗏목을 띄워 바다로나 나가 볼까. 아마 나를 따를 사람은 유이겠지?"

자로가 듣고 몹시 기뻐했다. 그러자 공자가 말했다.

"유는 용맹을 좋아함이 나보다 낫다. 근데 어쩌나. 뗏목을 만들 재목을 구할 길이 없구나."

子曰, "道不行, 乘桴浮于海. 從我者其由與?" 子路聞之喜. 子曰, "由也好勇過我, 無所取材."

공자의 도는 과연 무엇일까? 기원전 6세기 중국은 혼란한 시대였다. 천하의 질서를 잡고 있던 주나라는 형식상의 천자국에 지나지 않고, 각 지역마다 제후들이 들고일어나 각자 탐욕을 드러내고 있는 시대였다. 내가 더 많은 땅, 내가 더 많은 백성을 소유하겠다는 제후들의 각축전. 그러니 전쟁이 끊임없었다. 이런 시대에 철학자들은 선택을 강요받게 된다. 권력을 가진 자의 편에 서서 권력을 합리화하는 근거를 제공하거나, 억압받는 민중의 편에 서서 평화를 꿈꾸거나.

〈논어〉를 통해서 드러나는 공자는 평화주의자다. 어느 편에 선다기보다는 전쟁을 종식시키고 사람다운 삶이 가능한 평화공동체를 꿈꾼다. 그러기 위해선 권력과 부를 가진 자의 행위가 매우 중요하다. 권력과 부를 가진 자들은 그렇지 못한 자들보다 훨씬 강력한 영향력을 갖기 때문이다. 그래서 공자는 극기를 말한다. 즉, 개인의 탐욕을 이기고 '예'로 돌아가야만 한다고 주장한다. 예란, 소통의 도구다. 극기를 이룬 사람의 주변은 평화로울 수 있다. 그것이 수기안인(修己安人)이다. 수련을 통해 군자의 위치에 도달한 사람은 주변 사람들을 편안하게 한다는 것. 아주 작은 공동체인 한 가정을 보자. 가정에서 가장 강력한 권력을 갖고 있는 사람을 아버지라고 할 때, 그 아버지의 태도는 가정생활에 결정적인 영향을 미친다.

공자가 말하는 그런 '도'의 다른 이름이 '인'이다. 인의 실천이 이루어지는 세상이 바로 공자가 생각하는 도가 실행되는 세상이다. 그렇다면 인의 실천이란 무엇인가? 공자는 수제자 안연에게는 "나를 이기고 예로 돌아가는 것"이 인을 실천하는 방법이라고 말한다. 또 다른 제자인 자공에게는 "내가 하기 싫은 것은 남에게도 시키지 말"고 "너와 아주 가까운 사람부터 사랑하는 것"이 바로 인의 실천이라고 했다.

그러나 공자가 생각하는 도는 실행되지 않았다. 실행될 것 같은 기미도 보이지 않는다. 절망한 공자는 탄식을 내뱉는다. "뗏목을 띄워 타고 바다로나 나가 볼까." 이건 실없는 농담이다. 실제로 바다로 나가겠다는 뜻은 아니다. 좌절된 현실에 대한 한탄을 그렇게 내놓은 것이다. 공자는 한탄 끝에 실없는 농담을 한마디 더 던진다. "바다로 간다면 나를 따라올 사람이 있을까? 그건 유겠지?" 하는 말. 세상을 버리고 떠나는 스승을 사심 없이 따를 제자, 과연 얼마나 될까. 공자는 콕 집어서 자로를 거론했다. 자로는 성이 중이요, 이름이 유다. 중유는 무인이며 용맹스러운 사람이었다.

익숙한 세상을 버리고 낯선 곳으로 가려면 용기가 필요하다. 평소에 용맹스러우면서도 스승을 잘 따르던 자로에 대한 공자의 애정이 가감 없이 표현되었다. 그 믿음을 받은 자로는 너무 기쁘다. 늘 꾸지람을 받는 제자에서 신뢰하는 제자로 거듭났으니 얼마나 즐거운가. 자로가 좋아서 어쩔 줄 몰라 하니, 공자는 또 넌지시 한마디 한다.

"그래, 너는 참 용맹스러워. 나보다 훨씬 낫다. 그러나 어쩌니. 뗏목 만들 재목이 없으니 결국 바다로는 못 가겠구나."

이건 또 무슨 말일까. 즐거움에 넘치던 자로를 섭섭하게 만들고 말았다. 애초에 공자는 바다로 갈 생각이 없었음을 이렇게 나타낸 것이다. 자로라고 공자의 말을 말 그대로 믿진 않았으리라. 하지만 자로의 성급하고 과단성이 있는 성격으로 봤을 때, 정말로 뗏목을 만들지도 모른다. 만에 하나 그런 일이 일어난다면 사람들에게 웃음거리가 되기 십상이다. 그래서 아주 아퀴를 지어 버리는 말을 했다고 보면 되겠다.

그런데 이 구절을 "너에겐 취할 만한 재질이 없다"라고 해석하여 자로를 지나치게 낮춰 보는 해석도 있다. 그러나 나는 그렇게 보지 않는다. 공자가 자로를 자주 꾸짖기는 하지만, 이처럼 박절하게 말을 하는 경우는 없다. 만약 그렇다면 좋은 스승이라고 하기 어렵다.

맹무백이 공자에게 물었다.

"자로는 '인'한 사람입니까?"

공자가 대답했다. "모르겠소."

맹무백이 또 물었다. "다른 재주는 없습니까?"

"유는 천 대의 전차를 낼 수 있는 나라의 군대를 지휘하게 할 만합니다. 하지만 '인'한지는 모르겠네요."

"염구는 어떻습니까?"

"구는 천 개의 집이 있는 고을과 전차 백 대를 낼 수 있는 집안의 총재를 맡길 만합니다. 하지만 '인'한지는 모르겠네요."

"공서적은 어떻습니까?"

"적은 화려한 띠를 허리에 두르고 조정에 서서 나라의 사신을 접대하게 할 만합니다. 하지만 '인'한지는 모르겠네요."

孟武伯問子路仁乎? 子曰, "不知也." 又問. 子曰, "由也, 千乘之國, 可使治其賦也, 不知其仁也." "求也何如?" 子曰, "求也, 千室之邑, 百乘之家, 可使爲之宰也, 不知其仁也." "赤也何如?" 子曰, "赤也, 束帶立於朝, 可使與賓客言也, 不知其仁也."

맹무백은 노나라의 삼대부 가운데 하나인 맹손씨 집안의 후계자이다. 공자의 제자들이 능력이 출중하다는 이야기를 듣고 데려다 쓰고 싶어서 공자를 찾아왔다. 맹무백은 공자의 제자 가운데 이름이 높았던 자로, 염구, 공서적을 거론하고 있다. 자로와 염구는 정치에 특히 능력이 있다고 공자가 거론한 사람들이다.

공자가 대답하는 말을 보면 제자 한 사람 한 사람에 대해 정확하게 파악하고 있다는 것을 알 수 있다. 이건 스승으로서 당연히 갖춰야 할 기본 덕목이다. 제자의 재질을 파악하고 있어야만 그에 맞는 가르침을 베풀 수 있기 때문이다.

공자에 따르면 자로는 큰 나라의 장수, 그것도 삼군을 지휘할 만한 총사령관으로서 충분한 역량을 갖고 있다. 염구는 꽤 큰 고을의 수령을 맡을 수 있고, 공서적은 사신을 접대할 만하다고 했다. 자로는 장수, 염구는 참모, 공서적은 접빈객에 탁월하다는 추천이다. 외부인의 질문에 공자는 자신의 제자들을 자랑하고 있는 셈이다. 얼마나 멋진 스승인가.

그러나 한 가지 끝내 인정하지 않는 것이 있다. 세 제자의 능력을 자랑한 뒤에 공통으로 붙인 한 마디. '인'한지는 모르겠다는 말. 인은 공자가 추구한 지고의 덕목이다. 인간이 도달할 수 있는 최고의 경지에 이르면 그를 '인자'라고 부를 수 있다. 공자는 〈논어〉에서 인을 구하다가 인을 얻는 사람, 곧 득인자로 백이와 숙제를 꼽았다. 또 은나라 말기에 세 명의 인자가 있다고 했다. 그들은 미자와 비간과 기자이다. 백이숙제는 수양산에서 굶어 죽으면서도 자신의 신념을 지킨 사람들이다. 미자는 은나라 마지막 폭군 주임금의 형이며, 비간과 기자는 주임금의 숙부들이다. 미자는 주임금을 버리고 떠났고, 비간과 기자는 주임금의 나쁜 점을 지적했는데, 비간은 죽임을 당했고 기자는 옥에 갇혔다가 노예가 되었다. 결국 이 세 사람은 다 자신의 신념을 지키기 위해 목숨을 내놓거나 절개를 지킨 사람들이다.

공자는 목숨을 구하기 위해 인을 해치지 않고, 오히려 인을 이루기 위해 목숨도 내놓을 수 있어야만 군자라고 했다. 이를 살신성인이라고 한다. 그렇게 봤을 때 아직 자로, 염구, 공서적은 인을 이루기에는 부족하다고 공자는 인식하고 있는 것이다. 공자는 이 대화를 통해 두 마리 토끼를 잡고 있다. 제자들의 장점을 하나하나 높여 주는 한편, 아직 부족한 인의 길을 지적해 주고 있다. 모름지기 좋은 스승은 이러해야 할 것이다.

공자가 자공에게 물었다.

　"너와 회, 둘 중에 누가 나으냐?"

　"제가 어찌 감히 회와 비교할 수 있겠습니까? 회는 하나를 들으면 열을 알지만, 저는 하나를 들으면 둘을 알 뿐입니다."

　"그래, 회만 못하지. 나와 너, 둘 다 회만 못하다."

子謂子貢曰, "女與回也孰愈? 對曰, "賜也何敢望回? 回也聞一以知十, 賜也聞一以知二." 子曰, "弗如也, 吾與女弗如也."

　어찌 보면 참 실없는 농담이다. 한 제자를 데리고 앉아서 자리에 없는 다른 제자와 너를 비교해 보라고 묻는 스승. 다른 누구도 아닌, 인류의 위대한 스승의 한 사람인 공자가 이런 모습을 보여 주다니. 하지만 실망스럽다기보다는 슬며시 웃음을 짓게 만든다. "에헴" 하고 앉아서 권위를 앞세우는 시골 훈장의 모습이 아니라 아주 진솔한 한 인간의 모습을 보여 주고 있지 않은가.

　특히 마지막 말이 그러하다. "나와 너, 둘 다 회만 못하다." 한 제자 앞에서 다른 제자에 대한 극찬을 넘어서, 공자는 스스로 겸손한 사람의 모습을 보여 주고 있다. 없으면서도 가진 체하고 비었으면서도 찬 체하는 것이 인지상정이다. 그러나 공자는 이미 그런 평범한 사람의 경지를 훌쩍 넘어서 있음을 이 대화를 통해 알 수 있다.

　그럼 비교의 대상이 된 자공과 안회는 어떤 인물인가. 자공은 부자고 안회는 가난뱅이다. 자공의 부는 보통 부가 아니다. 자공이 어떤 나라에 갔더니 그 나라 임금이 맨발로 마중을 나왔다는 일화가 있다. 자공의 엄청난 부에서 한몫 떼어 받고 싶은 욕심에서 그랬을 것이다. 자공의 부가 어느 정도인지를 잘 보여 주는 일화다. 반면 안회는 그야 말로 똥구멍 찢어지게 가난한 사람이다. 안회가 죽은 뒤에 보니 관도 하나 마련하지 못할 정도의 살림이었다.

그렇다면 안회는 가난하기 때문에 존경받을 만한 인물이 되었을까? 그럴 수는 없다. 부유하다면 존경받을 기회를 만들기가 훨씬 좋다. 가난하지만, 안회에겐 뭔가가 있었다. 그것을 공자는 "안회가 바꾸지 않는 즐거움"이라고 말했다. 과연 찢어지게 가난하여 누추한 마을에 살면서도 안회가 가졌던 즐거움의 정체는 뭐였을까. 그 즐거움이 무엇인지를 공자는 파악하고 있는 듯하다. 아마도 그 즐거움 때문에 공자는 "안회가 나보다 낫다"라고 말했을 것이다. 이는 공자도 안회가 가지고 있는 즐거움을 아직 갖지 못했다는 고백일 수도 있다.

이 구절에서 유명한 관용어가 탄생했다. '문일지십'이다. 하나를 들으면 열을 안다는 것. 탁월한 영재들을 칭찬하는 말로 자리매김했다. 이것은 자공의 말인데, 자공이 친구인 안회를 극찬한 말이다. 그런데 자공의 말을 잘 들여다보면 재미있는 구석이 있다. 친구인 안회를 극찬하면서도 자기 자신에 대한 자부심도 슬며시 보인다. 자공 자신도 하나를 들으면 둘 정도는 안다는 것. 바로 '문일지이'다. 끝까지 겸손하려면 "하나를 들으면 하나는 안다"라든가 "하나를 들어도 다 알지 못한다"라고 말하기 쉽다. 그러나 자공은 스스로를 그리 낮추는 인물이 아니다. 오히려 '문일지오' 정도는 말하고 싶었으리라. 그러니까 '문일지이'는 자공에겐 큰 겸손이었다.

여기서 자공이라는 인물에 대해서도 매력이 생긴다. 자부심이나 자존심은 스스로를 망칠 가능성을 내포한다. 왜냐하면 자신의 능력보다 과장하는 마음일 수 있기 때문이다. 그러나 자공의 말은 자부심이나 자존심이기보다는 '자기긍정'으로 보인다. 자신의 능력에 대한 당당함, 나는 그 정도 능력은 충분히 된다는 자신감. 그것이 자기긍정이다. 자공이 공자와 나누는 많은 대화를 보다 보면 자공은 '긍정의 아이콘'임을 분명하게 알 수가 있다. 이런 제자와 나누는 대화는 얼마나 즐거우랴. 공자 자신도 무한긍정의 사나이였으니.

재여가 낮잠을 자자 공자가 말했다.

"썩은 나무에는 조각을 할 수가 없고, 푸석푸석한 흙으로 만든 담장에는 흙손질도 할 수가 없다. 재여를 꾸짖어서 무엇하겠는가."

아무도 말을 하지 않고 가만히 있으니 공자가 다시 말했다.

"예전엔 내가 사람을 볼 때, 말을 들으면 그렇게 행동하겠거니 믿었다. 지금은 내가 사람을 볼 때, 그 말을 들으면 그렇게 행동하는지를 보고 나서야 믿게 되었다. 재여 때문에 이렇게 바뀌었다."

宰予晝寢. 子曰, "朽木不可雕也, 糞土之牆不可杇也, 於予與何誅?" 子曰, "始吾於人也, 聽其言而信其行, 今吾於人也, 聽其言而觀其行. 於予與改是."

재여에 대한 냉정한 꾸지람이다. 재여는 재아(宰我)이며 공자보다 29살 어렸다. 재여는 공문십철에 자공과 함께 '언어'로 이름을 올렸다. 말을 논리적으로 잘했다는 뜻이다. 재여의 말솜씨는 〈논어〉에 유감없이 드러나 있다. 스승 공자와 '삼년상'을 놓고 다투는 부분이다. 재여는 일년상을 주장하고 공자는 삼년상을 주장하는데, 재여의 논리가 공자의 논리를 압도한다. 재여와 공자가 토론을 하다가 재여가 스승에 대한 대우로 물러난다. 재여가 방문을 나간 뒤에 공자는 '뒷담화'를 깐다. "저 녀석은 부모 품에서 삼 년을 살지 않았단 말인가?" 하고 주변에 있는 제자들에게 흉을 봤다.

재여의 도도한 논리. 그러나 뭔가 좀 부족해 보이는 제자에 대해 공자는 날선 꾸짖음을 내놓는다. 이 구절도 그렇다. 사실 생각해 보자. 낮잠 좀 잤다고 이렇게 심하게 꾸짖을 일인가. 썩은 나무와 푸석 흙으로 만든 담장이라는 표현은 좀 지나치다는 생각이 들지 않는가. 조각이나 흙손질이란 후천적으로 다듬어지는 무늬일 것이다. 사람은 타고난 재질이 아무리 좋다고 해도 다듬지 않으면 그 빛을 발하지 못한다. 그러나 조각이나 흙손질에 앞서서 타고난 재질이 더 중요함은 두말하면 잔소리다. 그런데 썩은 나무나 푸석 흙으로 만든 담장은 아예 쓸수 없는 재목이다. "넌 아예 싹수가 노랗다", "넌 뭘 해도 안 되는 놈이야"라는 저주로 들을 수도 있는 대목이다.

그래서 사람들은 이렇게 심한 꾸짖음을 내렸다면 이건 분명 낮잠이 아닌 다른 것이라고 생각했다. 이때 전가의 보도처럼 등장하는 것이 글자를 다르게 보는 것이다. 글자를 보자. 주(晝)는 분명 '낮'이다. 침(寢)은 '잠자다, 누워서 쉬다, 앓아서 눕다, 침실' 등등의 뜻을 갖고 있다. 그러니 주침의 대표적인 뜻은 '낮잠'일 수밖에 없다. 그런데 침의 다른 뜻 중에 '앓아서 눕다'가 있다. 그렇다면 주침은 재여가 몸이 아파서 낮인데도 침실에 누워 있다는 뜻도 된다. 그래서 이런 해석이 가능해진다.

'재여가 아파서 낮에도 침실에 누워 있었다. 그 얘기를 듣고 공자가 말했다. "썩은 나무에는 조각을 할 수가 없고, 푸석 흙으로 만든 담장에는 흙손질을 할 수가 없다"(지금 몸이 아프다면 재여는 썩은 나무나 푸석 흙으로 만든 담장처럼 약해져 있는 상태다. 그러니 낮에 침실에 누워 있다고 해도 꾸짖을 일이 아니다. 몸이 회복된 뒤에나 조각하고 흙손질할 수 있다. 푹 쉬게 두어라).'

어떤가? 이렇게 되면 해석이 완전히 달라진다. 공자가 재여를 꾸짖은 것이 아니라, 안타까워하는 모습인 것이다. 이런 해석은 제자를 지나치게 몰아붙인 공자의 모습이 성인답지 않은 것을 변호하기 위한 해석이었다. 다소 구차한 구석이 없지 않다. 그런데 이 해석은 뒤에 붙어 있는 한 구절로 잘못된 해석임이 드러난다.

뒷구절은 마치 이런 잘못된 해석을 할까 싶어서 공자가 덧붙인 것처럼 보이기도 한다. 말을 듣고 행동을 믿었는데, 이젠 말만 듣고 그렇게 행동할 것으로 믿지 않는다는 말. 그것이 재여 때문에 바뀐 태도라고 했다. 이것은 재여의 행동에 대한 커다란 실망감을 내포하고 있는 말이다. 따라서 앞구절에서 썩은 나무 운운은 재여를 꾸짖은 말이 틀림없게 되는 것이다.

그러자 다른 해석들이 나온다. 주를 '화(晝)' 자가 잘못 쓰여진 것으로 본다. 주와 화는 형태가 몹시 비슷하다. 기원전의 문헌들은 이런 착간이 비일비재했다. 화로 보면 화침(晝寢)이 된다. 재여가 침실에 그림을 그리는 등, 아주 화려하게 꾸며 놓고 살았다는 것이다. 공자는 검소함이 사람이 갖춰야 할 기본 덕목이라고 누누이 말했다. 그렇다면 재여는 공자의 가르침을 정면으로 거스른 것이 된다. 그러니 썩은 나무라고 꾸짖어도 충분하다는 것이다. 또 다른 해석은 낮잠을 혼자 잔 것으로 보지 않는다. 낮에 부인과 함께 침실에 있었다는 것. 군자의 도를 배우는 사람이 낮에도 침실에서, 그것도 부인과 함께 있었다면 지탄받아 마땅하다는 해석이다. 하지만 이 두 가지 해석은 좀 억지스럽다.

있는 그대로 보는 것이 좋다. 재여는 낮잠을 잤고, 공자는 그것이 못마땅했다. 아마 함께 공부하는 공개적인 자리였을 것이다. 공개강의를 하는 자리에서 재여가 꾸벅꾸벅 졸았고 공자는 이를 꾸짖었다. 비유가 다소 심한 것은 틀림없다. 그러나 평소에 재여가 실천보다는 말을 앞세우는 일이 많았던 모양이다. 그것을 지켜보던 공자는 스승으로서 크게 일침을 놓고 싶었을 것이다. 어떤 사람은 부드럽게 열 번을 말해도 듣지 않다가 화를 내면서 심하게 말을 하면 듣는 경우가 있다. 눈치가 둔한 사람이나 자기 고집이 센 사람들이 그럴 가능성이 높다.

얼마 전에 그런 일이 있었다. 고등학교에 다니는 딸아이가 신발 뒤축을 늘 꺾어서 신고 다녔다. 나는 그게 못마땅해서 꺾어 신지 말라고 자주 말했다. 그러나 변화가 없었다. 열 번을 넘게 말해도 듣지를 않았다. 그러던 어느 날, 기분이 언짢아 있는 상태에서 신발 꺾어 신은 것을 봤고, 제대로 좀 신으라고 나는 냅다 소리를 질렀다. 딸아이는 어안이 벙벙한 모습으로 왜 소리를 지르냐고 반문했다. 나는 화난 목소리로 말했다.

"내가 신발 꺾어 신지 말라고 열 번은 넘게 말했다."

"열 번은 무슨. 한두 번 정도 들은 것 같은데."

딸아이가 펄쩍 뛰었다. 그때 옆에 있던 아내가 픽 웃으며 말했다.

"당신 이제 알겠어? 당신이 딱 그랬다고. 술버릇, 잠버릇…… 당신 나쁜 생활습관들 말이야. 내가 화를 내고 소리를 질러야만 무슨 말을 하는지 듣는 척했다고. 이제 답답한 걸 알겠어?"

"그랬나?"

그제야 나는 깨달았다. 내가 눈치가 참 없는 둔한 사람이었음을. 그것을 물려받은 딸아이에게 미안한 마음마저 들었다. 재여가 딱 그런 사람이었을지 모르겠다. 그런 재여를 보면서 공자는 많이 답답했을 것이고, 좀 지나치다 싶은 충격요법이라도 사용해야겠다고 마음먹었을 것이다. 나는 이런저런 해석들보다 아마 이런 방향으로 헤아려 보는 것이 공자의 진심에 가깝지 싶다.

공자가 말했다.

"나는 아직 굳센 사람을 보지 못했다."

어떤 사람이 대답했다.

"신정이란 사람이 있습니다."

"정은 욕심이 있는 사람이다. 어찌 굳셈을 얻었다 하겠는가."

子曰, "吾未見剛者." 或對曰, "申棖." 子曰, "棖也慾, 焉得剛?"

굳세다는 뜻인 강(剛)은 강철이라는 뜻도 있다. 강철을 말하다 보니 박노해 시인이 쓴 '강철 새잎'이란 시가 생각난다. 봄볕에 싹트는 연두 빛 새 이파리가 차가운 겨울을 이겨 내고 뚫고 나오는 힘을 강철에 비유한 시다.

시는 여리고 보드라운 새싹과 딱딱하기 그지없는 강철의 대비가 강렬하다. 강렬한 만큼 대비는 큰 효과를 발휘한다. 그러니까 굳세다는 것은 한없는 부드러움이기도 하다. 공자는 굳셈이란 덕목을 인자가 가져야 할 네 가지 덕목 중의 첫손으로 꼽은 적이 있다. 이 덕목을 갖춘 자를 보기가 쉽지 않다는 걸 알 수 있다. 공자가 굳센 이를 보지 못했다는 탄식에 어떤 사람이 반론을 제기한다. 신정이란 사람이 있다고.

신정은 당시 노나라의 많은 사람들이 굳센 인물이라는 평판을 줬던 인물이었다. 그러나 공자는 인정하지 않는다. 인정할 수 없는 이유를

"욕심이 있다"고 공자는 말했다. 욕심은 사람을 발전시키는 원동력이다. 그것은 긍정적인 욕심이지만, 욕심에도 당연히 부정적인 욕심이 있다. 여기서 공자가 지적하는 것은 바로 부정적인 부분이다. 그 대표적인 것이 명예욕, 권력욕, 지위욕이다. 이 세 가지 욕심은 자연스럽지도 않고 꼭 필요하지도 않은 욕심이라고, 서양의 철학자 에피쿠로스(기원전 341~기원전 270년)는 말했다. 사람은 자유가 있어야 행복을 누릴 수 있는데, 위의 세 가지 욕심이 사람을 자유롭지 못하게 한다고 말했다. 일리가 있는 말이다. 명성을 얻기 위해 스스로를 구속하는 경우가 얼마나 많은가. 권력이나 지위를 얻기 위해서도 마찬가지다.

공자가 바라보는 신정이란 인물은 아마도 이런 부정적인 욕심을 갖고 있었을 것이다. 굳세다는 명성을 얻기 위해 모순된 삶을 살고 있었을지도 모른다. 진정으로 굳센 사람은 전혀 굳세 보이지 않는 새싹 같은 사람이어야 하리라. 새싹의 부드러움 속에 강철의 굳셈이 들어 있는 사람. 겉은 강철이되 속은 또한 새싹의 부드러움을 지닌 사람. 이런 사람이 진정으로 굳센 사람이 아닐까. 그러니 공자의 말마따나 보기가 어려운지도 모르겠다.

자공이 스승인 공자에게 말했다.

"저는, 다른 사람이 저에게 하지 않았으면 하는 일을 저 역시 남에게 하지 않으려 합니다."

공자가 대답했다.

"사야. 그건 네가 할 수 있는 경지가 아니다."

子貢曰, "我不欲人之加諸我也, 吾亦欲無加諸人." 子曰, "賜也, 非爾所及也."

　　자공이 또 혼나고 있다. 앞에서 봤듯이 자공은 스스로에 대한 자신감이 있는 사람이다. 돈도 잘 벌고, 말도 잘했으며, 많은 돈을 남을 위해 과감하게 쓸 줄도 알았다. 거기에 인품까지 고매한 군자가 되고 싶어 했다. 스승인 공자와의 대화 중에 유난히 '사람의 품격'에 대한 이야기가 많은 사람도 자공이다. 한때 공자에게서 "너는 참 한가하기도 하다. 사람들 평할 시간이 그리 많으니" 하는 지적도 받은 자공이다.

　　이 구절의 자공의 말은, 스스로 그렇게 되고 싶다는 표현이다. 남이 나에게 하기를 바라지 않는 일이 무엇일까. 무진장 많다. 우리가 생각할 수 있는 모든 나쁜 일, 그것은 다 남이 나에게 안 했으면 하고 바라는 것들이다. 너무나 많아서 예를 들자면 몇 장의 종이를 써야 될지 모르겠다. 나를 비난하는 일, 나를 욕하는 일, 나를 때리는 일, 내게서 뭔가를 빼앗아 가는 일, 내가 하기 싫은 일을 시키는 것, 내가 원하는 걸 해주지 않는 것……. 끝이 없다. 그러니까 자공은 이런 수많은 것들을 하지 않겠다는 선언이다.

아니, 선언이 아니라 그러고 싶다는 갸륵한 마음이다. 그렇다면 스승의 입장에서는 뭐라고 답해야 할까. "그래, 참 기특하구나. 그런 생각을 하다니. 훌륭하다. 꼭 실천하도록 하여라" 하면서 칭찬을 해야 되지 않을까? 대부분의 스승들은 입을 함빡 벌리고 칭찬을 할 것이다. 그리고 그래야 마땅해 보인다. 그런데 공자는 어떤가. 우리 일반의 시각을 여지없이 무너뜨린다. 매몰차고 찬바람이 쌩쌩 불 정도로 매정하게 말해 버린다.

"사야. 그건 네가 할 수 있는 경지가 아니다."

얼굴이 벌겋게 될 정도로 무참하지 않은가. 내가 자공이라면 자리를 박차고 뛰쳐나갔을지도 모르겠다. '이렇게 제자의 진심을 몰라주는 야속한 선생 같으니라고'. 속으로 구시렁대면서 말이다.

자, 공자는 왜 이렇게 말했을까. 공자는 자공이 한 말대로 실천할 수 있는 사람이라면 곧바로 '인자'라고 본 것이다. 남이 내게 안 했으면 싶은 일을 나도 남에게 하지 않는 행동은 보통 사람이 실천할 수 있는 경지가 아니라고 봤다. 그것을 공자는 "네가 도달할 수 있는 경지가 아니다"라고 말해 줌으로써 자공의 말 자체를 매우 귀하게 만들어 줬다. 아울러 자공으로 하여금 그런 행위를 위해 좀 더 노력하기를 바라는 격려의 의미도 담겨 있다고 봐야 한다. 섣부른 칭찬은 독이다. 아닌 것은 아니라고 정확하게 말해 줘야 좋은 스승이다. 어물쩍 대충 넘어가는 것은 사랑도 가르침도 전혀 아니다. 정확한 가르침은 그 제자를 정확하게 파악하고 있어야 가능하다. 제자를 정확하게 파악하려면 그 제자에 대한 애정이 없이는 불가능하다.

자공이 말했다.

"우리 선생님의 문장은 얻어들을 수 있었다. 하지만 선생님이 성과 천도에 대해 말씀하시는 것은 들을 수 없었다."

子貢曰, "夫子之文章, 可得而聞也, 夫子之言性與天道, 不可得而聞也."

이번엔 자공 혼자 하는 말이 나왔다. 아마 동문수학하는 다른 제자들이나 자공 자신의 제자 또는 공자 문하에 있지 않은 사람에게 한 말일 것이다.

'문장'은 들었지만, '성과 천도'에 대해선 듣지 못했다고 자공은 술회하고 있다. 과연 문장이란 무엇인가? 글자 그대로 보면 문은 꾸밈이요 장은 빛남이다. 겉으로 드러나는 형식을 말한다. 그렇다면 내면에 들어앉은 내용은 '성과 천도'가 된다. 자공이 대구로 만들어 놓은 것이 그렇다.

성이란 무엇이며 천도란 무엇인가. 〈논어〉에 등장하는 공자의 말로 성이 하나 있다. "성은 서로 가깝다(性相近也)"는 말인데, 이것이 성이 무엇이라고 정의한 말은 아니다. 사람의 성은 서로 비슷하다는 말일 뿐이다. 이 비슷한 성이 익히는 습관 내지 환경에 따라 서로 멀어지게 된다고 덧붙였다. 사람의 타고나는 성품이 악하든 착하든 서로 비슷

할 수밖에 없지만, 생존환경에 따라 아주 달라진다는 공자의 말이다. 따라서 이 말은 사람은 환경의 지배를 받는다는 논리를 피력한 것일 뿐, 성의 뜻에 대한 이야기가 아니다. 그나마 성에 대해 이야기한 것이 이것이 다. 이러니 자공의 입장에선 공자가 성에 대해 이야기하는 걸 본 적이 없다고 말할 수밖에 없겠다.

하늘의 길로 해석할 수 있는 천도 또한 마찬가지다. 공자가 '천(天)'을 언급한 것은 상대적으로 많다. 하늘에 죄를 얻으면 빌 곳이 없다든가, 하늘이 나를 버렸다는 말, 하늘은 말이 없다는 것, 하늘을 원망하지 말라는 등 곳곳에 하늘에 대한 언급이 있다. 그런데 단순히 '천' 한 글자로 나오고 '도'가 같이 결합되진 않는다. 그래서 자공은 하늘에 대한 말은 있으나 하늘의 길에 대한 말은 없다고 했는지도 모르겠다.

어쨌든 자공은 무엇 때문에 이런 말을 했을까. 그것이 궁금하다. 말을 어렵게 하지 말고 쉽게 하라는 것일까? 성이니 천도니 하면서 개념을 들먹거리면서 어렵게 말하지 말고, 성과 천도가 구체적인 삶에 어떻게 드러나는지를 말하라는 충고일까? 그럴지도 모르겠다. 사실 삶에 대한 통찰을 통해 일관된 도를 터득한 사람은 말을 어렵게 하지 않는다. 말이 어려워진다는 것은 자신이 하는 말에 대한 확신이 없는 경우가 많다. 또한 구체적인 삶의 경험이 없는 관념의 말은 어려울 수밖에 없다. 그 관념이 어떻게 현실화하는지를 모르기 때문이다. 그렇다면 여기서 자공이 말하는 '성과 천도'가 머릿속의 관념이라면, 문장은 구체적인 삶의 현장이 드러내는 무늬와 빛깔로 봐도 되겠다. 그렇게 되면 이 구절은 이렇게 해석이 된다.

"우리 선생님은 구체적으로 쉽게 말씀하시지, 성이니 천도니 하면서 어렵게 말씀하시지 않는다."

자로는 좋은 말을 듣고 미처 실천을 못했는데 또 좋은 말을 들을까 두려워했다.

子路有聞, 未之能行, 唯恐有聞.

제자인 자로에 대한 이야기다. 자로 또는 중유라 불리는 이 인물은 매력적인 구석이 많다. 이 장에 기록된 이야기도 자로의 매력을 잘 보여 주는 말이다. 누군가 자로의 이 멋진 면을 높이 사서 이렇게 기록으로 남겼을 것이다. 더구나 〈논어〉에 기록이 되었다는 것은 많은 제자들이 동의를 했기 때문에 가능하다. 그러므로 이 장의 내용은 자로의 특징으로 틀림없다는 얘기가 된다.

좋은 말이란 무엇일까? 좋다는 것은 사람이 사람답게 살아가는 길에 있어서 가치가 있다는 것일 게다. 예로 들자면 한도 끝도 없을 것이다. 그런데 좋은 말이 말로 끝나서는 허무하다. 실천이 따르지 않는다면 말은 공중에 흩어지는 연기와 다를 바 없다. 이 장은 바로 그 점을 지적하고 있다. 자로가 얼마나 실천주의자이자 행동파인지를 알려 준다.

이런 말도 있었다. 자로는 "한 번 허락한 일은 잠을 재우지 않았다." 잠을 재운다는 건 하룻밤을 묵힌다는 뜻이다. 하룻밤을 묵힌다는 건, 허락을 해놓고도 이럴까 저럴까 다시 셈을 한다는 것이니 비겁하다. 우유부단한 모습이기도 하고. 허락을 하기 전에 신중해야지, 허락을 했으면 바로 집행하는 것이 맞다. 과감한 실천, 머뭇거리지 않는 용기, 이것이 바로 자로의 매력이었다.

자공이 스승에게 물었다.

"공문자는 어째서 '문'을 시호에 쓸 수 있습니까?"

"영민한데도 배우길 좋아했고, 아랫사람에게 묻기를 부끄러워하지 않았다. 그러므로 '문'을 쓸 수 있구나."

子貢問曰, "孔文子何以謂之文也?" 子曰, "敏而好學, 不恥下問, 是以謂之文也."

공문자는 공어(孔圉)라는 사람으로 위나라의 대부였다. 대부는 자기가 다스리는 영토를 갖고 있는 사람이다. 그러면서 제후의 조정에서 벼슬도 살면서 권력을 휘두르는 사람을 말한다. 공어 또한 위나라에서 막강한 권력을 갖고 있던 사람이다. 자공이 보기에 공어는 그리 훌륭한 사람이 아니었다. 부와 권력은 갖고 있었지만 자공이 생각하는 경지에 도달하는 인품은 아니었던 모양이다. 그래서 자공은 의문이 들었다. 어떻게 시호에 '문'을 쓸 수 있느냐고.

시호는 어떤 사람의 사후에 그의 생전의 행실을 살펴보고 붙이는 이름이다. 주로 좋은 글자를 사용하지만, 그중에서도 '문'이라는 글자를 최고로 쳤다. 인품과 학문이 모두 갖춰진 사람에게 주로 바치는 글자였다.

공자는 자공의 의문에 대해 명쾌하게 대답을 해준다. 두 가지이다.

영민하다는 건, 총명하고 영리하다는 뜻이다. 머리가 좋은 사람은 남에게 배우길 좋아하지 않는다고 한다. 자부심이 지나쳐서 그럴 것이다. 그런데 공어는 배우길 좋아했다. 공자가 보기에 매우 칭찬할 만한 행동이었다. 게다가 한 가지가 더 있다. 아랫사람에게 묻기를 부끄러워하지 않는다는 것.

지위가 높은 사람은 아랫사람에게 묻기를 주저하는 경향이 있다. 어떤 회사의 사장은 어떤 간단한 상식을 모를 때, 물어보면 쉬울 것을 자존심 상한다고 물어보지 않고 나중에 혼자서 찾아본다고 한다. 이것은 시간낭비이다.

낯선 길을 찾아갈 때, 행인에게 물어보면 될 것을 끝내 물어보지 않고 스스로 찾다가 지각을 하는 사람도 있다. 묻는 것은 전혀 부끄러운 일이 아니다. 내 물음이 거절당할까 두려워서 묻지 못한다는 사람도 있다. 그러나 누군가의 물음을 거절하는 사람은 극소수다. 오히려 누군가 물어 주면 자신이 아는 것을 그야말로 정성스럽게 알려 주는 사람이 대부분이다.

'불치하문(不恥下問)'은 공자의 여러 가지 숙어 중에 하나로 사람들 입에 오르내린다. 묻기를 주저하지 말자. 모든 배움은 묻는 데서 시작된다.

공자가 '자산'이란 사람에 대해서 말했다.

"그 사람은 군자의 도를 네 가지 갖고 있다. 자기 몸을 움직임에 겸손하고, 윗
사람을 섬기는 데 공경하며, 백성을 기르는 데 은혜롭고, 백성을 부림에 정의
롭다."

子謂子産, "有君子之道四焉, 其行己也恭, 其事上也敬, 其養民也惠, 其
使民也義."

자산은 정나라의 대부였던 공손교이다. 공자가 자기와 같은 시대를
살았던 인물 가운데 높이 칭송했던 몇 안 되는 사람 가운데 하나였다.
여기서 군자란 큰 덕을 함양한 사람의 뜻도 있지만, 글자 그대로 높은
지위에 있는 사람의 의미로 보면 좋겠다.

군(君)이란 글자는 윤(尹)과 구(口)의 결합이다. 윤은 '참되다, 미쁘
다, 다스리다'의 뜻을 갖고 있다. 구는 당연히 '입'이다. 결합하면 '참
된 입, 믿음직스러운 입, 다스리는 입' 등으로 해석이 된다. 그러니 높
은 지위에 있으려면 참되고, 믿음직스럽고, 다스림을 펼치는 입을 가
져야 한다. 그것이 군이다. 하지만 그릇되고, 의심스럽고, 다스릴 만하
지 않은 입을 가진 사람이 높은 지위에 있으면 어떻게 될까? 그 피해
는 고스란히 백성에게 돌아가기 마련이다.

정자산, 즉 공손교는 높은 지위에 있는 대부로서 걸맞은 덕을 갖춘

사람이었다. 공자는 높은 지위에 있는 사람이 공손교가 가진 네 가지 덕을 갖추길 희망하면서 이 말을 했다. 제자들 앞에서 한 말이지만 대사회적인 발언이었다.

그 네 가지 덕이란 겸손, 공경, 은혜, 정의였다. 이런 덕목은 일반인도 갖추면 더없이 좋지만 높은 지위에 있는 사람에겐 꼭 필요하다. 하지만 세상일이 어디 그런가. 꼭 필요한 사람에겐 없는 경우가 대부분이다. 만약 쉬웠다면 공자가 이렇듯 칭송하지도 않았으리라. 지위가 높아 갈수록 그 영향력 또한 커진다. 영향력이 큰 사람이 겸손하지 않고 교만하며, 공경스럽지 않고 위세를 부리며, 은혜를 베풀 줄 모르고 욕심을 부리며, 정의를 외면하고 불의에 가담한다면 아찔할 수밖에 없다. 그런데 세상은 교만한 사람, 위세를 부리는 사람, 자기 욕심만 채우려는 사람, 불의의 유혹에 넘어가는 사람이 훨씬 많다.

이는 사람의 본성이 갖고 있는 한계이다. 인간은 늘 선택의 경계에 선다. 겸손할 것인가, 교만할 것인가. 정의를 따를 것인가, 불의를 따를 것인가. 일상의 생활이 선택의 연속이다. 그러나 인간은 위대한 지성 또한 갖고 있다. 올바른 선택을 할 수 있는 능력은 누구에게나 있다. 다만 그러한 삶의 태도는 삶의 경험에 따라 많이 좌우된다. 잘 살아온 삶에서만 빛이 나는 법이다.

공자가 말했다.

"안평중은 사람들과 참 잘 사귀는구나. 오래되어도 공경하니."

子曰, "晏平仲善與人交, 久而敬之."

안평중은 제나라의 대부로 안영(晏嬰)이란 사람이다. 공자와 동시대 인물이다. 공자가 노나라를 떠나 여러 나라를 떠돌다가 제나라에도 갔다. 당시 제나라의 임금인 경공은 공자를 등용하고 싶어 했다. 그러나 안영의 반대로 무산되었다. 안영은 공자가 실권을 잡으면 자신의 개혁정치가 훼손될 것을 걱정했던 까닭이다. 보통 이런 관계면 사람을 비난하기 쉽다. 하지만 공자는 오히려 안영을 칭송하였다. 당시 제나라의 실정에 맞춰 안영이 정치를 잘하고 있다고 공자는 평가했다. 공자 자신이 경륜을 펼 때 다소 혼란스러움이 따를 수 있다는 걸 공자도 인정한 것이다.

아울러 안영이란 사람의 덕망이 있음을 인정했다. 그중에 〈논어〉에 기록된 이 장은 사람 사귐에 대한 이야기다. "오래되어도 공경한다." 쉬우면서 무릎을 치게 만드는 말이다. 처음 만나 낯설 때는 서로 공경하다가 조금만 가까워졌다 싶으면 공경을 잃는 경우가 많다.

공경하지 않음은 다양하겠지만, 가장 대표적인 것이 말이다. 인간은 언어의 가치를 매우 높게 여기는 동물이다. 그러므로 말이 한 사람의 품격을 나타내는 경우가 많다. 높임말을 쓰다가 평어 내지는 낮추는 말을 하는 것이 말에 공경을 잃는 경우다.

마음은 그렇지 않은데 말이 거칠어서 손해를 보는 사람도 있다. 그러나 평소에 말이 거친 사람도 마음 깊이 존경하는 사람을 만나면 저절로 말이 공손해진다. 험하게 쓰던 말버릇을 보이지 않기 위해 숫제 침묵을 하는 경우도 있다.

오래되어도 공경한다는 것은 그만큼 사귈 만한 사람이라는 뜻도 된다. 오래 사귀었다는 것 자체가 귀한 일이기에 그렇다. 사람들은 얼마나 자주 헤어지는가. 형제보다 더욱 진한 우정을 나누다가도 한순간에 돌아서는 경우가 얼마나 많은가. 그러므로 안영의 행동이 보여 주는 것은 사람을 잘 사귀는 법이기도 하지만, 좋은 사람을 얻었다는 말이기도 하다.

공자가 말했다.

"장문중은 큰 거북 껍질을 보관하는 집을 따로 만들었고, 기둥머리에 산을 새기고 대들보 위 짧은 기둥에 마름 풀을 그렸다. 그러니 어찌 지혜로운 사람이라 하겠는가."

子曰, "臧文仲居蔡, 山節藻梲, 何如其知也?"

　　장문중은 노나라의 대부인데 이름은 장손진(臧孫辰)이다. 공자와 같은 시대에 살았던 인물로 지혜롭다고 이름이 났다. 하지만 공자는 장손진을 "어찌 지혜롭다고 할 수 있겠는가" 하고 비판을 했다.

　　비판의 근거는 두 가지를 들었다. 첫째는 큰 거북의 껍질을 보관하는 집을 따로 만들었다는 것이다. 원문에 있는 채(蔡)는 원래 채나라의 이름이다. 그런데 채나라에서 나는 거북이가 가장 컸다. 당시엔 거북의 배 껍질로 점을 치는 거북점이 유행했고, 거북은 클수록 좋았다. 따라서 채나라에서 생산되는 거북이 최상품이었으므로 자연스럽게 거북점에 사용하는 큰 거북을 '채'라고 불렀다. 인간이 환유를 사용하는 비유의 언어 방식을 잘 보여 주는 예이다.

　　그런데 거북점에 사용하는 큰 거북을 보관하는 집을 지은 것이 왜 문제가 되는가? 이것도 두 가지로 볼 수 있다. 하나는 사치이다. 백성을 위한 정치를 펴야 할 대부의 위치에 있는 사람이 점치는 거북을 위한 집까지 마련하는 사치를 부리고 있으니 어찌 백성을 돌볼 틈이 있겠는가 하는 비판이다. 지위가 높고 부유할수록 검소해야 한다는 공자의 신념과 전혀 맞지 않는 모습이다. 또 하나는 점술에 기대는 행위에 대한 비판이다. 공자는 이미 인간의 이성을 굳게 믿는 사람이다. 우연에 불과한 점술을 믿는 행위는 결코 지혜로운 사람이 할 일이 아니라고 본 것이다. 장손진이 큰 거북을 위한 집까지 마련했다는 것은 점술에 대한 신뢰가 큰 사람이라는 방증이므로 그에 대한 비판이다.

다음으로 '산절조절(山節藻梲)'이다. 기둥머리에 산을 새기고 대들보 위 동자기둥에 마름을 그리는 일은 집을 화려하게 꾸미는 일이다. 이 또한 사치스럽다고 봤다. 아울러 집에 산을 들이고 마름 풀을 들이는 행위 자체가 복을 비는 의미가 있다. 큰 거북의 예와 똑같은 비판이다.

그렇다면 공자는 왜 이런 기복의 행위를 비판하는가? 인간은 크게 두 가지 방향성을 갖고 있다. 삶을 중요시하거나 삶과 죽음 모두를 중요시하는 방향. 공자는 죽음 이후의 세계에 대하여 말하지 않았다. 현실의 삶 자체가 너무나 고단한 시대였기 때문에 그러했다. 현실의 삶을 평화롭게 만드는 데 혼신의 힘을 다하고자 한 사람이 공자였다. 그것이 공자에게는 검소를 뿌리로 한 예이며, 나와 남을 똑같이 사랑하라는 인이었다.

그러나 방편설법이었지 공자 역시 죽음을 함부로 다루진 않았다. 삶과 죽음의 중개가 인간의 현실의 삶에도 커다란 영향을 미치는 것까지 부정할 수는 없었다. 그러니까 공자는 신화적 사고가 만연한 시대에 비대칭성의 철학을 하고자 했던 혼란기의 위대한 영혼임을 잘 보여 준다. 결국 공자는 인간과 사물에 대한 대칭성과 비대칭성의 관념을 넘나들면서 살았던 인물이었다.

자장이 물었다.

"초나라의 '영윤자문'은 세 번이나 영윤이 되었지만, 기뻐하는 빛이 없었습니다. 또 세 번이나 영윤 자리에서 밀려났지만, 성내는 빛이 없었습니다. 오히려 옛 영윤의 정사를 새로운 영윤에게 반드시 알려 주었습니다. 어떤 사람입니까?"

"충성스러운 사람이다."

"인자라고 할 수 있습니까?"

"모르겠다. 하지만 어찌 인을 얻었다고까지 하겠느냐."

자장이 다른 사람에 대해 물었다.

"최자가 제나라 임금을 시해하자, 진문자는 전차가 열 대나 있었지만 다 버리고 떠났습니다. 진문자가 다른 나라에 이르러 살펴보다가 말하기를, '여기도 우리 나라 대부인 최자 같은 사람이 있구나' 하고는 떠나 버렸습니다. 또 다른 나라에 가서도 '우리나라의 최자 같은 사람이 여기도 있구나' 하고는 또 떠났습니다. 어떤 사람입니까?"

"맑은 사람이다."

"인자라고 할 수는 있나요?"

"모르겠다. 하지만 어찌 인을 얻었다고까지 하겠느냐."

子張問曰, "令尹子文三仕爲令尹, 無喜色, 三已之, 無慍色. 舊令尹之政, 必以告新令尹. 何如?" 子曰, "忠矣." 曰, "仁矣乎?" 曰, "未知, 焉得仁?" "崔子弑齊君, 陳文子有馬十乘, 棄而違之. 至於他邦, 則曰, '猶吾大夫崔子也.' 違之. 之一邦, 則又曰, '猶吾大夫崔子也.' 違之. 何如?" 子曰, "淸矣." 曰, "仁矣乎?" 曰, "未知, 焉得仁?"

초나라 사람인 영윤자문과 제나라 사람인 진문자에 대한 이야기다. 영윤자문은 투누오도(鬪穀於菟)란 사람이다. 이름의 발음이 특이한데 '누'는 '호랑이가 젖을 먹인다'는 뜻이고, '도'는 '호랑이'를 말한다. 모두 중국 초나라의 사투리이다. 투가 성이고 이름이 누오도이다. '오'는 별 뜻 없이 들어간 말이고, '누도'가 '호랑이가 젖을 먹인다'는 뜻이 된다.

투누오도는 갓난아이 때 숲에 버려졌다고 한다. 그 갓난아이를 호랑이가 젖을 먹여서 키웠으니, 훌륭한 인물이 될 것으로 이미 예고된 아이였다. 역시 투누오도는 초나라의 최고 벼슬인 '영윤'에 세 번이나 올랐다. '자문'은 나중에 불리게 된 투누오도의 자이다. 높은 지위에 올라가면 누구나 기뻐하게 마련이다. 그러나 자문은 기뻐하지 않았다고 한다. 높은 지위에 있다가 밀려나게 되면 누구나 화가 나기 마련이다. 화는 내지 않더라도 섭섭하기라도 할 것이다. 그런데 자문은 그런 감정이 없었다는 얘기다. 오히려 물러나면서 새로운 영윤에게 지나간 일들에 대해 자세히 알려 주고 떠났다고 한다.

그래서 자문은 꽤 인기스타였던 모양이다. 자공은 인물평하기를 좋아했다. 인기스타인 자문에 대해 스승인 공자는 어떻게 보고 있는지 궁금했다. 자공의 궁금증에 대해 공자는 아주 짧게 한 글자로 답했다. "충이다." 충은 내가 할 수 있는 정성을 다한다는 뜻이다. 다른 말로 하면 '정성스러운 사람' 정도로 풀이할 수 있겠다. 자공이 보기엔 좀 부족한 평가이지 싶었다. 그래서 더 물었다. "인자가 아닙니까?" 그러나 공자는 인정하지 않았다. 인은 공자가 설정한 최고의 경지였다.

최자는 제나라의 대부인 최저(崔杼)이다. 최저는 제나라 임금인 장공을 시해했다. 장공과 최저는 한 여인을 두고 다투는 연적 관계에 있었다. 치정에 의한 살인이었던 셈이다. 진문자는 역시 제나라의 대부인 진수무(陳須無)를 말한다. 진수무는 전차 열 대를 낼 수 있는 재력을 가지고 있었다. 전차 한 대엔 말 4필이 필요하며, 무사는 3명이 있어야 한다. 이 정도의 재력과 무력이면 상당한 힘이다. 그런데 진수무는 이 모든 것을 버리고 제나라를 떠났다. 왜 그랬을까? 제나라 조정에 대한 혐오였을 것이다. 임금과 실권을 가진 한 대부가 정책을 두고 다툰 것도 아니고, 한 여인을 두고 다투다가 살인을 하는 일까지 벌어졌으니 진수무로선 "에이, 더럽다!" 하고 떠나 버렸다는 것이다.

그러나 어디에 간들 최저 같은 인물이 없겠는가. 치정으로 임금을 죽이는 똑같은 일이 아니라도 비슷한 일은 무수히 많다. 소인배들의 치욕스러운 일 말이다. 진수무는 최저 같은 인물이 보일 때마다 그 나라를 떠났다. 어느 한 곳에도 정착하지 못하는 방랑의 삶을 살 수밖에 없었다. 진수무의 이런 삶의 태도는 많은 사람들에게 알려졌고, 공자는 어떻게 평가할지 자공은 궁금했다. 역시 공자는 한마디로 대답했다. "청이다." 더러운 것이 내 몸에 끼치는 것을 극도로 싫어하는 맑은 사람이라는 것. 자공은 부족해 보여 혹시 인자가 아닌가 물었다. 재물도 권력도 지푸라기 보듯 버린 사람이기 때문이다. 그러나 공자는 인정하지 않았다. 너무 맑은 물에는 고기가 놀지 못한다고 한다. 인을 실천하는 인자의 품에서는 뭇 고기들이 잘 놀아야 한다. 그러나 역시 투누오도나 진수무처럼 충성스럽고 맑기도 어려운 법이다. '충청(忠淸)'할 수 있는 사람이 많다면 세상은 좀 더 평화로울 것이다.

계문자가 세 번 생각한 뒤에 실천을 했다. 공자가 그 이야기를 듣고 말했다.
"두 번이면 된다."

季文子三思而後行. 子聞之曰, "再, 斯可矣."

　　계문자는 노나라의 대부로 계행보(季行父)라는 사람이다. 계씨 집
안은 노나라의 왕족으로 형성된 세 집안인 맹손, 숙손, 계손씨의 하나
다. 이 세 집안의 위력이 노나라 임금을 능가했는데, 그중에서도 계씨
집안이 가장 강력했다. 계행보는 그 계씨 집안의 실권자였다.

　　계행보는 몹시 신중한 사람으로 정평이 나 있었다. 어떤 일을 결정
할 때 심사숙고하였다. 본문의 세 번이라는 것은 꼭 숫자 3을 뜻하는
건 아니다. 세 번만 생각하고 실천한다는 뜻이 아니라 세 번 이상 생
각한다는 뜻을 내포하고 있다. 사람들은 계행보의 이 신중함을 높이
평가하고 있었다. 그러나 공자는 한마디로 명쾌하게 잘라 버렸다. "두
번이면 충분하다!"

　　공자는 과한 신중함의 폐해를 지적하고 있다. 신중함이 지나치면
일은 엉뚱하게 꼬일 수도 있다. 이치를 충분히 따지되 실천은 과감해

야 한다. 이치를 따지는 일은 두 번이면 충분하다고 공자는 봤다. 여기서도 2라는 숫자는 꼭 두 번을 뜻한다고 볼 필요는 없다. 두 번이라는 것은 이런 의미가 들어 있다. 장점과 단점, 성공과 실패, 유리와 불리 등 대립되는 요소들을 견주어 파악해 보라는 말이다.

정(正)과 반(反)을 파악하면 합(合)이 나온다. 이것이 세상만사의 변증법이다. 합이 나왔는데도 또다시 정을 따지고 반을 따지면 이것은 우유부단함이다. 공자는 우유부단하여 일을 시작조차 못하기보다는 다소 미진하더라도 과감하게 실천하라고 말하고 있는 것이다.

공자가 말했다.

"영무자는 나라에 도가 있을 때 지혜롭게 행동했고, 나라에 도가 없을 때 우직하게 행동했다. 지혜롭게 하는 건 나도 할 수 있지만, 우직한 건 내가 따라 하기 어렵다."

子曰, "甯武子, 邦有道則知, 邦無道則愚. 其知可及也, 其愚不可及也."

영무자는 위(衛)나라의 대부로 이름은 영유(甯兪)이다. 영유는 위나라의 임금인 문공과 성공 때에 벼슬을 살았다. 문공은 어진 임금이었으나 성공은 폭군이었다. 공자가 말하는 도가 있는 시대란 문공을 말하고, 무도한 시대란 성공이 임금이던 시대를 말한다.

어진 임금인 문공이 정치를 할 때 영무자는 마치 아무 일도 없는 듯 임금을 잘 보필했다. 임금이 워낙 정치를 잘하니 잘 돕기만 해도 되는 것이다. 물론 잘 돕는 일도 쉬운 건 아니다. 그래서 지혜롭다고 하였다.

폭군인 성공이 임금이 되자 거의 나라가 결딴날 지경에 이르렀다. 백성들은 떠나고 대부들도 생명을 보전하기 위하여 몸을 사렸다. 이때 영유는 온 힘을 다하여 기울어지는 나라를 붙들었다. 목숨의 위협을 무릅쓰고 임금에게 간하고 바른 정치를 펴려고 애를 썼다. 이것을 공자는 무도한 시대의 우직한 행동이라고 얘기했다.

그리고 공자는 탄복한다. 유도한 시대의 지혜로운 행동은 나도 따라 할 수 있으나 무도한 시대에 우직한 행동은 따라 하기 어렵다고. 영유의 행위에 대한 극찬이다. 자기 목숨을 구하기 위하여 인을 해치지 않고 내 목숨을 바쳐서라도 인을 이루어야 한다는 공자의 생각 바탕이 잘 드러나 있는 구절이다.

공자가 진나라에 있을 때 말했다.

"돌아가자! 돌아가자! 우리나라의 젊은이들이 뜻이 크고 대쪽 같구나. 빛나는 성취를 이루겠지만 어떻게 다듬을지를 모르는구나."

子在陳, 曰, "歸與! 歸與! 吾黨之小子狂簡, 斐然成章, 不知所以裁之."

공자는 노나라를 떠나 꽤 여러 나라를 돌아다녔다. 위나라를 거점으로 해서 주변의 진, 송, 제 등의 나라를 다녔다. 하지만 어느 나라에서도 포부를 펼 만한 지위를 얻지 못했다. 그렇다고 노나라로 돌아가기도 쉽지 않았다. 실권을 잡고 있는 계씨 집안에서 공자의 귀국을 막고 있었기 때문이다.

십여 년의 타향살이는 공자를 지치게 했다. 나이도 이미 칠순에 가까워지고 있었다. 대부나 공경의 지위에 올라 정치적인 뜻을 펴기엔 너무 고령이었다. 나이도 나이지만 공자는 더 이상 지위를 얻을 수 없음을 알았다. 자기가 갖고 있는 철학이 현재의 권력자들에게 받아들여지지 않음을 확인한 것이다.

공자는 이제 귀국하고 싶었다. 그러자면 계씨 집안에 메시지를 보내야 했다. 내용은 "나는 정치를 하지 않겠다"는 것이어야 했다. 그래야만 귀국 길이 열릴 터였다. "돌아가자! 돌아가자!"라는 외침은 달리 읽으면 "돌아가고 싶다!"는 간절한 바람이다. 그리고 곧 이어서 돌아가서 무엇을 할 것인지를 말하고 있다. 젊은이들을 교육하겠다는 메시지. 우리나라의 젊은이들이 뜻은 원대하고 대쪽처럼 바르지만, 다듬어 줄 사람이 없다는 말이 그렇다.

멋진 비유의 언어다. 사실을 사실로 말하는 것보다 비유를 얹으면 듣는 사람에게 깊은 인상을 준다. 왜냐하면 듣는 이가 스스로 생각하여 결론을 내리게 되기 때문이다. 계씨 집안에서도 공자의 진심을 읽었다. 이제 정적을 맞아들여도 될 때가 된 것으로 파악한 것이다. 공자는 68세의 나이에 드디어 14년의 타향살이를 끝내고 귀국하게 된다. 그리고 5년 뒤, 파란만장한 생애를 마감한다. 약속대로 공자는 마지막 정열을 불태워 제자들을 교육한다. 〈논어〉에 기록된 제자들과의 많은 대화가 바로 이 시기에 생산된 것이다. 인생의 가장 완숙한 시기의 발언들이다.

공자가 말했다.

"백이와 숙제는 예전의 잘못을 마음에 새겨 두지 않았다. 그래서 원망이 드물었다."

子曰, "伯夷叔齊, 不念舊惡, 怨是用希."

백이와 숙제는 토론의 아이콘이다. 그들의 행동이 많은 논란거리를 던져 주기 때문이다. 앞에서도 백이와 숙제에 대하여 이런저런 이야기를 많이 했다. 여기서는 조선 후기의 대문호인 연암 박지원의 백이론을 잠깐 소개할까 한다. 연암은 백이가 은나라의 주임금을 치러 가는 주나라 무왕의 말고삐를 잡고 말린 것을 '마지못해서' 한 일로 봤다.

　　탕과 백이와 무왕은 똑같은 생각이었다. 그들은 천하와 후세를 위하여 그렇게 한 것이다. 탕임금이 걸을 내쳤는데도 천하 사람들이 흡족해하며 아무도 괴이하게 여기는 자가 없자, 탕임금은 진실로 염려하여 이렇게 말했다.
　　"나는 후세 사람들이 나를 구실로 삼을까 걱정이다."
　　그런데 무왕이 마침내 그 뒤를 따라 그와 같은 일을 행했으니, 천하 사람들이 또 흡족해하며 괴이하게 여기지 않는다면 후세를 위하여 염려됨이 클

것이다. 그러므로 백이가 무왕을 비난한 것은 그의 거사를 비난한 것이 아니라 자신의 의리를 밝혔을 따름이며, 무왕이 백이의 봉분을 만들어 주지 않은 것은 그를 잊은 것이 아니라 그의 의리를 밝게 드러냈을 따름이니, 천하와 후세를 염려한 점은 똑같았다.

—김명호·신호열 역, 〈연암집〉 중편, 88쪽, 돌베개

백이가 무왕을 비난했다는 것은 신하로서 임금을 치는 쿠데타를 비난했다는 뜻이다. 이것은 은나라의 시조인 탕임금이 신하로서 하나라의 걸임금을 친 쿠데타와 같다. 이때 걸임금을 치는 데 성공한 탕임금은 "후세 사람들이 나를 본받을까 두렵다"고 말했다. 이는 자주 쿠데타가 일어날 것에 대한 염려였다. 쿠데타도 옳은 것과 그른 것이 있을까? 고려왕조를 무너뜨리고 조선왕조를 세운 이성계의 쿠데타를 어떻게 볼 것인가? 끝내 이성계에게 협조를 거부하고 죽음을 맞이한 정몽주를 어떻게 볼 것인가?

정몽주를 죽인 이방원은 자신이 왕이 된 뒤에 정몽주를 높이 기렸다. 망해 가는 왕조라고 하더라도 그 충성심을 높이 산 것이다. 그러나 무왕은 백이를 높이 기리지 않았다. 수양산에서 굶어 죽은 백이를 위해 무덤도 만들어 주지 않았다. 왜 그랬을까? 무왕은 백이를 높이지 않는 것이 오히려 그 가치를 높이는 것이라고 봤다. 이방원이 정몽주를 높인 것은, 신하들이 자신에게 충성을 바칠 것을 은근히 강요하는 사욕의 발로라고 볼 수도 있다.

여하튼 백이는 다양한 의견을 불러일으키는 사람이다. 여기 공자의 발언은 의미심장하다. 백이는 '지나간 잘못'은 마음에 새기지 않았다.

한마디로 쿨한 사람이라는 뜻이다. 여기서 지나간 잘못이란 나의 잘못이 아니라 남이 나에게 한 잘못을 말한다. 내가 남에게 저지른 잘못도 마음에 새겨 두지 않는다면, 이것은 쿨한 것이 아니라 무책임한 것이다.

내 잘못은 뉘우치고 고치고 난 다음에야 마음에서 떠나보내야 한다. 반면에 남이 나에게 한 잘못은 굳이 마음에 오래 묻어 둘 필요가 없다. 끝없이 되새김질하면 서로 피곤해진다. 나에게 잘못을 저지른 사람이 사과를 하지 않으면 내가 마음에 새겨 둔 것은 사라지지 않는다. 그러니 무엇하러 마음에 새겨 둘 것인가. 홀홀 털어 버리는 것이 정신건강상 좋다. 백이는 '맑은 사람'이라는 칭송을 듣기도 했다. 아마도 이 '불념구악'의 삶의 태도가 그렇게 비쳐졌을지도 모른다. 불념구악의 다른 말은 '뒤끝 없음'이라고 봐도 되겠다.

그러나 상대방이 불의한 일을 저질러 놓고 과거의 잘못을 잊어 달라고 하는 건 받아들일 수 없다. 여기서 마음에 새기지 않는 구악이란, 잊어도 좋을 만한 자질구레한 잘못들을 말한다. 인간으로서 저질러서는 안 되는 잘못은 반드시 시정하게 한 다음에 용서를 해야 한다.

자질구레한 잘못에 대해서는 쿨하고 뒤끝이 없으니 남에게 원망을 받을 일도 별로 없다. 또한 내가 남을 원망할 일도 줄어들 것이다. 공자의 "드물다"는 발언은 "거의 없다"라는 말과 동의어인 경우가 많다.

공자가 말했다.

"누가 미생고를 정직하다고 말하는가? 어떤 사람이 식초를 빌리러 오니까 자기
이웃 사람에게서 빌려다가 주는구나."

子曰, "孰謂微生高直? 或乞醯焉, 乞諸其鄰而與之."

미생고는 노나라 사람인데 정직하다고 이름이 났다. 그런데 공자는
미생고의 정직함이 잘못 알려졌다고 비판한다. 그 근거로 '식초 이야
기'를 한다. 어떤 사람이 미생고에게 식초를 빌리러 왔다. 마침 미생
고 집에 식초가 떨어졌다. 이에 미생고는 어떤 사람을 잠깐 기다리게
하고 이웃 사람에게 가서 식초를 빌려 와서 주었다. 이것이 식초 이야
기의 전부다. 그런데 이 이야기를 공자가 어찌 알았는지는 알 수 없으
나, 이 이야기를 근거로 미생고는 정직하지 않다고 말한다.

공자의 판단을 추측하기는 어렵지 않다. 집에 식초가 떨어졌으면
"미안하네. 식초가 떨어져서 빌려줄 수가 없네" 하고 말하는 것이 정
직한 태도라는 것. 그런데 굳이 이웃 사람에게 가서 빌려다가 준 까닭
은 뭘까? 그것은 식초를 빌리러 온 사람에게 환심을 사기 위한 욕망
이라고 본다. 이는 명성을 얻기 위한 욕구의 발로이지 정직함과는 거

리가 멀다는 것이다.

공자의 판단은 논란의 여지가 있다. 미생고가 이웃에서 빌려 온 식초를 자기 것인 양 줬다면 심각하다. 이는 논란의 여지도 없이 미생고는 거짓을 정직으로 포장하는 위선적인 인물이 된다. 정직하다고 이름이 있는 사람이 이런 행동을 했을 리는 없다. 그렇다면 "잠깐 기다리게. 내가 식초를 빌려 와서 주겠네"라는 말을 하고 식초를 빌려 왔다고 전제를 하자. 그렇다면 이 행동은 배려심의 발로라고 볼 수도 있다.

"이웃에 식초가 있으니 거기 가서 빌려 가게"라고 말할 수도 있지만, "그 사람과 내가 친하니 내가 빌려 오는 것이 쉬울 걸세" 하고 대신 빌려다 줬다면 이는 따뜻한 정이라고 볼 수 있겠다. 이는 정직과 또 다른 차원의 좋은 덕이다. 이런 행위가 비난받을 이유는 없으리라. 그렇다면 공자의 판단이 문제가 있는 것인가?

공자가 이 말을 제자들에게 했다면 경계의 의미가 있다. 사람은 명성에 대한 탐욕이 있는데, 자칫 위선적인 행동을 하면서 명예를 탐할 수도 있다는 것. 미생고의 호의를 공자는 좀 지나치다고 봤다. 더구나 이 호의가 자신의 명성을 유지하기 위한 계산에서 나왔다면 내남없이 피곤해질 수 있다. 공자의 발언은 그 부분을 지적하고 있다.

공자가 말했다.

"교묘하게 잘하는 말과 거짓으로 꾸미는 얼굴빛과 지나친 공손함을 좌구명이 부끄러워했는데, 나도 역시 부끄러워한다. 원망하는 마음을 숨기고 그 사람을 벗으로 사귀는 것을 좌구명이 부끄러워했는데, 나도 역시 부끄러워한다."

子曰, "巧言令色足恭, 左丘明恥之, 丘亦恥之. 匿怨而友其人, 左丘明恥之, 丘亦恥之."

좌구명은 누구인지 알려진 바가 없다. 공자보다 앞선 시대의 인물인데, 인품이 훌륭했던 사람으로 이름이 전해졌다. 공자의 이 발언은 사람살이의 어려움을 잘 나타내는 말이다. 사람이 늘 하고 싶은 말만 하고 살 수는 없다. 교묘하게는 아니라도 때로는 진심이 아닌 말도 하게 될 때가 있다. 얼굴빛도 마찬가지다. 정말 같이 있고 싶지 않은 사람과 어쩔 수 없이 자리를 같이해야 될 때가 있다. 이때 뚱한 얼굴로 앉아 있을 수는 없다. 얼굴에 아첨하는 빛은 아니라도 원하지 않는 웃음을 띠고 있어야 할 때가 있다. 공손한 태도도 마찬가지이다.

그러나 좌구명은 이 모든 것을 부끄러워했다. 어느 정도라는 한계가 있는데 그 선을 넘어서면 안 된다는 거다. 사람은 자기가 행하는 말과 태도에 따라 자기 마음까지 잃어버릴 수도 있다. 늘 그런 위험성은 우리 안에 도사리고 있다.

이어지는 이야기는 사람과 사귐에 있어서 중요한 경구가 된다. 원망을 속에 품고 있으면서 겉으로 친구인 척하는 행위. 세상을 살아가다 보면 이런 경우를 허다히 만나게 된다. 직장 생활을 하는 사람은 목구멍이 포도청이라서 싫은 사람하고도 어쩔 수 없이 가까이 지내야 한다. 대학원 학생은 장래의 교수 자리를 위해서 지도교수에게 영혼까지 팔아 버리는 듯한 행위를 하기도 한다. 연예계는 어떠한가. 누구나 노리는 배역을 얻기 위해, 감독이나 피디나 사장을 위해 자신의 모든 것을 내놓기도 한다. 그러나 직장인, 대학원생, 연예인의 마음속에는 원망과 부끄러움이 가득할 것이다.

싫은 사람, 원망하는 사람과는 단호하게 관계를 끊고 살아갈 수 있을까? 인간세계를 떠나 식물이나 동물들과 함께 산다면 가능할지도 모르겠다. 무인지경의 산속 오지에서 사는 사람들의 이야기가 텔레비전에 자주 방영이 된다. 보는 사람이 많다는 이야기다. 이런 프로그램이 인기가 있다는 것은 사람들이 사람살이에 지치고 있다는 반증이기도 하다.

하지만 사람은 사람끼리 무리를 이루어 살아가게 마련되어 있다. 그렇다면 어찌해야 하는가? 사람의 공동체 살이의 측면에서 공자의 이 발언을 다시금 되새겨 보자. 원망을 숨기고 겉으로 친구인 척하는 것은 부끄러운 일이다. 이는 위선이 틀림없다. 그러나 그 사람과 관계도 끊을 수 없다. 그렇다면 방법은 한 가지다. 나의 원망을 해소하는 수밖에 없다. 그를 원망하는 마음을 떳떳하게 밝히고 개선해 나가야 한다. 원망하게 한 원인과 싫어하게 한 원인들을 찾아 해소해야 할 것이다. 그래야 부끄러움이 사라진다. 이것이 공자의 참뜻에 가깝다.

안연과 계로(자로)가 스승을 모시고 있었다. 한가로운 시간을 보내다가 공자가 말했다.

"너희들이 품고 있는 뜻을 말해 봐라."

자로가 먼저 말했다. "수레와 말과 가벼운 가죽옷을 벗들과 함께 쓰다가 망가지고 해지더라도 아무런 유감이 없고자 합니다."

이어 안연이 말했다. "내가 잘한 것을 자랑하지 않고, 다른 이를 수고롭게 함이 없고자 합니다."

공자가 빙그레 웃으며 가만히 있으니까 자로가 말했다. "선생님의 뜻을 듣고 싶습니다."

공자가 대답했다. "늙은이는 편안하게 해주고, 벗에겐 믿음을 주며, 어린 사람들은 품어 주련다."

顔淵季路侍. 子曰, "盍各言爾志?" 子路曰, "願車馬衣輕裘, 與朋友共, 敝之而無憾." 顔淵曰, "願無伐善, 無施勞." 子路曰, "願聞子之志." 子曰, "老者安之, 朋友信之, 少者懷之."

참 아름다운 장면이 그려진다. 스승과 두 제자가 한가롭게 이야기를 나누는 장면. 아마도 호젓한 연못가라면 더 좋으리라. 봄꽃이 한창 피어나는 계절일지도 모른다.

자로는 공자보다 아홉 살 어렸다. 무인이었으며 결단성이 있는 사람이다. 처음엔 공자를 업신여겼으나 나중엔 마음 깊이 감복한 사람이다. 그런 자로를 공자 역시 사랑해 마지않았다. 안연은 공자보다 서른 살이 어렸으니 한 세대 차이가 나는 셈이다. 그러나 공자가 스스로 "안연은 나보다 낫다"라고 할 정도로 인품이 뛰어났던 인물이다. 안연이 죽었을 때 "하늘이 나를 버리는구나!" 하고 공자가 통곡을 할 정도로 사랑했던 제자다.

이런 두 제자와 나누는 대화이니 얼마나 즐거울까. 대화의 내용 또한 깊이가 있다. 시시껄렁한 농담이나 나누는 그런 대화가 아니다. 각자 품고 있는 뜻, 평생을 살아가는 데 좌표로 삼고 가는 그 무엇, 〈논어〉의 진짜 주인공 세 사람이 마음속 깊이 품고 있는 뜻을 서로 나누는 대화이다. 이 얼마나 감동적인가.

먼저 자로가 가슴에 품은 뜻이다. 수레, 말, 가벼운 갖옷은 매우 귀한 재물이다. 이 재물을 벗과 함께 아낌없이 나눠 쓰겠다고 자로는 말했다. 사람이 재물에 대한 욕심은 버리기 어려운 법이다. 공자는 "다 해진 옷을 입고 비단옷을 입은 사람들 옆에 서서도 전혀 부끄러워하지 않는 사람"이 자로라고 칭찬한 적이 있다. 자기가 재물이 없어도 부끄러움이 없고, 재물이 있으면 나눠 쓰겠다는 자로의 평소 소신이 잘 드러나 있다.

안연은 늘 마음을 갈고 닦는 사람답게 말했다. "잘난 것을 자랑하지 않겠다." 이건 참 쉬운 일이 아니다. 내가 뭔가를 잘했을 때 남이 알아주기를 바라는 것은 인간이 가진 기본 욕구다. 남이 알아주지 않으면 스스로 자기 자랑을 해서라도 알리려 한다. 안연은 그렇게 하지 않겠노라고 한다. 학이편 1장 3절에서 "남이 알아주지 않아도 성내지 않으면 군자다"라고 공자는 말했다. 남이 알아주지 않아도 성내지 않으려면 자신의 잘한 점을 자랑하겠다는 마음이 없어야 한다. 남의 인정에 목말라하는 욕구를 버리겠다는 안연의 선언이다. 이 욕구를 버렸을 때 오히려 남이 인정을 해준다. 인생사 오묘한 역설이다.

다른 이를 수고롭게 하지 않겠다는 안연의 선언도 의미심장하다. 나를 위해 누군가가 힘들어한다면, 군자의 도를 닦아 가는 사람으로서 부끄럽다는 뜻이다. 누군가의 옆에 있을 때 마음이나 몸이 수고롭다면 그 곁에 있고 싶지 않을 것이다. 안연은 인자가 되고 싶어 했던 인물이다. 인자는 누구든 곁에 왔을 때 평화를 누리게 하는 사람이다.

두 제자의 이야기를 듣고도 공자가 가만히 있으니 자로는 궁금했다. '과연 우리 스승님은 어떤 뜻을 품고 계실까.' 성격이 급한 자로는 참을 수 없다. 안연 같으면 스승에게 여쭙지 않았을 것이다. 그러면 우리는 공자의 품은 뜻을 이렇게 읽을 수 없었을지도 모른다. 그러니 자로 같은 제자가 얼마나 고마운 인물인가.

자로의 물음에 공자가 대답한다. 노인과 벗, 젊은이를 언급한다. 나의 앞선 세대, 나와 동세대, 나의 뒷세대를 모두 아우르는 발언이다. 이러한 공자의 시각은 사회적이며 대서사가 가능하게 하는 관점을 준다. 자로와 안연의 말을 돌아보라. 자로는 벗을 이야기하고 있다. 같은 세대와 어떻게 지낼 것인가를 말하고 있는 것이다. 물론 벗이라고 해서 꼭 같은 나이를 말하는 건 아니다. 그러나 벗은 아무리 나이를 많이 잡아도 아래위로 십 년을 넘기는 어렵다. 세대 차이를 넘어서기 어려운 인간의 한계가 있기 때문이다. 드물게 20~30년의 나이차를 극복하는 벗도 있기는 하지만 말이다. 안연은 어떠한가. 자기 개인의 수련에 대하여 말하고 있다.

두 제자의 발언과 비교해 보면 확연히 차이가 나는 것이 세상을 바라보는 눈의 넓이이다. 모든 세대의 평화를 갈구하는 공자의 마음이 읽힌다. 그러나 사실, 공자의 이 소망은 이루어지기 매우 어려운 일이다. 노인을 말로만 공경한다고 하지 실제 현실에선 그렇지 않은 경우가 더 많다. 인류는 나이가 들수록 추해지는 것이 숙명인 것 같다. 곱게 늙어서 잘 죽는 것이 인류의 소망인 것을 봐도 그렇다. 노인들이 늘 말하지 않던가. "자는 잠에 그냥 죽었으면 좋겠다." 이것은 정말 희망이다. 이 희망이 이루어진 사람을 우리는 세상을 잘 마쳤다고 해서 한자로, 한 생애를 잘 마쳤다는 마칠 졸(卒)을 써서 죽을 사(死)나 망할 망(亡)과 구별한다.

마음속으로 공경하는 마음이 없으니 행동으로 나오긴 어렵다. 그러나 노인을 홀대하는 것은 스스로의 마음에도 결국 상처를 남긴다. 나도 언젠간 늙을 수밖에 없기 때문이다. 어떻게든 노인들의 삶의 평화를 위한 계획은 필요하다. 공자가 말하는 노인이 편안한 나라는 바로 그것을 말하고 있다.

동세대에게 신뢰를 얻는 것은 나의 현재의 삶에서 비중이 가장 크다고 봐야 한다. 보통 사람의 삶이 동세대와 많은 시간을 함께하기에 그렇다. 동세대에게 신뢰를 얻는 것이 곧 노인을 편안하게 하고 젊은 이들을 끌어안을 수 있는 바탕이 된다.

우리는 앞선 세대를 비판하듯이 뒷세대를 못미더워한다. "우리 때는 안 그랬어"라든가 "요새 젊은것들 하는 것 보면 참 말세야" 이런 말들은 뒷세대를 의심하는 말들이다. 하지만 이런 인식은 세상의 평화를 위해 아무런 보탬이 되지 않는다. 공자는 언젠가 이런 말을 했다.

"뒤에 태어나는 사람이 두렵다. 그들이 앞선 사람들보다 못할 거라고 누가 말할 수 있는가?"

후생가외(後生可畏)라는 말로 유명해진 말이다. 뒤에 올 세대에 대한 믿음을 잘 나타내는 말이다. 나보다 어린 사람들은 아직 내가 도달한 경지에 못 미칠 가능성이 크다. 그런 사람은 나보다 못나서가 아니라 아직 세상을 덜 살아 봐서 그럴 뿐이다. 그가 나와 같은 삶의 경력을 쌓았을 때 나보다 훨씬 높은 경지에 도달할지 누가 알겠는가. 그 가능성을 봐 주고 사랑하고 품어 줘야 하리라.

한 스승과 두 제자의 아름다운 대화의 한 장면을 감상해 봤다. 과연 나는 세상을 살아가면서 이런 스승과 제자를 만났던가. 아니면 지금 만나고 있는가? 가만히 되돌아보게 된다.

공자가 말했다.

"그만둬야 하나? 나는 아직 못 봤다. 자기가 한 잘못을 보고 자기 내면으로 들어가서 송사하듯 따져 볼 수 있는 사람을. 이제 그런 사람 볼 희망을 그만둬야 하나?"

子曰, "已矣乎, 吾未見能見其過而內自訟者也."

아직 보지 못했다는 것은 앞으로 볼 희망이 미미하게나마 남아 있다는 뜻이다. 미미한 희망이란 참 보기 어렵다는 말이니, 공자의 이 발언은 사람이 도달하기 쉽지 않은 경지를 지적하고 있다.

사람은 누구나 허물을 지을 수밖에 없는 존재다. 허물이 크거나 작거나, 많거나 적거나, 아주 나쁘거나 덜 나쁘거나와 같은 정도의 차이가 있을 뿐이다. 그러니 사람이 허물을 갖는 것은 비난할 것이 아니다. 문제는 잘못을 하고도 그것이 잘못인지를 모르는 경우이다.

그런데 세상사를 가만히 들여다보면 잘못을 자주 하고, 많이 하고, 큰 잘못을 저지르는 사람들이 자기 잘못을 모르는 경우가 많다. 아니, 자기의 잘못을 잘못이라고 인식하지 않는다. 당연히 잘못에 대한 사과나 뉘우침이 없다. 그것은 왜 그럴까? 잘못에 대한 기준이 다르기 때문이 아닐까 하는 생각을 해본다. 세상에는 사람들 누구나 유전적인 인류의 인자에 의해 인식하는 '정의'라는 것이 있다. 어떤 실험에서 다섯 살 아이도 부끄러움을 안다는 보고가 있었다. 바구니에 도구를 이용해서 공을 넣으라고 했는데, 실험진행자가 보지 않는 틈을 이용해서 손으로 넣었다. 그 아이는 주어진 규칙을 어긴 것인데, 그것이 발각되었을 때 몹시 부끄러워했다는 것이다.

다섯 살 아이는 앞서 그런 행위가 부끄러운 일이라는 것을 배운 경험이 없었다. 그렇다면 규칙을 어기는 것이 잘못이라는 것을 선험적으로 몸에 익히고 있다는 것을 보여 준 결과다. 이런 실험으로 본다면 사람은 사람으로서 무엇이 잘못인지를 모를 수가 없다. 선험적으로 몸에 각인이 되어 있는 까닭이다. 그런데도 자기 잘못을 인식하지 못하는 사람은 왜 그럴까? 스스로 자신을 속이고 있는 것이다. "이 정도는 잘못이 아니야, 이 정도는 굳이 뉘우치지 않아도 돼"라고 계속 자신의 내면에서 속삭이고 있을 것이다.

바로 이 부분을 공자는 지적하고 있다고 보면 되겠다. 자기의 잘못을 발견했을 때 자기 내면으로 들어가 송사를 하듯이 따져 보라는 것. 송사는 잘잘못을 따지는 행위다. 어떤 것이 정의로운가를 판단하는 일이다. 송사의 존재 이유가 그렇다. 모든 증거를 동원하여 어떤 쪽이 옳은가를 결정해 주는 일이다. 그렇다면 '내면의 송사'란 무엇인가? 과연 나의 잘못한 행위가 옳은지 그른지, 정의로운지 그렇지 않은지를 따져서 밝혀낸다는 것이다. 이는 자기합리화와는 근본적으로 다르다. 자기합리화는 이미 '자기'라는 한편에 서서 자기를 변호하는 일이다. 내면의 송사는 나를 피고석에 앉히는 일이다. 이것이 참 어려운 일인 모양이다.

공자는 칠십 평생 스스로 피고석에 앉히고 잘잘못을 가려내는 사람을 보지 못했다고 고백한다. 설마 한 사람도 없기야 하겠는가마는, 이러한 공자의 발언은 사람들을 향한 사회적인 발언이라고 보면 좋겠다. 이 경구는 지금도 여전히 유효하다. 요즘 세상을 보라. 자기 잘못을 잘못인지도 모르는 사람이 얼마나 많은가? 소위 사회지배층이라고 하는 사람들일수록 더욱 그렇다.

공자가 말했다.

"열 집쯤 되는 작은 마을에도 반드시 나처럼 충신(忠信)한 사람이 있을 것이다.
하지만 내가 배움을 좋아하는 것과 같지는 않으리라."

子曰, "十室之邑, 必有忠信如丘者焉, 不如丘之好學也."

공자가 스스로 얼마나 배움을 좋아하는지를 잘 나타낸 발언이다.
공자는 자신의 평생을 시기별로 돌아보면서 "열다섯에 배움에 뜻을
뒀다"고 말한 적이 있다. 열다섯이면 요즘 우리나라 학제로 보면 중학
교 2학년에 해당한다. 질풍노도의 시기에 딱 맞는 움직임을 보여 주
는 나이이다. 그 나이에 배움에 뜻을 둔 공자는 칠십에 이르러 "마음대
로 행동해도 일상의 법도를 어김이 없었다"고 술회한다. 도인의 경지
에 이르렀다는 대단한 자신감이다.

육십에는 귀로 들어오는 말이 다 순하게 들렸다고 고백하기도 했다.
남이 나를 비꼬는 말이나 나를 향한 욕설이 있을 수도 있다. 그런 말들
이 귀를 통해 내 안에 들어왔을 때 나를 화나게 하거나 격동시키지 않
는다는 경지다. 그저 '허허' 웃어넘길 수 있다는 것인데, 과연 〈장자〉에
등장하는 '식은 재'가 되었다고나 할까. 나의 고집과 욕망을 모두 비우

고 텅 빈 상태. 텅 빈 그릇엔 무엇이든 담을 수 있고 빈방에는 사람이 들어가 쉴 수 있다. 지극한 배움의 도달점은 배운 모든 것을 비운 텅 빈 상태, 그것이 아닐까.

'충'이란 나의 내면에 단단하게 줏대가 선 상태에서 남을 향한 정성을 들이는 태도다. 자신을 긍정하고 중심이 단단하게 선 사람은 남과 다투지도 않는다. 오히려 타자도 나처럼 긍정하고 타자를 위해 온 정성을 다한다. 그것이 바로 '충'이다. '신'이란 말 그대로 믿음직하다는 것이다. 말을 했으면 꼭 지키는 것이 '신'이다. 자기가 한 말은 어떤 일이 있어도 실천하는 사람, 얼마나 믿음직스러운가. 물론 이때의 말은 정의로움이 전제된 것이면 더욱 좋다. 나쁜 말을 하고도 실천하는 것은, 약속을 지킨다는 믿음을 잃지는 않겠지만 결과는 매우 안 좋을 것이다. '충신'은 결국 몹시 중요한 덕목이며 도달하기 쉽지 않은 덕목이다.

그런데도 공자는 열 집쯤 되는 마을에 반드시 충신한 사람이 한둘은 있다고 했다. 그 말은 맞을 것이다. 충신은 타고나는 인간의 품성이기도 하니까 말이다. 그러나 타고난 바탕이 아무리 아름다워도 다듬어 주지 않으면 흙 속에 묻힌 보물일 뿐이다. 다듬는 과정, 곧 절차탁마의 과정이 바로 배움이다. 타고난 아름다움을 더욱 아름답게 하고, 타고난 흠을 씻어내는 일이라고 덧붙일 수 있겠다.

6

사랑은 가까이 있는 사람부터
옹야

공자가 말했다.

"옹은 남면을 할 만하다."

子曰, "雍也, 可使南面."

　옹은 이름은 염옹이고 자는 중궁이다. 덕행으로 이름이 높은 제자인데, 여기서는 공자가 또 극찬을 했다. 남면이란 왕의 자리를 비유하는 말이다. 정북에 앉아서 정남을 바라보는 사람이 임금이다. 북반구에서는 남향으로 집을 짓는 것을 선호한다. 햇볕이 잘 들기 때문이다. 그래서 남쪽은 밝은 곳이다.

　임금은 어두운 곳에 앉아서 밝은 곳을 바라보는 사람이다. 세상을 밝게 보고 사람들의 삶을 걱정해야 하는 자리인 까닭이다. 임금의 자리는 영욕이 교차하는 자리다. 자연이 갖고 있던 가공할 권력을 인간이 가져와 행사하는 것이 왕의 자리다. 자연은 자연의 이치가 있어서 균형을 이룰 줄 알지만, 인간의 탐욕은 자칫하면 균형을 잃어버릴 수 있다.

　절대권력을 가진 왕은 그래서 위험하다. 순식간에 악행을 일삼을 수도 있다. 따라서 왕의 자리에 있는 사람은 끊임없이 덕을 닦아야 한다. 사람의 대뇌에는 선악이 늘 선택을 기다리고 있다. 선의 행위를 습관적으로 하면서 수련을 닦아 놓지 않으면 너무나 쉽게 악을 선택할 수 있다.

권력을 가지지 않은 평범한 사람이라면 미치는 영향 또한 적을 것이다. 그러나 임금의 자리에 앉은 사람이 악덕을 행한다면 그 결과는 참담하다. 반면에 임금이 선덕을 행한다면 백성들은 좀 더 행복해질 수 있다. 여기서 공자가 염옹을 칭찬한 말이 극찬이 되는 이유다.

중궁이 공자에게 물었다.

"자상백자는 어떤 사람입니까?"

"괜찮은 사람이지. 대범한 사람이야."

잠깐 생각을 하던 중궁이 다시 물었다.

"자기 몸가짐은 경건하면서 대범한 행동으로 백성들을 대한다면 옳은 것이지
요? 그렇지만 자기 몸가짐도 대범하게 하면서 행동도 대범하게 한다면 지나치
게 대범한 것이 아닌지요?"

공자가 빙그레 웃는 낯으로 다른 제자들을 돌아보며 말했다.

"옹의 말이 맞다."

仲弓問子桑伯子. 子曰, "可也簡." 仲弓曰, "居敬而行簡, 以臨其民, 不
亦可乎? 居簡而行簡, 無乃大簡乎?" 子曰, "雍之言然."

자상백자는 노나라 사람으로 자상호(子桑戶)라는 사람이다. 대범한
사람으로 이름이 높았던 인물이다. 이 대화에서는 중궁의 몸가짐이
평소에 어떠했는지 잘 드러난다. 공자가 대범하다는 뜻으로 쓴 '간'은
크게 두 가지로 볼 수 있다. 하나는 '번거롭고 빡빡하게 굴지 않는다'
는 뜻이 있다. 둘째는 '너그럽고 크다'는 의미의 관대함이다.

남을 대하는 데 관대하고 빡빡하지 않은 건 좋은 모습이다. 다만, 자
기에게도 관대한 것은 문제라고 중궁은 지적한다. 공자도 일찍이 허
물이 있으면 자기 내면으로 들어와 송사하듯 살펴봐야 한다고 말한
적이 있다. 송사란 참 얼마나 빡빡한 일인가? 일일이 증거를 찾아 대
조하며 잘잘못을 가려야 하니까 말이다. 이는 곧 자기 자신에게는 매
우 빡빡해야 한다는 뜻이 된다. 중궁이 자기의 평소 몸가짐은 경건해
야 한다고 한 말이 바로 그 뜻이다.

그런데 중궁이 보기엔 자상백자가 남에게 관대한 건 좋으나 자신에게도 관대한 사람이었던 것이다. 그런데도 공자가 괜찮다고 말해서 의문을 품고 다시 물을 수밖에 없었다. 이에 공자는 "네 말이 맞다"라고 인정해 준다. 앞장에서 중궁은 남면을 할 만하다고 말한 공자의 칭찬이 증명되는 순간이다.

애공이 물었다.

"제자 중에 누가 배우기를 좋아합니까?"

"안회가 배우기를 좋아했죠. 성난 것을 옮기지 않고, 같은 잘못을 두 번 하지 않았습니다. 불행히도 명이 짧아 이미 죽었습니다. 지금은 안회가 없으니, 배우기를 좋아한다는 사람을 들을 수가 없네요."

哀公問, "弟子孰爲好學?" 孔子對曰, "有顔回者好學, 不遷怒, 不貳過. 不幸短命死矣, 今也則亡, 未聞好學者也."

안회는 공자가 일흔이 되던 해에 죽었다. 공자보다 서른 살 어렸으니, 마흔 살에 죽었다. 기원전 6세기의 평균 나이로 따지면 요절은 아닌 것 같다. 그런데도 공자는 명이 짧다고 했다. 공자의 희망에 따르면 안회의 수명은 짧아도 너무 짧았다. 스물넷의 젊은 나이로 공자를 따라 열네 해를 떠돌아다녔다.

공자가 노나라를 떠나 객지를 떠도는 동안 많은 제자들이 공자의 곁에 잠깐씩 머물다가 떠나곤 했다. 그러나 안회는 단 하루도 떠나지 않고 수행했다. 그렇게 이십대와 삼십대를 다 보내고 귀국하자마자 죽어 버린 셈이다. 공자의 통탄스러움은 말로 다할 수가 없었다.

그러니까 위와 같은 발언도 가능했다고 본다. 다른 제자가 들으면 섭섭해 할 만한 이야기를 거침없이 해버렸다. "지금은 안회가 없으니, 호학한다는 사람을 들을 수가 없다!" 이 얼마나 차별적인 발언인가.

다른 수많은 제자들도 배움을 찾아 공자 곁에 머물며 각고의 노력을 하고 있건만 어찌 이리도 심하게 편애를 한단 말인가.

그러나 사실, 편애라기보다는 공자의 절절한 마음의 표현이라고 보는 편이 좋겠다. 왜냐하면 언젠가 공자는 "안회는 나보다 낫다"라고 말한 적이 있기 때문이다. 공자가 자기 자신을 가장 자랑스러워한 것이 '호학'한다는 것이었다. 그런데 안회라는 어린 제자가 자기보다 더 호학하고 있음을 본 것이다.

그렇다면 공자가 생각하는 안회의 호학의 모습은 무엇인가. 여기 애공의 물음에 두 가지로 답하고 있다.

그 첫 번째가 "성난 것을 옮기지 않는다"는 것. "종로에서 뺨 맞고 한강에 가서 돌 던진다"는 속담이 있다. 화풀이를 엉뚱한 대상에게 한다는 말이다. 이는 분노조절이 되지 않는 모습이다. 화를 나게 한 대상에게 원인을 따져서 화를 풀어야만 제대로 해소가 되는 법이다. 그러나 다른 대상에게 화를 낸다는 건 오히려 화를 덧붙이는 일이다. 남편에게 난 화를 아이들에게 풀어 보라. 어떤 일이 일어나는가. 아이들과 싸움이 붙거나 일방적으로 당한 아이가 속으로 상처를 받는 일이 생긴다. 일단 자기의 분노조절이 가능한 사람, 그가 공자가 보기엔 호학하는 사람이다.

두 번째는 "같은 잘못을 두 번 반복하지 않는다"는 것. 어찌 보면 이는 분노조절보다 더욱 어려운 일 같다. 우리는 얼마나 많이 같은 잘못을 반복하는가. "도대체 얼마나 얘기를 해야 고칠래?" 이런 말을 교사나 엄마들은 입에 달고 산다. 그만큼 사람은 잘못을 반복하게끔 타고났는지도 모른다. 당장 나도 아내에게 이런 말을 자주 들었다. "당신, 얼마나 더 강하게 얘기하면 들을 거야?" 주로 술 마시는 버릇에 대한 일이다. 기분 좋게 취했을 때 멈추고 즐기면 얼마나 좋으냐고 아내는 늘 말한다. 그런데 꼭 귀신처럼 인사불성이 되도록 마셔야 직성이 풀리니 얼마나 개탄스러운가.

술과 관련된 글자가 재미있다. 술은 물을 동이에 담아 둔 것을 형성한 글자다. 그래서 이렇게 쓴다. 주(酒)는 물 수(氵)와 술동이 유(酉)의 결합이다. 이 술을 얼큰하게 마셔서 취한 상태를 나타내는 취할 취(醉)는 술동이와 마칠 졸(卒)의 결합이다. 취했다는 건, 이제 술을 그만 마시라는 뜻을 품고 있다. 취한 상태를 유지하면 술자리 대화도 즐겁고 다음날 몸도 개운하게 된다. 그런데 꼭 마치지를 못하고 더 마시게 되는데, 그렇게 되면 추한 삶이 된다. 그래서 추할 추(醜)는 술동이와 귀신의 결합이다. 술을 먹고 아주 나쁜 귀신이 되었다는 뜻이다. 나쁜 술버릇을 가진 사람은 꼭 추하게 되어야 끝을 낸다. 스스로 끝을 내는 것이 아니라 추하게 되어 강제로 끝내지게 되고 만다.

같은 잘못을 두 번 반복하지 않기가 얼마나 어려운가. 술버릇을 떠나서 우리는 살아가면서 정말 하지 말아야 할 잘못도 자꾸만 반복한다. 그런데도 안회는 스승으로부터 이런 인정을 받은 것이다. "같은 잘못을 두 번 하지 않았다!" 누군가는 우스개로 이런 말을 했다. 안회가 이렇게 분노조절도 잘하고, 같은 잘못을 두 번 하지 않기 위해 속을 끓이다 보니 젊어서 머리가 하얗게 세어 버리지 않았느냐고. 안회는 스물아홉에 백발이 되었다고 전한다. 아울러 그렇게 참고 살다 보니 화병이 나서 단명한 거 아니냐고, 차라리 나는 대충 잘못도 하면서 살겠다고 말했다.

우스개를 한 사람 말도 일리는 있다. 너무 자신을 안달복달 들볶아도 좋지는 않을 것이다. 그러나 그건 소인의 모습이고 안회는 그렇지 않았던 모양이다. 안회와 같이 있으면 누구나 평화로웠다고 하니 말이다. 자신을 닦달하는 사람 옆에선 누구도 편안하지 않은 법이다.

인간은 문화를 가지기 때문에 인간이다. 자연과 함께 공존하겠다는 세련된 문화. 이웃과 평화롭게 살겠다는 세련된 문명. 공자가 말하는 안회의 모습에서 세련된 경지에 도달한 문화인을 본다. 진정한 배움의 자세를 다시금 생각해 보게 하는 명언이라고 하겠다.

자화를 제나라에 심부름을 보내게 되었다. 이에 염자(염구)가 자화의 어머니를 위하여 곡식 주기를 청했다. 이에 공자가 말했다.

"부(釜)를 주어라."

"너무 적습니다. 더 주면 좋겠습니다."

"그럼 유(庚)를 주어라."

염자가 물러나와 자화의 어머니에게 '5병(秉)'의 곡식을 줬다. 공자가 듣고 말했다.

"적(赤)이 제나라에 갈 때 보니까, 살찐 말을 타고 가벼운 갖옷을 입었더구나. 나는 이렇게 들었노라. 군자는 급한 사람은 도와줘도 부유한 자에게 보태 주지는 않는다고."

그때 원사가 공문학단의 총재를 맡고 있었다. 그 수고비로 곡식 구백 말을 주자 원사가 사양했다. 공자가 그 말을 듣고 말했다.

"사양하지 마라. 곡식이 남으면 너의 이웃에 나눠 주면 된다."

子華使於齊, 冉子爲其母請粟. 子曰, "與之釜." 請益. 曰, "與之庚." 冉子與之粟五秉. 子曰, "赤之適齊也, 乘肥馬, 衣輕裘. 吾聞之也, 君子周急不繼富." 原思爲之宰, 與之粟九百, 辭. 子曰, "毋! 以與爾鄰里鄉黨乎!"

자화는 공서적(公西赤)을 말한다. 공자의 젊은 제자로 외교에 재능이 있다고 공자가 칭찬한 적이 있는 사람이다. 자는 자화이다. 무슨 일이 있어서 공자가 공서적을 제나라에 심부름을 보내게 된 모양이다. 이때는 공자가 노나라에서 대사구를 지낼 때로 봐야 한다. 꽤 높은 벼슬인 만큼 집안의 일을 총괄하는 집사도 두고 재정을 담당하는 사람도 둘 수 있었다. 이때 집사는 원사였고, 재정 담당은 염구였다.

제나라는 가까운 나라지만 다녀오려면 꽤 많은 날이 걸린다. 일에 따라 몇 달에서 일 년이 걸리기도 했다. 염구는 홀로 남아 집안을 돌봐야 하는 공서적의 어머니에게 곡식을 주어 위로하자고 한 것이다. 이에 공자도 동의하고 부(釜), 곧 '여섯 말 네 되'를 주라고 했다. 너무 적다고 생각한 염구가 더 주자고 하여 공자는 유(庾), 곧 '열여섯 말'을 주라고 했다. 애초에 주려고 한 여섯 말 네 되보다 거의 세 곱절에 가까운 양이다.

그런데 여기서 희한한 일이 생긴다. 말없이 물러나온 염구가 5병(秉)이나 되는 곡식을 준 것이다. 1병은 열여섯 곡(斛)인데, 1곡은 열 말이다. 그렇다면 1병이 무려 160말이다. 5병이면 800말이 된다. 현재 우리나라의 단위로 쌀은 10kg을 한 말로 본다. 그렇다면 800말은 8,000kg, 곧 8톤의 양이다. 어마어마한 양이다. 물론 쌀은 아니고 도정하기 전의 낟알일 가능성이 크긴 하다.

공자가 주라고 한 최대치인 유는 상식으로 받아들일 수 있지만 염구가 한 일은 도저히 이해가 되질 않는다. 더 주자고 하여 스승이 양을 올려주기까지 했는데도 스승의 말을 무시하고 자기 독단으로 주는 양을 결정한 염구. 게다가 스승이 얘기한 양의 무려 백 배에 해당하는 곡식을 줬다. 염구는 도대체 왜 이런 행동을 한 것일까?

그 다음의 공자 말을 보면 더더욱 염구의 행동이 괴이하다. 공서적은 전혀 가난한 사람이 아니었다는 거다. 살찐 말을 타고 '가벼운 갖옷'이라는 아주 고급 옷을 입고 길을 떠났다는 것. 살림이 넉넉하다는 이야기다. 그래서 공자는 염구를 꾸짖는다. 궁핍하여 다급한 사람은 도와주지만 부유한 자에게 부를 더 보태 주는 짓을 해서는 안 된다고. 공자의 꾸지람은 당연해 보인다. 오히려 꾸짖음의 강도가 매우 약해 보인다. 이렇게 말 한마디로 꾸짖고 말 일이 아닌 것처럼 보이는데 말이다.

염구와 공서적이 아주 가까운 사이였을까? 그래서 이참에 아주 한 살림을 꾸릴 수 있도록 도와준 것일까? 기원전 6세기에 상당한 양의 곡식이 생산되고 소비되었다는 문화의 일면을 보여 주는 좋은 사례이긴 하다.

이어지는 내용이 재미있다. 원사는 원헌(原憲)이라는 제자인데, 송나라 사람이다. 공문십철엔 거론되지 않았지만 인품이 고고했던 사람이다. 원헌이 공자 집안의 총재를 지내고 있을 때 900말의 곡식을 녹봉으로 받았다. 원헌이 너무 많다고 사양하자 공자는 받아서 이웃에게 주라고 했다.

공서적과 원헌은 둘 다 살림살이가 궁핍하지 않았던 사람들이었다. 그런데 공서적은 너무 많이 줬다고 혼낸 반면, 원헌은 사양치 말라고 했다. 공자가 왜 이런 태도를 보인 걸까? 그건 짐작하기 어렵지 않다. 재물에 대한 욕심의 정도를 본 것이다. 원헌은 담백한 성품으로 재물에 대한 욕심이 없는 사람이었던 듯하다. 원헌은 재물이 생기면 자신의 집에 쌓아 두기보다는 베풀 수 있는 사람이었던 것이다. 반면 공서적은 그렇지 못한 모양이다. 부에 부를 더 쌓아 준다는 공자의 표현을 봐도 그렇다. 공서적은 자신의 부를 쌓고 그 부를 누리는 사람이었던 것으로 보인다.

검소함이란 자신을 위해선 절약해서 쓰지만 사랑을 베푸는 데는 아낌없이 재물을 쓰는 사람의 덕목이다. 원헌은 검소한 사람, 곧 예의 뿌리를 아는 사람이었음을 알 수 있다.

공자가 중궁에게 말했다.

"얼룩소의 새끼가 온통 붉은색이고 뿔이 잘생겼다면 비록 쓰지 않으려 해도 산
천의 신이 버리겠느냐?"

子謂仲弓曰, "犁牛之子, 騂且角, 雖欲勿用, 山川其舍諸?"

공자가 중궁을 위로한 말이다. 중궁은 앞에서 "남면을 할 만한 사
람"이라고 공자가 극찬을 한 제자이다. 중궁의 타고난 재질과 잘 가꾼
인품을 공자가 얼마나 아끼고 있는지를 잘 보여 주는 말이다.

중궁은 집안 환경이 좋지 않았다. 넉넉하지 못한 살림에다가 아버
지는 사람들의 지탄을 받았다. 아버지가 불우한 자신의 삶의 울분을
거친 방법으로 이웃에 풀어 놓은 때문이다. 아버지가 나쁘다고 자식
까지 나쁘라는 법은 없다. 물론 사람은 환경에 큰 영향을 받기 마련이
지만 나쁜 환경 속에서도 올곧게 자라났다면 이는 더욱 칭찬하고 인
정해 줄 만한 일이다.

공자는 중궁에게서 자신의 불우한 어린 시절을 봤을 수도 있다. 마
음 깊은 곳에서 나온 말로 따뜻하게 위로를 하는 것으로 봐서 그렇다.
본문의 말이 비유의 표현이라 쉽게 와 닿지는 않을 것이다. 어찌 그리

따뜻한 위로의 말인지 말이다.

얼룩소는 중궁의 아버지를 비유한다. 주나라는 간색(間色)이라 불리는 사이 색을 좋아하지 않았다. 황, 적, 흑, 백, 청 등 색깔이 섞이지 않은 순수한 색을 정색(正色)이라 부르고, 정색이 뒤섞여서 나오는 색을 간색이라 불렀다. 간색은 순수하지 못함 또는 음모를 품은 색이라고 하여 멀리했다. 얼룩소는 여러 가지 색깔이 뒤섞여 얼룩덜룩한 색깔을 가졌다. 바르지 못하고 거친 성정의 중궁 아버지를 비유하기에 딱 좋은 것이다.

정색 중에서도 주나라는 붉은색을 숭상했다. 본문에서 성(騂)은 붉음을 뜻한다. 다른 색이 섞이지 않고 온통 붉은 털을 가진 소를 나타낸다. 각(角)은 뿔을 말한다. 하지만 단순한 뿔이 아니라 두루두루 바르게 잘생긴 뿔이다. 털빛이 온통 붉은데다 뿔까지 바르게 생겼으니 정중한 제의를 치를 때 희생으로 가장 좋다. 산천으로 대표되는 자연의 신에게 바치는 희생으로 그만인 것이다. 그래서 성각(騂角)은 중궁을 비유한다. 사자성어 '이우성각(犁牛騂角)'은 나쁜 환경에서 잘 자란 사람을 뜻하게 되었다.

얼룩소의 새끼라고 하더라도 성각이라면 사람들이 희생으로 쓰지 않으려 해도 산천은 받아들인다는 얘기다. 산천이 자연을 대표하지만 만물이 함께 살아가는 세상을 뜻하기도 한다. 따라서 중궁은 세상에 꼭 필요한 인물이 된다는 말과 같다. 제자가 스승에게 듣는 격려의 말이 이보다 더 좋은 것이 있을까?

공자가 말했다.

"회는 그 마음이 석 달 동안 인을 어기지 않는다. 그 나머지는 하루나 한 달이면 이를 수 있다."

子曰, "回也, 其心三月不違仁, 其餘則日月至焉而已矣."

안회와 공자는 삶의 동반자였다. 스승과 제자이며, 친구이며, 마치 배우자 같기도 하다. 내가 진행하는 도서관의 논어강독회에서 사람들이 안회 덕분에 유쾌하게 웃은 일이 있었다.

이미 일 년간 진행되고 있던 강독회에 한 분이 새로 들어온 첫날이었다. 마침 안회가 등장하는 장이어서 공자와 안회의 이야기를 많이 하게 되었다. 아마 그분은 〈논어〉를 처음 접하는 분인 듯했다. 한 시간 정도 지나갔을 무렵 그분이 더 이상 참지 못하겠다는 표정으로 나에게 질문을 던진 것이다.

"선생님, 공자의 아내가 남자였나요? 말씀하시는 것이 꼭 남자 같아서……"

"예?"

나는 되물었고 다른 사람들도 눈이 휘둥그레질 수밖에 없었다. 내 발음이 매끄럽지 못한 탓에 그분이 안회를 '아내'로 들었던 것이다. 사정을 알고 나서 다들 폭소를 터뜨릴 수밖에 없었다.

그런데 나는 문득 재미있다는 생각을 했다. 안회가 공자와 함께한 삶의 궤적을 보면 정말 좋은 배우자이기도 했다는 것. 공자가 노나라에서 거의 축출되다시피 하여 여러 나라를 떠돌던 시절, 가장 힘든 시기를 함께한 삶. 사랑하는 사람이 아프다고 버리면 사랑했다 할 수 있을까. 안회는 한시도 스승 곁을 떠나지 않고 14년을 지켰다. 손수 밥을 지어 올리면서 말이다. 사랑과 원망과 존경과 실망 등 온갖 감정들이 교차했으리라.

그렇게 함께하는 삶 속에서 공자가 바라본 안회의 모습은 위와 같았다. 회는 석 달 동안 인을 어기는 일이 없다는 것. 석 달이면 한 계절이다. 몹시 긴 시간이다. 세 달 동안 어기지 않는다면 그건 한결같은 모습이라는 뜻이다. 인은 공자가 생각하는 인간이 도달할 수 있는 최고의 경지다. 안회는 그런 인의 덕목을 어기는 행위를 하지 않는다는 것이다.

인의 실천이 이미 몸에 배어 있다는 말이 된다. 안회가 공자의 학단에 들어오고 나서 모두가 평화로워졌다는 말을 공자가 한 적이 있다. 한 사람의 힘이 이처럼 강력하다. 생각만 해도 입가에 웃음이 맺히고 마음이 편안해지는 사람이 있다. 생각만으로도 살아갈 힘을 주는 사람도 있다. 그런 사람이 곧 인자가 아니고 무엇이랴.

안회는 인이 몸에 밴 사람이니, 다른 것들은 기껏해야 하루나 한 달이면 다 도달할 수 있다고 공자는 덧붙였다. 여기서 말하는 '다른 것'이란 기예나 학문 등 우리가 일상을 영위하기 위해 배워야 할 것들을 말한다. 사람이 사람다움을 잃어버리면 아무리 많은 기예를 익히고 있은들 무슨 소용이 있을까. 오히려 자신과 세상에 해악을 끼칠 염려가 크다. 마치 현재 최첨단을 자랑하는 과학기술이 쉼 없이 위험을 생산하고 있듯이. 지구상의 생물을 멸종시킬 뿐 아니라, 지구라는 별 자체를 파괴하고 말 파국을 몰고 올 저 위험들. 끝없이 기술을 개발할 것이 아니라 진정한 사람다운 삶이란 무엇인지를 되물어 볼 때가 되었다. 사람다운 문화를 잃어버린 이 야만의 시대에.

계강자가 공자에게 물었다.

"중유는 정치를 맡길 만합니까?"

"유는 과감하게 결단을 잘하니 정치를 하는 데 무슨 어려움이 있겠습니까."

"단목사는 정치를 맡길 만합니까?"

"사는 논리에 통달한 사람이니 정치를 하는 데 무슨 어려움이 있겠습니까."

"염구는 어떻습니까?"

"구는 재주가 많으니 정치를 하는 데 무슨 어려움이 있겠습니까."

季康子問, "仲由可使從政也與?" 子曰, "由也果, 於從政乎何有?" 曰, "賜也可使從政也與?" 曰, "賜也達, 於從政乎何有?" 曰, "求也可使從政也與?" 曰, "求也藝, 於從政乎何有?"

계강자는 노나라의 가장 강력한 세도가 집안인 계씨의 장자다. 계강자가 공자의 많은 제자 가운데 탐나는 세 사람에 대하여 물었다. 중유와 단목사와 염구이다. 공자가 정치를 잘할 수 있다고 지목한 제자인 자로와 염구가 들어 있다. 자공은 언어에 재능이 있다고 공자가 꼽은 적이 있다.

이 대화를 보면 공자가 제자 한 사람 한 사람의 장점을 잘 파악하고 있음을 알 수 있다. 자로는 과감하게 결단을 잘한다고 했다. 자공은 사리에 통달했고, 염구는 다재다능하다고 했다. 이 세 가지는 정치를 맡은 사람이 갖춰야 할 중요한 덕목이라는 것. 셋을 한꺼번에 다 갖추면 더할 나위 없이 좋겠지만, 한 가지만 있어도 정치를 하기에 어려움이 없다고 공자는 말했다. 나머지 부족한 부분들은 당연히 채우려는 노력이 필요하지만.

실권자가 찾아와서 제자들에 대해 묻자 공자는 거침없이 제자들을 자랑한다. 장점과 잘할 수 있는 일을 미리 파악하고 있지 않으면 칭찬이나 인정은 빈말이 된다. 계강자에 대한 공자의 답은 그래서, 위대한 스승의 면모를 잘 보여 준다.

계씨가 민자건을 '비' 고을의 수령을 삼으려고 했다. 계씨의 요청을 갖고 온 사람에게 민자건이 말했다.

"당신은 나를 위해 잘 말해 주시오. 내가 사양하더라고 말이오. 만일 다시 나를 찾아온다면 나는 반드시 문수 가에 가 있을 것이오."

季氏使閔子騫爲費宰. 閔子騫曰, "善爲我辭焉! 如有復我者, 則吾必在汶上矣."

민자건은 민손(閔損)이다. 효자로 이름이 높았고 공문십철에 덕행으로 이름을 올렸다. 게다가 민자건은 벼슬에도 욕심이 없었다. 권력이나 명성이나 지위는 사람을 부자유스럽게 만든다고 본 듯하다. 민자건의 인품은 고결하고 효성이 지극한 사람이니 더 따질 것이 없었다. 인물이 탐이 난 계씨가 불러다 쓰고 싶었던 것이다.

'비' 고을은 계씨 집안의 근거지다. 노나라 왕자였던 계씨 집안의 시조가 다스릴 땅으로 부여받은 곳이 비 고을이었다. 계씨는 노나라의 수도인 곡부에 머물러 있었으므로 근거지를 잘 다스려 줄 사람이 필요했다. 따라서 비읍의 수령을 계씨 집안에선 매우 중요하게 여길 수밖에 없고, 아무에게나 맡길 수가 없었다. 욕심이 지나친 자에게 맡겼다간 배신을 당할 수도 있었다. 실제로 공산불요라는 비읍의 수령이 계씨에게 반기를 든 적이 있었다.

군자가 되는 학문을 배운 수많은 공자의 제자 중에 출중하다는 민자건을 비읍에 보내면 한시름 놓을 것 같은 계씨였다. 근거지가 든든하면 수도에서 활동도 훨씬 마음 편히 할 것이다. 그런데 늘 뜻대로 되지 않는 것이 세상사다. 꼭 필요한 사람은 많지도 않을뿐더러 쉽게 움직여 주지 않으니 말이다.

민자건도 그렇다. 계씨의 희망을 여지없이 무너뜨린다. "비읍 수령 자리 따위는 눈곱만큼도 관심이 없으니 다시는 찾아오지 마라. 만약 또 찾아온다면 문수 가에 가 있겠다"고 엄포를 놓는다. 문수(汶水)는 제나라의 남쪽이자 노나라의 북쪽인 경계를 가로지르는 강이다. 문수 가에 가겠다는 건 아예 노나라를 떠나 버리겠다는 말과 같다. 매우 단호한 거절의 뜻이다.

필요한 사람은 자리를 거절하고 어울리지 않는 사람들은 탐욕을 부린다. 천박한 담론이 세상을 지배할 때 그런 일이 생긴다. 요즘 우리나라 상황을 보면 꼭 그렇다. 돈과 지위를 탐하는 사람들이 어찌 그리 많은지. 남이야 어찌 되든 나만 잘 살고 보겠다는 신념 아닌 신념이 팽배하다. 선민의식이나 차별의식도 가관이다. 내가 잘난 것을 감추는 것이 미덕이었지만 지금은 조금만 잘나도 그것을 드러내지 못해 안달이다.

"아들아, 네 손에 든 빵을 감추어라" 하고 노래한 시인도 있었다. 다른 사람이 굶주리고 있을 때 나만 빵을 먹는 것이 미안해서였다. 그러나 천박한 자본주의는 다른 사람의 결핍을 즐기는 토대 위에 성립하였다. 아니, 다른 이의 빈곤을 즐긴다. 자신의 부를 자랑하기 위해선 가난한 사람이 존재해야 하기 때문이다.

권력이나 지위도 마찬가지다. 내 자리가 우쭐하기 위해선 내가 있는 자리를 누구나 탐하는 자리여야 한다. 민자건처럼 자리를 헌신짝처럼 차 버리는 사람들이 많을수록 권력의 지위는 초라해진다.

백우가 큰 병에 걸려 목숨이 위중하다는 소식을 듣고 공자가 문병을 갔다. 방 안으로 들어가지 않고 창문 너머로 손을 잡고 공자가 말했다.

"맥이 뛰질 않는구나! 운명이로다! 이 사람이 이런 병에 걸리다니! 이 사람이 이런 병에 걸리다니!"

伯牛有疾, 子問之, 自牖執其手, 曰, "亡之, 命矣夫! 斯人也而有斯疾也! 斯人也而有斯疾也!"

백우는 노나라 사람으로서 공자의 제자인 염경(冉耕)이다. 공문십철 가운데 염씨 제자가 셋이 들어 있다. 염경, 염옹, 염구이다. 염경은 백우, 염옹은 중궁, 염구는 염유라고도 부른다. 백우와 중궁은 덕행으로 공문십철에 들었고, 염유는 정사의 재목으로 들었다.

덕행으로 이름을 올린 인물은 안회와 민자건이 더 있다. 이렇게 네 명인데 하나같이 대단한 인물들이다. 민자건은 효성과 인품이 출중했으며, 중궁은 공자가 남면을 할 만한 덕이 있다고 인정했다. 안회는 너무나 뛰어나 언설로 형용할 수가 없는 인물이다. 이 셋과 어깨를 나란히 한 인물이 바로 염백우다. 세 사람에 비하여 백우는 인품이나 언행을 알 수 있는 정보가 〈논어〉에 없다. 오직 이 장에서 죽음을 앞두고 공자를 만나는 장면만 있을 뿐이다. 선진편에서 사과십철을 공자가 말할 때 한 번 더 등장하는 것이 전부다.

다만 선진편의 공문십철에 언급됨으로써 그의 인간 됨됨이를 미루어 짐작할 수 있게 되었다. 중궁, 민자건, 안회와 나란히 견줄 만한 덕행을 갖춘 인물이지만 병에 걸려 일찍 죽게 된 모양이다. 어떤 병인지 기록은 없지만 주석을 낸 사람들이 '문둥병'이 아니었을까 하고 생각했다. 공자가 문병을 가서 방에 들어가지 않고 창문으로 손을 잡았다는 기록으로 추론한 것이다.

전염력이 강한 병이면 환자가 기거하는 방에는 들어가지 않는다. 하지만 일부러 문병까지 가서 환자를 보지 않는 것은 예가 아니다. 공자는 주변의 만류에 따라 방에 들어가지는 않았지만 창문을 통해서라도 아끼는 제자의 손을 잡았다. 단순히 손만 잡은 것이 아니라 백우 손목의 맥을 짚은 것이다. 공자는 의학에도 정통한 것으로 보인다. 온갖 기예에 다능하다는 기록이 곳곳에 등장하며, 어쩌면 그렇게 박식하냐고 놀라는 사람들이 많은 것으로 볼 때 의학에도 조예가 깊었을 것이다.

맥을 짚어 본 공자는 탄식할 수밖에 없었다. "맥이 뛰질 않는구나!" 백우의 죽음이 가까웠음을 안 것이다. 그 다음은 백우의 안타까운 죽음에 대한 탄식이 반복되었다. "운명이로다! 이 사람이 이런 병에 걸리다니!"

"이 사람이 이런 병에 걸리다니!"라는 탄식은 출중한 덕행의 인품을 갖춘 백우가 모든 사람이 기피하는 몹쓸 병에 걸린 것을 암시한다. 이 때문에 앞선 주석가들이 문둥병이 아닐까 하고 생각했던 것이다. 문둥병이든 다른 몹쓸 병이든 안타까움은 마찬가지다.

보통 몹쓸 병은 나쁜 삶의 태도에서 얻게 된다는 시각이 있다. 몸을 함부로 굴리면 잘 섭생을 하는 사람보다 병에 걸리기 쉽다. 유전적인 문제와 삶의 방식이 병의 중요한 원인이다. 그런데 백우처럼 훌륭한 인품을 가진 사람이 삶을 개차반으로 살았을 리는 없다. 그것이 공자를 탄식하게 만들었고, "운명이구나!" 하는 말을 하게 만들었다.

유전적 요인이나 나쁜 생활습관이 아니라면 병의 원인은 무엇이 있을까? 지나친 스트레스가 원인이 될 수도 있다. 심리적으로 압박을 받는 무엇이 있으면 몸은 에너지가 지나치게 소모되며 때론 역류할 수도 있다. 가장 나쁜 것이 이미 끝난 일에 대한 후회다. 되돌릴 수도 없는 일을 자꾸만 반복하여 자책을 하는 경우 몸은 팽팽하게 긴장하게 된다. 이것이 늘 근심걱정에 휩싸여 사는 소인의 대표적인 모습이다. 지나간 일은 더 이상 어쩔 수 없다는 공자의 발언도 있었다. 툭 털어버리고 지금의 모습에 만족할 필요가 있다.

지나가 버린 것, 다시 올 수 없는 것은 생각할수록 아름답다. 더는 내 것일 수 없기 때문에 그렇다. 지금 현재 내가 가진 것이 분명 더 아름답지만 그것을 보지 못한다. 지금 현재 내 손이 들고 있는 것이 사라진 뒤에 또다시 그리워하게 될 것이다. 이것이 사람의 생인데 그 욕망의 굴레에서 벗어날 필요가 있다. 지금 내 손에 들고 있는 것의 아름다움을 봐야 한다. 편안한 삶, 행복한 삶은 거기에서 시작된다. 아마도 군자의 삶이 그렇지 않을까 생각해 본다.

공자가 말했다.

"어질구나, 회여! 한 그릇 거친 밥과 한 표주박의 물로 끼니를 때우며 누추한 마을에 산다면 사람들은 그 근심을 감당할 수가 없다. 그러나 회는 그 때문에 자신의 즐거움을 바꾸지 않으니 어질구나, 회여!"

子曰, "賢哉, 回也! 一簞食, 一瓢飮, 在陋巷, 人不堪其憂, 回也不改其樂. 賢哉, 回也!"

공자는 말의 앞뒤로 감탄을 배치하여 안회의 어짊을 강조하였다. 안회에 대한 공자의 칭찬과 인정이 계속되고 있다. 스승에게 이토록 사랑을 받은 제자가 과연 얼마나 될 것인가.

이 장의 공자 말은 '단표누항(簞瓢陋巷)'의 출전이 된다. 똥구멍 찢어지게 가난하게 산다는 뜻이다. 가난을 좋아하는 사람은 없다. 그런데 가난은 상대성이 강하다. 인류의 시원을 생각해 보자. 수렵채취로 생을 영위하는 시대에는 가난이 존재했을까? 배고프면 먹을 것을 찾아 먹고 놀다가 졸리면 잠자는 생이었을 때는 부와 가난의 개념은 없었다.

재화의 저장 기술이 발견되면서 빈부의 격차가 생기기 시작했을 것이다. 누구는 곳간이 가득 차고, 누구는 곳간이 아예 없고. 여기서 상대적인 빈곤이 발생한다. 재화가 적은 사람은 삶이 불편하기 때문에 재화가 많기를 바랄 수밖에 없다. 남보다 적은 재화를 가진 사람은 욕망의 좌절을 계속 겪어야 하기 때문에 근심걱정에 휩싸이게 된다. 공자가 말한 것처럼 가난은 일반적으로 "사람들이 감당하기 힘들다."

그런데 안회는 가난 때문에 괴로워하지 않았다고 공자는 칭찬한다. 안회 집안은 참으로 가난했던 모양이다. 안회가 죽었을 때 관 하나 마련할 돈이 없었다고 한다. 감당하기 힘든 일을 견디게 하는 건 근심과 고통을 넘어서는 즐거움이 있기에 가능하다. 여기서 공자가 말하는 안회의 즐거움이 바로 그렇다. 가난 때문에 바꾸지 않는 즐거움이 있다는 거다. 사람은 보통 가난하면 가난을 벗어나기 위한 노력을 하기 마련이다. 정당한 방법으로 가난을 벗어나려 하지만 가끔은 불의한 방법을 쓰기도 한다.

공자의 말에 따르면 '안회의 즐거움', 그것이 안회가 가난을 괴로움의 조건으로 느끼지 않는 까닭이었다. 그렇다면 궁금해진다. 지독하게 가난한데도 가난의 고통을 넘어서게 하는 그 즐거움의 실체가 무엇일까? 공자도 이런 말을 한 적이 있다.

"거친 나물밥 한 그릇에 냉수 한 그릇 마시고 팔을 베고 누웠으되, 즐거움이 그 속에 있다."

좋은 음식을 먹을 처지가 되지 않는다. 거친 나물밥에 냉수 한 그릇이 전부다. 만만하게 살 만한 집도 없다. 비단금침은 꿈도 못 꾼다. 베개도 하나 없어 팔을 베고 누웠다. 지독한 가난이다. 그렇지만 그 속에 즐거움이 있다고 공자는 말했다.

단표누항에서도 불개기락(不改其樂 : 바꾸지 않는 즐거움)이라는 안회의 즐거움과 곡굉침지(曲肱寢之 : 팔을 베개 삼아 눕다)에서도 낙재기중(樂在其中 : 즐거움이 그 속에 있다)이라는 공자의 즐거움을 합쳐 공안낙처(孔顔樂處)라고 부른다. '공자와 안회가 즐기는 것'이라는 뜻이다. 과연 공안낙처의 실체가 무엇일까? 이를 찾아내기 위해 많은 사람들이 애를 썼다.

어떤 사람은 안회를 빈민운동가가 아닐까 하는 의견을 내기도 했다. 빈곤 지역에서 빈민들을 위한 다양한 활동을 하며 사회봉사를 하는 즐거움이 안회의 즐거움이었을 거라는 추측이다. 공자는 곡굉침지 발언 다음에 이런 말을 덧붙였다. "불의로 얻은 부귀는 뜬구름과 같다." 이 말을 해석해 보면, 정당하게 얻은 부귀는 괜찮다고 볼 수도 있다. 다만 부귀는 정당하게 얻어지는 경우는 드물고 불의에 의한 것이 대부분이기 때문에 부귀를 뜬구름처럼 본다는 속내가 읽힌다. 뜬구름에 불과한 부귀에 마음을 빼앗겨 늘 근심걱정에 싸여 살지는 않겠다는 마음도 보인다.

빈민들에 대한 사랑과 부귀를 뜬구름처럼 보는 자유로움, 과연 이것이 공안의 즐거움일까? 알 수 없는 일이다. 다만 두 사람은 부귀를 부러워하거나 빈천을 부끄러워하는 마음이 눈곱만큼도 없었다는 것만은 틀림없는 사실이다.

염구가 말했다.

"선생님의 도를 기뻐하지 않는 건 아닙니다만, 힘이 부족합니다."

공자가 말했다.

"힘이 부족한 사람은 길을 가다가 만다. 지금 너는 금을 긋고 있는 거다."

冉求曰, "非不說子之道, 力不足也." 子曰, "力不足者, 中道而廢. 今女畫."

무언가를 하기에는 힘이 부족하다는 '역부족(力不足)'과 일을 하다가 중간에 그만둔다는 '중도이폐(中道而廢)'라는 유명한 관용어를 만들어 낸 대화다. 아마도 안회를 칭찬하는 말을 듣고 옆에 있던 염구가 한 말일 것이다.

염구는 공문의 십철에 들었을 뿐 아니라 계씨에게 벼슬을 살면서 뛰어난 장수로도 능력을 발휘한 인물이다. 공자가 노나라에 귀국할 수 있도록 계씨를 설득하여 길을 열어 준 제자이기도 하다.

염구는 공자와 안회가 즐기는 지점인 '공안낙처'가 중요한 것임을 안다. 다만, 보통 사람이 도달하기 어려운 경지이며 비현실적인 목표라는 걸 지적하고 싶은 것이다. 그래서 한마디 했다.

"선생님이 주장하시는 그 '즐거움'의 도에 저도 도달할 수만 있다면 기뻐하겠습니다. 하지만 어쩌면 그것이 뜬구름일지도 모르겠습니다.

보통 사람들이 도저히 이를 수 없는 지점을 주장하시니 그건 오히려 제자들을 힘들게 하는 일이 아닐까요? 저는 힘이 부족해서 못하겠습니다."

이 정도로 염구는 약간 비판하는 의도를 곁들여 말했다. 공자는 염구의 속셈을 금방 알아차렸다. 지나치게 높은 경지를 설정하여 제자들을 지치게 한다는 염구의 비판. 염구는 그 비판을 위해 '역부족'이라는 용어를 사용했다. 공자는 바로 염구가 사용한 용어에 대해 새로운 해석을 내놓아 대답했다.

"진실로 역부족인 자는 스스로 중간에 그만둔다. 그것을 나무랄 수는 없다. 힘이 부족해서 더 이상 나아갈 수 없는 것을 어쩌랴. 문제는 힘이 충분한데도 나아갈 의지를 갖지 않는 것이다. 그것은 곧 스스로 금을 그어 놓고 나는 거기까지만 가겠다고 한계를 짓는 것이다."

공자는 염구의 의지를 나무라고 있다. 염구는 힘이 부족한 것이 아니라 자신의 한계를 미리 설정했다는 것. 주어진 상황에 안주하는 소극성에 대한 비판이다. 이것은 겸손이나 신중함과는 다르다. 자신의 능력에 대한 자신감의 결여이며 진보에 대한 두려움이기도 하다. 어떤 일을 해보기도 전에 미리 부정적인 결과를 예측하는 경우가 있다. 예측하여 부정성을 제거하고 나아간다면 의미가 있으나, 그 부정성에 밀려 일을 시작도 못하면 문제다. 이는 매우 어리석은 태도다. 공자는 염구의 '역부족'이라는 말에서 그런 태도를 읽은 듯하다.

공자가 자하에게 말했다.

"너는 군자유가 되어라! 소인유가 되지 말고!"

子謂子夏曰, "女爲君子儒! 無爲小人儒!"

자하는 복상(卜商)이라는 제자이며 공문십철에 문학으로 이름을 올린 인물이다. 여(女)는 여(汝)와 통용이 되어 '너'라는 뜻으로 읽는다. "너는 군자가 되어라, 소인이 되지 말고." 이 말은 너무나 평범하다. 공자는 군자학을 추구했다. 그러니 제자들보고 소인이 되지 말고 군자가 되라는 말은 일상어에 가까웠다.

다만 여기에서는 유(儒)라는 글자가 덧붙어 있다. 유는 조선시대에 들어와서 선비, 유학자 등으로 새기게 되었다. 그러나 이 글자가 처음부터 그런 뜻을 지닌 것은 아니었다. '사람'을 뜻하는 인(人)과 '비를 구한다'는 수(需)의 결합이다. 해석하면 '비를 구하는 사람'이 된다. 비를 구하는 사람은 제단을 쌓아 놓고 기우제를 지내는 사람을 말한다.

자연의 신비와 인간의 문화를 소통시킬 수 있는 능력을 가진 사람을 샤먼이라 한다. 샤먼은 자연과 인간의 경계에 서서 조화를 이루려 한다. 그 일은 매우 어렵고 고통스럽다. 따라서 샤먼은 보통 인간이 감당할 수 없는 수련을 쌓아야만 한다. 비를 비는 일 역시 자연에게 복을 비는 일이다. 자연의 위력을 인간세계에 보여 달라고 기원한다. 그런 사람은 샤먼이며, 공자가 살았던 당시에는 무당들이었다. 그러니까 유는 샤먼이나 무당을 뜻하는 글자였다.

무당들은 집단으로 한 곳에 모여 살았다. 그 주거지를 당골이라고 불렀는데, 발음이 변하여 '단골'로도 불렀다. 자주 찾는 곳이나 자주 찾는 사람을 우리는 단골이라고 부른다. 예전엔 무당을 자주 찾았다. 무당은 신체뿐 아니라 정신의 병을 고쳐 주는 의사 역할도 한 사람이었다. 사람들이 자주 찾을 수밖에 없었다.

공자는 어머니가 무당이었다. 어려서부터 당골에서 자랐으며 무당이 하는 일과 제의를 잘 알았다. 아는 사람도 무당과 무당 집안의 자식들이 당연히 많았다. 이 유(儒)들은 숫자가 많아지고 수입이 줄어들면서 도적떼가 되기도 했다. 무당과 도적떼. 유의 처음 의미는 그랬다. 결코 좋은 느낌을 줄 수가 없었다. 이것을 일대 반전을 시킨 사람이 공자다. 무당과 도적떼로 불린 유를 단단한 자질을 갖춘 유사(儒士)로 만들어 버렸으니 말이다.

공자의 학단에서는 육예를 가르쳤다. 예악사어서수(禮樂射御書數)이다. 육예를 갖춘 사람은 제후들이 누구나 탐을 냈다. 서로 데려가서 벼슬을 시키고 싶어 했다. 도적떼로 불린 유가 고급 인물로 불리게 되는 전기가 마련된 것이다. 하나의 시스템을 바꾸는 사람은 위대한 철학자이다. 유라는 시스템을 만든 것은 공자가 인류사에 이름을 남기는 바로 그 순간이다.

자하는 이름이 복상이다. 성이 복(卜)이니, 복은 점을 쳐서 길흉을 알려 주는 무당들의 일이었다. 자하의 집안이 곧 무당 집안임을 잘 알려 주고 있다. 공자는 바로 그런 자하에게 "너는 소인 무당이 되지 말고 군자 무당이 되라"고 말하고 있다. 여기서 공자가 말하는 군자 무당이 바로 육예를 익힌 유사가 되라는 말이다. 물론 육예만 익혀서 군자가 되진 않는다.

자하는 문학에 뛰어난 재질을 가진 인물이었다. 군자는 기예만으로는 부족하다. 인품이 더 중요한 바탕이 된다. 공자는 자하가 자칫 자신의 재주에 오만하여 덕망을 잃을까 우려하여 이런 조언을 했다고 봐야겠다.

자유가 무성 고을의 수령이 되었다. 공자가 놀러 가서 물었다.

"너는 사람을 얻었느냐?"

"담대멸명이라는 사람이 있습니다. 길을 다닐 때 지름길로 가지 않고, 공적인 일이 아니면 제 방을 찾은 일이 없습니다."

子游爲武城宰. 子曰, "女得人焉爾乎?" 曰, "有澹臺滅明者, 行不由徑, 非公事, 未嘗至於偃之室也."

자유는 언언(言偃)이며 공문십철에 자하와 함께 문학으로 이름을 올렸다. 공자보다 45살 어렸으니 매우 젊은 나이에 한 고을의 수령이 되었다. 무성은 노나라의 수도인 곡부에서 가까운 작은 고을이었다. 공문의 대통을 이은 증자가 무성 출신이었다.

공자가 자유를 찾아 무성에 놀러 간 나이를 일흔으로 잡아 본다면, 자유는 스물다섯이다. 한 고을의 수령으로선 정말 젊은 나이이다. 그만큼 자유의 재질이 높았다는 얘기도 된다. 자유가 무성의 수령이 되어 공자와 만난 이야기는 〈논어〉에 두어 번 나온다. 그만큼 좀 특별한 일이었던 모양이다. 공자의 제자 중에 아마도 가장 어린 나이에 고을 수령으로 발탁된 인물이 자유였던 것 같다.

이렇게 어린 제자가 고을 수령을 맡았으니 공자로선 많이 궁금했을 것이다. 뭔가 도움을 주고 싶기도 했을 터. 공자는 자유를 만나서 이렇게 물어본 것이다.

"너는 사람을 얻었느냐?"

인사가 만사라는 말이 있다. 사람이 하는 일이 정치이니 제대로 된 사람이 있어야 정치가 제대로 된다. 공자는 바로 그 '득인(得人 : 사람 얻기)'의 중요성을 말하고 있다. 어울리지 않는 사람을 자리에 잘못 앉혀서 일을 망치는 경우는 허다하다.

자유는 자신이 득인한 인물을 자랑스럽게 스승에게 알려 드린다. 담대멸명이라는 사람이다. 이 사람은 성이 담대이고 이름이 멸명이다. 성과 이름이 재미있기도 하고 의미심장하다. 담은 맑고 조용하고 깨끗하다는 뜻을 갖고 있다. 대는 높고 평평한 곳인데 관청을 뜻하기도 한다. 그렇다면 '담대'란 '맑고 깨끗한 관청'이라고 풀이해도 된다. 멸은 밝은 것이 어두워진다는 뜻이 있고, 명은 불을 환하게 밝힌다는 뜻이다. 그렇다면 '멸명'은 불이 켜져 밝았다가 꺼져서 어두워지기도 한다는 것. 밝음과 어두움이 교차되며 깜빡거린다. 이처럼 정치란 밝기도 하고 어둡기도 한 일이다. 이 멸명을 맑고 깨끗한 마음으로 일관되게 처리해야지, 잘못 휩쓸리면 정치는 망가지기 십상이다. 담대멸명이라는 이름에 정치를 잘한다는 뜻이 내포되어 있다.

과연 담대멸명의 행실은 어떠한가. 자유가 예로 든 두 가지가 있다. 무슨 일을 처리할 때 지름길로 하지 않는 것. 좁지만 빠른 길을 지름길이라고 한다. 좁다는 것은 큰길의 대비인데, 뭔가 떳떳하지 않음을 나타낸다. 급하면 지름길로도 갈 수 있다. 맑고 환한 길이 큰길이라면, 냄새나고 어두운 길이 지름길이다. 정치에서 지름길은 협잡의 냄새가 난다.

또 하나는 공적인 일이 아니면 자유의 방을 찾지 않았다는 것. 여기서 자유가 말한 방은 공실(公室)이다. 고을의 수령으로서 집무를 보는 공간이다. 이곳에서 사사로운 이야기를 나눌 수는 없다. 당연히 공공의 일이 아니면 공실을 찾을 일이 없다. 사적인 일은 얼마든지 다른 공간에서 나눌 수 있다. 공과 사의 구분은 정치가가 지녀야 할 기본 덕목이다. 이 구분이 되지 않아 몸을 망치고, 집안을 망치고, 한 고을을 망치고, 나아가 한 나라까지 망하게 한 경우가 얼마나 많은가.

어린 제자 자유의 득인 이야기를 들은 공자는 꽤 만족스러웠을 것 같다. 자유의 어깨를 툭툭 두드리며 즐겁게 차 한잔 마셨으리라.

공자가 말했다.

> "맹지반은 자기 공을 자랑하지 않는 사람이다. 전투에 패하여 후퇴할 때 맨 뒤
> 를 맡은 적이 있었다. 무사히 후퇴를 하여 성문을 들어올 때 자신의 말에 채찍
> 질하며 '내가 감히 뒤를 맡으려던 건 아니고, 말이 나아가지 않았기 때문이다'
> 하더구나."

子曰, "孟之反不伐, 奔而殿, 將入門, 策其馬曰, '非敢後也, 馬不進也.'"

맹지반은 노나라의 대부로 맹측(孟側)이란 사람이다. 맹자반이라고
도 한다. 노나라 삼대부의 하나인 맹씨 집안사람이다. 노나라가 다른
나라와 전투를 할 때 여러 장수 중 한 명으로 출전했다.

전투에서 패배하여 후퇴를 할 때가 있다. 이때는 맨 뒤를 맡는 장수
의 공이 가장 크다. 전투가 처음 벌어질 땐 선봉장이 공이 큰 것처럼
후퇴에는 뒤를 방어하는 장수가 중요하다. 후퇴할 때는 사기가 꺾여
있고 전투의 의지가 약한 만큼 치명적인 손실을 입을 수 있다. 그래서
후퇴를 잘하는 장수를 공격을 잘하는 장수보다 더 귀하게 여기기도
했다.

중국 역사상 신출귀몰한 재주로 철수를 잘한 장수는 제갈량이다.
제갈량의 라이벌이었던 위나라 장수 사마의는 늘 감탄하곤 했다. 제
갈량이 군대를 철수한 하루나 이틀 뒤에서야 그 사실을 알았기 때문

이다.

맹측은 후퇴 때 맨 뒤를 맡는 일을 했다. 군사의 손실 없이 후퇴를 잘 마무리하고 노나라의 성문에 들어오게 되었다. 사람들이 맹측의 공을 칭송했을 것이다. 군사들이나 백성들이 길에 모여들어 환호하며 박수를 보냈을 수도 있다. 그때 맹측이 말했다는 것.

"내가 감히 뒤를 맡으려던 건 아니고, 말이 앞으로 나아가지 않았기 때문이다."

그러면서 채찍으로 말을 때리는 시늉을 했을 것이다. 이런 행동과 말은 분명히 자기의 공을 낮추고 겸손하는 모습이다. 사람들은 더욱 감동하여 맹측을 우러러봤겠다. 공자는 이 상황을 현장에서 지켜봤을 수도 있다. 공자의 말을 보면 현장감이 생생하게 느껴지기 때문이다.

공자가 사랑해 마지않았던 제자 안회는 자신의 평생 소망을 말하는 자리에서 "내가 잘한 것을 자랑하지 않겠다"고 말한 적이 있다. 이때 안회의 말은 '무벌(無伐)'이었다. 여기 공자가 말한 불벌(不伐)과 통한다. 벌(伐)은 자기가 이룬 공을 과장되게 떠벌린다는 뜻이다. 공이든 잘한 일이든 다른 사람이 알아줬으면 하는 것이 사람의 마음이다. 알아주지 않으면 내 입으로 말하고 싶어지기도 한다. 그러나 자기의 공을 자기 입으로 말하는 순간 공은 반으로 줄어든다. 자기의 공을 감출 때 공은 더욱 크게 드러나는 법이다. 맹측은 어찌 보면 현명한 사람이라고 하겠다.

공자가 말했다.

"축타의 말재주가 있거나 송조의 미모가 있지 않으면 요즘 세상에선 힘든 삶을
면하기 어렵겠구나."

子曰, "不有祝鮀之佞, 而有宋朝之美, 難乎免於今之世矣."

축타는 위(衛)나라의 대부로서 종묘의 제사를 맡아 보는 관리였다.
자는 자어다. 말재주가 좋다고 다른 나라까지 소문이 났다. 송조는 송
나라의 공자인데 뛰어난 미모로 명성이 자자했다.

공자의 한탄을 보면 당시에 말재주와 미모를 매우 높이 쳤다는 걸
알 수 있다. 2,500년이 지난 지금이나 기원전 6세기 때의 사람살이의
모습이 별반 다르지 않음이 놀랍다. 말재주도 말재주지만 요즘은 미
모에 더욱 빠져 있다. 우리나라는 지금 아이 어른 할 것 없이 성형 바
람이 거세게 불고 있다.

쌍꺼풀을 만드는 작은 시술부터 뼈를 깎아서 아예 골격을 바꾸는
수술도 한다. 서울 신사동에 가 보면 한 집 건너 하나씩 성형외과의
간판이 붙어 있다. 재미있는 현상은 성형외과 간판만큼이나 연기학원
도 많다는 것이다. 이 사실을 알게 된 건 딸아이가 신사동 연기학원을

다니기 시작하면서다. 딸아이는 현재 고3이고 뮤지컬 배우를 하고 싶어서 대학 수시에 응시하고 있는 중이다.

지리산 자락에 있는 기숙고등학교 2년을 다니면서 자기 진로를 고민한 결과가 뮤지컬 배우였다. 올해 2월부터 연기학원에 등록을 해서 연기와 노래를 배우고 있다. 몹시 힘든 길이다. 걱정되는 일이 한두 가지가 아니었으나 아내와 나는 딸애의 결정을 존중하기로 했다. 연예계로 나가는 일은 뼈를 깎는 고통이 따르는 일이다. 우선 외모에 대한 근심이 늘 따라다닌다. 딸애는 텔레비전에 나오는 연예인들처럼 인형의 외모가 아니다. 얼굴이 조막만 하고 체중은 40킬로그램대를 유지해야 하는 여자 연예인. 딸애는 자기 입으로 말했다.

"나는 방송연예는 안 해. 무대에서 노래하고 춤추는 뮤지컬 배우를 한다니까."

대안고등학교를 다니면서 내면에 단단한 중심이 세워졌다고 아내와 나는 믿기로 했다. 그리고 두 가지를 약속해 달라고 했다. 첫째, 체중을 줄이기 위해 굶는 다이어트는 하지 않는다. 둘째, 외모를 예쁘게 만들기 위해 성형은 하지 않는다. 딸애는 흔쾌히 두 가지 약속에 동의했다. 자기도 그런 생각을 이미 하고 있었다고 덧붙였다.

2월부터 딸애는 매주 주말 지리산에서 올라와 서울의 학원을 다녔다. 편도가 6시간 정도 걸리는 먼 길이다. 단 한 주도 그르지 않고 다니는 열성을 보여 줬다. 연기와 노래를 하는 것이 재미있다고도 했다. 인정할 수밖에 없었다. 그 먼 길을 다니는 피곤함도 넘어서는 즐거움이 있다는 것이다.

잠깐의 위기가 있었다. 딸애와 같이 주말반에서 배우는 친구가 성형을 한다는 것. 그 아이는 예쁘장하게 생겼는데도 약간의 시술을 학원에서 권했다고 한다. 물론 딸애에게도 학원 선생님이 넌지시 권했단다. 딸애는 단호하게 거절했다. 학원 선생님은 처음 권유에 단호하게 거절당하자 더는 요구하지 않았다고 했다. 그러나 딸애의 친구는 두 번이나 권유대로 시술을 했다고 한다.

"아무리 작은 시술이라도 한 번 하면 계속해야 돼."

딸애의 말이다. 중심이 단단하게 섰음을 다시 확인할 수 있는 말이었다. 체중도 두 달 동안 약 9킬로그램을 줄여서 적당한 체형을 만들었다. 음식에 대한 욕망은 참기 어렵다. 그 수련을 해내는 걸 보고 할 수 있는 지원을 하기로 했다.

며칠 전에는 딸애와 의미 있는 이야기를 나눴다. 여러 학교에 수시를 보러 다니면서 면접도 해야 하는데, "왜 연기자가 되려고 하느냐?"고 묻는다면 뭐라고 대답하면 좋겠느냐는 거였다. 이때 내가 이런 말을 했다.

"현생인류의 전통에 샤먼이라고 있다. 샤먼은 자연과 인간의 소통을 가능하게 해주는 사람이다. 다양한 분장을 통해 연기를 하는 사람도 샤먼이다. 아픈 사람을 위해선 아픈 사람 연기도 하고, 즐거울 땐 즐거운 사람이 되어 연기를 한다. 때로는 죽은 자의 원한을 풀어 주는 역할을 하기도 한다. 자연이 홍수와 지진으로 위력을 보여 줄 때는 그 위험 속으로 걸어 들어가 인간을 위해 기도도 하는 사람이 샤먼이다. 연기를 하면서 이 샤먼을 생각해 보도록 해봐."

딸애는 진지하게 들었다. 그리고 권해 줄 책이 없느냐고 묻기에 나는 〈곰에서 왕으로〉를 추천해 줬다. 일본의 신화학자 나카자와 신이치라는 사람이 쓴 책이다. 샤먼의 이야기가 잘 나와 있는 책이다. 세상 만물에 대한 대칭과 비대칭 인식의 흐름도 잘 밝혀 놓은 책이다.

딸애가 머리맡에 그 책을 두고 잠들어 있는 걸 봤다.

세상이 겉으로 드러난 미모만 따진다면 너무나 많은 것을 놓칠 수 있다. 드러난 외모는 그야말로 빙산의 일각일 뿐이기 때문이다. 경박하고 질 낮은 문화가 세상에 유행하는 결과다. 부디 딸애가 그런 세상 속에서 약간의 균열이라도 주는 배우가 되길 소망해 본다.

말재주를 부리는 것 역시 진실이 가려질 우려가 크다. 진실을 말하는 데는 꾸밈이 필요 없다. 우스개와 헛된 말재주가 횡행하는 세태 역시 경박한 문명의 결과다. 좀 더 사려 깊고 유쾌한 세련된 문화가 절실하게 필요하다.

공자가 말했다.

"누가 방문을 통하지 않고 밖으로 나갈 수 있겠는가? 그런데 어째서 '이 길'로
는 가려 하지 않는가?"

子曰, "誰能出不由戶? 何莫由斯道也?"

호(戶)는 방에 드나들 수 있게 만든 장치다. 집과 외부를 경계 짓는
구조물은 문(門)이라고 한다. 방에는 호와 더불어 창(窓)도 있다. 창은
출입을 위한 장치가 아니다. 빛과 공기의 출입을 위해 설치는 하는 것
이 창이다. 사람이 드나들기 위한 구조물은 호다.

방을 출입하면서 호를 통하는 건 정상적이며 쉬운 일이다. 굳이 창
으로 드나들거나 벽을 부수고 드나드는 수고를 할 필요는 없다. 그래
서 공자는 말하고 있다. 누군들 방을 출입할 때 호를 통하지 않겠는
가? 이 말은 뒤에 오는 말을 강조하는 구실을 한다. 공자가 진짜 하고
싶은 말은 '이 길'로 해석한 사도(斯道)이다.

사람들이 방을 드나들 때 호를 통하는 것처럼 삶도 '이 길'을 통하
면 자연스럽다고 봤다. 하지만 사람들은 '이 길'로 가지 않는다는 탄
식이 배어 있다. 그렇다면 공자가 말하는 이 길이란 무엇일까. 언젠가

공자는 광 땅에서 목숨의 위협을 받을 때 '사문(斯文)'을 언급한 적이 있다. 사문은 '이 문'으로 해석이 된다. 문은 인간이 그린 무늬, 곧 사람들이 만들어 낸 문화를 말한다. 공자는 주나라의 문왕과 주공이 만들어 낸 문화를 최고로 쳤다. 사람이 사람답게 살아갈 수 있는 세련된 문화를 주나라의 문왕과 주공이 만들어 냈다는 것이다.

공자의 해석에 따르면 주나라의 문화는 예와 음악, 인의 실천으로 간략하게 요약해 볼 수 있다. 예는 때와 장소, 대상에 따라 나를 변화시켜 갈 수 있는 소통의 도구다. 음악은 사람의 감성을 충만하게 하여 타자와 조화를 이룰 수 있게 해준다. 인의 실천은 사람이 본능의 욕망을 추구하는 삶에서 한 차원 높은 경지로 끌어올려 주는 역할을 한다. 공자가 말하는 '이 문화'나 '이 길'은 바로 그런 것이다.

우리는 대형 여객선 세월호가 침몰하는 대참사를 겪었다. 수백 일이 지난 지금도 9명은 실종 상태다. 침몰의 원인은 하나도 밝혀진 것이 없다. 그런데도 정부는 배상신청 기한을 끝냈다. 원인은 밝혀지지 않았는데 배상을 해버린 것이다. 올해 초에는 전염병인 메르스(중동호흡기증후군)가 온 나라를 강타했다. 병원이고 정부고 당황해서 갈팡질팡했다. 그런데 이 두 사건에 대한 정부의 응답은 일관적이었다. 정부는 아무런 책임이 없으며 선박회사와 병원의 책임이라는 것. 더 나아가 배에 탄 승객, 전염병에 걸린 환자 각 개인의 책임으로 몰아가고 싶어 했다.

예, 음악, 인의 실천은 대상에 대한 공감이 뿌리다. 뿌리가 허약한 나무는 작은 바람에도 넘어진다. '이 길'로 가지 않는 사람이 너무나 많은 세상이다. 자본이라는 창, 권력이라는 창으로 세상을 바라본다. 이 천박한 욕망은 마침내 집의 벽을 온통 무너뜨리고 말 기세다. 공자의 탄식이 더욱 절절한 시대다.

공자가 말했다.

"바탕이 무늬를 이기면 야인 같고, 무늬가 바탕을 이기면 사관 같다. 무늬와 바탕이 어울려 빛나야 군자라고 하겠다."

子曰, "質勝文則野, 文勝質則史. 文質彬彬, 然後君子."

　바탕으로 풀이한 질(質)은 각 개체가 타고난 원형질이다. 현생인류가 인류로서 갖고 있는 바탕이야 크게 다르지 않다. 다만 조금씩 다른 유전인자를 갖고 있어 소질이 달라진다. 사람마다 잘하는 것, 좋아하는 것이 다르다. 누구는 두뇌 회전이 빠르고, 누구는 느리다. 누구는 말을 잘하고, 누구는 어눌하지만 행동이 민첩하다.

　이렇게 사람마다 다른 질을 꾸며 주는 것이 문(文)이다. 문은 배움을 통해 일어난다. 세상을 살아가면서 접하는 모든 것이 배움이다. 공자는 이것을 습(習)이라고 불렀다. 사람이 타고난 성(性)은 가깝지만 습 때문에 멀어진다고 했다. 성은 인류가 갖고 있는 원형질을 말한다. 인간이 늑대 무리 속에서 살면 늑대처럼 행동하고 늑대의 말을 하고 살게 된다. 늑대를 습하기 때문이다.

　사람이 어떤 무늬를 갖고 살아가는가는 전적으로 그 사람의 배움에 있다. 배움이란 학교에서만 일어난다고 생각하면 오해다. 학교의 배움은 아주 사소한 부분에 지나지 않는다. 가정이 더 중요한 학교다. 학교에 오가는 길목에서 만나는 자연, 동네 사람들도 모두 스승이다. 배움은 오감을 모두 사용해야 한다. 그래야 무늬가 제대로 그려질 것이다.

배움이 전혀 없거나 불충분해 타고난 원형질에 채색된 무늬가 거의 없는 사람을 공자는 야인이라고 했다. 야인은 들판에 사는 사람이란 뜻이다. 공자가 살았던 춘추시대엔 국인과 야인의 구별이 있었다. 국인은 국(國)이라는 글자가 뜻하듯이 보호막인 성곽으로 둘러싸인 내부에서 사는 사람을 말한다. 지위가 높거나 부자인 사람들이다. 성 바깥에 보호막이 없는 산골짜기나 들판에 사는 사람은 야인이다. 이들은 지위가 낮거나, 가난뱅이거나, 전쟁포로로 끌려온 사람들이다.

야인은 문화가 거칠고 삶이 궁핍하다. 세련된 무늬를 그릴 틈이 없다. 생존 자체가 힘겹기 때문이기도 하다. 그럴수록 더욱 거칠어지게 된다. 공자의 비유는 일종의 안타까움이다. 타고난 재질이 아름다워도 배움으로 무늬를 그리지 못하면 야인으로 살게 된다는 것. 야인에 대한 멸시가 담긴 표현은 아니다. 공자는 지나치게 세련된 무늬를 그리기보다는 차라리 야인이 낫다고 말한 적이 있다. 인간이 타고나는 성의 대한 믿음이다.

무늬가 지나쳐서 타고난 재질을 이겨 버린 것을 사관 같다고 했다. 사관은 역사를 기록하는 사람이다. 사관은 정론직필을 해야 하는 사람이다. 어떤 유혹, 어떤 압력도 이겨내야 한다. 직필은 때로는 목숨도 걸어야 한다. 요즘 우리나라는 한국사 교과서 국정화로 논란이 뜨겁다. 한 나라의 교과서를 정부의 입맛대로 만들려고 하는 것이 국정화다. 국정화를 주장하는 학자의 논리는 궁색하기 짝이 없다. 논리가 궁색한 것은 다른 욕망이 도사리고 있기 때문이다. 붓을 구부린 자들의 썩은 냄새가 진동한다.

권력에 아부하지 않고 사실을 그대로 기록하는 뱃심이 있어야 한다. 제대로 된 사관의 경지는 인간이 그릴 수 있는 최고의 무늬에 해당한다. 그런데 이것이 지나치면 딱딱하게 되고 융통성을 잃을 수도 있다. 너무 맑은 물에는 고기가 놀지 못한다고 했다. 적당하게 수초도 있고 흙탕물도 섞여 있어야 한다.

바탕과 무늬가 적절하게 잘 어울려 빛이 나는 경지. 지나치지도 모자라지도 않는 중용의 경지. 그런 다음에야 군자라고 불릴 수 있다고 공자는 말한다. 그렇다면 군자의 경지에 도달하는 건 불가능할 것 같다. 다만 군자의 경지를 향해 가는 길을 쉬지 않고 걷겠다는 다짐은 가능하겠다.

공자가 말했다.

"사람은 본디 정직하게 태어난다. 그것을 잊고 사는 삶이란 요행으로 죽음을 면하는 것이다."

子曰, "人之生也直, 罔之生也幸而免."

사람에 대한 공자의 믿음이 잘 드러난 부분이다. 공자의 이 발언이 확대되어 적자지심(赤子之心)이란 말도 생겨났다. 적자란 글자 그대로 해석하면 '빨간 아이'가 된다. 사람은 태어날 때 벌거숭이로 나온다. 그래서 적자는 갓난아이를 뜻하는 용어가 되었다. 갓난아이는 공자의 말에 따르면 정직함 그 자체다. 정직한 적자의 마음은 요즘의 용어로 하면 '동심'쯤 되겠다.

나이가 들어 가면서도 어린아이의 마음, 곧 동심을 갖고 살아갈 수 있다면 좋다고 하는 사람이 많다. 동심은 때 묻지 않은 순수함, 뭔가를 할 수 있다는 희망, 타자들에 대한 무한 신뢰, 자신에 대한 긍정 같은 것들로 풀이할 수 있다. 아마도 많은 사람들이 이 풀이에 동의하리라고 본다. 암묵적인 동의가 '동심의 회복'이니 '동심으로 살아가기'라는 말을 만들어 냈을 것이다.

공자는 동심을 '정직함'으로 봤다. 공자의 논리를 부정하고 싶은 과학자나 심리학자들이 많을 것으로 본다. 아이들의 심리 실험을 보면, 3세쯤 되는 아이들도 위선적인 행동을 보여 준다. 공을 도구를 이용해서 바구니에 넣으라는 규칙을 제시하고 감시자가 방을 나간다. 그러면 아이는 처음엔 도구를 이용한다. 하지만 도구가 둥근 공을 잘 잡을 수 없는 젓가락 같은 것이면 아이는 곧 도구를 던지고 손으로 공을 집어서 넣는다.

이것은 규칙을 위반한 것이다. 아이가 규칙에 매이지 않는 자유스러움이라고 말할지 모르겠지만, 감시자가 다시 방에 들어왔을 때 아이가 보이는 행동을 보면 그렇지 않다. 아이는 얼른 다시 도구를 들고 마치 도구로 공을 넣는 거짓 행동을 보여 준다. 바구니에 넣은 공만큼 상품이 기다리고 있기 때문이다. 이것은 틀림없이 부정직한 행위이다.

3세쯤의 아이가 이런 행위를 한다는 것은 부정직함도 정직함과 마찬가지로 타고나는 성향이라고 볼 수 있다. 그렇다면 공자의 발언은 무의미할 뿐인가. 굳이 그렇게 볼 필요는 없을 것 같다. 정직함도 분명 사람의 성향 중 하나이기 때문이다. 사람은 이기적인 성향과 이타적인 성향도 동시에 갖고 태어난다. 다만 그 비율이 사람마다 차이가 있을 뿐이다. 누구는 70퍼센트가 이타적이고, 누구는 70퍼센트가 이기적일 수 있다. 마찬가지로 누구는 70퍼센트가 정직하고, 누구는 70퍼센트가 부정직한 성향을 보일 수 있는 것이다.

공자의 발언은 될 수 있으면 자기 안에 있는 정직함의 성향을 발전시켜 보라는 뜻이다. 정직은 사회정의의 바탕이 된다. 사람은 너무나 쉽게 부정직의 유혹에 빠진다. 늘 정직한 삶을 살아간다는 건 생각처럼 쉽지 않다. 하지만 완전히 불가능한 건 아니다. 삶의 습관이 문제다. 정직하게 살아가기 위해서는 일정 정도 자신의 희생이 필수다. 그런데 사필귀정(事必歸正)이란 말이 있다. "일이란 반드시 올바른 것으로 결론난다"는 말이다. 이 말을 거짓은 반드시 정직으로 돌아가게 된다는 사필귀정(邪必歸正)으로 살짝 바꾸어 봐도 좋겠다. 거짓은 정직을 이길 수 없지 않겠는가.

공자가 말한 직(直)은 꼭 정직으로만 풀 필요는 없다. 올곧은 마음으로 볼 수도 있다. 불의와 탐욕에 휘둘리지 않는 꿋꿋함이다. 어떤 욕망을 추구하기 위하여 불의와 손잡고 굴욕적인 행동을 보이는 사람이 많다. 곡학아세(曲學阿世)라는 말이 있다. 자신이 배운 것을 굽혀 세상에 아부한다는 뜻이다. 어떤 시대나 무소불위의 권력을 휘두르던 정권에 아부하던 학자군이 있었다. 그들은 곡학을 함으로써 장관이나 공공기관의 사장 자리를 따냈다. 공자의 말에 따르면 그들은 요행으로 죽음을 면하는 삶이다.

공자가 말했다.

"아는 건 좋아하는 것과 같지 않고, 좋아하는 건 즐기는 것과 다르다."

子曰, "知之者不如好之者, 好之者不如樂之者."

〈논어〉의 구절 가운데 가장 많이 알려진 것 중 하나이다. "아는 건 좋아함만 못하고, 좋아함은 즐김만 못하다"라고 해석하는 것이 보통이다. 어떤 삶의 한 국면을 잘 설명해 주는 순서로 종종 인용된다.

예를 들어 감자를 재배한다고 해보자. 감자는 어떤 식물인지, 어떤 토양에서 잘 자라는지 등등 식물학적인 지식을 안다는 것. 이것이 가장 첫 번째 순서다. 그런데 나는 감자를 매우 좋아한다. 감자의 맛, 감자가 싹이 트는 모습, 감자의 잎과 꽃을 보는 걸 좋아한다. 이것이 두 번째 순서라는 것. 마지막으로 즐기는 단계인데, 감자를 재배하는 과정, 수확하여 요리하는 것 등 감자와 함께하는 시간을 즐기는 것이다. 즐김은 예술이 동반된다. 감자와 함께한 느낌을 시로 쓴다거나 노래를 만들어 부르기, 그림 그리기도 있다.

그런데 생각을 해보자. '~보다 못함'이라는 비교의 해석 말이다. 즐김의 단계를 최고의 경지로 보는데 과연 그럴까. 아는 건 좋아하는 것보다 가치가 떨어진다고 누가 말할 수 있는가. 어떤 것은 아는 것이 좋아하는 것보다 중요할 수도 있다. 물론 즐기는 것보다 아는 것이 더 가치 있는 일인 경우도 있다. 음악을 즐기는 경우를 예로 들어 보자. 우리는 랩이나 록 같은 장르의 음악이 어떻게 만들어지고 유통되는지 전혀 몰라도 즐길 수 있다. 그러나 랩이나 록을 만들고 부르는 작곡가나 가수는 그 음악의 역사를 비롯한 형식, 내용 등 다양하고 깊은 지식을 아는 것이 무엇보다 중요할 것이다.

아는 것, 좋아하는 것, 즐기는 것을 순서를 매김도 온당하지 않다. 좋아하는 것이 아는 것보다 먼저인 경우도 많다. 누군가를 좋아하면 그 사람에 대해 더 많은 것을 알고 싶어지지 않는가? 어떤 놀이를 해보니까 즐거웠다면 그 놀이가 좋아진다. 이는 즐거움이 좋아함보다 먼저인 경우다.

결국 앎, 좋아함, 즐김은 순서를 매길 수도 없고 가치의 고하도 없다. 삶의 어떤 국면에 이 세 가지는 뒤섞여 있다. 다만, 어떤 삶의 국면에 이 세 가지가 모두 있다면 그 국면이 행복하겠다는 인정은 하고 싶다. 현재 내가 갖고 있는 직업에 대해 잘 알고, 좋아하며, 즐기기까지 한다면 얼마나 행복할 것인가?

공자가 말했다.

"중인 이상은 높은 경지에 대해 토론할 수 있다. 중인 이하는 높은 경지에 대해 토론하기 어렵다."

子曰, "中人以上, 可以語上也, 中人以下, 不可以語上也."

여기선 중인(中人)의 중이 과연 무엇인지, 어상(語上)의 상이 무엇인지가 해석의 열쇠다. 중인은 중간 사람으로 일단 해석이 된다. 그렇다면 상과 하가 당연히 있다는 얘기다. 사람마다 분야가 다를 뿐이지 타고난 능력의 상중하는 분명히 있다. 누구는 수학을 잘하고, 누구는 말을 잘하고, 누구는 목공을 잘한다.

공자의 이 발언은 사람을 차별하는 것 아니냐고 시비하는 경우가 있는데, 그럴 필요는 없다고 본다. 어떤 분야든 중급 이상인 사람이 있고, 중급 이하인 사람이 있기 마련이기 때문이다. 중급 정도에 도달한 사람에겐 그 위의 고난도 경지를 함께 토론할 수 있을 것이다. 어(語)라는 것은 일방적인 가르침이 아니다. 서로 주고받는다는 의미가 있다. 중급 경지에 도달한 사람과는 당연히 토론을 통해 그 이상의 것을 찾아 발전시켜 나갈 수 있을 것이다.

그러나 아직 중급에도 도달하지 못한 사람에게 그 이상의 것을 말할 필요는 없다. 혼란스럽기만 할 뿐 아무런 소득이 없다. 기타 연주나 스키 타기를 봐도 그렇다. 아직 기초단계에 있는 사람에게 기타의 고난도의 연주나 스키의 대회전 같은 것을 얘기할 수 없는 일 아닌가. 차근차근 단계를 잘 밟아야만 위로 진보할 수 있는 법이다. 공자는 배움의 단계를 말하고 있다.

번지가 물었다.

"스승님, '안다'는 건 무엇입니까?"

"사람들이 정의롭게 생각하는 것에 힘을 쏟고, 귀신을 공경하되 멀리하면 안다고 할 수 있겠다."

번지가 잠깐 가만히 있다가 다시 물었다.

"그럼 인이란 무엇입니까?"

"인자는 어려운 일을 먼저 하고 얻는 건 뒤로 돌린다. 그렇게만 한다면 인을 실천했다 할 수 있겠구나."

樊遲問知. 子曰, "務民之義, 敬鬼神而遠之, 可謂知矣." 問仁. 曰, "仁者先難而後獲, 可謂仁矣."

번지는 번수(樊須)라는 제자다. 공자가 수레를 타고 갈 때 말을 모는 마부 역할을 한 제자로 〈논어〉에 등장한다. 번지는 공자에게 큰 질문을 여러 번 했다. 이곳의 질문도 매우 크다. 지(知)와 인(仁)은 공자 삶의 핵심 주제다.

앎을 뜻하는 지를 갖춘 사람은 지식인이다. 번수가 지에 대해 물었다는 건 결국 지식인이란 어떤 사람이냐에 대한 질문인 것이다. 공자는 지식인이 갖춰야 할 기본자세를 두 가지로 대답해 준다. 첫째는 정의로워야 한다는 것이다. 사람들이 정의라고 생각하는 것에 힘써야 한다는 것. 정의가 무엇인지를 알아야 할 뿐 아니라 실천에 힘써야 한다는 말이다. 실천이 따르지 않는 앎은 허망하기만 하다. 말로만 정의를 부르짖는 군상이 얼마나 많은가. 둘째는 귀신을 공경하되 멀리하라고 말했다.

귀신이 무엇일까. 죽은 사람이 퍼뜩 떠오른다. 처녀귀신, 몽달귀신, 흡혈귀. 하지만 죽은 사람은 귀신의 아주 미미한 한 일부일 뿐이다. 현생인류가 탄생시킨 신은 수백만을 헤아린다. 생물, 무생물을 가리지 않고 온갖 정령들이 존재한다. 정령들은 큰 것도 있고 작은 것도 있고, 힘이 센 것도 있고 힘이 약한 것도 있다. 정령을 스피리트라고도 하는데, 그레이트스피리트는 정령 중에 가장 강력한 신이다. 태양신이거나 지모신 또는 드넓은 바다의 신이 그레이트스피리트가 될 가능성이 크다. 이들은 지역에 따라 유일신으로 받들어지기도 한다.

인간이 수많은 신과 함께 살아가는 사회는 대칭성의 사회다. 인간으로서 죽은 자도 신이 되지만, 인간이 아닌 모든 사물에도 신이 깃들어 있다는 사고는 인간우월주의를 필연적으로 배제한다. 인간과 자연이 평등하며, 오히려 자연이 더 강력한 힘을 갖고 있다. 인간 역시 자연의 한 부분으로 존재한다는 인식인 것이다. 그런데 인간 중 누군가가 그레이트스피리트인 인격신이 되면 대칭성이 깨진다. 인간이 자연을 지배할 수 있다는 논리가 성립하게 되는 것이다.

자연의 정복이니, 개척의 역사니 하는 것들이 모두 비대칭사회의 구호들이다. 그렇다면 근대 자본주의 사회가 가장 강력한 비대칭사회라고 볼 수 있다. 자본주의는 자연이 갖고 있는 모든 자원을 착취하여 인간을 위한 물건을 생산하고 있지 않은가. 자연은 인간에 무릎을 꿇은 것처럼 보이지만 그건 대착각이다. 지진에 의한 원전의 폭발은 인간의 나약함을 잘 보여 준다. 인간이 지금처럼 오만을 부린다면 곧 커다란 재앙에 직면하게 될 것이다.

그런 점에서 공자의 발언은 의미심장하다. "귀신을 공경하되 멀리하라." 귀신은 자연이다. 자연의 위력을 공경하라는 것이다. 예전 수

렵시대에 사냥꾼들은 사냥을 한 번 하려 해도 정중하고 사려 깊은 의식을 행했다. 이는 자연에 깃들어 있는 신에 대한 공경이었다. 그러나 인간이 자연의 일부이기는 하지만, 인간은 인간으로서의 삶이 있다. 그것이 신을 멀리하라는 주문으로 나타났다. 모든 인간이 자연의 위대한 힘과 소통할 수는 없다. 소통의 힘을 갖는 인간은 특별한 수련을 거쳐야 가능했다. 그 사람이 곧 샤먼이다. 샤먼은 자연과 인간의 다리 역할을 하면서 조화로운 삶으로 이끄는 존재다. 자연을 일방적으로 약탈하는 현대사회는 샤먼이 존재하지 않는다. 자연과 인간 모두의 아픔을 위로하는 샤먼 말이다.

이른바 현대판 지식인은 샤먼이 아니다. 인간과 자연이 결딴나는지도 모르고 자기 눈앞의 지식만 고집스럽게 파고드는 청맹과니들이다. 공자는 자연과 인간의 조화로운 소통을 가능하게 하는 앎이야말로 진정한 지(知)라고 봤다.

인자의 덕목은 여러 번 변주된다. 어떤 일이 주어졌을 때 소득을 먼저 생각하는 사람은 인자가 아니라고 공자는 봤다. 일을 먼저 하고 얻어지는 것은 나중에 자연스럽게 따라오게 하라는 것. 돈이 유일신처럼 권력을 행사하는 현대에 공자의 이 말은 맥없는 헛소리로 들린다. 소득을 미리 계산하지 않고 일을 시작하는 경우는 아주 드물기 때문이다. 그렇다면 공자가 기대하는 인의 실천은 결국 불가능한 일일까? 불가능하다고 그냥 포기하고 말까? 그렇지는 않다. 소득을 따지지 않고 실천하는 사람이 아직도 있기 때문이다. 세상이 오른쪽으로 간다고 나도 오른쪽으로만 따라갈 필요는 없다. 더구나 그 길이 옳은 길이 아니라면 더더욱 따라가서는 안 된다. 나는 왼쪽 길로 가면 된다. 당연히 함께 걷는 사람이 하나둘 생겨난다.

공자가 말했다.

"지혜로운 사람은 물을 좋아하고, 어진 사람은 산을 좋아한다. 지혜로운 사람은 생동감이 있고, 어진 사람은 고요하다. 지혜로운 사람은 즐겁고, 어진 사람은 장수를 누린다."

子曰, "知者樂水, 仁者樂山. 知者動, 仁者靜. 知者樂, 仁者壽."

　　지자와 인자를 대비시켜 재미있게 한 말이다. 대비가 된 것을 보면 물과 산, 움직임과 고요함, 즐김과 오래 사는 것이다. 지자는 물과 같고 활동적이며 즐겁다. 인자는 산과 같고 고요하며 장수를 누린다.

　　바로 앞장에서 번지가 '지'에 대해 물었을 때 공자는 세상의 정의에 힘쓰고 귀신을 공경하되 멀리하라고 했다. 이것은 지식인의 지식에 대한 얘기였다. 이 장의 지는 좀 다르게 봐야 한다. 단순한 지식인의 지식 차원이 아니라 지혜를 말한다. 지혜는 지식의 있고 없음, 많고 적음의 문제가 아니다. 어떤 대상, 어떤 상황에 대처하는 사람의 모든 행위가 지혜로운지 어리석은지를 말하는 것이다.

　　물은 매우 부드러우면서 강한 존재다. 막는 것이 있으면 돌아가고 웅덩이가 있으면 채우고 흘러간다. 융통성이 있다. 몹시 부드럽지만 한 방울의 물이 오랜 세월 같은 곳에 떨어지면 돌에도 구멍을 뚫는다.

물은 또 가만히 있지를 않는다. 물의 속성은 흐르는 것이다. 고이면 썩는다. 그러니 펄펄 살아서 움직인다. 모든 것을 감싸고 아래로 아래로 흐른다. 꽉 막혀서 스스로 괴롭히지 않으니 즐거울 수밖에 없다. 지혜로운 사람의 모습은 그와 같다고 공자는 말해 준다.

산은 제자리에 가만히 서 있다. 그러나 외견상 그렇게 보일 뿐 산의 내부로 들어가면 온갖 생명이 살아 숨 쉬고 있다. 초목과 동물이 숲속에 비쳐 드는 햇볕을 쬐고 싱그러운 공기를 호흡하며 맑은 물을 마신다. 시끌벅적한 생명을 가슴에 품고 산은 고요하다. 산은 생명이 나고 죽고 나고 죽음을 반복하는 곳이다. 그러니 한 생명의 짧은 생과 같을 수 없다. 그것을 공자는 장수를 누린다고 표현한 것이다. 마치 맘껏 뛰놀 수 있는 따뜻한 인자의 품처럼.

공자가 말했다.

"제나라가 한 번 변하면 노나라에 이르고, 노나라가 한 번 변하면 도에 이른다."

子曰, "齊一變, 至於魯, 魯一變, 至於道."

자기가 태어나 살고 있는 나라에 대한 자부심을 표현했다. 제나라는 노나라 동북쪽에 위치한 대국이다. 문왕과 무왕을 도와서 주나라를 세우는 데 큰 공을 세운 강태공이 봉해진 나라다. 강태공의 본명은 강상(姜尙)이다. 시조가 여(呂)나라의 사람이어서 여상이라고 부르기도 한다. 위수(渭水)에서 낚시를 하고 있다가 주나라 문왕의 눈에 들어 재상으로 초빙되었다는 전설이 있다. 은나라를 멸망시키고 제나라의 제후로 봉해졌기 때문에 강태공은 제나라의 시조가 되었다.

노나라는 무왕의 동생인 주공이 시조로 봉해진 나라다. 주공은 노나라 첫 번째 제후가 되었지만 수도인 시안(西安)을 떠날 수 없었다. 형인 무왕이 죽으면서 어린 아들 성왕을 부탁했기 때문이다. 주공은 어린 왕의 숙부로서 대신 정치를 맡을 수밖에 없었다. 주나라의 기틀을 마련하고, 조카가 성인이 되자 친정을 하도록 했다. 형 무왕이 주공에게 자기 뒤를 이어서 왕이 되라고도 했으나 주나라의 장자상속법을 들어 거절했다. 최고권력자가 될 수 있는 기회를 마다하고 건국 초기의 문화적 기틀을 마련하는 데 온 힘을 쏟았다. 이런 인품에 매료된 공자는 주공을 가장 따르고 싶은 인물로 꼽았다.

상황이 이러했으니 주공이 시조인 노나라에 사는 것에 대한 공자의 자부심은 충분히 이해할 만하다. 그러나 영토, 재력, 군사력 등 모든 면에서 제나라가 노나라보다 앞섰다. 그런데도 공자는 제나라가 노나라보다 한 수 아래라고 봤다. 그것은 인간으로서 갖고 있는 문화의 깊이에 대한 얘기다.

공자는 자기보다 백여 년 앞선 시대를 살았던 관중과 동시대를 살았던 안영이라는 제나라 사람의 높은 경지를 인정하기는 했다. 하지만 조금씩 부족한 부분이 있다고 공자는 주장했다. 한 차원 끌어올려야만 노나라와 같아질 수 있다는 공자의 표현이 그렇다. 다만 노나라도 아직 '도'의 차원엔 이르지 못했다는 고백이다. 공자가 말하는 도란 예악정치, 인의 실천 등으로 요약할 수 있다. 사회적으로 정의가 이룩되지 못하고 평화로운 세상이 아직 오지 않았다는 말과 같다. 그러나 그 가능성은 매우 높다는 진단이다.

요즘 우리의 상황을 보자. 우리가 살고 있는 대한민국의 문화에 과연 공자와 같은 자부심을 가질 수 있는가. 권력과 자본을 한 손아귀에 쥐고 있는 상위 1퍼센트는 행복한 대한민국일지 모른다. 끝없는 경쟁과 암울한 미래의 예측으로 무기력해진 젊은이들은 대한민국을 '헬조선'이라 부른다. 지옥 같은 나라라는 말이다. 공자의 긍정과 자부심은 어디에서도 찾아볼 수가 없다. 부의 극심한 불균형이 삶을 고통으로 몰아넣고 있다.

"다른 친구가 슬픈데 어떻게 나만 기쁠 수 있나요?" 하고 묻는 굶주리는 아프리카 아이의 말이 가슴을 찢는 세상이다. "우리가 함께 있기에 내가 있다"는 뜻의 아프리카의 말인 "우분투!"는 인간이 인간다울 수 있는 기본조건에 해당한다. 이것을 잊고 사는 우리는 요행스럽게 죽음을 면하고 사는 것이다.

24

공자가 말했다.

"고가 고가 아니면 고일까? 고일까?"

子曰, "觚不觚, 觚哉! 觚哉!"

고(觚)는 모난 그릇의 총칭이다. 어떤 사람은 술그릇이라고 하고, 어떤 사람은 목간(木簡)이라고도 한다. 다 모난 그릇들이다. 고라는 말자체가 네모를 나타낸다. 둥글거나 호 모양의 그릇을 제외한 각진 그릇을 고라고 불렀던 것 같다.

공자의 이 표현은 당연히 비유다. 모난 그릇은 모가 나야만 고라고 부를 수 있다는 것. 모가 나지 않으면 그것은 고가 아닌 다른 이름으로 불려야 한다. 그런데도 세상 사람들은 이미 모가 나지 않게 모양이 바뀌었는데도 여전히 고라고 부른다. 이것은 전통의 계승이 아니라 새로움을 받아들이지 못하는 꽉 막힌 사고에 해당한다.

공자는 고는 고답게만 만들어야 한다고 고집을 부리는 것이 아니다. 고가 아닌 새로운 형태로 만들어졌으면 그에 걸맞은 이름을 붙이면 된다. 꼭 '된다, 안 된다' 고집하지 않는 공자의 유연한 모습을 잘 보여 준다.

재아가 스승에게 물었다.

"인자는 말입니다, 누군가가 와서 말하기를 '우물에 사람이 빠져 있다'고 한다면 곧바로 뛰어들어 구해야겠지요?"

공자가 대답했다.

"어찌 그리하겠느냐? 군자를 가게는 할 수 있어도 빠뜨릴 수는 없고, 속일 수는 있어도 얽어맬 수는 없다."

宰我問曰, "仁者, 雖告之曰, '井有仁焉.' 其從之也?" 子曰, "何爲其然也? 君子可逝也, 不可陷也, 可欺也, 不可罔也."

재아는 언변이 뛰어난 제자였다. 공자와 자주 논리 대결을 벌이기도 했다. 여기서는 공자의 '인'에 대하여 재아가 의문을 드러내고 있다. 남을 나처럼 사랑하라는 것이 공자의 인이다. 재아는 그렇게 이해하고 날카로운 질문을 던졌다.

"자, 사람이 우물에 빠져 있습니다. 남을 나와 똑같이 생각하는 것이 인자라면 앞뒤 잴 것 없이 곧바로 우물에 뛰어들어 구해야 마땅하지 않겠습니까?"

공자를 코너로 밀어붙이는 재기가 번뜩인다. '井有仁焉(정유인언)'에서 仁은 人이 잘못 쓰인 것으로 봐야 한다. 착간이 있었다고 보는 것이 정설이다. 그런데 글자의 오류가 아니라고 보는 견해도 있다. 재아가 자신의 논리를 더욱 정밀하게 하기 위하여 우물에 빠진 사람을 '인인(仁人)'으로 예를 들었다는 것이다. 평범한 사람이 아니라 인자가 우물에 빠졌으니 더욱 빨리 구해야 하지 않느냐고 말했다는 것이다. 그러나 이런 해석은 교묘하기는 하나 사려 깊지 못하다. 인자라면 오히려 평범한 생명을 더욱 귀하게 여겨야 하지 않겠는가. 주석 만들기를 좋아하는 사람의 재주 부리기에 지나지 않는 것으로 봐야겠다.

어쨌든 재아의 재치가 반짝하는 질문이다. 공자의 대답이 자못 궁금해진다. 공자는 대뜸 말한다. "어찌 그리하겠느냐?" 우물에 곧바로 뛰어들게 할 수는 없다는 것. 재아의 날카로운 송곳을 묵직한 망치로 내려치는 느낌이다. 스승을 코너로 몰아넣고 빙글거리던 재아의 웃음이 쏙 들어갔으리라.

뭇 생명에 대한 무한한 애정이 인의 실천 아니던가. 그런데 우물에 빠져 죽어 가는 사람을 구하지 않겠다니. 재아뿐 아니라 공자의 대답을 궁금해 하는 다른 사람들도 의아했다. 당연히 공자는 이유를 설명한다. 그것은 두 가지다.

첫째, 가게 할 수는 있어도 빠지게 할 수는 없다는 것. 사람이 우물에 빠졌다면 곧바로 우물로 달려가는 것이 인자의 도리다. 아니, 사람의 도리다. 그렇지만 무턱대고 우물에 뛰어드는 건 어리석은 일이다. 일이 잘못되면 두 생명이 결딴나게 된다. 인자라면 두 생명 모두 살아날 길을 찾아야 한다. 조차전패(造次顚沛)의 상황에서도 인을 실천하는 사람이 인자라고 했다. 자빠지고 엎어지고 헤어날 길 없어 보이는 위기상황에서도 침착하라는 것이다. 우물에 빠져서 같이 생명을 잃을지도 모르는 위험한 행동을 하는 것은 인자의 길이 아니다. 그것을 공자는 "빠지게 할 수는 없다"라고 표현했다.

둘째, 속일 수는 있어도 얽어맬 수는 없다는 것. 기(欺)는 속여 넘긴다는 뜻이다. 사기를 치는 사람들을 보면 말재주가 좋다. 논리가 그럴

듯하다. 뭔가 이치에 딱딱 들어맞는 듯한 이야기로 사람을 속이는 것이다. 그것을 '기'라 한다. 망(罔)은 그물이다. 그물은 펄펄 뛰는 짐승도 얽어매서 꼼짝 못하게 할 수 있다. 그러니까 여러 가지 '기'를 가지고 사람을 얽어매서 꼼짝 못하게 하는 것을 '기망(欺罔)'이라고 부른다.

하지만 공자는 말했다. 인자는 마음에 사랑이 충만한 사람이어서 잘 속아 넘어가기는 한다. 그러나 그물로 얽어매듯이 꼼짝 못하게 할 수는 없다는 것이다. 인자는 주체성이 확고한 사람이다. 이유가 있는 어떤 이야기로 속일 수는 있지만, 스스로를 망치게 되는 어떤 상황에 도달하게 되면 반드시 지혜롭게 대처하게 된다. 교묘한 논리로 스승을 몰아갔던 재아가 크게 한 방 먹었다.

26

공자가 말했다.

"군자가 널리 문화를 배우고 예를 가지고 잘 요약한다면 삶을 살아가는 데 별로 어긋남이 없을 것이다."

子曰, "君子博學於文, 約之以禮, 亦可以弗畔矣夫!"

　　박문약례(博文約禮)는 여러 번 반복된다. 수제자 안회와의 대화에서도 등장한다. 여러 번 반복된다는 건 제자들이 받은 감동이 컸다는 반증이다. 물론 공자가 입버릇처럼 한 말이었을 수도 있다.

　　문을 나는 '문화'라고 해석했다. 인간이 살아가면서 만들어 낸 모든 생활양식은 문화다. 사람은 태어나면서부터 문화를 학습하게 된다. 배우고 익히는 것이다. 그건 아주 자연스러운 삶이다. 그런데 배우고 익혀야 할 문화는 매우 많다. 시대에 따라, 지역에 따라 다르기도 하다. 그래서 공자는 널리 배워야 한다고 말했다. 배움이 얕으면 고집스러워질 수가 있다. 자신이 배운 것이 모든 것이라고 착각할 수가 있기 때문이다.

　　그러나 널리 배우는 것도 위험하기는 마찬가지다. 몸에 받아들인 온갖 문화들이 가득 들어차 질서 없이 충돌할 수가 있다. 어떤 줄기를 잡지 못하여 혼란스러운 건 차라리 배움이 없는 단순함만 못할 수도 있다. 때문에 공자는 '약례'를 얘기한다. 예로 요약하라는 뜻이다. 이 것을 다른 말로 하면 일관성이라고 하겠다. 공자는 "나는 하나로 꿰뚫 었다"라고 말한 적이 있다. 그것이 일이관지(一以貫之)다.

수많은 배움, 드넓게 받아들인 문화를 하나로 꿴다는 것. 배우고 받 아들인 수많은 것들 중 필요 없는 것들은 버리고 의미 있는 것들을 모 아 질서를 잡는 것. 그것이 약례요 일관성이다. 학교에서 아이들이 이 런 말을 한다. "시험을 보면 점수는 잘 나오는데 토론을 하면 말을 제 대로 못해요." 토론은 어떤 주제에 대하여 자신의 논리를 주장하는 것 이다. 토론을 잘 못한다는 건 자신의 생각을 정리하여 주장할 수 있는 힘이 없다는 말이다. 그것은 약례가 되어 있지 않기 때문이다.

그렇다면 널리 배운 것을 하나로 꿰는 데 왜 '예'라는 것이 필요한 가? 예는 때와 장소, 대상에 따라 변화할 수 있는 소통의 도구이기 때 문에 그렇다. 내가 배운 것이 전부인 양 고집을 하게 되면 소통이 되 질 않는다. 한마디로 무례하게 된다. 내가 배운 것이 때에 맞지 않으 면 버릴 수 있어야 한다. 장소에 맞지 않아도, 대상에 맞지 않아도 마 찬가지다. 버릴 줄 아는 것이 진정한 배움의 태도. 버리고 버리다 보면 자신의 세계관, 자신의 통찰력이 생겨날 것이다. 그래서 공자는 입버릇처럼 박문약례를 강조했다.

공자가 남자(南子)를 만난 것을 알고 자로가 몹시 화를 냈다. 그러자 공자가 맹서를 하며 말했다.
"내가 부정한 것이 있다면 하늘이 싫어하리라! 하늘이 싫어하리라!"

子見南子, 子路不說. 夫子矢之曰, "予所否者, 天厭之! 天厭之!"

남자(南子)는 위나라의 왕비이다. 공자가 노나라를 떠나 각국을 돌아다닐 때의 거점은 위나라였다. 위나라를 근거지로 삼고 잠깐씩 다른 나라를 다녀오는 식이었다. 위나라에는 자로의 처남이 살고 있었다. 자로는 위나라에서 벼슬도 살았던 인물이다. 공자 일행이 위나라에서 머물 수 있도록 자로가 여러 가지로 애를 쓰고 있었던 것이다.

왕비인 남자는 젊고 아름다운 여인이었다. 남편인 위영공은 늙었으므로 남자를 두고 의심이 많았다. 음란한 행동을 한다고 소문이 돌고 있었다. 자로로선 그런 소문이 도는 여자를 스승 공자가 만나고 왔다는 것을 참을 수가 없었던 것이다. 자로가 더욱 화가 나는 것은 자기 스승을 비꼬는 사람들의 말이었다.

"한자리 얻어 보겠다고 껄떡대는 꼴이라니!"

공자가 벼슬자리라도 한자리 얻어 보겠다고 음란한 여인을 만났다

는 비난이었다. 정정당당하게 임금을 만나지 못하고 후원의 왕비전에
나 들락거렸다는 추문. 지름길로 가지 않고 큰길로 가라는 평소의 주
장과 완전히 어긋나는 행동이 아닌가. 하늘처럼 떠받드는 스승이 사
람들의 입방아에 오르내리는 것을 자로로선 견딜 수 없었던 것이다.
몹시 툴툴대는 자로를 보다 못해 공자가 말했다.

"내가 여러 번 사양했으나 자꾸 청하니 어쩔 수 없었다. 한 나라에
서 벼슬을 살려 할 때 소군(小君 : 왕비)을 만나 보는 것은 옛날에도 있
었던 예이다."

"아무리 예에 어긋나지 않는다고 하더라도 그 여인은 음란한 여인
입니다. 의심받을 만한 행동을 하셨습니다."

자로가 화를 풀지 않자 공자는 어쩔 수 없이 맹서까지 했다. 자기는
조금도 부정한 행동을 하지 않았다고. 만약 조금이라도 부정한 짓이
있었다면 하늘의 벌을 받을 것이라고 두 번이나 다짐을 했다.

이와 같은 기록은 〈논어〉라는 책의 진정성을 빛나게 하는 대목이
다. 공자가 궁지에 빠질 수 있는 대목도 가감 없이 실어 놓았기 때문
이다. 후원의 왕비라도 만나서 한자리 얻어 보려는 속마음이 공자에
게 아주 없었다고 보기는 어렵다. 나이는 많고 삶의 마지막 시간은 다
가오는 것을 예감한 공자로선 자신이 생각하는 도를 세상에 펼쳐 보
고 싶었으리라. 그것은 공자의 말대로 전혀 부정한 것이 아니다. 아름
다운 여인을 어떻게 해보겠다는 것도, 권력욕과 명예욕에 사로잡혀
있는 것도 아니다. 다만 자신이 평생 박문하고 약례하여 이룩한 세계
의 통찰을 실천해 보고 싶은 순수한 열망이었을 뿐이다. 공자의 맹서
는 바로 그런 진심을 드러낸 것이다. 과연 자로가 스승의 진심을 알아
들었을지는 모르는 일이다.

공자가 말했다.

"중용의 덕은 참으로 지극하구나! 중용의 덕을 가진 사람이 드물어진 지 오래되었다."

子曰, "中庸之爲德也, 其至矣乎! 民鮮久矣."

중(中)은 글자에서 보이듯 한가운데를 가로지른 그 무엇이다. 가운데 네모가 세상이라면 세상을 관통하는 통찰이라고 볼 수도 있다. 네모가 어떤 물건이라면 치우침 없이 공평하게 나눔도 된다. 저울추의 균형처럼. 한가운데 있음은 또 지나침도 없고 못 미침도 없음이다. 불편부당(不偏不黨), 무과무불급(無過無不及)이 중을 설명하는 용어들이다. 이쪽이니 저쪽이니, 내 편이니 네 편이니를 가리지 않음이 불편부당이다. 중은 또 줏대이다. 이리저리 휩쓸리지 않는 내 마음의 줏대. 그래서 마음에 줏대를 단단하게 세워 놓은 것을 충(忠)이라고 부른다.

용(庸)은 일상이다. 사람의 삶은 어떤 특별한 경우가 중요하지 않다. 평상의 삶이 행복과 불행을 좌우한다. 따라서 '중용'이란 일상의 삶에서 '중'의 덕이 실천되는 걸 말한다. 팔은 안으로 굽는다는 말이 있다. 나와 가까운 사람에게 더 잘해 줄 수밖에 없다는 비유다. 이것은 인간의 타고난 본능이다. 자연스럽기 때문에 탓할 일이 아니다. 그러나 중용의 덕을 가진 사람은 이 본능조차 넘어선다. 그러므로 지극하고, 그렇기 때문에 이 덕을 가진 사람은 드물 수밖에 없다.

공자의 손자인 자사(子思)는 〈중용〉이란 책을 지었다. 아마도 할아버지 공자의 이 말에서 책 제목을 따왔으리라. 희대의 명저인 〈중용〉에서 자사는 '중'을 이렇게 푼다.

> 기쁨, 성냄, 슬픔, 즐거움이 아직 밖으로 드러나지 않은 것을 '중'이라 한다. 표현되어 상황에 잘 맞으면 '화'라고 부른다. 중은 천하의 큰 근본이요 화는 천하의 통달한 도이다. 중화가 잘 이루어지면 하늘과 땅이 제자리를 잡고 만물이 잘 자라게 된다
>
> (喜怒哀樂之未發, 謂之中, 發而皆中節, 謂之和. 中也者, 天下之大本也, 和也者, 天下之達道也, 致中和, 天地位焉, 萬物育焉. 〈中庸〉1장)

중을 마음속에서 들끓고 있는 온갖 감정이라고 본다. 자사의 문인인 맹자는 그것을 칠정이라고 확대했다. 칠정은 희노애락애오구(喜怒哀樂愛惡懼), 즉 기쁨, 성냄, 슬픔, 즐거움, 사랑, 미움, 두려움이다. 자사보다 셋을 더 말했다.

들끓는 수많은 감정이 밖으로 표현되기 전에는 잘 모른다. 표현은 다양하게 이루어진다. 몸짓, 표정, 말 등등. 밖으로 표현되어 상황에 잘 들어맞으면 '중절'이 된다. 마디가 잘 만들어졌다는 뜻이다. 이것을 조화롭다는 뜻인 '화'라고 한다. 때와 장소, 대상과 상황에 맞게 기뻐하고 화내고 슬퍼함이 중화이다. 내면과 외면이 조화를 이루었다는 뜻이다. 따라서 중화가 이루어지면 온 세상이 제자리를 잡고 만물이

잘 자라게 된다고 자사는 주장한다.

사람의 생은 온갖 감정의 뒤섞임이다. 우리 일상의 삶은 늘 자사의 네 가지, 맹자의 일곱 가지를 넘어서는 복잡다단한 감정의 흐름 속에 있다. 그 속에서 공자가 말하는 중용, 자사가 말하는 중화를 이루어낸다는 건 참 어려운 일이다. 이 중용의 덕은 단지 사람과의 관계에만 국한되는 건 아니다. 당연히 내가 관계 맺는 자연과 사물 모두에게 베풀어야 한다. 인간이 좀 더 힘을 가진 생명체라면 그에 걸맞은 의무를 이행해야 한다. 세상 만물이 조화롭게 생을 영위할 수 있도록 하는 책임 말이다.

자공이 스승에게 말했다.

"만약 널리 사람들에게 은혜를 베풀어서 대중을 구제할 수 있다면 어떻습니까?
인을 실천했다고 할 수 있겠습니까?"
공자가 대답했다.
"어찌 인의 일일 뿐이랴! 반드시 성스럽다고 해야지! 요순도 그것을 실천하지
못해 아파했느니. 무릇 인이란 자기가 서고 싶은 곳에 남도 세워 주며, 자기가
도달하고 싶은 곳에 남도 도달하게 하는 일이다. 너 자신에게서 깨달음을 얻어
야 한다. 그렇게 하면 인을 실천하는 방법을 찾을 수 있을 것이다."

子貢曰, "如有博施於民而能濟衆, 何如? 可謂仁乎?"子曰, "何事於仁!
必也聖乎! 堯舜其猶病諸! 夫仁者, 己欲立而立人, 己欲達而達人. 能近
取譬, 可謂仁之方也已."

　　자공은 앞에서 누누이 말했다시피 재력이 대단했던 인물이다. 또
세상의 평판에 대해서도 신경을 많이 쓴 사람이다. 스스로도 사람들
평가하기를 좋아했다. 공자가 죽었을 때 다른 제자들은 삼년상을 지
내고 갈 길로 떠났다. 그러나 자공은 공자의 무덤 곁에 여막을 짓고
삼 년을 더 살았다. 무려 6년의 시묘살이를 한 것이다. 스승 공자에 대
한 추모심이 남달랐다고도 하겠지만, 사람들의 평판에 대한 감정이
아주 없지는 않았으리라.

　　자공은 명예심이 남달랐던 인물이었던 만큼, 이번 장과 같은 대화
도 가능했다고 하겠다. 자신이 가진 재물을 통으로 흩어 사람들을 구
제해 보겠다는 큰 포부를 밝혔다. 재물이 많아도 수전노처럼 재물을
지키고만 있는 인물이 아니었던 자공은 충분히 실천도 가능했을 것이
다. 그런 자공의 말에 공자의 대답은 이렇다.

"만약 그럴 수 있다면 그것은 단지 인의 실천에 그치지 않는다."

성인의 대자대비로 이룩할 수 있는 거룩한 일이라고 공자는 치켜세운다. 그리고 덧붙인다. 인간으로서 거의 성인의 반열에 오른 요순임금도 해내지 못한 일이라고. 자, 이것은 과연 자공에 대한 칭찬일까?

꾸지람은 아니지만 칭찬인 것 같지도 않다. 자공은 인자도 아니요 성인도 아니기 때문이다. 그런데 자공이 하겠다는 일은 인자를 넘어선 경지에 있는 성인의 일이라고 공자는 말하고 있다. 그 말의 이면을 따져 보면 "네가 감히 할 수 있는 일이 아니다"라는 뜻이 넌지시 깔려 있다. 자공이 할 수 있는 일이라고 인정하지 않고 있는 것이다.

그러나 공자는 자공의 큰 포부는 좋게 봤다. 다만 큰 포부는 가까이 있는 작은 일로부터 시작해야 한다. 가장 가까이 있는 사람은 누구일까? 당연히 나다. 먼저 나의 욕망을 헤아려 볼 줄 알아야 한다. 나를 버려두고 누구를 사랑할 수 있단 말인가? 나의 욕망을 직시하고 나 자신을 사랑할 수 있을 때 진정으로 타자도 사랑할 수 있다.

그것을 공자는 "너 자신에게서 깨달음을 얻어라"고 선언했다. 원문의 구절은 '능근취비(能近取譬)'이다. 비(譬)는 '비유하다, 알아차리다, 깨닫다' 등의 뜻을 갖고 있다. 그렇다면 구절의 해석은 "가까운 곳에서 비유를 얻어라. 또는 깨달음을 얻어라"가 된다. 여기서 가까운 곳은 나, 가족, 이웃으로 확대되어 나간다.

내가 욕망하는 것이 타자의 욕망과 다를 수 있다. 그러나 의식주와 같은 보편적인 욕망은 서로 크게 다르지 않다. 권력이나 명예욕도 마찬가지다. 이런 보편적인 욕망은 나만 이룰 것이 아니라 타자도 나와 같이 이룰 수 있도록 돕는 것, 그것이 인을 실천하는 시작점이라고 공자는 말하고 있는 셈이다.

결국 자공의 발언에 대한 공자의 대답은 이렇게 된다. "그렇게 세상을 다 구제하겠다고 큰소리치지 말고 너와 가장 가까이 있는 사람부터 돌보렴."

7

받아쓰기만 할 뿐
술이

공자가 말했다.

"받아쓰기만 할 뿐 창작하지 않으며, 옛것을 믿고 좋아한다. 이것을 슬며시 나의 '노팽'에게 견주어 본다."

子曰, "述而不作, 信而好古, 竊比於我老彭."

술(述)도 '짓는다'는 뜻은 있다. 하지만 '설명하다, 해석하다, 이어받다'는 뜻으로 주로 쓰인다. 이미 있어 온 것을 시대에 걸맞게 재해석한다고 보면 되겠다. 반면에 작(作)은 '뭔가를 새롭게 일으킨다'는 뜻이다. 지금까지 본 적이 없는 완벽하게 새로운 무언가를 만들어 내는 것을 '창작'이라 할 수 있겠다.

이렇게 본다면 순수한 의미의 창작이란 있기 어렵다. 세상에 존재하는 모든 존재자들은 발견되거나 재발견된 것들이기 때문이다. 이런 인식을 갖게 되면 다음 구절은 자연스럽게 따라오게 된다. 옛것을 믿고 좋아한다는 발언 말이다. 공자는 인류가 만들 수 있는 문화는 이미 주공이 완성했다고 말한 적이 있다. 주공은 공자보다 600년 정도 앞선 시대 인물이다. 주나라의 문화를 안다면 백세, 그러니까 3,000년 정도 미래의 문화도 알 수 있다고 장담을 하기도 했다. 인류가 만들어

낼 문화라고 해봐야 주나라의 문화를 넘어서지는 못할 것이라는 예언이었다.

공자의 이런 발언이 터무니없다고 할 수는 없다. 요즘 세계의 석학이라고 하는 사람들이 주나라보다 훨씬 더 먼 시대의 문화를 회복해야 한다고 말하는 중이다. 대표적인 인물이 일본의 사상가인 가라타니 고진이다. 그는 〈세계사의 구조〉라는 책에서 이렇게 말한다. 그가 책에 쓴 그대로 인용하지 않고 내가 해석한 대로 옮긴다.

"세계의 시스템은 교환양식에 따라 달라진다. 씨족사회에서는 호수성, 국가체제에서는 수탈과 재분배, 자본제 사회에서는 상품교환의 양식을 가진다. 불평등을 해소하고 영원평화를 가져오기 위해선 호수성의 교환양식을 고차원적으로 회복해야 한다."

씨족사회는 공자가 말하는 주나라보다도 훨씬 이전 시대이다. 고진은 그 먼 시대의 문화를 다시금 회복해야 한다고 주장하는 셈이다. 다만 '고차원적 회복'이라는 조건을 달기는 했지만.

미래의 문화가 과거의 것보다 더 좋다는 보장은 없다. 미래는 과거와 현재의 반영이기 때문이다. 현재 세계의 시스템인 자본제 사회는 인간의 부정적인 면인 탐욕이 극대화된 사회이다. 이 시스템이 그대로 유지된다면 인류는 공멸하고 말 것이다. 인류만이 아니라 인류가 소속된 자연마저 파괴되고 결국 지구가 결딴날 것으로 보인다.

노팽(老彭)의 노(老)는 '늙은이'라고 새기지만, 원래는 '스승'을 뜻하는 말이었다. 삶의 가르침을 주는 스승들이 늙은 사람이 많은 까닭에 자연스럽게 '노'가 늙은이라는 뜻도 갖게 되었다. 그렇다면 노팽이란, '나의 스승님인 팽'이라는 말이다. 그럼 팽은 누구일까? 은나라의 현자인 팽조(彭祖)라고 보는 견해가 많다. 글자 그대로 해석하면 '팽 할

아버지' 정도 되는데, 무려 800년을 살았다고 전한다. 팔백 살을 살고도 죽은 것이 아니라 인간세상을 떠나 산속으로 들어가 신선이 되었다고 한다. 그 때문에 장수의 신으로 떠받들어진다. 양생가들이 주로 모시는 신이 팽조다.

선(仙)은 글자가 재미있다. '산에 들어간 사람'이란 뜻이다. 인간으로 살다가 산에 들어가 신이 된 사람이 신선인데, 이들은 인간이 누리는 환락을 다 누리는 신선이다. 처음부터 하늘이나 땅속에 있는 초월적인 신선은 인간이 누리는 환락을 모른다. 과연 어떤 신선이 되고 싶은가? 말하나 마나 아닌가. 그렇다면 공자도 이런 신선이 되고 싶었던 걸까? 슬며시 "나의 노팽에게 견주어 본다"라고 했으니 말이다.

러시아의 대문호 톨스토이도 만년에 자신이 쓴 책들 중에 가장 가치가 있는 것은 재화민담집이라고 했다고 한다. 민담은 오래전부터 전해져 내려온 이야기이므로 톨스토이 개인의 창작이 아니다. 톨스토이도 '술(述)'의 중요성을 인정한 셈이다. 톨스토이의 민담집은 〈사람은 무엇으로 사는가〉라는 제목으로 우리나라에도 번역이 되어 있다.

법정 스님도 열반에 들기 전에 자신이 쓴 모든 책을 절판하라고 출판사에 유언을 남겼다. 한 인간의 기록에 대한 무상을 느꼈던 것일까. 공자도 이런 발언을 할 무렵은 70세 전후로 보인다. 삶을 마무리할 시기에 자신의 삶을 되돌아보면 회한이 많을 것이다.

새로운 문화 시스템을 인류에게 만들어 주기 위해 고군분투했던 공자의 삶이 깊이 있게 다가온다. 공자는 속으로 이렇게 말했을지도 모른다.

"나는 좋은 문화를 이어받아 시대에 적용하려고 애써 왔을 뿐이다. 그러나 이제 그 모든 욕망을 내려놓는다. 그저 산으로 들어가 신선이 되었다는 노팽의 자취나 따라가 볼까."

차라리 홀가분한 마음으로 평화로움마저 느껴진다. 이는 우여곡절
을 겪으며 살아온 한 인간이 도달한 높은 경지가 아닐지.

공자가 말했다.

"묵묵히 인식하고, 배우는 것을 싫어하지 않으며, 가르치는 걸 게을리하지 않음, 그것이 나에게 무슨 어려움이 있겠는가?"

子曰, "黙而識之, 學而不厭, 誨人不倦, 何有於我哉?"

배움에 대한 공자의 대단한 자신감을 표현한 말이다. 인식, 배움, 가르침 세 가지를 말했다. 인식은 크게 두 가지로 나눠 볼 수 있겠다. 나 아닌 타자에 대한 인식과 나 자신에 대한 인식이 그것이다. 각 개체인 존재자들이 하나의 덩어리로 나를 둘러싸고 존재한다. 나는 그 수많은 존재자들을 다 알 수는 없다. 그러나 그들이 존재하고 있음은 인식할 수 있다. 그리고 그들에게 나 또한 존재하고 있는 덩어리의 하나로 인식됨을 알아야 한다.

나 자신에 대한 인식이란 다른 것이 아니다. 나는 불완전한 존재자라는 인식. 유한한 생을 살아야 하는 개체이며 세상의 모든 것을 다 알 수도 없는 개체라는 인식. 늘 불안하고 경계에 서서 망설이는 개체. 그러므로 자기 개체에 대한 탐구를 멈출 수 없는 그런 존재자라는 인식.

묵묵히 이런 사실을 인식한 존재자는 배움으로 나아갈 수밖에 없다. '싫어하지 않음'은 좋아함의 강조다. 뭔가를 배울 수밖에 없는 존재자라는 스스로에 대한 인식은 배움을 싫어할 수 없다는 공자의 단언이다. 오히려 배움은 조금씩 깨달아 가는 기쁨을 누리게 한다.

배움은 또한 가르침 속에서 깊어지고 넓어진다. 다른 사람에게 한 가지를 가르치기 위해선 그 한 가지를 둘러싸고 있는 배경을 최소 백 가지는 알아야 한다는 말이 있다. 한 가지를 알고 한 가지를 가르치는 건 가르침이라 할 수 없다. 그건 가르침이 아니라 '전달'이다. 가르침은 서로의 토론 속에서 이루어진다. 그러므로 가르치는 사람이 오히려 더 크게 배우게 된다.

공자는 이 세 가지가 자기에게는 전혀 어렵지 않다고 마무리했다. 평생을 호학의 태도로 살아간 공자다운 발언이다. 마치 물을 마시고 공기를 호흡하듯 세상을 인식하고, 배우고, 가르치는 삶을 살았다는 말이다.

공자가 말했다.

"덕이 닦이지 않음, 배운 것을 익히지 않음, 정의로운 일을 알고도 실천하지 못함, 착하지 않은 것을 고치지 않음, 이것이 나의 근심이다."

子曰, "德之不修, 學之不講, 聞義不能徙, 不善不能改, 是吾憂也."

공자가 자기의 근심을 고백하였다. 이것이 나의 근심이다! 다른 자리에서 공자는 이렇게 말한 적이 있다.

"인자는 근심하지 않는다."

'인자불우(仁者不憂)'로 유명한 말이다. 늘 근심걱정에 휩싸여 사는 인물은 소인이라고 한 적도 있다. 그런데 여기서 공자는 '나의 근심'을 무려 네 가지나 얘기하고 있다.

그것을 대표적인 한 글자로만 추려 보면 덕(德), 학(學), 의(義), 선(善)이다. 덕은 '크다, 너그럽다'는 뜻인데, 사람으로서 살아가면서 주변에 평화를 가져오는 덕목이라고 풀이할 수 있겠다. 덕이 있는 사람은 외롭지 않다고 공자는 말했다. 이것을 거꾸로 보면 덕이 있는 사람은 주변을 외롭지 않게 한다는 말도 된다. 그 자신은 외롭고, 높고, 쓸쓸하지만 마침내 다른 이를 평화로 인도하는 사람, 그가 덕이 있는 사람이다. 인간 한계의 수련을 통해 죽음에서 재생한 샤먼처럼 타자의 고통을 자신의 고통으로 받아들여 공감하는 사람. 그가 바로 덕인이다. 공자는 바로 그 덕이 자신에게 닦여지지 않음을 근심한다고 말한다. 이렇게 봤을 때 덕은 타고난다기보다 수련을 통해 길러진다고 공자는 말하고 있는 셈이다.

두 번째 근심은 학이다. 공자는 앞구절에서 배움을 싫어하지 않으며 가르침을 게을리하지 않는다고 했다. 그런데 이번엔 배우고 강의하지 않음이 자신의 근심이라고 했다. 일견 모순되는 느낌이다. 그렇다면 앞구절의 가르침을 뜻하는 말인 회(誨)와 여기의 강(講)은 다른 뜻임이 분명하다. 회는 그야말로 '사람을 가르친다'는 뜻이다. 강도 가르침의 뜻은 있지만 '자신이 배운 것을 풀이하고 해석한다'는 의미가 강하다. 그렇다면 강은 다른 사람에게 강의를 한다는 뜻보다는 배운 것을 스스로 내면화하는 과정으로 봐야겠다.

기문지학(記問之學)이란 말이 있다. 기록하고 묻기만 하는 배움이란 뜻이다. 선생님이 가르치는 것을 필기만 하고 의문 나는 것을 질문만 한다고 배움이 이룩되는 건 아니다. 진정한 배움은 자신이 배운 것을 정리하고 분석하여 필요 없는 것은 버릴 줄 알고 필요한 것은 줄기를 세워 자신의 이론체계를 세우는 것이다. 아무리 많이 배워도 자신의 통찰을 만들지 못하면 그것은 배우지 않은 것이나 마찬가지다.

세 번째는 정의의 실천에 대한 이야기다. 사실 이 부분은 매우 어려운 일이다. 세상의 정의가 무엇인지 모르는 경우는 적다. 완전히 왜곡된 시각을 갖고 있거나 고정관념에 사로잡힌 사람이 아니라면 그렇다. 정의에 대한 입장이 다를 수는 있다. 한 사람을 위한 정의가 모든 사람을 위한 것이 될 수 있다는 생각도 있다. 엘리트주의나 절대왕정

시대의 이야기다. 왕을 위한 정의, 엘리트들을 위한 정의가 곧 세상을 위한 정의라는 시각이다.

그러나 여기서 공자가 말하는 의는 누구나 '옳은 일'이라고 인정하는 정의를 말한다. 그런 일을 실천할 위치에 있음에도 실천하지 못하는 것. 그것을 공자는 근심했다. 이것을 거꾸로 말하면 '불의'라는 것을 알고도 실천하는 행위도 마찬가지다.

현실권력은 불의와 정의를 너무나 잘 안다. 그런데도 불의를 마치 자기의 신념인 양 말하는 까닭은 무엇일까? 그 이면에 숨겨진 욕망 때문이다. 지위에 대한 욕망, 부에 대한 욕망, 불의의 토대 위에 서 있으나 그것을 유지하고픈 욕망이 그렇게 시키는 까닭이다. 이 욕망을 억제하고 정의를 실천한다는 건 얼마나 어려운 일인가.

마지막으로 공자는 스스로를 돌아본다. 불선을 고치지 못함. 공자라고 잘못이 없을 수는 없다. 시시각각으로 우리는 선하지 못한 행위의 유혹을 받는다. 그리고 그런 행위를 하기도 한다. 다만 불선임을 자각하고 뉘우침이 필요하다. 하지만 불선에 불선을 더해 마치 그것이 선인 양 강변하는 경우가 있다. 이는 자신의 불선을 초기에 고치지 않으면 불선이 습관이 되어 마치 선으로 행세하게 됨을 말한다.

공자의 근심은 결국 우리 평범한 인간의 근심에 다름 아니다. 그런데 이런 근심을 하는 주체는 희망이 있다. 이 근심은 소인이 되는 근심이 아니라 군자로 향하는 근심이기 때문이다.

제자들이 이렇게 기록했다.

"우리 선생님은 한가롭게 계실 때에는 몸을 느긋하게 풀어 놓으셨고, 얼굴은 복숭앗빛처럼 화색이 돌았다."

子之燕居, 申申如也, 夭夭如也.

한가롭다는 건 특별히 어떤 일을 하지 않는 때를 말한다. 공무를 보기 위해 관청에 나가거나 학생들을 가르치는 일이 없는 것이다. 요즘으로 말하면 퇴근한 뒤거나 휴일쯤 되겠다. 제자들은 그런 때에 자기 스승의 모습을 이렇게 기록했다.

신신(申申)은 몸이 한껏 펴진 상태다. 어떤 일을 할 때는 몸을 긴장시키게 된다. 일에 맞춰 몸이 일을 하기 때문이다. 그런 긴장에서 놓여나면 몸이 느긋하게 이완된다. 물론 이때에도 경계해야 할 것은 나태함이다. 지나치게 게으른 모습으로 몸을 풀어 놓아서는 안 될 것이다. 당연히 한가로운 때인데도 몸을 엄숙한 모습으로 긴장시키고 있으면 좋지 않다. 공자는 때와 장소와 대상에 맞게 예를 잘 행했던 인물이다. 당연히 자신의 몸에게도 때와 장소에 맞게 적절한 예우를 보낸 것이다.

요요(夭夭)는 밝고 유쾌한 얼굴빛이다. '요'는 '어리다, 젊다, 왕성하다'는 뜻을 갖고 있다. 사람은 어릴수록 얼굴빛이 맑고 붉다. 신신이 몸의 상태를 나타냈다면, 요요는 마음의 상태를 나타낸다. 마음이 편안하면 그 감정의 상태대로 얼굴에 나타나게 된다. 잘 익은 복숭아처럼 발그무레한 낯빛에 맑은 눈빛을 보여 주는 얼굴은 아주 유쾌한 정신 상태를 나타낸다. 요요가 바로 그렇다.

결국 신신과 요요는 몸과 마음 모두 편안하고 즐거움을 표현하는 몸짓이다. 한 사람의 긴장이 다른 사람도 긴장시킨다. 지나가다가 우연히 마주친 사람들의 몸짓에서도 우리는 영향을 받기 마련이다. 어제 내가 서울의 버스터미널에서 본 장면이 기억난다. 이십대 초반으로 보이는 남녀가 서로 노려보고 서 있었다. 사람들이 많이 왕래하는 곳이었다. 여성의 눈에는 눈물이 고였고, 남자는 몹시 곤혹스런 표정을 짓고 있었다.

"일촉즉발이군. 남자가 헤어지자고 했나?"

동행하던 사람이 말했다. 많은 사람들이 그 두 남녀를 발견하고 힐끔거렸다. 그들이 통행에 약간의 방해를 주고 있었지만 누구도 그들에게 좀 비키라거나 하는 말을 걸지 못했다. 그만큼 두 남녀의 표정이 심각했던 것이다. 나도 나의 동행도 당연히 그들에게 접근을 할 수 없었다. 심각한 그들의 표정은 꽤 강력한 힘을 발휘하고 있었던 셈이다.

이렇듯 몸짓은 주변에 큰 영향을 미친다. 한 가정에서도 가족 중의 누군가가 늘 긴장하고 있다면 긴장감은 곧 가족 전체에게 전염되고 만다. 공자는 늘 많은 제자들에 둘러싸여 생활했던 인물이다. 공자의 몸짓 하나하나에 많은 사람들이 큰 영향을 받았을 것이다. 편안하고 발그레한 공자의 모습. 어떤가. 그 곁에 가고 싶지 않겠는가. 그 모습이 너무 좋아 제자들도 이렇게 기록을 남겼을 것이다.

공자가 말했다.

"심하구나! 나의 노쇠함이여! 오래되었구나! 내가 꿈에서 주공을 다시 보지 못함이."

子曰, "甚矣! 吾衰也! 久矣! 吾不復夢見周公!"

한 위대한 영혼의 서글픈 탄식이다. 공자는 기원전 479년, 73세의 나이로 귀천했다. 그렇다면 이런 탄식성은 죽음을 앞둔 시점에서 나왔을 가능성이 크다. 공자 나이 70세 때 외아들 공리가 죽었다. 이듬해에는 공자가 사랑해 마지않았던 수제자 안회가 죽었다. 서른 살이나 어린 젊은 제자의 죽음 앞에 공자는 목을 놓아 울었다. 또 일 년 뒤에는 자로가 죽었다. 자로는 공자가 많이 꾸짖기도 한 제자지만 마음속 깊이 의지하고 좋아했던 친구 같은 제자였다. 자로는 자기가 모시던 사람을 위한 의리를 지키기 위해 난리 통에 죽임을 당했다.

자로의 몸이 토막 나서 젓갈에 담겼다. 이 소식을 들은 공자는 "집 안에 있는 젓갈을 모두 쏟아 버려라!"고 외치고 슬피 울었다. 그리고 바로 그 다음해 공자는 생을 마감했다. 해마다 겪은 큰 슬픔은 공자를 깊이 상심하게 하고 몸의 노쇠를 빠르게 진행시켰을 것이다. 그런 와

중에 이런 탄식이 나왔을 법하다.

　주공은 여러 번 얘기했으니 더 반복할 필요는 없겠다. 현실의 사랑하는 이들이 하나둘 죽어 가니, 공자로선 주공이 더욱 그리웠을 수도 있다. 주공은 공자의 마음속에 살아 있는 인물이었다. 그러니 현실의 아들이나 제자들처럼 죽어 버릴 일은 없었다. 그런데 그런 주공조차 이젠 꿈에서도 볼 수가 없다는 고백. 그 이유를 공자는 '노쇠함'에서 찾았다. 얼마나 절절한가. 주공의 문화는 공자가 세상에 이룩하고 싶었던 꿈이었다. 그 주공이 더 이상 생각나지 않는다는 건, 공자 스스로 자신의 꿈을 포기한 거나 마찬가지 표현이다.

　인간이 자신의 노쇠함과 죽음을 있는 그대로 인정한다는 건 꼭 필요한 일이다. 진시황처럼 죽지 않겠다고 발버둥을 치는 건 얼마나 어리석은 일인가. 태어난 것은 반드시 죽는다. 언젠가 갑자기 죽은 지인을 두고 사람들과 대화를 하는데 누군가가 툭 말했다.

　"언제 죽을지는 이미 정해져 있어. 그걸 모르고 살 뿐이지."

　우스개 같아서 다들 껄껄 웃었다. 그런데 한 번 더 되새김질을 해보니 만만치 않은 말이었다. 태어난 건 반드시 죽게 되어 있다는 진리의 다른 표현이었던 것이다.

　노쇠함과 죽음을 받아들여야 한다. 그래야 다소나마 아름다운 종말을 맞을 것이 아닌가. 공자라고 뭐 다르겠는가. 늙어서도 그렇지 않은 척 과장하는 건 위선이다. 요즘 온갖 성형술이 횡행하고 있다. 쉰 살, 예순 살이 넘어서도 팽팽한 피부를 자랑하는 사람들이 있다. 물론 타고나기를 그렇게 타고났다면 자연스러운 일이다. 그런데 시술과 수술로 가면을 쓰는 경우가 더 많다. 위선의 가면은 언젠가 벗을 수밖에 없다. 위선의 가면이 벗겨진 얼굴은 얼마나 흉측할 것인가.

공자가 말했다.

"도에 뜻을 두고 덕에 근거하며 인에 의지하여 살되 예로 노닐어야 한다."

子曰, "志於道, 據於德, 依於仁, 遊於藝."

공자가 사람은 일생을 어떻게 살면 좋은지를 간략하게 얘기했다. 말은 짧은데 담긴 이야기는 깊고도 넓다. 문장의 흐름을 돕는 어조사로서 반복되는 글자인 '어(於)'를 빼면 모두 여덟 글자이다.

그중에서도 공자가 말하고 싶은 핵심어는 네 개이다. 도덕인예(道德仁藝)가 그것이다. 그럼 공자가 말하는 이 네 가지는 무엇인가? 공자의 언행을 기록한 책 〈논어〉에서 찾을 수밖에 없겠다. 공자는 이런 말을 했다. "아침에 도를 들으면 저녁에 죽어도 괜찮다." 또 "나의 도는 하나로 꿰뚫었다"라는 말도 했다. 이것으로 유추를 해보자.

아침에 도를 듣고 저녁에 죽는다는 건 매우 짧은 시간성을 과장한 표현이다. 내가 바라는 도가 행해지기만 한다면, 단 하루를 살아도 좋다는 것. 과연 그런 도는 무슨 도인가. 도의 글자 그대로 해석은 '길'이다. 길은 소통이다. 길이 막히면 아프고, 계속 막히면 죽을 수밖에 없다. 그렇다면 공자가 말하는 길이란 어렵지 않다. 사람이 사람답게 사는 길이다. 인류가 인류끼리 잘 소통할 뿐 아니라 인류와 인류를 둘러싼 자연과도 잘 소통하는 그런 길.

그런 길을 잘 걷기 위해선 통찰이 필요하다. 이런저런 고집과 선입견에 휘둘리면 길은 곳곳에서 정체될 수 있다. 막힘없이 길이 열리기 위해 삶에 대한 통찰이 필요하다. 공자는 그것을 하나로 꿰뚫어 보는 힘, 곧 일관(一以貫之)의 도라고 불렀다. 일관성을 가지려면 배우고 버리기를 반복해야 한다. 많이 배우는 것도 중요하지만 버리는 것이 더 중요하다. 이것을 공자는 박문약례라고 불렀다. 널리 배움을 갖되 때와 장소, 대상에 걸맞은 예로 요약할 필요가 있다는 것이다. '약례'가 되지 않으면 자신의 말을 할 수가 없게 된다.

어쨌든 사람답게 사는 길, 그것이 공자가 말하는 도이다. 아름다움과 추함이 무엇이겠는가. 의미가 있음이 아름다움이다. 무의미야말로 추한 것이다. 일생을 아름답게 살아가려면 이 길에 뜻을 둬야 한다. 뜻으로 해석되는 지(志)는 내 마음이 가는 방향이다. 지향을 어디에 두느냐에 따라 사람살이는 영 달라지게 마련이다.

두 번째로 덕이다. 덕은 '크다'는 뜻도 있고 '얻는다'는 뜻도 있다. 사람답게 아름다운 삶을 살아가는 길은 지향만으로 이뤄지는 건 아니다. 마음을 먹었으나 실제로 현실화되기에는 여러 가지 난관이 있다. 구체적으로 만나는 삶의 현장에서 우리의 각오와 다짐이 번번이 물거품이 될 수도 있다. 작은 바람에도 픽 쓰러지는 허약함. 들리는 소리에 따라 이리저리 흔들리는 결정들. 왜 그럴까? 내면에 세워 둔 중심이 없거나 약한 까닭이다. 여기서 덕이 필요하다.

사람다운 아름다운 삶의 지향이 크고 넓고 튼튼하게 내면에 들어앉은 것이 덕이다. 이렇게 덕이 있는 사람은 쉽게 흔들리지 않을뿐더러 주변을 편안하게 한다. 큰 산이나 큰 강처럼 많은 것을 품을 수 있다. 따라서 덕은 지향이 아니라 '웅거(雄據)'가 된다. 튼튼한 뿌리로 자리를 잡고 바탕이 되어야 하기 때문이다.

덕을 바탕으로 했을 때 자연스럽게 인의 행동이 나타나게 된다. 인을 쉽게 풀이하면 서(恕)가 된다. 서는 글자를 나누면 여심(如心)이 된다. '마음 같이'라고 해석이 되는데, 이때 마음은 누구의 마음일까? 바로 타자의 마음이다. 여와 심 사이에 타자를 뜻하는 인(人)이 생략되어 있는 것이다. 그러니까 서는 바로 여인심(如人心)이다. '다른 사람의 마음과 같이' 세상을 바라보는 것이 서이다. 타자의 아픔, 타자의 슬픔, 타자의 두려움, 타자의 기쁨의 마음을 내 마음처럼 여기는 것, 그것이 서이다. 기쁨은 나누면 두 배가 되고, 슬픔은 나누면 절반이 된다는 말이 있다. 공감은 같이 울어 주는 것이고, 같이 기뻐하는 것이다. 다른 사람의 마음을 내 마음같이 여기지 않는다면 어떻게 가능하겠는가.

이 여인심이 바로 인을 행동으로 나타내는 출발이 된다. 그래서 '의지'해야 한다고 표현하였다. 사람은 구체적인 현실의 장면에서 행동의 굴절이 많이 일어난다. 때와 장소, 대상과 상황에 따라 대처하는 행동이 다를 수밖에 없다. 그러나 행동의 바탕은 인에 의지해야 한다. 인의 다른 이름은 사랑이다. 이것이 가능하려면 사람다운 길을 지향해야 하고 그 지향이 튼튼하게 덕으로 내면화되어야 한다.

마지막으로 예술이다. 예술은 배가 부른 뒤에 한다고 말하는 사람이 있다. 이것은 명백한 오해다. 예술은 삶 그 자체였다. 수렵채취를 하던 고대의 인류는 사냥을 나가기 전에 의례를 치렀다. 의례에는 춤과 노래가 빠질 수 없다. 그림도 그렸다. 사냥할 대상에 대한 존경과 고마운 마음을 담아 정성스럽게 그림을 그렸다. 의미가 담기면 그것이 곧 아름다움이다. 반대로 무의미한 것은 '미'의 탐구 대상이 될 수 없다. 인류의 예술은 삶과 분리될 수 없음을 잘 보여 준다.

공자는 예술 속에서 노닐어야 한다고 했다. 사람답고 아름다운 삶의 길을 지향하고, 흔들리지 않게 덕으로 내면화하고, 타자에게 사랑이란 이름의 인으로 공감하는 삶. 그 모든 삶의 과정에 예술은 함께해야 한다는 것이다. 춤이든 노래든 그림이든 이야기든, 예술은 도와 덕과 인이 담기는 그릇과 같다. 초등학생들은 온갖 예능학원을 다닌다. 그런데 어른이 되면서 예능학원을 다니는 사람이 드문데, 나는 오히려 반대가 되어야 한다고 본다. 나이가 들수록 예술을 가까이해야 한다. 쉰이든 예순이든 늦지 않다. 지금 바로 그림을, 그리고 악기를 연주해 보자.

공자가 말했다.

"한 꾸러미 육포 이상을 갖고 스스로 찾아오는 사람은, 내가 일찍이 가르침이
없지 않았다."

子曰, "自行束脩以上, 吾未嘗無誨焉."

　　배움의 자발성에 대한 이야기다. 속수(束脩)에 대한 해석은 두 가지
가 있다. 수(脩)의 뜻이 크게 두 가지이기 때문이다. 하나는 '말린 고
기' 곧 '육포'이고, 다른 하나는 '닦는다, 수련한다'는 뜻이 있다. 육포
로 보면 속수는 말린 고기를 묶은 한 다발이 된다. 보통 열 개를 묶어
서 한 다발이라고 했다. 요즘 시대로 보면 북어 말린 것이나 소고기
말린 것을 생각하면 될 것이다.

　　수를 '닦는다'는 뜻으로 보면, 속(束)도 단순히 '묶는다'는 의미보다
는 '수련'의 뜻을 담아야 한다. 마구 흐트러지거나 방만하게 풀어지
는 것을 다잡아 검속한다는 의미가 있다. 그렇게 보면 속수는 어떤 일
에 집중하여 수련한다는 뜻을 갖게 된다. 결국 이런 해석이 가능하다
는 것이다. "스스로의 행동을 검속하고 수련하는 정도 이상의 태도를
지닌 사람은 내가 일찍이 가르침이 없지 않았다." 그런대로 뜻이 통해

보인다.

첫 번째는 배움의 대가를 지불하라는 것이고, 두 번째는 진정으로 배우려는 태도를 가지라는 해석이다. 그런데 둘 다 담고 있는 뜻은 다르지 않다. 대가나 태도나 다 자발성을 얘기하고 있다. 스승에 대한 고마움을 드러내는 방식은 다양하게 있을 수 있다. 자본주의 시대인 지금은 '화폐'가 자본이라는 신의 사자로서 역할을 하고 있으므로 모든 대가는 화폐로 지불된다.

공자가 살았던 춘추시대에는 지금처럼 신용카드가 있을 리 만무하다. 고대에는 살 집이나 의복보다도 더욱 중요한 것은 음식이었다. 음식을 대접한다는 건 어떻게 보면 최상의 정성이라 하겠다. 육포 한 꾸러미는 그리 적지 않은 양이다. 그렇지만 아주 많은 양도 아니다. 정성을 표시하는 데는 이 정도 이상은 되어야 한다고 공자는 본 것이다.

요즘 자치단체에서는 평생교육센터가 생겨서 많은 강좌가 개설되었다. 공적인 예산으로 개설되는 만큼 수강생들은 무료로 강좌를 듣는다. 이럴 경우 수강생들은 육포 한 꾸러미를 낼 필요는 없는 것일까. 수강생들을 대신하여 공공기관이 강사에게 강사료를 지급하기 때문에 충분한 것일까. 더욱이 공공기관의 예산은 수강생들이 낸 세금으로 만들어졌기 때문에 결국 수강생들이 내는 셈으로 봐야 하나. 그렇다면 수강생들이 육포 한 꾸러미는 냈다고 치고, 자신을 속수하는 다른 방식을 보여 주면 어떨까. 무료이니 신청은 해놓고 강의에 참석은 하지 않는 사람들이 강좌마다 삼분의 일은 된다고 한다. 이는 좋은 태도가 아니다.

시대가 변하기는 했으나 배움의 자발성은 중요하다. 주희는 이렇게 말한다. "가서 배울 수는 있어도 와서 가르치는 예는 없다." 배움을 원하는 사람이 스승을 찾아가야 한다는 소리다. 그래서 그런가. 요즘 가정방문을 해서 가르치는 학습지 교사들은 교육에 애를 먹는 듯하다. 아이들의 자발성이 결여되어 있으니 교육의 효과가 적을 것은 불을 보듯 뻔하다.

공자가 말했다.

"괴로워하지 않으면 열어 주지 않고, 표현하려 애쓰지 않으면 펴주지 않는다. 한 귀퉁이를 들어 보였을 때 세 귀퉁이로 돌아오지 않으면 다시 반복하지 않는다."

子曰, "不憤不啓, 不悱不發. 擧一隅, 不以三隅反, 則不復也."

역시 자발성에 대한 이야기다. 분(憤)은 '결내다, 성내다, 흥분하다, 괴로워하다' 등으로 새긴다. 마음이 격동하여 뭔가를 하려고 애를 쓰는 모양이다. 하지만 마땅한 길을 찾지 못하여 괴로운 상태다. 배움을 찾는 사람이 이런 자세를 갖는다면 당연히 길을 열어 보여 줘야 한다는 것이다.

비(悱)는 뭔가 마음대로 되지 않는 상태다. 글자를 보라. 마음(忄)이 아니(非)라고 하지 않는가. "지금 내 마음이 내 마음이 아니다"라는 우스개를 할 때가 있다. 뭔가 하고 싶은 말이 있고 뭔가를 알긴 알겠는데, 밖으로 말을 하지 못해 발을 동동 구르는 형국이다. 알맞은 용어나 적당한 표현법을 찾지 못했으나 표현에 강렬한 욕구를 가진 사람은 도와줘야 한다.

이렇게 분비(憤悱)한 사람은 터지기 직전의 꽃망울과 같다. 유행가 가사처럼 "손대면 토옥 하고 터질 것만 같은 그대"이다. 이런 상태의 자발성과 배우려는 욕망을 가진 학생을 가르치는 교사는 얼마나 행복한가.

'한 귀퉁이 세 귀퉁이' 이야기는 자발성과 아울러 탐구심도 말하고 있다. 소를 물가에 데려갈 수는 있으나, 물을 먹는 건 소가 하지 않으면 안 된다. 한 귀퉁이를 들어 보여 주는 것은 실마리를 보여 주는 것이다. 여기에 문이 있다고 알려 주는 것과도 같다. 문 안으로 들어가 모험을 하는 건 스스로 해야만 한다.

다시 반복하지 않는다는 건 쓸모없는 낭비이며 헛일이라는 표현과 같다. 자발성과 탐구심을 갖지 않는 사람에게 배움이 일어나긴 어렵다. 자발성과 탐구심은 언제 일어나는 것일까? 아마도 내가 좋아하는 것, 내가 하고 싶은 것, 내가 잘하는 것을 할 때일 것이다. 반대로 내가 싫어하는 것, 내가 하고 싶지 않은 것, 내가 잘못하는 것을 할 때는 수동적이 될 것이다. 더구나 그러한 것을 남의 강요로 해야만 할 때 자발성과 탐구심이 생겨나기란 무척 어렵다. 나와 내 주변의 사람들을 한번 돌아보자. 과연 어떤 상태로 배움에 임하고 있는지를. 수동적이고 강제적인 배움을 하고 있다면 하루빨리 그만두는 것이 좋을 것이다.

제자들이 말했다.

"우리 스승님은 밥을 드실 때 상주가 곁에 있으면 배부르게 잡수시지 않았다. 또 스승님은 곡을 하신 날에는 노래를 부르지 않았다."

子食於有喪者之側, 未嘗飽也. 子於是日哭, 則不歌.

상주를 특별하게 대우하는 이야기가 〈논어〉에는 많다. 상(喪)이라는 글자 자체가 죽는다는 의미가 있다. 뜻이 확대되어 죽음과 관련하여 치르는 모든 의례를 상례라고 부르게 되었다. 상주, 상복, 상가 등.

상례를 치르는 동안 상주는 일상을 멈춘다. 현실과 비현실의 경계에 놓이는 것이다. 생과 사의 경계에 있다고 해도 좋겠다. 상주가 갖는 감정은 어떠할까? 매우 복잡하여 딱 꼬집어 말하기 어렵다. 어떤 감정들이 뒤섞이든 상주의 상태는 절망과 슬픔이 바탕이 될 수밖에 없다. 고인과 가장 가까운 사람을 우리가 상주라고 부르기 때문이다. 부모와 자식이 가장 가까운 혈친의 상주다. 부모를 잃은 자식, 자식을 잃은 부모의 슬픔과 절망은 가늠하기 어렵다. 사람마다 다 다르기 때문이다.

상주 곁에서는 밥조차 배부르게 먹지 않았다는 건 무슨 뜻일까? 나는 공감이라고 보고 싶다. 슬픔과 절망에 빠진 사람은 목구멍으로 밥이 넘어가지 않는다. 나는 세월호의 침몰로 희생된 한 아이의 약전(略傳)을 썼다. 겨우 열여덟 해를 살고 스러진 아이의 삶을 원고지 사십 매 정도 되는 분량으로 담았다. 글을 쓰기 위해 아이의 어머니를 만났다. 댁으로 찾아뵙고 이야기를 하는 내내 어머니는 울음 반 이야기 반이었다. 나는 우연히 부엌의 싱크대를 보게 되었는데 설거지 그릇이 가득했다. 그런데 언제 밥을 해 먹었는지 가늠하기 어려울 만큼 그릇에 묻은 음식 때가 오래되어 보였다.

이야기가 마무리될 무렵 시각을 보니 오후 한 시가 넘었다. 나는 조심스럽게 물어보았다.

"어머니, 점심 드셔야지요? 제가 국밥이라도 한 그릇 사드리고 싶네요."

아이의 어머니는 나를 물끄러미 바라보더니 대답했다.

"아니요. 그러실 필요 없어요. 밥은 안 먹어도 되요."

나는 더 권하지 못했다. 슬픔과 절망이 가슴과 위를 가득 채우고 있으니 밥이 들어갈 틈이 없는 게 당연했다. 나하고 같이 밥을 먹으면 당신도 불편하지 않겠느냐는 어머니의 눈빛도 이해했다. 나는 아이 어머니의 처절한 슬픔을 느끼고 가슴이 아렸다. 여기 공자의 행동은 어찌 보면 자연스럽다. 상주의 아픔과 슬픔을 공감한다면 역시 밥을 배불리 먹기는 어렵다.

또 하나 의미 있는 기록이 덧붙어 있다. 상가에 가서 곡을 한 날에는 노래를 부르지 않았다는 기록. 물론 슬픔과 절망을 위로하는 노래도 있다. 상가에선 찬송가도 불리고 독경도 하곤 한다. 그러나 슬픔을 위로하는 노래는 듣는 것이지 상주가 직접 노래를 부를 수는 없다. 또한 공자는 노래를 흥겹고 즐거운 것, 마음을 감동시키고 조화롭게 하는 것이라는 생각을 갖고 있었다. 흥겹지 않은 상태에서 부르는 노래는 사람의 감성을 비탄에 빠지게 할 뿐이다.

이런 기록을 보면 공자가 얼마나 노래를 좋아한 사람인지를 잘 알수가 있다. 상가에 조문 가서 곡을 한 날에만 노래를 부르지 않았다니, 결국 날마다 노래를 불렀다는 얘기가 아닌가.

10

공자가 안연에게 말했다.

"써 주면 맘껏 능력을 발휘하고, 쓰이지 않으면 가만히 숨겨 두는 일. 그렇게 할 수 있는 사람은 나와 너뿐이로다!"

자로가 옆에서 듣고 말했다.

"스승님께서 삼군을 부리시게 된다면 누구와 함께하시겠습니까?"

"맨손으로 호랑이를 잡으려 하고 맨몸으로 강을 건너려다가 죽어도 후회하지 않는 사람하고는 내가 함께하지 않으련다. 반드시 일을 맡아선 두려워하고 좋은 꾀를 내서 일을 완성하는 사람과 함께하겠다."

子謂顔淵曰, "用之則行, 舍之則藏, 惟我與爾有是夫!" 子路曰, "子行三軍, 則誰與?" 子曰, "暴虎馮河, 死而無悔者, 吾不與也. 必也臨事而懼, 好謀而成者也."

또 자로는 혼나고 있다. 안연은 칭찬을 넘어서 공자에겐 경외의 대상이라고 앞에서 말했다. 여기서도 공자는 안연을 아주 드높게 인정하고 있다. 안연을 자신과 나란히 놓고 있다. 용행사장(用行舍藏)은 이 장에서 공자가 자신과 안연만 가능하다고 하는 바람에 매우 중요한 관용구가 되었다.

'쓴다(用)'는 말은 다양한 풀이가 가능하다. 규모가 작은 어떤 일을 맡긴다고 할 수도 있고, 한 나라를 경영하는 큰일을 맡긴다고 볼 수도 있다. 활용, 기용, 등용 등으로 용어가 사용된다. 어쨌든 어떤 일을 맡기면 할 수 있다는 것이 용행(用行)이다. 자리만 탐내서 덜컥 일을 맡았다가 제대로 일처리를 못하는 사람은 용불행(用不行)이다. 굳이 공자의 말이 아니더라도 세상엔 용행보다 용불행이 훨씬 많다. 온갖 똥물에 튀긴 사람이 욕심은 하늘을 찔러서 장관이나 국무총리나 대통령을 해

보겠다고 설쳐 대는 사람이 얼마나 많은가. 아니, 그런 큰 자리가 아니라 아주 작은 단체에서도 대표를 해보겠다고 진흙탕 싸움을 하는 경우가 많다. 그러나 기껏 일을 맡겨 놓으면 실행을 못하는 경우가 대부분이다. 그것은 목적이 자리에 있지 일의 실천에 있지 않은 까닭이다.

사(舍)는 원래 '집'이란 뜻이다. 집에 들어오면 몸을 편안하게 놓아둘 수 있다. 그래서 '놓는다'라는 의미도 갖게 되었다. 물론 집에 오면 밖에서 하던 일을 일단 버려두고 쉰다는 의미도 있다. 그래서 '버린다'는 뜻도 갖게 되었다. 장(藏)은 '감추다, 저장하다, 품다'라는 뜻을 갖는다. 사는 '쓴다'는 용의 상대의미를 갖고 있으므로 '쓰이지 않는다'라는 의미가 된다. 일을 맡겨 주지 않았다는 것이다.

사장(舍藏)은 일을 맡지 않았을 땐 굳이 자신의 능력을 드러낼 필요가 없다는 말이다. 가만히 저장해 두고 쓰일 때를 기다리면 된다는 것. 써 주지도 않는데 제 발로 나서서 이렇게 저렇게 하겠다고 떠들어 댈 필요가 없다는 것이다. 일을 맡겼을 때에 충실하게 완성하는 것도 사실 몹시 어려운 일이다. 어떤 한 가지 일이라도 주어졌을 때 제대로 해낸다면 커다란 인정을 받게 된다.

그런데 보통 사람은 자신이 조그마한 능력이라도 있으면 드러내지 못해서 안달을 한다. 왜 나를 알아주지 않느냐고 화를 내기도 한다. 그래서 일을 맡겨 주면 또 제대로 처리를 못하는 경우가 허다하다. 능력을 기르다 보면 자연스럽게 누군가 일을 맡겨 오게 된다.

결국 용행도 어렵고 사장은 더더욱 어렵다. 공자는 그 어려운 삶의 태도를 자신과 안연은 가능하다고 했다. 곁에 같이 듣고 있던 자로로선 좀 심통이 나는 일이었다. 이럴 때 보면 공자도 참 짓궂은 면이 있다. 제자들을 같이 앉혀 놓고 한 제자만 그토록 높이 칭찬을 하니 어쩌란 말인가. 성질 급하고 자부심 강한 자로가 못 참고 물을 수밖에 없다.

"삼군을 부리신다면 누구와 함께하시겠습니까?"

삼군은 전군, 중군, 후군의 총칭이니 삼군을 부린다는 건 한 나라의 최고사령관이다. 언젠가 공자는 자로에게는 한 나라의 삼군을 맡길 만하다고 말한 적도 있다. 자로도 군사를 부리는 일에는 자신감이 넘치는 인물이다. 자로는 "당연히 너와 함께 하지"라는 스승의 인정을 기대했다. 용행사장은 안연과 스승뿐이지만, 행삼군(行三軍)이야 스승과 자신뿐이 아니겠냐고 자로는 굳게 믿고 있었다. 그런데 이건 또 영다른 말이 공자의 입에서 떨어졌다.

만용을 부리는 자와는 함께하지 않겠다는 말. 맨손으로 호랑이를 잡으려 하고 맨몸으로 강을 건너려는 자가 만용을 부리는 자다. 게다가 죽어도 후회하지 않겠다고 큰소리까지 치니 목숨까지 가벼이 여기는 자가 아닌가. 공자는 그런 자와는 결코 함께하지 않겠노라고 대답했다. 자로의 용맹은 만용의 위험이 있다고 넌지시 꾸짖고 있는 셈이다.

아울러 그런 자로를 위하여 한마디 충고를 덧붙였다. 일을 맡아선 두려워하고 좋은 꾀를 내서 일을 완성해야 한다고. 일을 맡아서 두려워하는 건 사실 좋은 태도는 아니다. 맡은 일이 두렵다면 일을 맡지 말아야 한다. 아니, 능력이 부족한 일을 맡은 때문일 수도 있다. 그러나 여기에선 자로에게 경계하는 말이다. 자로는 과단성이 있는 장점은 있으나 다소 성급한 부분이 있으므로 그것을 조심하게 한 말이다. 사람의 재질에 맞춰 가르침을 베푼다는 '인재시교(因才施敎)'의 모습을 여기서도 볼 수 있다.

공자가 말했다.

"부라는 것이 구한다고 되는 것이라면 비록 남의 마부를 하더라도 내가 해보겠다. 만일 구해서 되는 게 아니라면 나는 내가 좋아하는 것을 하겠다."

子曰, "富而可求也, 雖執鞭之士, 吾亦爲之. 如不可求, 從吾所好."

공자는 사람이 갖고 있는 가장 큰 욕심을 두 가지로 말한 적이 있다. 하나는 성욕이요 하나는 식욕이다. 〈예기〉의 예운편에 공자가 한 말로 음식남녀(飮食男女)는 인지대욕(人之大欲)이라고 나온다. 음식이 곧 식욕이요, 남녀가 성욕이다.

이러한 욕구는 생명을 타고난 모든 생물의 기본욕구다. 먹지 않고 어떻게 살겠으며, 짝을 만나 생명을 잉태하려는 건 피할 수 없다. 그런데 이것조차 억제하려는 생물이 인간이다. 몸의 자연스러운 욕구를 이성의 힘으로 제어할 수 있다는 것이다. 만약 몸을 하찮은 것으로 본다면 이는 분명한 오류다. 이성이 우월하며 몸은 천박한 욕구를 가졌다고 구별하면서 인류사에 여러 가지 해독이 생겨났다.

이성은 지배자요 몸은 피지배자라는 구별이 있다. 몸을 부려서 먹고사는 사람은 육체노동자요, 이성의 힘으로 먹고사는 사람은 정신노

동자라 하여 우월하게 보는 구별. 이는 통제사회이자 병영사회의 모습이다.

그러나 이성의 힘으로 몸의 무절제한 욕구를 통제하는 건 의미가 있다. 몸을 무시하는 것이 아니라 몸을 오히려 존중하는 것이다. 예를 들어 보자. 몸의 식욕에 순응한다고 지나치게 많이 먹으면 비만이 된다. 비만은 몸을 병들게 하고 마침내 죽일 수도 있다. 성욕 또한 마찬가지 아니겠는가. 식욕과 성욕을 적절하게 통제하는 이성의 힘은 몸을 존중하는 방법이기도 하다.

현대사회는 음식남녀에 하나 더 추가해야 한다. 바로 여기서 공자가 말하고 있는 부(富)이다. 한때 "부자 되세요"라는 인사말이 유행한 적이 있다. "밥 먹었니?", "건강하세요"라는 인사말과 같이 아주 자연스럽게 쓰였다. 부라는 건 인간의 욕구 가운데 음식남녀와 정말 어깨를 나란히 할 만한 것이다. 아니, 부가 있으면 음식남녀가 따라온다. 어쩌면 부가 그 바탕일지도 모르겠다.

공자는 바로 이 부에 대한 통제 내지 절제를 말하고 있는 것이다. 부자가 되는 걸 타고났다면 내가 마부라도 하겠다는 말에 담긴 뜻은 무엇일까? 부의 숙명론일까? 그렇지는 않은 듯하다. 왜냐하면 큰 부자였던 제자 자공을 "천명을 받지는 못했다"라고 말한 적이 있기 때문이다. 그렇다면 무엇인가? 아마도 부라는 것은 천명이라기보다는 재수라고 봤을 것이다. 재물이 모이는 운수라고나 할까. 결국 공자는 부자가 되는 정도 가지고 천명의 여부를 말할 수는 없다고 본 것이다.

세상에는 부 말고도 추구할 만한 가치가 얼마든지 널렸다는 얘기다. 그것을 공자는 "종오소호(從吾所好)"라고 말했다. 내가 좋아하는 것을 하겠다는 선언! 부도 물론 인생의 가치 있는 것들 중의 하나이긴 하다. 그러나 지나친 식욕이 비만을 부르듯, 지나친 부는 사람을 수전노로 만든다. 영화 〈서편제〉에 등장하는 노래 선생 유봉이 이런 말을 한다.

"지가 지 노래에 미쳐 득음을 하면은, 부귀영화보다도 좋고 왕후장상보다도 좋은 법이여."

북을 치는 동호가 판소리로 먹고살기는 틀린 세상이라고 주장을 하자 유봉이 꾸짖듯이 한 말이다. 내가 좋아하는 것을 추구하는 삶의 행복이랄까, 즐거움을 잘 드러내 주는 말이 아닐까 한다. 현대사회는 모든 가치가 부귀영화에 쏠린 듯하다. 그럴수록 다양성은 사라지고 인류의 생은 점점 더 가박해져만 간다.

제자들이 기록했다.

"우리 스승님이 조심스러워하신 것은 제계(齊戒)와 전쟁과 질병이다."

子之所愼, 齊, 戰, 疾.

제계는 '가지런히 하고 조심한다'는 뜻이다. 목욕제계(沐浴齊戒)라는 용어로 더 많이 불린다. 제계를 하는 데 기본이 목욕이기 때문이다. 몸을 깨끗이 씻는 행위는 나 자신의 정성을 보여 준다.

〈삼국지〉에 보면 유비가 제갈량을 만나려고 목욕제계하는 장면이 나온다. 세 번을 찾아가서 만났다는 삼고초려로 유명한 고사의 일화다. 두 번을 찾아가서 만나지 못한 유비는 세 번째 제갈량의 집으로 가기 전에 목욕을 한다. 무려 칠일 동안 날마다 목욕을 한다. 그것을 보고 관우가 한마디 한다.

"지극한 정성이다."

하지만 심통이 난 장비는 이렇게 말한다.

"살이 다 불어터지겠소. 그깟 젊은 놈, 가서 모가지를 끌고 오면 그만인 것을."

마침내 유비는 제갈량의 마음을 얻어 신하로 삼을 수 있었다. 칠일 동안 목욕을 한 덕에 그렇게 되었다고 할 수는 없다. 그러나 그만큼의 정성을 들이면서 한마음으로 제갈량을 설득할 생각을 한 것은 부인할 수 없다.

제계는 천지신명과 소통하기 위한 준비다. 주로 제사를 앞두고 마음을 정갈하게 가다듬는 행위이다. 세속의 묻은 때를 씻고 신명의 세계와 접속하려면 최소한의 준비는 필요하다. 가지런히 하며 조심한다는 것이 바로 그 통과의례가 된다. 큰 제사를 앞두고는 목욕뿐 아니라 잠자는 방을 바꾸고 먹는 음식도 바꾸었다.

선생은 구구하게 밀을 덧붙일 필요가 없겠다. 생명과 재물의 파괴를 필연적으로 갖고 오는 것이 전쟁이다. 그러나 인간의 동물적인 속성상 전쟁을 피하기는 어렵다. 크고 작은 싸움이 곳곳에서 일상적으로 일어나기 때문이다. 속성이 그렇다고 손 놓고 있어야 할까. 그럴 수는 없다. 전쟁이 인간의 한 속성이라면, 평화를 바라는 마음 또한 본능에 가깝다.

치솟는 분노와 미움의 마음을 다스리고 이기적인 본능을 조심스럽게 다룰 수 있다면, 전쟁보다는 평화 쪽으로 무게 중심을 잡을 수도 있다. 이 얼마나 만만치 않고 조심스러운 일인가.

질병 또한 마찬가지이다. 부처는 사람의 고통을 생로병사로 정리했다. 태어나고 늙고 병들고 죽는 것. 이 가운데 아무래도 가장 힘든 것이 병이 아닐까 한다. 늙은이들이 하나같이 하는 말이 있다.

"아프지 않고 죽었으면!"

태어나는 순간 죽음은 예정되어 있으니 누구나 벗어날 수 없다. 시간이 흐르면 늙음도 자연스럽다. 다만 질병은 참기 어려운 괴로움이다. 대부분의 사람은 아프다가 죽는다. 그런데 가끔 아픔 없이 평화롭게 생을 마감하는 사람들이 있다. 어떻게 가능한 일일까? 내 생각은 그렇다. 평화로운 생의 종말은 주어지는 것이 아니라 스스로 만드는 것이라고.

죽음을 얘기하는 한자는 여러 가지가 있다. 사(死), 망(亡), 졸(卒)이 대표적이다. 사는 일반적인 사람의 죽음이다. 크게 서러움이 없는 죽음, 적당히 나이 먹었고 적당히 아프다가 죽는 그런 평범한 삶에 붙이는 이름이다. 망은 안타까운 죽음이다. 요절하거나 비명횡사하거나, 어쨌든 누가 봐도 안타까운 그런 죽음. 자신의 잘못으로 자신을 망하게 만드는 죽음도 여기에 포함된다. 마지막으로 졸이 있다. 졸은 글자 그대로 '마침'이다. 사람다운 삶을 잘 보내고 끝도 아름답게 잘 마무리한 죽음을 '졸'이라고 한다.

어떤 죽음을 맞이할 것인지는 결국 태어난 이후 삶을 만들어 가는 과정에서 자연스럽게 결정된다. 과연 나는 망의 삶을 살고 있는가. 아니면 졸의 삶으로 결과할 과정을 살고 있는가. 이 얼마나 조심스러운 일인지.

공자가 말하는 세 가지는 사람의 삶이 어떠해야 하는지를 잘 보여준다. 제자들은 스승의 일상의 삶이 그러했음을 후대에 이렇게 기록해 뒀다.

공자는 제나라에 있을 때 소(韶)를 듣고 세 달 동안이나 고기 맛을 몰랐다. 그때 이런 말을 했다.

"음악이 이런 경지까지 도달했으리라곤 생각도 못했다."

子在齊聞韶, 三月不知肉味, 曰, "不圖爲樂之至於斯也."

소는 순임금의 음악이라고 전한다. 순임금은 인간세에서 가장 평화로웠다고 하는 요순시대의 바로 그 순이다. 순은 무지한 아버지와 포악한 새어머니 슬하에서 어린 시절을 보냈다. 이런 일화가 있다. 새어머니가 순을 미워하여 늘 괴롭혔다. 하루는 순에게 지붕을 고치라고 해놓고는 딛고 올라간 사다리를 치워 버렸다. 사다리를 놔 달라고 사정하게 하거나 뛰어내리다 다치거나, 하여튼 순을 괴롭혀 보려는 심보였다.

그런데 순은 지붕을 다 고쳐 놓고는 유유히 내려왔다. 이미 새어머니 몰래 뒤편에다 사다리를 하나 기대 두었던 것이다. 새어머니의 행위를 미리 내다본 지혜였다. 친구들이 그 사실을 알고 헤아림을 칭찬하는 한편 새어머니를 흉보자, 순은 이렇게 대답했다.

"내가 잘못되면 아버님이 슬퍼하실 것 아닌가. 새어머니도 나를 미워하시지만 그건 내 정성이 부족한 탓일세."

이 말은 순이 어떤 심성을 가진 사람인지를 잘 보여 준다. 못난 사람에게 똑같이 못난 방식으로 반응하질 않는 것이다. 눈에는 눈, 이에는 이가 아니라 드넓은 포용성을 보여 준다. 훨씬 후대 인물이기는 하지만 예수도 이런 말을 했다. "원수를 사랑하라." 그런데 아버지나 어머니가 원수일 리는 없다.

공자는 이런 말을 했다. "내 삶의 이익을 위하여 인을 해치지 않고 차라리 내 삶을 죽여 인을 이루겠다." 인은 사랑의 다른 이름이다. 순은 자기 삶의 고통을 사랑으로 전화시키는 행위를 보여 준 셈이다. 공자는 순의 행적을 거룩하다고 했다.

순의 심성이 보여 준 따뜻한 행위들은 소문이 날 수밖에 없다. 그릇에 물이 가득 차면 자연스레 흘러넘치는 법이니까. 당시의 임금이던 요의 귀에도 순의 소문이 들어갔다. 요는 스스로 순을 찾아와 임금의 자리를 물려줬다. 물려줬다기보다는 사정했을 것이다. 절대권력을 가진 왕이나 공권력이라는 폭력의 힘으로 지배하는 국가지도자가 아닌, 요순은 수장으로 봐야 한다. 자기가 가진 재물과 재주를 아낌없이 나눠 주고 스스로는 텅 빈 사람. 그가 수장이다.

공자가 제나라에서 들었다는 '소'라는 음악은 바로 순을 기리는 작품이다. 단순한 하나의 노랫가락이 아니라 오케스트라였다. 춘추시대 당시에 연주된 모든 악기가 최상의 연주자에 의해 협연된 음악을 공자가 들은 것이다. 당시에 제나라는 가장 찬란한 문화를 꽃피운 나라였다.

세 달 동안 고기 맛을 몰랐다는 건 당연히 과장이다. 넘치는 감동에 대한 수사이다. 2,500년 전 사회는 지금처럼 고기가 흔하지 않았다. "70살이 넘은 이에게 먼저 고기를 드시게 해야 한다"라는 말이 있을 정도였으니 고기가 얼마나 귀한 음식인지를 알 수 있다. 요즘은 지나치게 고기를 많이 먹지만. 현대사회의 육류 소비는 지나침을 넘어서 위험한 지경에 이르렀다. 소가 뀌는 방귀가 공기를 오염시키고 있다는 말이 있을 정도다.

소가 무슨 죄가 있는가. 소를 가축으로 만들어 우리에 가둬 놓고 그 살을 먹기 위해 사육하는 인간의 잘못이지. 잔인한 사육 방법은 눈뜨고 못 볼 지경이다. 최소한의 움직임만 허락되는 좁은 공간에 몰아넣고 살만 찌우는 사료를 공급한다. 그러니 병이 걸리지 않을 수 있나. 구세역이라는 전염병이 돌았을 때, 산 채로 매장당한 소와 돼지가 얼마나 많았던가. 나는 그 아픔을 〈바랑골 왕코와 백석이〉라는 장편동화로 써서 출간한 적이 있다.

작품을 쓰면서 나는 차라리 2,500년 전처럼 고기가 귀했으면 하는 바람을 가져 본 적이 있다. 내가 육류를 별로 좋아하지 않아서 그런 생각을 쉽게 할 수 있는지는 모르겠다. 하지만 분명한 것은 지나침은 나쁘다는 것이다. 다시 한 번 말하지만 육류 소비는 지나침을 넘어서 위험한 지경에 이르렀다. 인류는 식생활의 습관을 바꿀 필요가 있다.

귀할수록 음식은 더욱 맛이 있다. 공자가 살았던 그 시대엔 고기가 귀했으므로 그 맛이 입에서 살살 녹는 정도였으리라. 그런 맛조차 느낄 수 없을 정도로 소 음악의 감동은 대단했다. 그리고 감탄 한마디. 음악이 이런 경지에 이를 수 있다니!

사람은 살아가면서 자주 감동할 필요가 있다. 그리고 가끔은 절정의 감동을 느낄 수 있으면 더욱 좋다. 감동의 절정을 느껴 본 사람은 삶의 고통이 절망스럽게 한다고 해도 쉽게 넘어지지 않는다.

염유가 말했다.

"선생님께선 위나라 임금을 위해 일하실까?"

자공이 대답했다. "알았네. 내가 이따가 선생님을 뵐 일이 있으니 그때 여쭈어

보겠네."

자공이 공자를 뵙고 말했다. "백이숙제는 어떤 사람입니까?"

공자가 대답했다. "예전의 현인들이지."

"원망했나요?"

"인을 구하다 인을 얻었으니 무슨 원망이 있겠느냐."

자공이 밖으로 나와 염유를 만났을 때 말했다. "우리 선생님은 위나라 임금을

돕지 않을 걸세."

冉有曰, "夫子爲衛君乎?" 子貢曰, "諾, 吾將問之." 入曰, "伯夷叔齊何

人也?" 曰, "古之賢人也." 曰, "怨乎?" 曰, "求仁而得仁, 又何怨? 出曰,

"夫子不爲也."

재미있는 대화다. 등장인물은 염유, 자공, 공자다. 염유는 염구이며,

정사의 재능으로 공문십철에 든 인물이다. 자공보다는 두 살이 많았

다. 자공은 너무나 많이 등장했으니 더 말할 필요가 없겠다.

이 대화를 이해하기 위해선 당시의 상황을 간략하게라도 알 필요가

있다. 이때 공자는 위나라에 머물고 있었다. 사실 공자가 14년 동안

노나라를 떠나 여러 나라를 전전했지만 대부분 위나라에 머물렀다.

위나라를 기점으로 하여 주변 나라들을 다녀오곤 했던 것이다.

위나라는 영공이 죽은 뒤 왕위 다툼이 심했다. 남자(南子)와의 다툼

에서 밀려 해외로 도주했던 태자 괴외(蒯聵)는 아버지가 죽자 왕위를

노려 귀국하고자 했다. 그러나 첩(輒)이 왕위에 올라서 괴외의 귀국을

막았다. 첩은 괴외의 친아들이었다. 아들이 아버지의 귀국을 막은 셈

이었다. 권력이란 그런 것이다.

염유와 자공의 대화는 바로 이 시기에 있었다. 아버지 괴외의 귀국을 막고 아들 첩이 왕위에 오르는 그 상황. 염유의 말에 나오는 위군(衛君)은 바로 첩을 가리킨다. 공자는 영공에게도 대우를 받았던 현자인 만큼 새롭게 왕이 된 첩이 공자에게 도움을 요청할 수도 있었다. 충분히 예견이 되는 상황이다. 염유는 궁금했다. 자신이 보기에도 뭔가 문제가 있어 보였던 것이다. 아버지의 귀국을 막는 아들. 윤리적으론 패륜이 아닌가. 그러나 현실정치 감각으로 보면 충분히 있을 수 있는 일이다. 이미 죄를 얻어 추방당한 사람을 다시 불러들여 왕위에 앉힐 필요는 없지 않은가.

염유의 질문의 의도는 거기에 있었다. 염유는 공자의 속내를 알고 싶었다. 위나라의 임금이 공자가 아닌 염유 자신에게 도움을 요청한다면 어떻게 행동하면 좋을지 미리 알아 두고 싶은 속셈도 작용했으리라. 자공도 그런 염유의 내면을 이미 파악하고 있었던 것 같다. 그래서 곧바로 대답하지 않고 "스승에게 물어보겠다"고 뜸을 들인 것이다. 아니, 자공도 공자의 생각이 궁금하기도 했겠다.

그런데 자공의 질문이 재미있다. 단도직입적으로 "선생님, 위군을 도우실 건가요?" 하고 묻지 않고 슬쩍 돌려 물었다. 백이숙제를 끌고 온 것이다. 백이와 숙제는 주나라 무왕이 은나라를 치러 갈 때 말고삐를 잡고 막은 인물들이다. 무왕이 기어코 은나라를 멸망시키고 주나라를 세우자 수양산에 들어가 고사리를 캐 먹다가 굶어 죽었다. 주나라 땅에서 나는 곡식을 먹기가 부끄럽다면서.

백이숙제의 신념은 무엇인가? 한 포악한 임금이 있다고 해서 전쟁을 일으키는 건 옳지 않다는 것. 포악한 임금을 몰아내고 백성을 위한 정치를 펴면 되는 것인데, 전쟁을 일으키는 건 또 다른 욕망의 발로라고 본 것이다. 전쟁 통에 죽어 가는 건 백성이고, 결국 권력을 잡는 건 지배자다. 백성의 피를 먹고서 말이다.

자공이 백이숙제를 물은 까닭은 무엇일까? 어떤 대답을 듣고 싶었을까? 추측하기 어렵지 않다. 공자가 백이숙제의 행동에 정당성을 부여한다면 첩이 아버지 괴외를 막는 건 잘못된 행동이라고 본다는 뜻이었다. 첩이 아버지를 받아들여 왕위에 앉힌다면 이는 전쟁이 필요 없다. 첩이 괴외의 귀국을 막기 때문에 참혹한 내전이 일어나고, 그 속에 죽어 가는 건 백성들이다.

공자는 백이숙제의 행동에 정당성을 부여했다. 정당성 정도가 아니라 인자라고 했다. 세상에 사랑 베풀기를 구했다는 것. 구한 정도가 아니라 득인의 경지에 도달했다는 극찬. 이 대답을 들은 자공은 공자의 생각을 당연히 알아차렸다. 공자가 첩의 어떤 요청도 받아들이지 않을 것임을.

마지막으로 자공이 공자에게 묻는 말 중에 "원망했나요?"의 원망이란 무엇일까? 백이숙제가 원망을 한다면 무엇을 원망을 할 수 있을까. 말을 듣지 않은 무왕일 수도 있고, 굶어 죽는 자신들의 운명일 수도 있다. 그러나 원망이 없었다고 공자는 단언한다. 세상에 인자로 살아가려는 자신들의 신념을 지키면서 살다가 죽었으니 무슨 원망이 있겠느냐는 것이다. 사실 그렇다. 신념을 지키는 삶. 행복할 수 있다. 그런데 과연 나는 나의 신념을 알고나 있는가? 자신의 신념이 무엇인지 알고 있는 사람이 얼마나 있을까? 더 큰 문제는 나의 신념이 과연 가치 있는가 하는 것이다. 도둑도 신념은 있을 수 있다.

나 자신이 어떤 신념으로 살아가는지, 또 그 신념은 세상에 얼마나 의미가 있는지 돌아볼 필요가 있다.

공자가 말했다.

"거친 밥 먹고 냉수나 마시며, 팔 굽혀 베개 삼아 눕더라도 즐거움이 그 속에 있다. 정의롭지 않은 부귀는 나에게 뜬구름과 같다."

子曰, "飯疏食飮水, 曲肱而枕之, 樂亦在其中矣. 不義而富且貴, 於我如浮雲."

공자의 재미있는 비유다. 거친 밥과 냉수는 식(食)에 해당하고, 팔 굽혀 베개 삼는다는 건 주(住)에 해당한다. 베개 하나 변변히 장만할 처지가 못 되니 얼마나 가난한가. 고깃국은커녕 나물국도 없이 냉수나 마시는 밥상이란다. 먹는 것, 사는 집이 그러한데 입는 것이 오죽하랴. 몹시 가난한 상태를 적절하게 잘 비유하였다.

문제는 이 가난 속에 즐거움이 있다는 거다. 공자는 안회의 생애를 비슷하게 말한 적이 있다. 잘 알다시피 안회는 그야말로 똥구멍이 찢어지게 가난한 사람이었다. 한 도시락의 밥과 한 표주박의 물을 마시며 누추한 마을에 산다고 했다. 그러나 안회는 즐거움을 고치지 않았다고 공자는 칭찬했다. 누추한 곳에서 가난하게 살아도 바꾸려 하지 않는 '즐거움'이 있다고 한다.

과연 그 즐거움은 무엇인가? 공자의 '그 속에 있는 즐거움'과 안회의 '바꾸지 않는 즐거움'의 정체는 무엇인가? 선뜻 대답하기는 쉽지 않다. 그래서 많은 학자들이 이 두 사람의 즐거워하는 바를 '공안낙처(孔顏樂處 : 공자와 안회가 즐거움을 누리는 그 무엇)'라고 하여 탐구의 대상으로 삼았다.

공안낙처의 전제는 있다. 가난이 그것이다. 공자는 가난해도 그 속에 즐거움이 있다는 것이고, 안회는 가난 속에서도 바꾸지 않는 즐거움을 누렸다고 했다. 그렇다면 가난은 필수인가? 그렇지는 않은 것 같다. 안회는 평생을 가난 속에서 산 사람이 맞지만 공자는 아니다. 노나라의 대사구 벼슬도 지냈고, 수많은 제자들을 먹여 살릴 만큼 부를 누릴 때도 있었다. 공자는 부귀를 누린 사람이다. 무당골에서 사생아로 태어나 가난하고 천하게 어린 시절을 보낸 사람치고는 대단한 성공을 거둔 사람이 공자다.

공자는 가난하게 사는 것이 좋다고 말하지 않는다. 다만 정의롭지 못한 부귀를 경계할 뿐이다. 부자와 귀인이 예를 좋아한다면 충분하다고 봤다. 예를 좋아하는 것은 부귀해도 교만하지 않는 자세를 훌쩍 뛰어넘는 경지다. 자신의 부를 예에 맞게 소비할 줄 알고, 자신의 귀한 권력을 예에 맞게 활용할 줄 알기 때문이다. 그렇지 않은 부귀는 뜬구름과 같다. 하늘에 뜬 구름은 어느 순간 흩어지고 만다.

부귀의 즐거움은 가난의 즐거움을 압도하는 것처럼 보인다. 사실이 그렇다. 누가 부귀를 원하지 않겠는가. 가난 속에 어떤 즐거움이 있는지 몰라도 차라리 부귀하면서 검소하게 살고 싶다. 하지만 생애는 희망한다고 그대로 되질 않는다. 부귀의 자리는 적고 가난의 자리는 많다. 가난의 자리에서 어떤 즐거움을 누리지 못하는 사람은 결국 부귀의 자리에 가더라도 마찬가지일 것이다. 부귀의 자리에 간들 뜬구름처럼 흔적도 없이 사라져 버린다. 부귀를 가져도 누리지 못한다는 얘기다.

그렇다면 공안낙처가 희미하게 보인다. 빈부와 귀천이 따로 없다는 것. 텅 빈 가난과 가득 찬 부가 다르지 않고, 존귀하다는 왕과 누추한 마을에 사는 안회가 다르지 않다. 비워짐이 채워짐의 시작이요, 채워짐은 비움의 시작이다. 나는 어떤 즐거움을 지니고 살아가는지 한 번 되돌아보자.

공자가 말했다.

"나에게 몇 년의 목숨이 더 주어져 쉰 살부터라도 〈주역〉을 배울 수 있다면 삶에 큰 허물은 없으리라."

子曰, "加我數年, 五十以學易, 可以無大過矣."

　　본문의 가(加)와 오십(五十)의 해석이 분분하다. 주희는 집주에서 가를 빌린다는 뜻인 가(假)로 봄이 마땅하다고 한다. 근거로 사마천이 지은 〈사기〉를 들었다. 오십은 공자가 이 말을 오십 살이 되기 전에 했다고 볼 근거가 없으므로 졸(卒)의 잘못된 기록으로 봐야 한다고 했다. 주희의 논리에 따르면 해석이 이렇게 된다.

　　"내가 몇 년의 목숨을 빌려 〈주역〉 배우기를 마칠 수 있다면 삶에 큰 허물은 없으리라."

　　〈역경〉이 운명을 점쳐 보는 책이니 목숨을 빌린다는 말이 그럴듯하다. 삶이 끝나 갈 때 누군들 천지신명에 목숨을 더 빌리고 싶지 않겠는가. 주희는 공자가 이 말을 할 때 이미 일흔을 넘겼다고 봤다. 일흔 셋에 졸하였으니 공자는 겨우 2~3년 〈주역〉을 배우다 죽었다는 것일까? 남은 마지막 생애 2~3년의 허물이 없으려고 그렇게 〈주역〉 배우기를 간절히 원했을까? 이런 의문이 들자 주희는 대답한다.

"공자는 이미 젊어서부터 〈주역〉을 익혔다. 이 말은 제자들에게 〈주역〉의 중요성을 가르치기 위한 발언이었다."

좀 옹색한 논리 같다. 그래서 나는 주희의 주를 버리고 본문의 글자 그대로 해석하기로 하였다. 마흔여덟이나 아홉쯤이면 이어질 생을 장담할 수 없다. 사람에 따라서는 스스로 늙었다고 생각할 수도 있는 나이다. 그러니 나에게 몇 년의 생을 더 달라고 말한다고 해서 이상할 것도 없다.

쉰 살부터라도 〈주역〉을 배우겠다는 말은 더욱 절실하지 않은가. 〈주역〉은 사연의 조화를 이야기하는 책이다. 하늘과 땅, 바람과 우뢰, 물과 불, 연못과 산이 뭇 생명과 어떻게 어우러져 살아가는지를 탐구하는 책이다. 그런 공부를 하면 삶에 큰 허물이 없으리라는 말은 충분히 성립한다.

위편삼절(韋編三絕)이라는 말이 있다. 책을 묶은 무두질한 가죽끈이 세 번 끊어졌다는 뜻이다. 이때 책이 〈주역〉이고, 이 일화의 주인공이 공자다. 공자가 얼마나 〈주역〉을 열심히 공부했는지 가죽끈이 세 번이나 끊어질 정도로 반복하고 또 반복해 읽었다는 이야기다. 어떤 책은 반복하지 않으면 내용을 알 수 없는 책이 있다. 중요한 책일 경우에는 반복할 수밖에 없다. 대부분의 고전이 그렇다. 반복하여 익힌 다음에야 겨우 내 생각이 한 걸음 나아갈 수 있다. 그것이 공부다.

제자들이 기록했다.

"우리 스승님이 늘 하시는 중요한 말씀은 시와 서와 예를 실천하라는 것이었다.
이 세 가지는 모두 우아하게 말씀하시었다."

子所雅言, 詩書執禮, 皆雅言也.

시서예(詩書禮), 이 세 가지를 공자는 우아하게 말했다는 기록이다.
아(雅)는 큰부리까마귀이다. 까마귀는 원래 길조였다. 세 발 달린 까
마귀인 삼족오는 태양 속에 산다고 신성시되기도 했다. 심마니들은
산에 들어가다가 까마귀를 보면 절을 한다. 까마귀가 산삼의 잎과 줄
기와 씨앗을 먹기 때문에 까마귀가 있는 곳에 산삼이 있다는 것이다.

신성시되고 길조인 까마귀를 나타내는 글자가 올바름, 우아함을 뜻
하게 된 것은 자연스럽다 하겠다. 궁중에서 연주되는 절제되고 세련
된 음악을 아악(雅樂)이라고 불렀다. 아언도 비슷한 맥락이다. 아무렇
게나 하는 말이 아니라 중요한 의미를 담아서 하는 말이 곧 아언이다.

공자의 아언을 제자들은 세 가지로 압축하였다. 시서예. 시는 노래
였다. 민요부터 종묘의 제례에 쓰이는 노래까지 다 포함한다. 사람은
시에서 감성을 일으킨다고 공자는 말한 적이 있다. 서는 글자이다. 문

자가 발명되고 문화는 기록되기 시작했다. 공자가 살던 시대의 지식인이란 문자를 아는 사람이었다. 예는 타자와의 소통을 위한 도구다. 그래서 '잡는다, 실천한다'는 뜻인 집(執)을 덧붙였다. 이것은 '고집한다'는 뜻이 아니라 '예를 잡고 실천한다'는 집이다.

섭공이 자로에게 물었다.

"그대의 스승인 공자는 어떤 사람인가요?"

자로가 아무런 대답도 하지 않았다. 그런 사실을 알고 공자가 말했다.

"너는 왜 말하지 않았느냐? 그 사람됨이 뭔가에 몰두하면 먹는 것도 잊고, 그 즐거움에 모든 근심을 잊으며, 늙음이 다가오는 것도 모른다고 말이다."

葉公問孔子於子路, 子路不對. 子曰, "女奚不曰, 其爲人也, 發憤忘食, 樂以忘憂, 不知老之將至云爾."

섭(葉)은 초나라의 현이었다. 섭공은 섭현의 수령으로 이름은 심제량(沈諸梁)이란 사람이다. 심제량은 초나라에서 신망이 두터웠다. 공(公)이라는 호칭은 임금에게 붙이는 것인데, 일개 고을의 수령을 백성들이 그렇게 불렀다. 호명으로 봐도 섭공의 위치를 잘 알 수 있다. 그런데 왜 자로는 대답하지 않았을까?

섭공은 공자를 모셔다가 정치에 대해 묻고 싶었을 것이다. 아니면 한자리를 맡기고 싶었을 수도 있다. 당시 공자는 노나라를 떠나 알아주는 사람을 찾아다니는 중이었다. 이런 스승의 심중을 헤아렸다면 자로는 당연히 대답했어야 한다. '불대(不對)'라는 말은 뭔가 불쾌하다는 느낌을 준다. 묻고 대답을 듣지 못한 사람도 불쾌하고, 대답하기 싫은 질문을 받은 사람도 불쾌하다. '자로불대'라는 말은 그런 상황을 잘 보여 준다. 섭공과 자로, 두 사람은 서로 불편한 마음으로 헤어졌으리라.

자로는 왜 그랬을까? 사람들은 이런 추정을 한다. 일개 고을의 수령에 불과한 자가 임금의 호칭을 쓰는 것이 마음에 들지 않았다고. 그런데 이런 풀이는 좀 졸렬하다. 섭공은 인품이 훌륭한 사람이어서 백성들이 그렇게 부른 것이다. 고을 수령이 아니라 '임금감'이라는 호명으로 보면 된다. 이건 충분히 있을 수 있는 일이다. 겨우 호칭을 따져서 사람을 거절한다면 자로의 성정이 너무나 좁다.

그렇다면 왜 그랬을까? 섭현이 너무 작아 보였을 수 있다. 자로는 제나라 정도 되는 큰 나라의 삼군을 부릴 수 있다고 자부한 인물이다. 섭과 같은 작은 고을에서 능력을 썩히고 싶지는 않았을 것이다. 공자는 객지를 떠돌아다니는 지친 몸을 그만 쉬고 싶을 수 있다. 스승 공자가 섭과 같은 작은 땅에 주저앉는 것이 자로로선 싫었을 것이다. 그런 복잡한 심경이 뒤엉키니 미처 대답을 할 수가 없었으리라.

하지만 공자는 아쉬웠다. 땅의 크기는 문제가 아니었던 것. 어디든 자기의 철학을 정치와 접목시킬 수 있으면 공자는 그것으로 충분했다. 자로가 그것을 읽지 못한 부분도 아쉽고, 섭공과 함께할 기회를 놓친 것도 아쉬웠다. 그래서 공자는 자로를 슬쩍 꾸짖는 어투로 자신의 마음을 드러냈다.

"너는 왜 말하지 않았느냐?"

지나가 버린 것에 대한 안타까움이 잘 묻어나는 말이다. 다음에 이어지는 말은 섭공에게 들려줬으면 하는 내용이 담겼다.

"발분하면 먹는 것도 잊고 집중하는 즐거움에 근심을 잊으며, 늙음이 다가오는 것도 모를 정도다."

발분(發憤)이란, 뭔가 추구하는 것이 있어 완전히 몰두하는 상태를 나타낸다. 몰두하는 그 자체도 즐겁지만 뭔가 성과가 있을 때는 더욱 즐겁다. 그렇다면 공자가 말하는 발분의 즐거움은 무엇일까? 배움으로 풀이하는 사람이 많다. 공자는 누구보다 배우기를 좋아하는 사람이었다. 이때 공자 나이는 예순을 훌쩍 넘긴 나이였다. 사람은 나이가 들수록 배워야 한다. 나이가 들면 자신의 세계에 갇혀 고집스러워지기 십상이기 때문이다.

"늙음이 오는지도 모른다"는 공자의 말은 그래서 중요하다. 배우는 늙은이는 늙은이가 아니다. 소통이 가능한 위치에 늘 자기 자신을 두기 때문이다. 그러니까 공자의 이 발언은 나는 '끊임없이 변화 발전하는 사람'이라는 선언이다. 발분하지도 않고 배움의 즐거움도 잃어버린 사람이 있다면 그가 젊은 나이라 하더라도 이미 노쇠한 고집쟁이일 뿐이다.

공자가 말했다.

"나는 나면서부터 아는 사람이 아니다. 옛것을 좋아하여 부지런히 그것을 구하는 자일 뿐이다."

子曰, "我非生而知之者, 好古敏以求之者也."

생지(生知)와 호고(好古)로 유명한 장이다. 생지는 나면서부터 아는 사람이다. 이렇게 표현하는 순간 이미 사람을 초월한다. 태어난 뒤에 배워서 알 필요가 없는 사람이 어찌 사람이겠는가. 부처는 어머니 뱃속에서 나오자마자 걸으면서 말했다고 한다.

"천상천하 유아독존!"

'하늘 위든 하늘 아래든 오직 나 홀로 높다'는 뜻이다. 세상에 나면서 이미 모든 것을 몸에 지녔다는 선언이 아니고 무엇이겠는가. 생지는 초월자요, 신이다. 공자는 그것에 대해 부정하고 있다.

왜 공자는 이런 부정을 하고 제자들은 기록으로 남겼을까. 쉽게 그 상황이 그려진다. 공자의 앎이 상상 이상이었을 것이다. 보통 사람들로서는 납득이 되지 않을 정도의 박식. 후천적으로 배워서 도저히 도달할 것 같지 않은 그런 경지. 그 경지에 대한 흠모이자 찬탄이 '생지'

로 나타났을 것이다.

그런데 생지를 부정하면서 공자가 들고 나온 것이 '호고'다. 옛것을 좋아한다는 것. 부지런히 익힌다는 거야 태도를 말한 것이니 별 문제가 없다. 왜 하필 옛것인가? 여기서 공자는 복고주의자라는 평판이 나왔다. 하지만 내가 보기에 복고(復古)와 호고는 다르다. 복고는 옛것을 회복하자는 것이다. 옛것으로 돌아가자는 의미도 있다. 이는 분명히 옛것에 무게중심을 두고 있는 것이다. 호고는 그렇지 않다. 옛것을 좋아하는 것이지, 옛날로 돌아가자는 주장이 아니다. 공자는 온고지신(溫故知新)을 말했다. "옛것을 푹 익혀서 새로움을 안다"고 말했다. 옛것과 새것이 나란하다. 어느 쪽으로도 기울어지지 않은 것이다. 새로운 창조는 지나간 것들을 몸에 충분히 익힌 다음에 나온다.

공자는 이런 말을 한 적도 있다. "선인(善人)은 옛 자취를 밟지 않는다." 선인은 글자 그대로 해석하면 '착한 사람'이지만 여기선 '잘난 사람'이라고 보면 좋겠다. 뭔가 새로운 것을 창조하는 잘난 사람은 옛 자취만 밟아서는 안 된다는 것이다. 옛것에 매몰되면 새로움은 생산되기 어렵다. 이런 발언을 볼 때 공자에게서 복고주의자의 면모를 보기는 어렵다. 공자의 호고는 결국, 인류의 위대한 정신을 이어받기 위한 노력일 뿐이라는 거다. 과거를 비난하거나 미래를 불안해하는 건 똑같은 심리다. 중용을 잃은 편벽된 태도인 것이다. 이런 태도로는 온고도 지신도 모두 될 수가 없다.

제자들이 기록했다.

"우리 스승님은 괴이함, 폭력, 어지러움, 신령스러움에 대해서는 말씀하지 않았다."

子不語怪力亂神.

공자의 답답한 태도를 보여 주는 것이라고 비판을 많이 하는 장이다. 괴이함, 힘, 어지러움, 신에 대한 이야기를 빼고 무슨 재미가 있으랴. 재미있는 이야기는 대부분 '괴력난신'이 아니던가. 그래서 공자의 이런 태도를 비판하기 위해 중국의 어떤 소설가는 '자불어(子不語)'라는 제목으로 소설까지 썼다.

그런데 공자의 발언을 긍정적으로 한번 풀어 보자. 괴이함이란 판타지와 다른 허무맹랑한 공상으로 보면 어떨까? 문학에서도 본격 판타지는 치열한 현실인식에 바탕하고 있다. 현실의 어려운 문제를 판타지 형식을 빌려서 해결해 보려는 것이다. 이와 달리 괴이한 것은 망상에 바탕을 둔다. 상징에 가려진 실재계를 탐구하는 것이 아니라 순전히 허상(虛像)일 뿐인 것이다. 이런 괴이함은 현실을 왜곡하게 된다. 그러니 공자로선 말하기 꺼려진다.

폭력은 두말할 필요가 없겠다. 공자의 주장들은 대부분 폭력을 해체하기 위한 것들이었다. 소통의 도구인 예, 삶의 조화를 이루려는 음악, 공감의 실천을 말하는 인 등이 대표적이다.

어지러움은 폭력이 난무하는 괴이한 세상의 모습을 말한다. 사람들 사이에 예악이 흘러넘치는 사회는 평화로운 세상이다. 이런 세상을 공자는 '도가 들려오는 세상'이라고 말했다. 만약 그런 세상이 실현된다면 나는 하루쯤 즐기고 저녁에 죽어도 좋겠다고 공자는 선언하기도 했다. 어지러운 사회는 이 평화세상과 정반대에 위치한다.

공자는 신을 부정하지 않았다. 신은 공경은 하되 멀리하라고 얘기했다. 예악이 흘러넘치고 인의 도가 실현되는 세상은 성스러운 삶의 일종이다. 신을 공경하는 삶이 성스러운 삶이라면 폭력과 괴이함, 난리를 불러오는 삶은 세속적인 탐욕의 삶이다. 그런데 신을 잘못 공경하게 되면 더 지독한 세속의 삶으로 떨어지게 된다. 광신이 바로 그것이다. 내가 모시는 신만이 유일하며 내가 모시는 신의 명령만이 '가장 높은' 지상(至上)이라고 생각할 때 그렇게 된다. 공자는 그것을 경계하고 있다.

21

공자가 말했다.

"세 사람이 함께하다 보면 반드시 나의 스승이 있다. 좋은 것은 가려서 따르고,
나쁜 것은 고친다."

子曰, "三人行, 必有我師焉, 擇其善者而從之, 其不善者而改之."

많이 알려진 구절이다. 삼인행(三人行)은 세 사람이 걸어간다는 표
현이다. 어떤 길을 걸어간다는 것은 실제로 행동한다는 뜻이다. 세 사
람이 어떤 행위를 같이 하고 있는 것이다. 여기서 '셋'이라는 숫자도
꼭 셋으로만 국한해서 볼 필요는 없겠다. 하나와 둘을 넘어서는 많은
숫자로 가는 처음일 뿐이다. 사실 두 명만 있어도 서로에게 스승이 된
다. 단 하나의 타자도 나와 다른 무엇이 있을 테니까.

그런데도 공자는 왜 셋을 말했을까. 뒷부분에 덧붙인 말을 보면 좀
이해가 된다. 선(善)과 불선(不善)의 대비. 나를 뺀 나머지 두 사람 중
에 선이 있고 불선이 있다는 거다. 세 명 정도가 함께하다 보면 분명
선한 사람과 불선한 사람이 있다고 봤다. 물론 이것과 다른 해석도 가
능하다. 그 두 가지 해석을 보도록 하자.

첫째, 나보다 선한 사람, 나보다 불선한 사람의 경우다. 나보다 선한

사람의 행위는 따르도록 하고, 나보다 불선한 사람의 행위는 고치도록 도와준다는 것. 이때에 나보다 선한 행위를 하는 사람은 나의 스승이다. 반면에 나보다 불선한 행위를 해서 내가 고치도록 돕는 사람에겐 내가 스승이다. 이렇게 되면 세 사람은 서로가 서로에게 스승이 되고 제자가 되는 셈이다.

둘째, 선과 불선은 모두 나의 것이라는 해석도 가능하다. 다른 사람들과 함께하면서 나의 선을 내가 발견했을 때는 그것을 선택해서 따르도록 하고, 나의 불선한 점이 드러나면 그것을 스스로 고친다는 것이다. 이것은 다른 사람이 나의 직접적인 스승은 아니지만 내가 나의 선과 불선을 발견할 수 있도록 도와주었다. 내가 스스로 깨닫게 도와주었으니 결국 간접적인 스승인 셈이다.

어느 쪽으로 해석하더라도 의미는 통한다. 여기서 중요한 것은 '함께하는 삶'에 있다. 혼자 고립된 삶에서는 선과 불선을 헤아리기가 어렵다.

공자가 말했다.

"하늘이 나에게 덕을 베풀어 주셨으니, 환퇴가 나를 어찌할 것이냐?"

子曰, "天生德於予, 桓魋其如予何?"

앞뒤가 잘려 나가 뜬금없다. 말의 맥락을 잇기 위해 먼저 환퇴라는 인물을 알아봐야 한다. 환퇴는 송나라 사람으로, 공자를 만났을 때 사마(司馬) 벼슬을 하고 있었다. 그래서 사마환퇴라고 부르기도 한다. 이 사람은 원래 성이 상(向)이어서 상퇴(向魋)라고 불러야 하는데, 송나라의 임금인 환공(桓公)의 후예라고 환퇴라고 불렀다. 왕족임을 나타내고 싶었기 때문이다.

환퇴는 공자가 송나라에 들어오자 위기를 느꼈던 모양이다. 이때 공자는 노나라를 떠난 초기였다. 오십대 후반에서 육십대 초반이었던 공자는 자신만만했다. 비록 떠돌이 신세이긴 하나 공자의 움직임을 여러 나라들은 예의주시하고 있었다. 또 각국의 임금들은 공자가 자기 나라를 어떻게 이롭게 해줄 수 있을지 다각도로 검토를 하고 있었다. 공자는 물론 공자의 기라성 같은 제자들이 탐이 났던 것이다.

공자가 도착하는 나라마다 그 나라의 권력자들은 위협을 느낄 수밖에 없었다. 그들은 대부분 왕에게 공자를 등용하지 말라고 막았다. 공자에 대한 험담을 늘어놓고 공자의 철학을 폄하했다. 임금들은 공자를 써 보고 싶었으나 측근들의 반대에 뜻을 이루지 못했다. 각국의 권력자들은 공자의 등용을 막고 출국을 종용하는 정도에 그쳤으나, 송나라의 환퇴는 아예 공자를 죽이려고 했다. 불씨를 남겨 두고 싶지 않았던 모양이다. 또 그의 성정이 잔혹했기 때문일 수도 있다.

이런 움직임을 전해 들은 공자는 태연했다. 대책을 강구해야 한다고 시끄러운 제자들에게 공자가 한 말이 바로 이 구절이다.

"하늘이 베푼 덕이 나에게 있는데 환퇴, 제깟 놈이 나를 어찌하랴!"

대단한 자신감이다. 하늘은 공자 자신을 통해서 세상을 바꾸고 싶어 한다는 선언이기도 하다. 공자의 이런 말과 태연한 모습은 제자들에게 깊은 신뢰감을 갖게 했을 것이다. 무섭고 흔들리는 마음은 안정을 되찾게 된다. 과연 공자의 말대로 환퇴는 공자를 어쩌지 못했다.

하늘이 베풀었다는 덕은 무엇일까? 그 덕의 정체를 공자는 다른 자리에서 밝힌다. 그것은 사문(斯文)이라 불리는 주나라 문왕의 찬란한 문화였다. 공자는 주나라의 문물이 인류가 이룩할 수 있는 최고의 문화라고 생각했다. 그 문화의 전수자가 공자 자신이라는 것이다.

공자가 말했다.

"너희들은 내가 숨기는 게 있다고 여기느냐? 나는 너희들에게 숨기는 게 없다.
나는 너희들과 함께하지 않은 적이 없다. 그런 사람이 바로 나, 구이다."

子曰, "二三子, 以我爲隱乎? 吾無隱乎爾. 吾無行而不與二三子者, 是
丘也."

무예의 절대고수는 제자에게 마지막 한 수를 가르쳐 주지 않는다고
한다. 살림의 달인인 시어머니도 최고의 비결은 며느리에게 전수하
지 않는다. 숨을 거둘 때에 말해 주거나 따로 비급(秘笈)을 만들어서
전한다. 고수들이 왜 최후의 비결은 숨겨 두었을까. 마지막 한 수까지
내보이고 났을 때 찾아오는 공허함 때문일까?

그런데 여기 공자의 발언을 보라. 나는 너희들에게 단 한 가지도 숨
기는 것이 없다고 말한다. 아마 이런 발언을 하게 된 배경이 있었으리
라. 제자들 가운데 누군가가 이렇게 말했겠지.

"뭔가 수상해. 우리 스승님이 다 안 가르쳐 주시는 것 같단 말이야.
죽을 때 싸 가지고 가시려나?"

이 비슷한 말들이 오갔을 것이다. 그에 대한 공자의 대답이 이것이
다. '나는 내 행위의 모든 것을 너희들과 함께한다. 나는 투명함 그 자

체이다. 그런 사람이 바로 나, 구란다.' 얼마나 강력한 메시지인가. 누군가에게 자신의 진실을 밝히고 싶을 때 우리는 이런 식으로 말한다. 스스로 자신의 이름을 부르짖는 건 나의 진실성을 의심하지 말라는 최후의 다짐과 같다.

행위의 투명성은 리더가 갖춰야 할 매우 중요한 덕목이다. 투명하지 않은 리더는 불신을 조장한다. 함께하는 이들을 반목하게 한다. 어떤 지표에 따르면 대한민국의 현재는 엄청난 불신사회다. 나라의 정책이 몹시 불투명하기 때문에 그렇다. 다보스포럼의 발표에 따르면, 2007년도 노무현 정부 말기에 정책투명성은 지구상의 수많은 나라 가운데 34위였다. 다보스포럼은 스위스의 다보스에서 열리는데, 세계의 저명한 기업인·경제학자·저널리스트·정치인 등이 모여 범세계적 경제문제에 대해 토론하고 국제적 실천과제를 모색하는 국제민간회의이다. 정책투명성이 세계 34위일 때 노무현 정부는 대다수 국민들로부터 욕을 먹었다. 정책이 매우 투명하게 운용된 결과였다.

그로부터 7년이 지난 2014년 현재, 다보스포럼이 발표한 대한민국의 정책투명성은 133위다. 무려 99위 하락이다. 7년 동안 도대체 무슨 일이 벌어진 것일까? 그야말로 불투명, 불통의 시대다. 리더에 따라 공동체가 얼마나 참혹하게 될 수 있는지 잘 보여 준다.

제자들이 말했다.

"우리 스승님은 네 가지 가르침을 주셨다. 널리 배움, 실천, 정성, 믿음이다."

子以四教, 文, 行, 忠, 信.

　문(文)은 무늬다. 타고나는 것이 아니라 배워서 가꾸게 되는 그 무엇이다. 공자는 문의 상대편에 서 있는 것으로 질(質)을 말한다. 질은 바탕이니 타고나는 그 무엇이다. 공자는 문보다는 질이 중요하다고 말했다. 그렇지 않겠는가. 잘 타고나면 문이 조금만 더해져도 빛이 나기 쉬우니까. 하지만 아무리 좋은 보물이라고 해도 그저 묻혀 있으면 빛을 볼 수가 없다. 물론 잘못된 문은 좋은 바탕까지도 망가뜨릴 수 있다.

　그럼 어떻게 꾸며야 하나. 공자는 학문(學文), 박문(博文)이라는 용어를 사용했다. 학문은 문을 배우라는 것이고, 박문은 문을 넓히라는 것이다. 배워야 할 문을 크게 여섯 가지라고 했다. 보통 육예(六藝)라고 하는데 예의, 음악, 활쏘기, 수레 몰기, 글과 역사, 수리와 천문 등이다. 공자가 살던 당시에 교양인이 갖춰야 할 거의 모든 분야를 총

망라하고 있다. 그러니 박문이라 할 만하다.

행(行)은 실천이다. 아는 것은 많은데 실천을 하지 못하면 그건 죽은 지식이다. 조선시대의 우스운 이야기 한 자락 해보겠다.

방 안에 들어앉아 글만 읽는 선비가 있었다. 얼마나 책을 많이 읽었는지 모르는 게 없다는 소문이 났다. 이 선비가 어느 날 산책을 나갔다. 뒷짐을 지고 느긋하게 길을 걸었다. 벼가 파릇파릇 자라고 있는 논을 지나갈 때였다. 문득 논둑을 바라보았는데 작은 구멍이 뚫려 물이 새고 있었다. 선비는 아랫논으로 들어가 손가락으로 구멍을 막았다. 선비는 인을 실천하라는 공자님의 말을 잘 따른 행동이다. 물이 마르면 윗논의 벼가 힘들고, 물이 지나치게 많아지면 아랫논 벼 역시 안 좋은 법이다. 벼를 생각하는 인자한 선비의 행위라고 봐야겠다. 그런데 자, 어떻게 되었을까.

구멍이 점점 커졌다. 흐르던 물이 선비의 손가락에 막히니까 물은 옆의 흙을 뚫었다. 한 손가락이 두 손가락이 되고, 두 손가락이 세 손가락이 되다가 구멍이 점점 커지니 손을 다 넣어서 막아야 했다. 시간이 흐르고 손으로도 안 되어 손목이 들어가고, 팔을 넣어 구멍을 막아야 했다. 논둑에 팔을 넣고 낑낑대고 있을 때, 윗논 주인인 김서방이 나타났다.

"아니, 선비님. 거기서 뭐하세요?"

"자네 논둑이 뚫려 물 새는 걸 막고 있었네."

"아이쿠, 선비님. 감사합니다."

김서방이 고개를 꾸벅하고는 들고 있던 삽으로 흙을 푹 떠서 윗논에서 새는 구멍을 막았다. 그러자 대번에 새는 물이 끊어졌다. 선비는 팔을 빼고 아랫논에서 나왔다. 다리와 팔이 온통 흙투성이였다. 선비의 몰골을 보고 김서방은 웃음을 참을 수 없었다. 입가로 새는 웃음을 간신히 참으면서 김서방이 말했다.

"선비님, 이렇게 한 삽 푹 떠서 막으면 될 걸, 밑구멍을 막으시느라 헛애를 쓰셨어요."

"그, 그러게나 말일세."

선비는 얼굴이 벌겋게 달아올랐다. 휘청휘청 집으로 돌아온 선비는 옷을 갈아입고 붓을 들어 이렇게 썼다고 한다.

누수방원(漏水防原).

'새는 물은 근원을 막아라'라는 뜻이다. 책상물림은 실제 일이 벌어지면 허둥지둥하거나 엉뚱하게 대치한다는 것을 보여 주는 예이다. 그러나 선비가 인을 실천하려는 마음만은 매우 귀하다. 사실 실천의 오류는 얼마든지 수정이 가능하다. 말만 하고 행동을 하지 않는 것이 더 큰 문제이다. 공자가 지적한 것은 바로 그런 것이다. 선비의 행동은 이미 실천을 한 것이므로 공자의 가르침을 잘 따랐다고 해야 할 것이다.

충(忠)은 정성이다. 내 안의 줏대를 확실하게 세우면서도 타자에게 내가 할 수 있는 온 힘을 쏟는다. 나의 충은 타자의 충을 부른다.

신(信)은 믿음이다. 내가 남을 믿는 것이 아니라, 남이 나를 믿게 한다는 의미다. 내가 신뢰를 얻는 가장 중요한 전제는 말을 지키는 것이다. 내가 말한 것에는 행동이 따르게 하는 것, 그것이 신뢰를 얻는 첫 단추다.

'널리 배워 내 안의 중심을 세우고, 약속한 것은 꼭 실천하여 신뢰를 얻음'으로 공자의 사교(四敎)인 문행충신을 정리해 볼 수 있겠다.

공자가 말했다.

"성인은 내가 볼 수 없겠지만, 군자를 볼 수 있으면 좋겠다."

공자가 잠시 뜸을 들이다가 이어 말했다.

"선인은 내가 볼 수 없겠지만, 항자(恒者)를 볼 수 있으면 좋겠다. 없으면서 있는 척, 비었으면서 가득 찬 척, 작으면서 큰 체하면 항자가 되기는 어렵겠다."

子曰, "聖人, 吾不得而見之矣, 得見君子者, 斯可矣." 子曰, "善人, 吾不得而見之矣, 得見有恒者, 斯可矣. 亡而爲有, 虛而爲盈, 約而爲泰, 難乎有恒矣."

사람이 도달할 수 있는 네 개의 경지를 말하고 있다. 성인(聖人), 군자(君子), 선인(善人), 항자(恒者)이다. 여기서 중요한 글자는 성, 군, 선, 항이다. 재미있는 건 사람을 뜻하는 글자들이 변주되고 있다는 거다. 성인과 선인은 인(人), 군자는 자(子), 항자는 자(者)를 썼다. 인은 '사람'이라는 기본 뜻을 가지면서 '타자, 백성, 일반인' 등으로 확장된다. 자(子)는 '아들'이란 뜻을 가지면서 '사랑하다, 기르다, 스승' 등으로 확장된다. 자(者)는 '~것'이라는 뜻을 가지면서 '놈, 사람, 물건' 등으로 확장된다.

변주의 뜻을 굳이 해설해 보자면, 성인과 선인은 인간이 도달할 수 있는 최상의 경지로서 모든 타자들에게 사랑을 베푸는 위치를 말한다. 상대적으로 군자나 항자는 스스로 몸을 닦는 위치에 아직 있다. 그래서 공자는 항자에 초점을 맞추고 있다. 최상의 경지인 성인이 되면 좋겠지만, 단계를 뛰어넘어 갑자기 도달할 순 없다. 성인으로 가는 첫 단계로 항자가 되자고 말한다.

항(恒)은 '늘, 언제나, 변함없이, 일정하다' 등등의 뜻을 가진다. 한결같은 마음을 항심(恒心)이라고 한다. 뒷날 맹자는 이 항심을 매우 중요하게 취급한다. 공자도 다른 자리에서 이런 말을 한 적이 있다.

"항심이 없는 사람은 무당이나 의사가 될 수 없다."

무당은 샤먼이다. 사람들의 병든 영혼이 치유되도록 돕는 사람이 무당이요 샤먼이다. 타자의 아픔을 내 아픔으로 한결같이 공감하는 마음이 없다면 진정한 샤먼이라 할 수 없다. 의사 또한 마찬가지다. 사람의 다친 육체를 치료하는 사람이 의사다. 고통을 호소하는 환자의 아픔을 외면하고 다른 이득을 따져 본다면 진정한 의사라 할 수 없다. 무당과 의사는 병자의 고통을 치유하고 치료하겠다는 한결같은 마음을 가져야만 된다는 공자의 말은 너무나 당연하다고 하겠다.

사실 어찌 의사와 무당뿐이겠는가. 사람과 사람이 서로 어울려 살아가면서 평화로우려면 항심을 가진 사람이 많아야 한다. 그런데 문제는 항심을 가지기가 쉽지 않다는 데 있다. 공자는 항심을 가기 위한 기초단계로 세 가지를 지적했다.

첫째, 없으면서 있는 척하지 말라는 것. 망(亡)은 없다는 뜻인 무(無)와 통한다. 좀 더 구체적으로 말하자면 '있다가 없어진 것'이다. 있다가 없어졌으니 얼마나 원통하고 서글플까. 그래도 지금 없으면 없는 것이다. 없으면 없다고 솔직해야 한다. 모르면 모른다고 말해야 하고, 돈이 없으면 없다고 하고, 지위가 없으면 없다고 해야 한다. 한 번 진실을 속이면 자꾸만 거짓을 생산하게 된다. 항심을 가질 수가 없다.

둘째, 비었으면서 가득 찬 척하지 말라는 것. 빈 수레가 요란하다는 말이 있다. 시끄럽게 떠드는 수다쟁이는 쓸 말이 적다고도 한다. 깊은 강은 멀리 흐른다. 웅덩이의 얕은 물은 햇볕이 쪼이면 금방 말라 버린다. 제대로 된 비움은 가득 찬 것을 다 베풀었을 때 찾아온다. 애초에 채워 본 적이 없으면서 가득 채웠던 것처럼 과장해선 안 된다. 그것은 무례할 뿐 아니라 부끄러움도 모르는 행위다.

셋째, 작으면서 큰 체하지 말라는 것. 가진 재물이 없으면서 마구 돈을 쓰고 다니는 사람이 있다. 폼을 잡아 보는 것인데, 결국 빚더미에 올라앉아 자기의 생을 갉아먹게 된다. 세상을 바라보는 견해가 부정확하고 왜소하면서도 마치 세상을 경영할 수 있는 능력이 있는 것처럼 자신을 과대평가하는 사람이 있다. 이런 사람은 매우 위험하다. 이런 사람이 어떤 지위를 얻게 되면 스스로를 망칠 뿐 아니라 주변까지 위기에 빠뜨리기 때문이다.

이 세 가지는 인류가 가진 속성들에 해당한다. 그러나 늘 한결같은 마음으로 의미 있는 생을 살아가기 위해선 이 세 가지 행위는 기본적으로 하지 말아야 한다. 항심을 갖기 위한 출발점이 바로 거기다. 항자가 되어야만 군자든 성인이든 바라볼 것이 아니겠는가.

제자들이 말했다.

"우리 스승님은 낚시는 하시되 그물질은 안 하셨다. 주살을 쓰시되 자는 동물은 쏘지 않으셨다."

子釣而不網, 弋不射宿.

춘추시대는 농경을 시작한 지 오래되어 곡물 생산량이 많았다. 그러나 수렵이나 채집도 여전히 활발하게 이루어졌다. 이번 장은 공자가 사냥을 할 때의 모습을 보여 준다. 요즘도 낚시를 다니는 사람은 많다. 텔레비전에 낚시방송이 따로 있을 만큼 낚시는 인기가 있기도 하다. 낚시를 할 자연하천이 드물다 보니 물을 가둔 저수지에서 많이 한다. 낚시꾼들을 위해 물고기를 일부러 집어넣기도 한다.

낚시꾼 중에는 잡은 고기를 바로 물에 넣어 주는 사람도 있다. 내가 강변을 산책하다가 그런 낚시꾼을 봤다. 남한강의 본류에서 옆으로 흘러드는 지천에서였다. 꽤 큰 잉어를 낚아 올렸는데 바늘을 빼더니 곧바로 물에 던져 넣었다. 내가 궁금해서 물었다.

"힘들게 잡아서 왜 바로 놓아주시나요?"

"가져가면 뭐합니까. 먹지도 않는걸요. 손맛 봤으니 되었지요."

나는 낚시꾼과 헤어져 길을 계속 걸으며 생각했다. '손맛'을 보기 위한 낚시라. 처음엔 그 낚시꾼이 대단해 보였다. 낚싯바늘에 걸린 죽을 생명을 살려 주는 행위가 아닌가. 그런데 좀 더 곰곰이 생각해 보니 꼭 그런 것 같지는 않았다. 생명을 상대로 그래도 되는 것일까? 손맛을 보기 위해 미끼로 물고기를 유인해서 낚는 것이 잘하는 일일까. 다시 살아가기는 했으되 죽을 지경에 빠졌던 그 물고기가 과연 고마워했을까. 이런 의문들이 생겼다.

제자들이 말하는 공자의 물고기 잡는 법은 낚시다. 그런데 손맛을 보기 위한 낚시는 분명 아니라고 본다. 음식이 귀한 시대였던 만큼 잡은 물고기는 반드시 먹었을 것이다. 잡아서 먹기 위한 낚시라는 얘기다. 많은 물고기를 얻으려면 당연히 그물을 쳐야 한다. 그렇지만 공자는 그물질을 하지 않았다. 그물질이 시사하는 바가 크다.

요즘 우리 식탁에는 온갖 생산물이 넘쳐난다. 지나치게 많은 물고기, 지나치게 많은 육류가 식탁에 오른다. 가까운 바다 먼 바다 할 것 없이 그물질을 하여 물고기를 잡아 올린다. 시골은 동네마다 소, 돼지, 닭을 키우는 축산농장이 들어서 있다. 흔하면 귀하지 않다. 음식도 마찬가지다. 너무 흔하면 좋은 맛도 잃어버리게 된다. 그물질 생산에 대한 반성이 필요한 때가 되었다.

잠자는 동물을 쏘지 않는 주살질은 생명에 대한 존중을 보여 준다. 잠을 잔다는 건 보금자리에 있다는 것이다. 쉬는 시간이기도 하고, 경계가 풀어진 시간이다. 무방비 상태에 있는 상대를 공격하는 건 비겁한 행위다. 물론 동물이 무방비 상태에 있을수록 사냥꾼에겐 좋다. 일부러 그런 시간을 기다려 사냥을 하기도 한다.

'잠잔다'는 뜻인 숙(宿)을 '머무른다'는 의미로 봐서 '새끼를 품고 있다'고 확장하여 해석하기도 한다. 새는 알을 품고, 포유류는 새끼를 품는다. 자기 보금자리에서 새로운 생명을 잉태하는 동물에겐 주살을 쏘지 않았다는 얘기다.

물고기든 육지 동물이든 생명을 사냥할 때엔 그에 걸맞은 의례가 있다. 내가 먹고살기 위해 어쩔 수 없이 사냥을 하지만 사냥의 대상에 대해 최대한의 정성을 들여야 한다. 나는 어릴 때 어머니에게 혼난 적이 있다. 친구들과 시내에서 물고기를 몇 마리 잡았다. 친구들처럼 버드나무 가지에 물고기의 아가미를 꿰어서 집에 들고 갔다. 그걸 보고 어머니가 이렇게 말씀하셨다.

"먹지도 않을건 왜 잡았노. 에그, 불쌍타. 다신 그러지 말거라."

나는 무안해서 얼굴이 확 달아올랐다. 그리고 집 뒤 산기슭으로 가서 흙을 파고 물고기들을 묻었다. 그 뒤로 나는 먹기 위한 때가 아니면 물고기를 잡아 본 적이 없다. 생명을 대상으로 '손맛'을 보기 위한 스포츠. 과연 괜찮은 것일까? 중국 고대의 강태공처럼 아예 곧은 낚싯바늘을 드리운다면 또 모를까. 곧은 바늘에 생명의 위협을 느낄 물고기는 없을 테니까.

공자가 말했다.

"대개 잘 모르면서 창작을 하는 사람이 있는데, 나는 그러지 않는다. 많이 듣고 그중에 좋은 것을 가려서 따른다. 많이 보고 인식을 새롭게 한다. 이것이 앎의 차례이다."

子曰, "蓋有不知而作之者, 我無是也. 多聞, 擇其善者而從之, 多見而識之, 知之次也."

참된 지식과 예술가의 태도에 대한 이야기이다. 앎이란 보고 듣는 가운데 쌓이게 된다. 그래서 많이 아는 사람을 '견문(見聞)이 넓다'고도 한다. 그렇다고 눈으로 보고 귀로 듣기만 하면 저절로 지식이 쌓이진 않는다.

공자는 많이 보되 제대로 인식해야 한다고 말한다. 일명 견식(見識)이다. 글자의 앞뒤를 바꾸면 식견(識見)인데 마찬가지 뜻이다. 나뭇잎이 흔들리는 것은 누구나 본다. 그러나 나뭇잎을 흔드는 것이 바람이라는 것은 인식해야만 알 수 있다. '나뭇잎이 왜 흔들리는 걸까?' 하고 의문을 가져야만 바람을 생각할 수 있다. 사과가 나무에서 떨어지는 것은 누구나 볼 수 있었다. 그러나 거기에서 중력을 최초로 인식한 사람은 뉴턴이었다.

많이 보고 거기에서 새로운 인식을 하는 것, 그것이 앎의 첫걸음이라고 공자는 말했다. 듣는 것도 마찬가지다. 내가 원하지 않아도 수많은 것들이 내 귀에 들려온다. 그 가운데서 선한 것을 가려내야 한다. 선한 것은 '좋은' 것이다. 모든 '좋은' 것은 힘이 있다. 진정한 앎이란 보고 들은 것을 쟁여 놓는다고 되지 않는다. 버릴 줄 알아야 하고, 가릴 줄 알아야 제대로 된 지식이다.

이렇게 앎이 갖춰진 상태에서 뭔가를 저술해야 한다. 선무당이 사람 잡는다는 말이 있다. 대충 알면서 잘 아는 것처럼 뭔가를 지어낸다는 건 사람을 해치는 무기가 될 수 있다. 창작을 하는 사람이라면 주로 예술가를 떠올리게 된다. 문학, 음악, 미술, 무용 등 전문예술가들이 그들이다. 사실 예술가들은 공부를 많이 한다. 집에 책이 많으면 "작가예요?" 하고 물어보는데, 그럴 수밖에 없다. 자기가 전문으로 하는 분야에 견문을 넓힐 수밖에 없기 때문이다. 음악가의 집에 음악 관련 도서, 음반, 악기가 많은 건 당연하지 않은가.

뭔가를 창작하려다 보면 자신이 얼마나 무지한가를 알게 된다. 무지를 앎으로 바꾸기 위한 치열한 노력이 그런 재료를 자연스럽게 쌓게 한다. 백 개를 알고 한 가지를 쓰기 위하여 노력하고 또 노력하는 것이다.

그런데 알고 보면 사람은 누구나 예술가다. 농사를 짓는 농부는 해마다 '농사를 짓는'다. 그것도 아주 긴 시간을 들여서 애를 쓴다. 어떤 작물은 일 년 내내 공을 들여야 하는 경우도 있다. 농사를 짓는 농부는 농사에 대해 알려고 애를 쓴다.

모든 예술은 일상과 떨어지지 않는다. 농사를 예로 들어 보자. 논에서 모를 심는 일이 힘이 드니까 좀 덜 힘들기 위해 노래를 부르기도 했다. 그것이 '모심기 노래'라는 예술로 남았다. 우리 삶의 모든 일상이 예술이 아니고 무엇일까. 일상을 떠난 예술은 공허하다.

결국 공자의 말은 충실한 일상을 살아야 한다는 지적이다. 자기 삶에 대해 무지하면서 삶이 이러니저러니 떠들지 말라는 얘기다. 한 번 사는 생애를 무지 속에 살다가 갈 것인가. 선택은 늘 자유다.

호향 땅 사람들은 함께 말을 섞기가 어려울 정도로 나쁜 마을로 소문이 났다. 그런데 그 마을의 한 아이가 공자를 찾아왔다.

"스승님으로 모시고 배우고 싶습니다."

"그렇게 해라."

공자가 허락하자 다른 제자들이 말했다.

"호향 땅 아이를 왜 받아 주십니까? 아주 몹쓸 동네인데요."

공자가 말했다.

"진보를 함께하는 것이지 퇴보를 함께하지 않는다. 너희들은 무얼 그리 심하게 하느냐. 사람이 자기를 깨끗하게 해서 나아가려 하면, 그 씻은 걸 함께하면 되지 지나간 것을 고집할 필요는 없다."

互鄉難與言, 童子見, 門人惑. 子曰, "與其進也, 不與其退也, 唯何甚? 人潔己以進, 與其潔也, 不保其往也."

공자는 가르침에 있어선 종류를 따지지 않는다고 했다. 배우고자 하는 자발성만 있다면 충분하다는 것이다. 신분의 고하, 남녀의 성, 장유의 나이를 따질 필요가 없다. 이것을 유교무류(有敎無類)라고 한다. 오직 가르치고 배움이 있을 뿐 누가 배우냐를 따지지 않는다는 것이다.

이번 장의 대화는 공자의 그런 신념을 잘 보여 준다. 호향이란 동네는 막돼먹은 사람들이 산다고 손가락질을 당하는 곳이다. 날마다 쌈박질만 하는 마을도 있기 마련이다. 호향이 그랬다. 그 동네 놈들하고는 말도 같이 하기 어려울 정도라고 사람들이 고개를 설레설레 흔들었다. 그런 동네의 아이가 배우러 왔는데 공자는 흔쾌히 받아 줬다. 다른 문인들은 그게 불만스러웠다. 근묵자흑(近墨者黑)이란 말도 있기 때문이다. 먹물 가까이에 있는 자는 검은색이 묻는다는 뜻이다. 검은색을 나쁜 의미로 보면 나쁜 물이 든다는 얘기다. 호향의 아이가 와서 공문(孔門)이라는 맑은 물을 흙탕물로 만드는 미꾸라지가 될 수도 있다. 문인들의 불만과 걱정을 듣고 공자는 말한다.

"너무 심하게 그러지 마라!"

사람은 누구나 진보할 가능성을 갖고 있다. 공자는 그것을 굳게 믿는다. 그래서 그 가능성에 함께하고 싶다는 것이다. 사람은 누구나 잘못을 저지를 수 있다. 그것을 뉘우치느냐가 문제다. 소인은 자꾸만 자기의 잘못을 감추려고 변명을 하고 거짓말을 하지만, 군자는 곧바로 뉘우친다. 단순한 반성이 아니라 송사를 하듯 자기 내면으로 자책을 하고 고친다.

여기서 공자가 말하는 '결(潔 : 씻다)'은 반성보다는 내자송(內自訟)의 의미다. 자기 내면으로 들어와 스스로 송사를 하듯 잘잘못을 따지는 것이 내자송이다. 공자를 찾아온 아이는 호향 땅에 살면서 자기도 모르게 나쁜 물이 많이 들었을 수 있다. 주변 환경은 마치 물과 공기처럼 젖어들기 마련이다. 그러나 공자를 찾아왔다는 사실, 바로 그것을 공자는 '결'의 의미로 받아들였다. 그런데도 지나간 일만 고집스럽게 되새기면서 거절한다면 너무 심하다는 것이다.

여기서 약간의 고민이 있다. 과연 지난 잘못은 반성만 하면 용서할 수 있는가. 단순한 반성만으론 안 될 것이다. 뉘우침에 진정성이 있다는 행위가 보여야 한다. 호향의 아이는 공자를 찾아옴으로써 그 행위를 보였다.

이창동 감독의 〈밀양〉이란 영화가 생각난다. 남편이 사고로 죽고 밀양으로 이사를 온 젊은 여자가 있다. 여자는 어린 아들 하나를 데리고 있다. 여자는 피아노학원을 열고 땅을 보러 다닌다. 아들이 다니는 웅변학원의 원장은 여자가 돈이 많은 줄 알고 아들을 납치한다. 거액을 요구하지만 사실 여자는 돈이 없다. 낯선 도시에 이사 와서 기죽기 싫은 마음에 돈이 많은 체했던 것이다. 원하는 돈을 얻어내지 못한 웅변학원 원장은 아이를 죽이고 만다. 원장의 범죄는 곧 들통나고, 잡혀서 감옥에 갇힌다.

여자는 고통 속에 헤매다가 교회에 나가게 된다. 차츰차츰 안정을 찾아가던 여자는 마침내 자기 아들을 죽인 원장을 교도소로 찾아간다. 하느님의 말씀처럼 원장을 용서하기 위해서였다. 그런데 면회에 나온 원장이 웃는 얼굴로 이렇게 말한다.

"저는 이제 편안합니다. 하느님에게 용서를 빌었고, 저는 용서를 받았습니다."

여자는 엄청난 충격을 받았다. 어떻게 죽은 아들의 엄마가 용서를 하기도 전에 하느님이 먼저 용서를 할 수 있단 말인가. 여자의 고통은 교회를 찾기 전보다도 더욱 크고 깊어져서 절규를 하게 된다.

이 영화에서 유괴살인범인 원장의 말이 많은 걸 시사한다. 바로 반성의 오류다. 원장은 제대로 뉘우친 것이 아니다. 자기 스스로 편하기 위해서 용서받았다고 착각을 하는 것이다. 일종의 병적인 자기합리화인 것이고, 그것을 종교적인 신의 은혜를 받았다는 외피를 두른 것에 불과하다. 이러한 원장의 태도는 공자가 말하는 '씻는' 의미에 해당하지 않는다. 내자송이 아니기 때문이다.

공자가 말했다.

"인은 멀리 있는가? 내가 인하고자 하면 인이 곧바로 온다."

子曰, "仁遠乎哉? 我欲仁, 斯仁至矣."

공자가 추구한 최고의 덕목이 인이다. 인자는 근심걱정이 없으며 모든 걸 품어 주는 큰 산과 같다. 자빠지고 엎어지는 긴박한 위험 속에서도 지켜내는 것이고, 때로는 자신의 목숨을 죽여서야 이룩하는 것이 인이라고 공자는 말한다. 평범한 사람은 도달할 수 없는 경지처럼 보인다.

그래서 제자들은 말했다. 그렇게 어려운 인을 어떻게 실천할 수 있겠습니까? 제자들의 불만과 탄식에 공자는 대답했다.

"너희들이 실천하고자 마음만 먹으면 인은 거기에 있다."

변명하지 말라는 공자의 일침이다. 이 구절을 보자니 맹자의 '불능불위(不能不爲)'가 생각난다. 불능은 '할 수 없음'이요, 불위는 '하지 않음'이다. 맹자가 제나라 선왕(宣王)을 만났을 때 왕 노릇을 잘하고 못하고는 불위이지 불능이 아니라고 했다. 제선왕이 불위와 불능의 차이를 묻자 맹자는 이렇게 대답한다.

"태산을 옆구리에 끼고 북해를 건너뛰는 일을 사람들이 '나는 할 수 없어요'라고 말하면, 이건 참으로 할 수 없는 일입니다. 그런데 늙은이를 위하여 나뭇가지를 꺾어 지팡이 만들어 주는 일을 '나는 할 수 없어요'라고 말하면, 이것은 하지 않는 것이지 하지 못하는 게 아닙니다."

맹자의 논리는 분명하다. '당신, 선왕이여. 당신이 왕 노릇을 하면서 백성들이 평화를 누리지 못한다면, 당신이 지팡이를 만들어 주는 일을 하지 않기 때문이다.' 제선왕은 맹자의 말을 잘 알아들었지만 끝내 실천을 하지는 못했다. 왜 그럴까? 제선왕이 인정을 펴겠다는 마음을 먹지 않았기 때문일까? 그렇지는 않을 것이다. 폭군이라면 모를까, 백성들이 편안하게 살기를 바라지 않는 임금은 없다.

여기서 공자의 이 구절도 약간의 문제를 드러낸다. "인을 원하기만 하면 인이 온다"는 말은 어떻게 보면 무책임한 말처럼 들린다. "나는 인을 실천하고 싶어!" 하고 마음만 백 번을 먹어 봐야 무엇하겠는가. 마음속으로야 우주를 수십 수백 개 만들고도 남는다. 내 삶을, 또 나와 관계하는 타자들의 삶에 영향을 주고 변화를 가져오는 실제가 없다면 마음만 먹는 건 공상일 뿐이다.

따라서 공자의 말은 실천을 밑바탕에 깔고 있는 것으로 봐야 의미가 살아난다. 단지 자신이 인자가 되기를, 인을 실천하겠다고 마음만 먹어서는 아무 소용이 없다. 우리 옆집에 혼자 사시는 아픈 할머니를 한 번 들여다보는 일. 우는 아이의 이야기를 들어 주는 일. 추운 겨울날 아파트 경비원 아저씨에게 따뜻한 커피 한 잔 대접하는 일. 아주 작은 일이라도 시작해야 한다. 그래야 인이 나에게 다가올 것이다. 이런 일은 맹자의 말대로 불능이 아니지 않은가.

진사패가 공자에게 물었다.

"소공은 예를 알았습니까?"

"예를 알았습니다."

공자가 자리를 떠나자 진사패가 무마기에게 다가가 두 손을 모아 읍하며 물었다.

"내가 듣기에 군자는 패거리를 만들지 않는다고 합니다. 그런데 군자도 역시 패거리를 만드는군요? 소공이 성이 같은 오나라 공주에게 장가를 들었습니다. 그러고는 오맹자라 부르더군요. 소공이 예를 안다면 누가 예를 모른다 하겠습니까."

무마기가 이 말을 전하자, 공자가 말했다.

"나는 행복한 사람이다. 내게 잘못이 있으니 사람들이 반드시 아는구나."

陳司敗問昭公知禮乎, 孔子曰, "知禮." 孔子退, 揖巫馬期而進之, 曰, "吾聞君子不黨, 君子亦黨乎? 君取於吳爲同姓, 謂之吳孟子. 君而知禮, 孰不知禮?" 巫馬期以告. 子曰, "丘也幸, 苟有過, 人必知之."

진사패는 진(陳)나라에서 사패 벼슬을 사는 사람을 말한다. 사패는 노나라로 따지면 사구(司寇)와 같다. 요즘 우리나라로 치면 법무부 장관과 같다. 공자가 노나라를 떠나기 전에 사구 벼슬을 했었다. 이 대화는 공자가 노나라를 떠나 타국을 전전하던 중 진나라에 들렀을 때 있었다.

소공(昭公)은 노나라의 임금이다. 위엄이 있고 절제가 있으며, 예를 잘 안다고 이름이 났던 임금이었다. 진사패가 공자를 만난 김에 자신의 생각을 내놨다. 평소에 궁금하게 생각했던 일이었다. 진사패의 궁금증은 소공이 정말로 예를 잘 아는 사람인가 하는 거였다. 마침 자기 나라를 방문한 공자는 학문도 높고 예를 잘 아는 사람으로 소문이 자자했기 때문에 진사패로선 때는 이때다 했을 것이다.

"소공은 예를 알았습니까?"

진사패가 왜 이런 말을 했을까. 소공은 예의를 잘 아는 사람으로 이미 이름이 높은데, 이런 질문을 한다는 것은 이의가 있다는 뜻이다. 진사패는 세간의 소문에 문제가 있다고 봤다. 그 생각이 공자의 제자인 무마기에게 하는 말에서 드러난다. 무마기는 공자를 수행하여 진사패를 만나러 와 있었다.

진사패의 지적은 소공이 "예를 아는 사람이 아닌 것 같다"는 것이다. 오나라와 노나라는 왕가의 성이 같다. 주나라 왕가의 성은 희(姬)이다. 주나라의 임금인 태왕의 큰아들 태백(泰伯)은 태자 자리를 동생에게 양보하고 오나라로 갔다. 오나라에 간 태백이 임금이 되었으므로 주나라와 오나라는 같은 '희' 성이 된 것이다. 노나라는 주나라 무왕이 은나라를 멸망시킨 뒤, 자기 동생인 주공을 노나라 임금으로 봉했다. 이에 노나라의 왕가도 '희' 성을 갖게 되어다.

주나라에는 동성불혼(同姓不婚)의 예법이 있었다. 그렇다면 노나라와 오나라가 왕가끼리 결혼을 하면 예법을 어기는 것이다. 소공이 예를 아는 사람이라면 오나라 공주와 결혼을 할 수가 없었다. 그런데 소공은 오나라 공주를 아내로 맞이했다. 이것은 동성불혼의 예를 몰랐거나 알면서도 무시했거나 둘 중 하나다. 어쨌든 둘 다 모두 예를 제대로 안다고 할 수 없는 것이다.

더욱 문제는 '오맹자(吳孟子)'라고 부른 거였다. 당시의 관습에 시집온 여자는 자기 나라의 이름과 자기 부모의 성을 나란히 붙여서 불렀다. 그렇다면 소공에게 시집온 오나라 공주는 '오희자(吳姬子)'라고 불러야 했다. 그런데 왜 오맹자라 불렀을까. 맹(孟)은 송(宋)나라 왕가의 성이었다. 오맹자는 '송나라에서 시집온 공주'라는 뜻이 되는 것이다.

어떤가. 이는 눈에 뻔히 보이는 속임수다. 오나라에서 시집온 공주를 송나라에서 온 것처럼 꾸며서 부르는 이름. 이것은 예를 알고 모르고의 문제가 아니라 도덕성의 문제다. 차라리 솔직하게 '동성불혼'은 문제가 있으니 나는 지키지 않겠다고 말하든가, 아니면 예를 어겨서 잘못했다고 고백을 하든가. 이것이 정당한 행동이다. 그런데 소공의 행위는 눈 가리고 아웅 하는 식으로 참으로 군자답지 못한 행동으로 보인다.

진사패는 바로 그 부분을 지적하고 싶었다. 우선 소공의 '지례(知禮)'를 확인한 다음, 이야기를 발전시키고 싶었다. 하지만 대화를 더 진척시킬 수가 없었다. 뜻밖에도 공자가 "우리 임금님은 예를 알았습니다" 하고 대답해 버렸기 때문이다. 더구나 공자는 곧바로 자리를 떴기 때문에 얘기는 거기서 끝날 수밖에 없다. 진짜로 하고 싶은 말을 못한 진사패는 공자를 수행한 제자 무마기를 잡고 말한다. 자연스럽게 공자에게 전해지기를 바라면서.

이제 공자에게 그 말이 전해졌을 때의 공자 반응이 궁금하다. 누가 봐도 공자가 진사패에게 대답한 말은 틀렸다. "당신 말이 틀렸소. 자, 어떡할 테요?" 하고 진사패가 종주먹을 들이민 셈이다. 공자는 뭐라고 대답했을까. 본문을 보자.

"나는 행복한 사람이다. 내가 잘못을 하니 사람들이 반드시 아는구나."

이 말은 무슨 뜻인가. 자기 잘못에 대한 변명인가? 그렇지 않다. 아주 산뜻하게 자기 잘못을 인정하고 있다. 게다가 내 잘못을 사람들이 알고 지적해 주니 행복하다고 표현하고 있다. 일체의 구구한 변명이 없다. 오히려 후대의 주석가들이 공자를 위한 변명을 덧붙이고 있다. '공자는 소공의 부지례(不知禮)를 알고 있었다. 하지만 자기 나라 임금의 허물을 남의 나라 사람에게 말할 수는 없었다. 그것이 예다. 예를 잘 아는 공자로선 자기 임금이 예를 모른다고 말할 수는 없었다. 그래서 할 수 없이 틀린 대답을 했다. 그리고 나중에 제자 무마기를 통해 진실을 알리려 한 것이다' 등등.

이런 주석들이 보여 주는 변명들은 가능하다. 그러나 이런 변명을 입 밖에 내는 순간 소인으로 떨어지고 만다. 진사패의 지적은 옳았고 공자의 대답은 어떤 변명거리가 있든 틀렸다. 그 사실은 변함이 없지 않은가. 공자는 바로 그 부분을 곧바로 인정했을 뿐이다. 공자의 인정을 받아들인 진사패가 "그럼 틀린 대답인 줄 알면서도 왜 그리하셨습니까?" 하고 묻는다면 그때 대답하면 된다. 묻지 않는다면 그걸로 끝내면 된다.

사람들과 사귐이 그렇다. 상대가 받아들일 준비가 되지 않았는데 무슨 얘기를 할 것인가. 먼저 신뢰를 얻고 상대가 내 말에 귀를 기울이려 할 때 그때 말해야 한다. 그렇지 않으면 말도 잃고 사람도 잃게 된다.

제자들이 말했다.

"우리 선생님은 사람들과 더불어 노래 부르기를 좋아하셨다. 누군가 좋은 노래를 부르면 반드시 다시 부르게 하고, 반복하여 익힌 뒤에 화기애애하게 같이 부르셨다."

子與人歌而善, 必使反之, 而後和之.

공자가 얼마나 노래를 좋아했는지를 잘 알려 주는 기록이다. 상가에 가서 곡을 한 날이 아니면 하루도 노래 부르지 않는 날이 없었다고 한다. 물론 악기 연주도 잘했다. 공자는 궁중음악, 종묘제례악, 민요 등 가리지 않고 감상하고 연주하고 불렀다.

노래를 잘하는 사람이 있으면 반복하여 부르게 하였다. 듣기만 하고 끝나지 않았다. 반드시 익힌 다음 함께 불러야 마쳤다. 공자는 '인생의 완성은 음악'이라고 제자들에게 말을 하기도 했다. 나는 이렇게 말하고 싶다. '인생의 시작도 음악'이라고.

어머니 뱃속에서 나와 첫울음을 터뜨린 뒤 사람의 생은 음악과 함께 살아가게 된다. 아이들과 노는 사람들을 잘 보라. 손뼉을 치든 손가락을 퉁기든 고개를 끄덕이든 율동과 함께 노래를 흥얼거리지 않던가. 아기는 잠잘 때도 자장가를 들으며 잠을 잔다. 인생은 음악과 함께 시작해서, 음악과 함께 살다가, 음악으로 완성된다.

　예는 세상의 질서요, 음악은 세상의 조화라는 말이 있다. 이를 코스모스와 카오스라고 비유할 수 있을까. 코스모스는 혼돈의 세계에 질서가 생겼을 때를 부르는 이름이다. 어울려 살아가는 세상에는 질서가 필요하다. 그런데 질서는 가끔 사람들을 답답하게 만든다. 자연스럽게 카오스를 동경하게 된다. 이 이율배반적인 사람들의 생애에 음악이 등장하는 것이다. 코스모스 속의 카오스라고나 할까. 아니, 새로운 코스모스를 생산하기 위한 카오스. 음악은 그런 힘을 갖고 있다.

공자가 말했다.

"문(文)이야 나도 남들보다 못하지 않겠지. 하지만 몸소 군자답게 실천하는 경지는 내가 아직 얻지 못했다."

子曰, "文莫吾猶人也. 躬行君子, 則吾未之有得."

　　문에 대해서는 24장에서 좀 상세하게 얘기했다. 타고난 것이 아니라 세상에 태어난 뒤에 익혀서 아는 것이 문이다. 보고 듣고 느끼고 인식하는 모든 것이 문이다. 그래서 문은 배우는 것이고 넓히는 것이다. 물론 하루아침에 이루어지지도 않는다. 더구나 문에는 조건도 있다. 무조건 넓고 많이 배우고 익히면 좋은 게 아니다. 넓고 깊게 배우되, 스스로 내면화하여 자기만의 통찰을 가져야 한다. 그것이 약례(約禮)이다. 널리 배우고 익힌다는 박문(博文)과 약례가 마치 바늘과 실처럼 함께 있어야 하는 까닭이다.

　　공자는 이 문에 대하여 대단한 자신감을 보여 주고 있다. "문에 있어서야 내가 누구보다 못하겠느냐?" 이 말은 누구보다도 배우고 익힌 것이 넓고 많다는 뜻을 담고 있다. 그런데 그 다음에 오는 구절이 중요하다.

궁행군자(躬行君子). 몸소 군자의 행동을 실천하는 것! 군자가 무엇인가? 지위로는 임금처럼 높고 품은 덕이 최상의 경지에 도달한 사람. 그가 군자다. 배움이 많고 지위가 높으면 다 군자가 될까? 결코 그렇지 않다. 궁행이 있어야 한다. 누군가를 시키는 것이 아니라 자기 몸으로 직접 실천하는 것이 궁행이다.

무엇을 궁행해야 하나. 공자는 군자의 모습을 소인과 대비시켜서 자주 이야기했다. 대표적인 것을 몇 가지 들어 보자. 화이부동(和而不同)이 있다. 주변과 조화롭게 지내지 패거리를 짓지 않는다는 뜻이다. 동(同)은 패거리다. "우리가 남이가?" 하면서 나와 가깝다고 불의를 눈감는 행위가 '동'이다. 지연, 학연, 혈연을 정의보다 앞세우는 행위도 동이다. 진영논리에 빠져 상대 진영을 무조건 나쁘다고 욕하는 것도 물론 동이다. 군자는 이런 동의 행위를 하지 않는다.

군자는 또 태이불교(泰而不驕)의 모습을 보인다. 태연하고 느긋하고 풍성하지만, 거만스럽거나 교만하지 않는다. 속이 좁고 생각이 짧으면서 큰 체하고 태연한 척하는 건 소인의 모습이다. 군자는 또한 말보다 행동을 먼저 한다. 큰소리를 치지도 않고, 한 번 내뱉은 말은 꼭 지킨다.

사람이 어울려 살아가는 세상에서는 어쩌면 박문한 배움꾼보다 궁행하는 군자가 더 필요할 것이다. 많이 배워 아는 체하는 사람보다 따뜻한 말 한마디 건네는 소박한 사람이 곁에 있으면 더욱 평화롭지 않겠는가. 공자는 바로 그 점을 지적하고 있다.

공자가 말했다.

"성스러움과 어짊의 경지야 내가 어찌 감히 바랄 수 있겠는가. 다만 실천하는 걸 싫어하지 않고 사람 가르치는 걸 게을리하지 않는 것은 내가 할 수 있다고 할 따름이다."

공서화가 스승의 말을 듣고 대답했다.

"바로 오직 그 부분이 제자들이 배울 수 없는 겁니다."

子曰, "若聖與仁, 則吾豈敢? 抑爲之不厭, 誨人不倦, 則可謂云爾已矣."
公西華曰, "正唯弟子不能學也."

성(聖)은 귀(耳)와 입(口)에 맡긴다는 임(壬)이 결합된 글자이다. 귀와 입을 맡긴다? 무슨 뜻일까? 옥편을 찾아보면 이 글자는 '거룩하다, 성스럽다, 사람이 도달할 수 있는 최상의 경지' 등의 뜻풀이를 해놓았다. 그런데 이렇게 해석해 보면 어떨까. 귀를 크게 열고 남의 말을 잘 들어 주는 사람. 사람들의 아픔을 위로하는 말을 할 수 있는 사람. 그래서 나를 온전히 믿고 맡길 수 있는 사람. 그것을 성이라고 하면 될까. 예수 그리스도의 행적을 기록한 책인 바이블을 한자로 번역한 말이 성경(聖經)이다. 인간으로서 최상의 경지에 도달한 사람, 신격화할 수 있는 인물을 우리는 성인(聖人)이라고 부르기도 한다.

이처럼 '성'은 참으로 높고 거룩한 글자다. 하지만 이 글자가 처음부터 그랬던 건 아니다. 성인은 원래 샤먼이나 무당을 부르는 말이었다. 우리가 발 딛고 사는 세계를 벗어나 타계를 다녀올 수 있는 사람. 일상의 세계에선 보이지 않는 신들과 접촉할 수 있는 사람. 그들이 성인이다. 타계나 보이지 않는 신들이 사는 공간은 성스러운 공간이다. 우리가 살아가는 일상의 세계는 세속의 공간이다. 세속의 공간에 살되 일정한 통과의례를 거치면 성스러운 공간과 접촉이 가능한 사람, 그들을 성인이라 불렀다.

성인은 일상의 슬픔과 아픔을 위로할 수 있었다. 세속의 삶을 훌쩍 뛰어넘은 그들은 세속의 온갖 고통도 뛰어넘는 경지에 있었기 때문이다. 예를 들어, 돈이 없어 고통받는 이에겐 돈이 부질없는 세계임을 보여 줄 수 있었다. 권력을 추구했지만 얻지 못해 괴로운 사람에겐 권력의 덧없음을 얘기해 준다. 원하는 것을 얻지 못해 절망에 빠진 사람에겐 또 다른 희망이 있음을 보여 준다. 이렇게 성인에게 찾아가면 사람들은 평화와 행복을 얻었다. 결국 성인이란 말은 자연스럽게 매우 높은 가치를 얻게 될 수밖에 없었다. 아울러 성인은 한 사회의 수장의 자리, 리더의 자리에 있게 된다.

여기서 공자는 성인과 인자를 나란히 놓는다. 성인은 당연히 인자이다. 그런데 인자는 아직 성인은 아닐 수 있다. 왜냐하면 인자는 지위가 없어도 가능하기 때문이다. 남을 나처럼 대하는 사랑으로 충만하지만 수장의 지위가 아닌 사람도 얼마든지 인자일 수 있다. 그러나 리더가 되면 훨씬 더 큰 영향을 미칠 수 있다. 성인은 인자이면서 리더의 지위에 있는 사람이다.

공자는 스스로 고백한다. "나는 인자도 아니고 성인은 더더군다나 아니다. 그러나 나는 열심히 실천한다. 인자의 도리, 성인의 역할을 실천하려고 애쓴다. 조금도 싫어하지 않고 말이다. 그뿐이 아니다. 사람들을 그렇게 살라고 가르치는 일도 게을리하지 않는다. 배운 것을 실천하고 또 함께하자고 사람들을 가르치고 설득하는 일, 이것은 내가 할 수 있다." 공자의 고백을 듣는 것만으로도 기가 질린다. 저 정도의 실천이 나는 과연 가능한가. 당연히 쉽지 않다. 내가 옳다고 생각하는 것을 나 혼자 실천하는 일은 가능할 수 있다. 그러나 사람들을 가르치고 설득하고 함께하는 일은 얼마나 어려운가. 그런데 공자는 당당하게 말한다. "나는 그렇게 할 수 있다." 공자의 일생이 그런 삶이었음을 우리는 잘 알고 있다. 바로 이 부분이다. 공자가 자기 스스로 나는 인자도 아니고 성인도 아니라고 말했지만, 우리가 공자를 성인으로 부르는 이유가.

제자 공서화의 답변이 바로 내 생각과 같다. "스승님, 오직 바로 그것이 우리가 배워서 따를 수 없는 부분입니다!" 배워서 알게 된 통찰, 정의를 실천하는 일도 만만치 않다. 그것을 함께하는 일은 더더욱 어렵다. 그러나 그런 사람이 있어야 한다. '백마 타고 오는 초인'을 시인 이육사는 얼마나 간절하게 바랐던가. 그 절절한 기다림을 나는 이제야 이해하겠다.

조심스럽게 한마디 덧붙이고 싶다. "내가 어찌 공자와 같기를 바랄 수 있겠는가. 다만 사람들과 함께 공부하고 사람들의 이야기를 잘 들어 주는 귀를 갖는 일, 그것 정도는 하고 싶다."

공자가 몹시 위중한 병을 앓았다. 자로가 보다 못하여 기도하기를 청하자 공자가 물었다.

"그런 일이 있는가?"

"있습니다. 뇌문에 이르기를 '상신(上神)과 하기(下祇)에게 너를 위해 기도한다'고 했습니다."

공자가 가볍게 웃으면서 말했다.

"그렇다면 나는 기도한 지가 이미 오래되었다."

子疾病, 子路請禱. 子曰, "有諸?" 子路對曰, "有之, 誄曰, '禱爾于上下神祇.'" 子曰, "丘之禱久矣."

자로는 공자보다 한 해 일찍 죽었다. 그러므로 이 대화는 공자 나이 72세 전이어야 한다. 56세에 노나라를 떠나 천하를 돌아다니면서 위중한 병을 앓는 경우가 많았으리라. 노년에 객지를 떠돌았으니 오죽했으랴. 스승의 아픔을 보다 못한 자로가 기도를 하자고 했다.

여기서 기도라는 건 자로가 뇌문을 인용하지만, 천지신명에게 올리는 것을 말한다. 요즘도 병원에서 치료를 포기하면 온갖 비방들을 찾아 헤맨다. 공자는 자로가 기도하자는 말이 썩 달갑지는 않았다. 하지만 바로 거절하기도 뭣하여 되물었다.

"그런 일이 있는가?"

사람들이 산천을 찾아 소원 비는 일을 공자가 모를 리가 없다. 산천에 제사 지내는 일은 국가의 대사이기도 했다. 그런데도 공자가 이렇게 묻는 건 굳이 기도할 필요 없다는 완곡한 표현이다. 하지만 자로는 근거를 댄다. 스승이 물어 주는 것 자체가 반가운 자로다.

뇌문(誄文)이란 사람의 공덕을 기리는 제문이다. 살아 있는 사람보다는 죽은 사람을 기리는 제문 또는 조문이다. 그런데 자로는 살아 있는 스승 공자 앞에서 뇌문을 인용했다. 좀 눈치가 없어 보인다. 누구의 어떤 뇌문인지도 알 수가 없다. 다만 자로가 어디선가 들어서 갈무리해 뒀던 모양이다. 뇌문은 죽은 사람을 위한 글이긴 하지만, 자로가 인용한 부분의 내용은 상황에 적절했다.

'상신과 하기에게 너를 위하여 기도한다.'

상신은 하늘의 신을 말하고 하기는 땅의 신을 말한다. 요즘 쓰는 말로 하자면 '천지신명'이라고 하면 적절하겠다. 자로의 대답을 듣고 공자는 아픈 중에도 가볍게 웃었다. 다소 성급하고 사려 깊지 못한 자로지만 자신을 향한 충정만큼이야 누구보다 크다는 걸 공자도 잘 안다. 그 고마움을 공자는 이렇게 표현했다.

"그런 기도라면 이미 나는 하고 있단다. 너무 걱정하지 말거라. 천지신명이 너의 충정을 알고 있으니 그것으로 되었다."

스승과 제자의 따스한 정감이 느껴진다. 한편, 여기서도 공자가 신을 어떻게 대하고 있는지 알 수 있다. 공자는 귀신은 공경하되 멀리하라고 했다. 성스러운 공간, 성스러운 대상을 인정은 하지만 성과 속이 마구 뒤섞여서는 좋지 않다고 봤다.

사람의 생은 얼마만큼 사람답게 살아냈느냐가 중요하다. 사람답게 살지 않으면서 천지신명에게 빌어서 복을 기대하는 건 옳지 않다. 공자는 자신의 생애에 대한 자신감이 있었다. 사람답게 살려고 애를 썼고 또한 그런 삶을 살았다. 자신의 그런 삶을 공자는 "그런 기도라면 나는 이미 오래전부터 했단다"라는 말로 표현한 것이다.

공자가 말했다.

"사치스러우면 겸손하지 않고, 검소하면 고루할 수 있다. 나는 불손하기보다는 차라리 고루한 게 낫겠다."

子曰, "奢則不孫, 儉則固. 與其不孫也, 寧固."

사치는 크고 많은 것을 추구하는 마음이다. 물건은 큰 것일수록 비쌀 가능성이 있다. 물건을 많이 가지려면 돈이 많이 든다. 그러므로 크고 많은 것을 추구하려면 소비하는 돈도 그만큼 많아야 한다. 크고 많은 것을 추구한다고 물론 다 나쁜 것은 아니다. 크고 많은 것도 꼭 필요한 일이라면 그건 사치가 아니다.

사치란 필요하지 않은데도 물건을 구입하는 일을 말한다. 이때는 물건의 크고 작음, 많고 적음도 문제가 되지 않는다. 작고 값싼 물건이라도 필요하지 않은 물건을 많이 구입했다면 그건 일종의 사치다. 사치는 과시나 물욕이 시키는 일이기 때문이다.

자신이 갖고 있는 부를 과시하는 사람이 겸손할 리가 없다. 진정한 부를 누리는 사람은 예를 안다. 자신이 갖고 있는 부를 나눌 줄 아는 마음, 그것이 예를 안다는 것이다. 예의를 아는 사람은 겸손하다. 자신이 소유한 부를 누군가가 칭송할 때 반응하는 태도를 보면 그가 사치한 사람인지 겸손한 사람인지를 알 수가 있다.

사치가 불손을 불러온다면, 검소함도 지나치면 고루해질 수 있다. 사치는 낭비가 문제라면, 검소는 꼭 필요한데도 쓰지 않는 문제가 발생할 수 있다. 그것이 고루함이다. '고루'란 시야가 좁고 고집스러움을 말한다. 자신의 좁은 견문이 마치 가장 가치 있는 것처럼 고집하는 자세다. 돈이란 무조건 아껴야 한다는 고집, 이것은 검소가 아니라 답답함이다. 진정으로 검소한 사람은 필요 없는 것은 아끼되, 꼭 필요한 곳에는 아낌없이 쓸 줄 아는 사람이다.

공자는 마지막으로 결론을 낸다. 그래도 불손보다는 고루함이 낫다고. 왜 그럴까. 아마도 고루함은 검소가 바탕이지만, 불손은 사치가 바탕이기 때문일 것이다. 검소함은 주변에 피해를 주지는 않지만, 사치는 다른 사람에게도 피해를 준다. 조심할 일이다.

36

공자가 말했다.

"군자는 드넓고 평평하여 거침이 없고, 소인은 늘 근심걱정에 휩싸여 산다."

子曰, "君子, 坦蕩蕩, 小人, 長戚戚."

　　군자와 소인의 대비가 절실하다. 탄(坦)은 '평평하다'는 뜻으로 평탄(平坦)이라고 쓰기도 한다. 어떤 일이 별 어려움 없이 무난하게 잘 되는 것을 '평탄하다'고 말하기도 한다. 탕(蕩)은 '쓸어버린다'는 뜻이다. 큰물이 지나간 계곡을 보자. 온갖 잡다한 것들이 뒤섞여 있다가 다 쓸려 나가고 말끔해진 모습을 볼 수 있다. 큰물이 계곡을 흘러갈 때 앞뒤를 재고 흐를까 말까 망설이지 않는다. 시원스럽게 우당탕탕 흘러간다. 그처럼 드넓고 거침없는 모습을 형용하여 '탕탕'이라고 했다.

　　장(長)은 '길다'는 뜻이지만 여기서는 '늘, 항상, 언제나, 오래도록' 이런 뜻으로 새기면 된다. 참 길고 끝없는 뭔가를 형용할 때 '장장'이라고 쓰기도 한다. 척(戚)은 '슬퍼한다'는 뜻이다. '척척하다'고 했으니 '슬프고 슬프다'는 말이다. 사람이 살아가면서 슬프고 두렵고 아픈 일이 한두 가지이겠는가. 그럴 때마다 슬픔과 두려움과 아픔에서 헤어나지 못해 늘 근심걱정에 휩싸여 있다는 것이니 얼마나 안타까운 일인가.

　군자와 소인은 날 때부터 정해져 있는 것이 아니다. 군자와 소인은 언제든 넘나들 수 있다. 조금 전에 군자의 모습을 보이다가 금방 소인의 모습을 보이는 사람도 많다. 어떤 일에는 몹시 너그러워 군자의 풍모를 보이다가도, 어떤 일에는 소심하기 그지없어 정말 소인배의 모습을 보이는 사람도 있다. 문제는 얼마나 오래 군자이고 오래 소인인지가 중요하다. 때와 장소, 대상에 관계없이 한결같이 군자의 모습을 보여 주는 사람이 있는 반면, 늘 소인의 모습을 보여 주는 사람이 있다. 그러나 이런 사람은 매우 드물다. 늘 군자인 사람도 드물지만, 늘 소인인 사람도 드물다는 얘기다.

　우리는 경계에 서 있다. 시시각각 군자일지 소인일지를 선택해야 한다. '탄탕탕'의 삶을 사는 사람은 군자의 행위를 선택할 가능성이 높다. 반대로 '장척척'의 삶을 사는 사람은 소인의 행위를 보여 주기 쉽다. 자, 나는 어떤 삶을 살아가는 것이 좋을까.

　한자음의 어감이 참 재미있다. 탄탕탕! 뭔가 시원시원하고 거침없이 속이 뻥 뚫리는 느낌이 있다. 그런데 장척척! 뭔가 축축하고 음울하고 답답한 느낌을 준다. 삶은 선택의 연속이다. 단 한 번 사는 생애를 탄탕하게 살 건지 척척하게 살 건지는 다 내가 선택하기 나름이다.

37

제자들이 말했다.

"우리 스승님은 따뜻하면서도 단정하셨고, 위엄이 있으되 모질지 않았고, 공손하면서도 편안하셨다."

子, 溫而厲, 威而不猛, 恭而安.

제자들은 스승 공자의 모습을 〈논어〉에서 여러 번 형용하는데, 이 구절도 그중 하나다. 온(溫)은 참 좋은 글자다. '따뜻하게 데워준다'는 의미이니 왜 아니 그렇겠는가. 공자는 제자들이 마치 어머니 품속처럼 따스함을 느낄 수 있도록 품어 준 모양이다. 그런데 어머니는 더없이 좋지만 한계가 있다. 엄마들은 자식의 못난 점을 냉정하게 인정하지 못한다. 자식에 대한 사랑이 지나쳐 진실을 놓치는 경우가 있기 때문이다. 그래서 좋은 스승은 엄마와 같은 따스함을 간직하되 단정하게 가다듬을 줄 알아야 한다. 바로 여(厲)이다.

여는 원래 '돌이나 쇠를 간다'는 뜻이다. 좋은 재질을 갖고 있는 돌이나 쇠도 잘 다듬어야 타고난 재질에 걸맞은 쓰임을 갖게 된다. 넓은 품으로 안아만 준다고 좋은 재목으로 성장할 수는 없다. 힘들더라도 견뎌 내야만 하는 담금질이 필요한 것이다. 그래서 예전부터 자식은 바꿔서 가르쳐야 한다는 말이 생겼다. 부모는 '온'이 지나쳐 '여'를 하기 어렵기 때문이다. 그런데 남은 또 담금질이 지나쳐 온기를 잃기 십상이다. 그런 스승은 교육에 철저한 스승이긴 하되, 제자를 큰 인물로 성장시키기는 어렵다. 스승은 언행과 삶에 있어서 온과 여가 적절하게 잘 어울려야 한다.

두 번째로 위엄과 사나움을 대비시키고 있다. 스승은 제자들에게 위엄이 있어야 한다. 위엄은 위세를 부리는 권위와 다르다. 스승의 자리로 제자를 누르려 드는 것은 권위주의다. 위엄은 타자가 인정하는 권위다. 따라서 위엄은 스스로 갖고 싶다고 저절로 생기진 않는다. 내가 아무리 위엄 있는 자세로 앉고 위엄 있는 어투로 말해도 타자들이 인정하지 않으면 그것은 위엄이 아니다.

위엄이 있는 사람은 자칫 엄숙하거나 모진 느낌을 주기 쉽다. 어떤 사람이 너무 점잖은 모습을 보이면 곁에 있기 불편하기 마련이다. 티끌 한 점 없는 맑은 물에 물고기가 놀지 못한다는 말이 있지 않은가. 그래서 위엄은 있으되 사납지 않고 모질지 않아야 한다. 그래야 누구나 편안하게 가까이 다가온다.

세 번째로 공손함과 편안함의 대비다. 타자와의 교류에서 공손함은 정말 좋은 삶의 태도다. 그런데 가끔 이런 사람을 본다. 공손한 태도가 지나쳐서 몸 둘 바를 몰라 하는 사람. 이런 사람은 본인도 불편하고 상대도 불편하게 한다. 공손한 태도는 몸에 배어 저절로 나와야 한다. 뭔가를 노리는 공손함, 익숙하지 않은 공손함이 아닌 자연스러운 공손함 말이다. 자연스러우니 불편할 까닭이 없다.

따뜻하면서도 위엄이 있으며 행동의 마디마다 공손한 사람. 공자가 그랬노라고 제자들은 말하고 있다. 아울러 각각의 덕목에서 자칫 범하기 쉬운 단점들도 공자는 넘어섰다고 제자들은 말한다. 그 단점들은 정리하자면 이렇다. 따뜻하기만 하면 제자들을 버릇 나쁘게 만들 수 있고, 위엄만 앞세우면 권위주의로 변하여 사나워질 수 있고, 공손함이 적절하지 못하면 서로 불편하고 불안해질 수 있다. 이 덕목들은 스승과 제자 사이뿐 아니라 일반 모든 사람의 교류에도 꼭 필요한 태도라고 할 수 있겠다.

〈2권에 계속〉